박물관 교육학

류재만 편저

교육과학사

이미지 게재를 허락해 주신 분들께 감사드립니다. 이 책에 실린 사진의 사용허가를 받기 위해 최선을 다했습니다. 부득이하게 사용허가를 받지 못한 자료는 연락이 닿는 대로 절차를 밟아 추후 조치하겠습니다.

/머/리/말/

오늘날 우리는 인공지능(AI), 빅데이터, 디지털 미디어 등 첨단기술의 비약적인 발전 속에서 교육의 패러다임이 급변하고 있는 전환기의 시대를 살아가고 있다. 이러한 변화는 박물관의 정체성과 기능에도 중대한 영향을 미치며, 박물관은 더 이상 유물을 수집 · 보존 · 전시하는 정태적 공간이 아니라, 학습자 중심의 역동적 교육 플랫폼으로 진화하고 있다.

박물관은 전시를 통해 지적 흥미와 심미적 즐거움을 제공하는 공간이자, 누구나 지식을 경험하고 공유할 수 있는 열린 학습의 장이다. 또한, 몸과 마음을 치유하는 문화적 쉼터이자, 인류의 역사와 문화를 담고 있는 소중한 문화 사산의 보존 공간이기도 하다. 특히 전시는 관람사에게 인지적 · 정서적 자극을 제공함으로써, 박물관을 비형식 학습의 장으로 확장시키며, 문화적 감수성과 비판적 사고력을 함양하는 복합문화공간이다. 나아가 심리적 안정과 사회적 연대, 문화적 정체성 형성에 이바지하는 공공교육 자원의 역할 또한 수행하고 있다.

박물관 교육은 시민이 박물관을 일상적으로 누리며 문화적 주체로 성장하도록 지원하는 과정으로, 평생교육의 일환이자 공공교육의 확장된 형태로 자리매김하고 있다. 이는 박물관이 단순한 지식 전달을 넘어, 창의적 탐구, 해석적 사고, 상호작용적 소통을 유도하는 교육 기관으로 구실 함을 의미한다.

박물관 교육은 과거와 현재를 연결하고, 미래를 전망하는 학문적 장르로서, 유물을 매개로 역사와 문화를 학습할 뿐 아니라, 융·복합적 사고와 통합적 이해를 가능케 하는 학제 간 접근을 실현한다. 과학, 예술, 역사, 인류학 등 다양한 분야와의 연결은 박물관 교육의 교육적 지평을 더욱 확장시킨다.

특히 디지털 전환과 인공지능 기술이 확산하면서 정보가 손쉽게 소비되는 환경 속에서도, 유물과 전시를 통한 실물 기반의 감각적·직접적 경험은 대체 불가능한 학습 자원으로서 그 중요성이 더욱 강조되고 있다.

박물관 교육은 학습자들이 삶 속에서 문화를 향유하고, 성인이 된 이후에도 박물관을 지속해서 찾는 뮤지엄 고어(museum goer)로 성장하도록 돕는 평생교육의 일환이자 공공교육의 확장된 형태로 자리하고 있다.

박물관 교육학은 박물관 교육의 이론적 기초와 실천적 적용을 균형 있게 조명하고자 기획되었다. 이 책은 박물관 교육에 입문하는 예비 에듀케이터와 관련 학문 전공자, 현장에서 교육 실천을 수행하는 에듀케이터들이 박물관 교육학의 이론적 기반을 체계적으로 학습하고, 교육 현장에 적용 가능한 전략과 기법을 구체적으로 탐색할 수 있도록 구성되어 있다. 특히 박물관 교육의 역사적 전개, 교육적 가치, 최신 교수 학습 전략, 디지털 전환과 AI 기술을 활용한 교육 혁신 등에 대한 심층적 논의를 포함하고 있다.

이 책은 박물관 교육을 단순한 정보의 전달이 아닌, 참여자 중심의 경험 기반 학습, 비판적 사고, 문화 간 소통 능력을 신장하는 통합적 학습 과정으로 이해하며, 박물관 교육의 본질적 가치와 미래 지향적 방향성을 모색하고자 한다.

제1부는 박물관의 정의와 역사, 박물관 교육의 역사적 맥락과 의의를 고찰하며 이론적 기반을 마련하고, 제2부는 포용성, 문화 다양성, 지속가능성, 디지털 전환, 인공지능 등 박물관 교육이 직면한 주요 쟁점을 중심으로 현대적 교육 담론을 조망한다. 제3부는 유물 리터러시, 발문 전략, 미술관과 과학관 교육 등 실제 적용 가능한 교수 학습 방법론을 다루며, 제4부는 어린이 대상 박물관 교육의 이론과 실제를 중심으로 전시 해설, 참여형 프로그램, 평가 전략 등을 구체적으로 제시한다.

이 책은 박물관 교육학이라는 학문 영역의 정립과 전문성 제고에 기여하고, 박물관 교육이 공공문화교육의 핵심축으로 자리매김할 수 있도록 이론과 실천을 잇는 가교 구실을 하고자 한다. 이 책이 박물관 교육에 대한 독자의 이해를 심화하고, 문화 교육 실천의 전문성을 확장하는 데 의미 있는 이정표가 되기를 기대한다.

끝으로, 이 책의 집필에 함께 참여해 주신 여러 연구자들과 박물관 교육의 현장에서 헌신적으로 실천을 이어가는 모든 에듀케이터께 깊은 감사의 마음을 전한다.

2025년 8월

박물관 교육이 자리매김하기를 바라며

류재만 씀

/차례/

제2부 박물관 교육의 이슈

제1부 박물관과 박물관 교육

제1장 박물관 정의와 역사

제2장 박물관 교육의 역사

제3장 박물관 교육의 의의

제1장 박물관 정의와 역사

박물관은 역사 · 과학을 비롯한 다양한 분야의 유물과 자료를 수집 · 보존 · 연구하며, 이를 전시와 교육을 통해 대중에게 제공함으로써 사회적 가치 실현에 기여하는 비영리적이고 영구적인 기관이다. 초기의 박물관은 왕이나 귀족이 개인적으로 수집한 소장품을 전시하는 사적 공간에서 출발하였다. 그러나 시간이 흐르면서 수집품은 사회의 공동 자산으로 인식되었고, 박물관은 문화유산을 공공의 이익을 위해 개방하는 공간으로 변모하게 되었다.

18~19세기 유럽에서는 현대적 박물관의 기틀이 마련되었으며, 전시에 더해 교육과 대중적 가치에도 중점을 두게 되었다. 소수만 향유하던 공간이 점차 대중에게 개방되었고, 전시물 접근성 향상과 함께 교육 프로그램이 도입되었다. 최근에는 디지털 기술을 활용한 가상현실, 체험형 교육, 지역사회 협력 프로젝트 등을 통해 대중이 문화에 보다 쉽게 친숙하게 다가갈 수 있도록 노력하고 있다. 이처럼 박물관은 인류의 지적 · 문화적 유산을 미래로 이어 가는 살아 있는 교육 기관으로 자리매김하고 있다.

1. 박물관의 정의와 종류

가. 박물관의 정의

박물관(Museum)의 정의를 문화체육부와 국제박물관 협의회 규정집, 박물관 및 미술관 진흥법, 박물관 실무지침, 국제박물관협의회의 정의를 중심으로 살펴보면 다음과 같다.

국제박물관 협의회 규정집에는 박물관은 연구와 교육, 향수의 목적을 위해서 인간과 인간 환경의 물질적인 증거를 수집 · 보존 · 연구 · 전달 · 전시하며 사회와 사회의 발전에 봉사하고 대중에게 공개되는 비영리적이고 항구적인 기관이다(문화체육부, 1994, p. 9).

박물관 및 미술관 진흥법에는 박물관이란 문화 · 예술 · 학문의 발전과 일반 공중의 문화 향유 및 평생교육 증진에 이바지하기 위하여 역사 · 고고(考古) · 인류 · 민속 · 예술 · 동물 · 식물 · 광물 · 과학 · 기술 · 산업 등에 관한 자료를 수집 · 관리 · 보존 · 조사 · 연구 · 전시 · 교육하는 시설을 말한다(1장 제2조).

박물관 실무지침에는 자연유산과 문화유산을 포괄하는 21세기의 뮤지엄은 비영리의 항구적 복합기관으로서 사회의 발전과 환경보전에 이바지하고, 공중에게 개방되며, 수장관리, 연구 교육, 교류 협력, 위락제공을 위해서 문화유산, 생태환경, 자연현상, 과학원리, 삶의 지혜, 역사적 사실 등을 수집하여 보존하고, 연구를 통해서 대내외적으로 자료와 정보를 교류하고, 전시를 통해서 평생학습과 사회교육을 수행하고, 운영자와 이용자 상호 간에 즐거움과 기억을 간직할 수 있어야 한다(최종호, 2004, p. 11).

국제박물관협의회(ICOM)의 박물관의 정의를 1974년과 2007년, 2022년도의 보면 다음과 같다.

> "A museum is a non-profit making, permanent institution in the service of the society and its development, and open to the public, which acquires, conserves, researches, communicates, and exhibits, for purposes of study,

education and enjoyment, material evidence of man and his environment."(1974년 박물관 정의)

박물관은 사회와 사회 발전을 위해 봉사하는 비영리적이고 영구적인 기관으로, 일반 대중에게 개방되며, 인간과 그의 환경에 관한 연구, 교육 및 즐거움을 목적으로 물질적 증거를 수집, 보존, 연구, 전달 및 전시하는 기관이다.

A museum is a non-profit, permanent institution in the service of society and its development, open to the public, which acquires, conserves, researches, communicates and exhibits the tangible and intangible heritage of humanity and its environment for the purposes of education, study and enjoyment.(2007년 박물관 정의)

박물관은 사회와 사회의 발전에 이바지하고 대중에게 개방되는 비영리의 영구 기관으로서, 교육과 연구, 오락을 위하여 인류와 인류의 유형·무형의 유산을 수집, 보존, 연구, 교류, 전시한다.

"A museum is a not-for-profit, permanent institution in the service of society that researches, collects, conserves, interprets and exhibits tangible and intangible heritage. Open to the public, accessible and inclusive, museums foster diversity and sustainability. They operate and communicate ethically, professionally and with the participation of communities, offering varied experiences for education, enjoyment, reflection and knowledge sharing."(2022년 박물관 정의)

박물관은 유형 및 무형 유산을 연구·수집·보존·해석·전시하여 사회에 봉사하는 비영리, 영구기관이다. 대중에게 개방되어 접근성과 포용성을 갖춘 박물관은 다양성과 지속가능성을 촉진한다. 박물관은 윤리적이고 전문적이며 지역사회의 참여를 바탕으로 운영되고 소통하며, 교육, 즐거움, 성찰, 지식 공유를 위한 다양한 경험을 제공한다.

1974년 정의는 2007년의 정의는 유사하나 달라진 점은 유형 및 무형의 유산까지 포괄(tangible and intangible heritage)하는 것을 알 수 있다. 2022년에 체코 프라하에서 열린 총회에서 새로 채택된 박물관의 정의는 기존 비영리(non-profit)라는 단어를 비영리 추구(not-for-profit)로 바꾸는 대신, 포용성과 다양성, 지속가능성, 윤리성을 강조하고 있다. 또 지역사회의 참여가 포함되었다는 점과 1974년 정의에 있던 즐거움(enjoyment) 제공의 기능이 다시 포함된 점이다. 지역사회의 참여와 협력으로 다양한 프로그램을 운영하면, 지역의 정체성과 공동체 문화 형성에 기여하고, 박물관이 평생교육 기관으로 자리 잡는 데에도 중요한 역할을 하게 될 것이다. 특히 눈에 띄는 것은 "대중에게 개방되어 접근성과 포용성을 갖춘 박물관은 포용적이고 지속가능성을 촉진한다"라는 점이다.

여기서 포용성과 다양성, 지속가능성을 구체적으로 살펴보면 다음과 같다. 포용성은 관람객이 어떤 배경을 가졌든 차별받지 않도록 인종, 언어, 성별, 장애 유무, 거주지, 사회적 지위 등을 이유로 불이익이 없도록 노력해야 한다는 것이다. 다양성은 인권과 평등이라는 보편적인 가치를 실현하기 위해 사람들의 인종, 성별, 언어, 종교, 사회적 지위와 관계없이 서로의 차이를 인정하고 다양한 문화를 존중해야 한다는 것이다. 지속가능성은 앞으로의 세대가 살아가는 데 필요한 것을 해치지 않으면서, 지금 우리에게 필요한 것을 해결하려는 개발을 의미하고, 자연유산과 문화유산의 중요성이 보편적으로 존중되는 세계를 비전으로 삼고, 환경보호, 사회적 책임, 경제적 안정이라는 주제를 함께 다루어야 한다.

위의 박물관 정의를 바탕으로 정리하며, 박물관은 인간과 자연, 문화에 관한 유형 및 무형의 유산을 수집 · 보존 · 연구 · 해석 · 전시 · 교육하는 비영리적이고 영구적인 기관으로, 사회와 공동체의 발전에 기여하고자 대중에게 개방된 공간이다. 교육과 향유, 지식 공유의 장으로서 접근성과 포용성을 갖추며, 전문성과 윤리성을 바탕으로 지역사회와 소통하고, 문화의 다양성과 지속가능성을 증진하는 데 이바지한다.

나. 박물관의 종류

박물관의 종류는 설립 운영 주체나 전시 주제별로 분류할 수가 있다. 구체적으로 살펴보면 다음과 같다(박물관 및 미술관 진흥법 1장 제3조).

① 박물관은 그 설립 · 운영 주체에 따라 구분한다.

- 국립박물관: 국가가 설립 · 운영하는 박물관
- 공립박물관: 지방자치단체가 설립 · 운영하는 박물관
- 사립박물관: 「민법」, 「상법」, 그 밖의 특별법에 따라 설립된 법인 · 단체 또는 개인이 설립 · 운영하는 박물관
- 대학박물관: 「고등교육법」에 따라 설립된 학교나 다른 법률에 따라 설립된 대학 교육과정의 교육기관이 설립 · 운영하는 박물관

② 미술관은 그 설립 · 운영 주체에 따라 국립미술관, 공립 미술관, 사립미술관, 대학 미술관으로 구분한다.

- 박물관의 전시 주제별로 구분하면 다음과 같다.
  - 역사박물관, 민속(생활사) 박물관, 미술관, 기념형 박물관(서울올림픽기념관, 독립기념관, 김구 기념관 등), 전문박물관(철도박물관, 항공박물관, 해양박물관, 만화박물관 등), 과학관, 자연사 박물관, 식물원, 동물원, 수족관, 자연보존지역, 도서관과 고문서 보관소, 민속촌 등이 있다.

최근에는 오프라인 공간 외에 온라인 공간의 가상박물관과 가상미술관, 사이버박물관과 사이버미술관, 디지털박물관과 디지털미술관 등이 있다.

2. 박물관의 역사

가. 우리나라

(1) 삼국 · 통일신라 시대

우리나라의 박물관의 연원을 찾다 보면, 초기의 박물관 형태를 신라, 백제, 통일신라 시대에서 실마리를 찾을 수가 있다. 오늘날의 박물관의 기능과 역할은 충족하지 못하지만, 수집과 보관을 중심으로 한 유사 박물관이 있었음을 알 수 있다.

『삼국유사』 권 제1 기이 '연오랑세오녀'에 보면 나의 비(妃)가 짠 고운 명주가 있으니 이것을 가지고 하늘에 제사를 지내면 될 것이다." 하면서 이에 그 비단을 주었다. 사신이 돌아와서 아뢰자, 그 말대로 제사를 지낸 이후에 해와 달이 그 전과 같이 되었다. 그 비단을 왕의 창고에 잘 간직하여 국보로 삼고 그 창고를 귀비고라 하였다. 또 하늘에 제사를 지낸 곳을 영일현(迎日縣) 또는 도기야(都祈野)라 하였다(국사편찬위원회, 2025.1.30. 검색).

『삼국유사』 권 제2 기이 '만파식적'에 보면 왕이 행차에서 돌아와 그 대나무로 피리를 만들어 월성(月城)의 천존고에 간직하였다. 이 피리를 불면, 적병이 물러가고 병이 나으며, 가뭄에는 비가 오고 장마는 개며, 바람이 잦아들고 물결이 평온해졌다. 이를 만파식적(萬波息笛)으로 부르고 국보로 삼았다. 효소왕대에 이르러 천수(天授) 4년 계사(癸巳)에 실례랑(失禮郞)이 살아 돌아온 기이한 일로 해서 다시 만만파파식적(萬萬波波息笛)이라고 하였다. 자세한 것은 그 전기에 보인다(국사편찬위원회, 2025.1.30. 검색).

이처럼 신라 시대에 왕실의 중용한 물건을 수집하고 시설을 갖추어 보관했던 귀비고나 천존고가 있었음을 알 수 있다. 이는 유물을 보존하는 기능을 수행한 초기 박물관 형태임을 알 수 있다.

> 『삼국사기』 백제 본기 진사왕 7년(391) 봄 정월에 궁실을 다시 수리하였으며, 연못을 파고 산을 만들어 기이한 새와 특이한 화초를 길렀다. 『삼국사기』 신라 본기 제7 문무왕 편에 문무왕 14년(674년) 2월에 궁궐 안에 연못을 파고 산을 만들어 화초를 심고 진기한 새와 기이한 짐승을 길렀다(삼국사기 한국 고대 사료 DB. 2025.1.30. 검색).

이처럼 백제 진사왕 때 왕궁 안에 연못을 조성하고 산을 만들고 새와 화초를 길렀다는 것을 알 수 있다. 문무왕이 판 연못은 안압지로 통일신라 시대의 유적으로 기이한 화초와 동식물을 길렀다. 안압지는 그 당시의 정원으로 동물의 우리와 물을 먹인 것으로 추정되는 욕조 등이 나오고 호랑이와 곰의 뼈가 출토된 것으로 보아 동물원의 역할을 한 것으로 보인다. 식물은 남아있지 않지만 결국 안압지에 오늘날의 동·식물원이 있었음을 짐작할 수 있다.

(2) 고려 시대

고려 시대의 양원정이나 태평정은 진귀한 동물이나 꽃과 식물을 가꾸었던 곳으로 오늘날 동물원이나 식물원이라고 볼 수 있고, 장화전과 천장각, 보문각, 천연각은 귀중한 보물과 책, 그림 등을 보관했던 곳으로 초기의 박물관 형태로 볼 수 있다.

> 『고려사』 세가 권4 현종 즉위년(1009년) 2월에 교방[1]을 파하고, 궁녀 1백여 인을 풀어주었다. 양원정(閬苑亭)을 허물고 진기한 길짐승, 날짐승, 이류들을 산과 못에 놓아주었다. 『고려사』 세가 의종 11년(1157년) 4월 1일 민가를 50여 채를 헐어서 태평정(大平亭)을 짓고 태자에게 명해 편액[2]을 쓰게 하였다. 그 곁으로 유명한 꽃나무와 기이한 과실 나무를 심었으며, 진기하고 아름다운 장식물을 좌우에 늘어놓았다. 정자의 남쪽에는 못을 파서 관란정을 지었으며, 그 북쪽에 지은 양이정은 청자로 지붕을 덮었고, 남쪽의 양화정은 종려나무로 지붕

1) 교방(敎坊): 고려 시대 기생 학교 말기에는 기생 학교가 있는 지역을 이르기도 하였다.
2) 편액(扁額): 종이, 비단, 널판지 따위에 그림을 그리거나 글씨를 써서 방 안이나 문 위에 걸어 놓는 액자.

을 덮었다. 『고려사』 권14 예종 12년(1117년) 6월 6일 왕이 궁궐에 천장각(天章閣)을 설치도록 명하고, 송의 황제가 보낸 친필 조서 및 친히 쓰고 그린 서화[3]를 보관하게 하였다. 예종 16년(1121년) 12월 2일 임진 〈왕이〉 청연각(淸讌閣)에 거둥하여 송황제가 보내준 서적과 그림을 재추[4]와 시신[5]에게 두루 보여 주었다(고려사 고려시대 사료 DB. 2025년 1월 31일 검색).

『선화봉사고려도경』 권5 궁전1에 보면 장화전(長和殿)은 회경전 뒤편 북으로 쭉 뻗어 있는 산 위에 있다. 지세가 높고 험한 만큼 그 규모는 좁아서 건덕전에 미치지 못한다. 장화전의 양쪽 행랑[6]은 모두 보물을 보관하는 곳으로, 동쪽에는 우리 조정에서 하사한 내부의 보물을 보관하고 서쪽에는 고려의 재화를 저장한다. 『선화봉사고려도경』 권6 궁전2 연영전 각 조에 세 각(閣)을 세워 보문각(寶文閣)이라 했는데, 송의 여러 황제들이 내린 조서[7]를 보관한다. 서쪽은 청연각으로 여러 역사서와 제자백가서를 보관한다. 궁궐의 측면, 연영서전의 북쪽, 그리고 장화전의 남쪽에 별도로 보문각과 청연각 두 각을 창건하여 송 황제의 어제[8] 조칙[9]과 서화를 받들어 게시함으로써 훈칙으로 삼았다(선화봉사고려도경 사료 DB. 2025년 1월 31일 검색).

양원정은 고려 현종 때 철거된 궁중 정자로, 진귀한 동물들을 가두어 두고 궁녀들과 함께향유의 공간으로 사용되었을 것으로 추측된다, 그러나 현종의 개혁 조치의 일환으로 이 정자를 철거하고 궁중 연인을 해방하는 한 것으로 보인다.

태평정은 의종 11년(1157년)에 민가 50여 채를 헐고 지은 정자로, 화려한 조경과 진귀한 장식들로 꾸며졌으며, 태자가 직접 편액을 쓸 정도로 왕실의 권위와 위엄을 과시하는 공간이었다.

---

3) 서화(書畵): 글씨와 그림을 아울러 이르는 말.
4) 재추(宰樞): 임금을 돕고 모든 관원을 지휘하고 감독하는 일을 맡아 보던 이품 이상의 벼슬 또는 그 벼슬에 있던 벼슬아치.
5) 시신(侍臣): 임금을 가까이에서 모시던 신하.
6) 행랑(行廊): 대문간에 붙어 있는 방.
7) 조서(詔書): 임금의 명령을 일반인에게 알릴 목적으로 적은 문서.
8) 어제(御製): 임금이 몸소 짓거나 만듦 또는 그런 글이나 물건.
9) 조칙(詔勅): 임금의 명령을 일반에게 알릴 목적으로 적은 문서.

천장각은 궁궐 내에 설치된 전각으로, 송나라 황제의 친필 조서와 서화를 보관하기 위해 마련되었다. 이는 고려가 송과의 외교적 관계를 중시하고, 그 문물의 권위를 높이 평가했음을 보여주는 공간이다.

장화전은 동쪽 행랑에는 송나라로부터 받은 귀중품을, 서쪽 행랑에는 고려의 재화가 보관되어 있었다. 비록 규모는 작았지만 국가의 보물을 보관하는 중요한 역할을 한 공간이었음을 알 수 있다.

보문각은 송나라 황제들이 보낸 조서들을 보관하는 공간이었다.

청연각은 궁궐의 측면에 위치하며, 역사서와 제자백가서 같은 서적을 보관하는 곳으로, 예종은 이곳에서 신하들과 함께 책과 그림을 열람하며 학문적 교류와 문물 감상을 나누는 공간이었다.

(3) 조선 시대

조선 시대에 선원전, 장녕전, 영희전, 천한각은 역대 왕들의 초상화인 어진이나 옥책과 죽책 등의 각종의 책과 문서, 왕들이 손수 쓴 글씨를 새긴 판각 등을 보관하던 곳으로 초기의 박물관의 형태로 볼 수 있다.

> 세종실록 50권 세종 12년(1430년) 11월 22일 효령 대군 이보에게 명하여 어용[10]과 선원록을 새로 지은 선원전(璿源殿)[11]에 모시게 하였다. 세종실록 81권 세종 20년 5월19일 선원전이 준공되어 선왕(先王) · 선후(先后)의 쉬용[12] 및 『선원록』[13]을 봉안하였다. 세종실록 106권 세종 26년(1444년) 10월 22일 게메년에 이르러 임금이 궐내에 화공들을 모아놓고 임금과 중궁(中宮)의 수용[14]을 그리게 하고 또 태조와 태종의 어용을 다시 그리게 하여 다 완성되었으므로, 드디어 선원전에 봉안[15]하도록 명하였다. 문종실록 6권 문종 1년(1451년) 3월

10) 어용(御容): 임금의 얼굴.
11) 선원전(璿源殿): 조선조 때 태조 이하 역대 제왕의 어진(御眞)·금보(金寶)·옥책(玉册) 등을 모신 궁전. 진전(眞殿).
12) 쉬용(睟容): 어진.
13) 선원록: 왕실 족보로 국가에서 관리하는 왕의 친인척에 관한 인적 사항을 조사하여 기록한 것이다.
14) 수용(睟容): 임금의 화상.
15) 봉안(奉安): 신주(神主)나 화상(畫像: 사람의 얼굴을 그림으로 그린 형상)을 받들어 모심.

20일 경희전 구보(舊寶)와 죽책(竹册)[16]을 선원전으로 옮겼다. 단종실록 1권 단종 즉위년(1452년) 6월 22일 『자선당』이라는 도서, 『승화지당』이라는 도서, 『즙희』·『경지』라는 도서, 『휘지』라는 도서, 『서계』라는 도서를 대행 대왕의 현궁(玄宮)에 묻고, 『만춘전』이라는 도서, 상휘(上諱)의 도서, 『주선극일』이라는 도서를 선원전에 봉안하였다.

숙종실록 53권, 숙종 39년(1713년) 4월 11일 도감 제조 이이명 등 여러 신하들을 인견(引見)하니, 어용(御容) 화본(畫本)을 출초(出草)하는 일을 위해서였다. 임금이 익선관(翼善冠)·곤룡포(袞龍袍) 차림으로 나와 있는데, 먼저 일전에 기초(起草)한 이본(二本)을 어좌(御座)에 걸었다. 이이명이 2본을 정사(精寫)하여 한 벌은 대내(大內)에 봉안(奉安)하고 한 벌은 강화 장녕전(長寧殿)에 봉안하되, 장녕전에 봉안된 구본(舊本)은 그 즉시로 세초(洗草)[17]할 것을 청하니, 임금이 말하기를, "나의 의사도 또한 그러하다." 하였다. 경종실록 1권, 경종 즉위년(1720년) 6월 21일 "장녕전의 어진을 평상시에는 궤 속에 봉안하였는데, 지금은 사체가 전일과 다르니 벽상(壁上)에 펴서 봉안함이 마땅할 듯하며, 화상(畫像)에 향사(享祀)하는 절차 또한 영희전(永禧殿)의 예에 따라 하는 것이 마땅하니, 날을 가려 거행하되 국장(國葬)의 졸곡(卒哭)이 지난 후에 시행해야 할 것이다."

숙종실록 28권, 숙종 21년(1695년) 4월 3일 지경연(知經筵) 박태상이 말하기를,

"영희전(永禧殿)의 열성(列聖) 어용(御容)에 표지(表識)가 없으니, 혹시 뜻밖의 변고라도 있는 날이면 어떻게 분간하겠습니까? 표지하는 일이 없을 수 없습니다." 하니, 임금이 그 곁에 잘게 써서 표시하라고 명하였다. 뒤에 예조에서 곁에다 곧바로 쓰는 것이 사체(事體)로 보아 미안하다고 하여, 조그만 쪽지를 만들어서 거기다 표지하는 글자를 써서 영정(影幀)의 왼쪽에다 붙이고, 쪽지 윗쪽에는 붉은 쪽지를 덧붙일 것을 청하니, 임금이 윤허하였다. 영조실록 40권, 영조 11년(1735년) 3월 25일 영희전(永禧殿)에 있는 세조(世祖)의 어용(御

16) 죽책(竹册): 조선 시대에 왕실에서 존호·시호·휘호를 올리거나 죽음을 애도하기 위해 죽간(竹簡: 대나무 조각을 엮어서 만든 책)에 글을 새겨 엮은 문서.

17) 세초(洗草): 존치할 가치가 없는 문서를 없애버림. 초(草)했던 원고(原稿)나 폐기 문서를 물에 빨아 먹물을 빼고 도로 제지(製紙)하는 데 이용하였으므로 세초(洗草)란 말이 생겼음.

> 容)이 세월이 오래되어 종이가 해어지고 그림이 흐려졌는데, 좌의정 서명균(徐命均)과 예조 판서 김취로가 화사(畫師)를 거느리고 들어가서 봉심(奉審)하고서 가을철을 기다렸다가 임금에게 친심(親審)하기를 청하니, 임금이 이를 옳게 여겼다.
>
> 궁궐지 창덕궁조에 천한각(天翰閣)은 영휘각 동쪽에 있다. 예전 경소재의 터인데, 금상 갑술년(1694년, 숙종 20)에 천한각이라 명명하였다. 열성의 어필을 새긴 판각을 보관한 곳이다. 문종대왕, 성종대왕, 선조대왕, 원종대왕, 인조대왕, 효종대왕, 현종대왕 모두 일곱 조정의 어필을 새긴 판각을 대내에 보관하고 있었다(국립고궁박물관, 2024, pp. 168-169).

선원전은 역대 왕들의 조상화인 어진을 모신 곳이었고, 금으로 제작된 왕과 왕비의 의식용 도장인 금보와 왕실에서 책봉, 존호·시호·휘호를 올리거나 죽음을 애도하기 위해 옥간에 글을 새겨 엮은 문서인 옥책과 죽책, 각종 도서 등을 보관하였던 전각이었다.

장녕전은 조선조 숙종의 어진을 봉안한 영전으로 뒤에 영조의 어진도 봉안하였으며, 강화부에 있었던 전각이었고, 장녕전에 있는 숙종의 어진을 평상시에는 궤에 보관하다가 경종 때 벽에 펴서 걸었음을 알 수 있다.

영희전은 조선 태조·세조·원종(元宗)의 영정을 모신 전각으로 서울 남부 훈도방에 있었던 남별전(南別殿)을 고친 이름이고, 뒤에 숙종·영조·순조의 영정을 더 봉안하였음을 알 수 있다.

천한각은 왕들이 직접 쓴 글씨를 새긴 판각을 보관한 곳으로 문종대왕, 성종대왕, 선조대왕, 원종대왕, 인조대왕, 효종대왕, 현종대왕 모두 일곱 조정의 어필을 새긴 판각을 대내에 보관하였던 공간이었다.

(4) 개항기

박물관에 대한 이해는 우리나라에 근대 박물관이 설립되기 이전인 1881년부터 나타나고 있다. 박물관에 대한 근대적 인식은 조선조사일본시찰단(朝鮮朝士日本視察團)의 일원이었던 박정양과 조준영 그리고 갑신정변의 주역이었던 박영효에게서 나타난다. 이들이 갖고 있었던 박물관은 크게 두 가지로 나누어지는데, 하나는 식산흥업[18] 시책으로서 박물관을 이해하는 것이요, 다른 하나는 학술교육 시책으로서 박물관을 이해하는 것이다. 고종은 사실 박물관보다는 직접적인 경제적 효과를 기대할 수 있는 박람회에 더 큰 관심을 가졌다. 이는 박물관에 대한 두 가지 관점, 즉 식산흥업과 학술교육 중에서 부국강병과 직결되는 식산흥업의 주요 수단으로서 박람회와 박물관 개념을 정책 기조로 삼았음을 의미한다(양현미 외, 2002, pp. 8-9). 유길준은 1895년 간행된『서유견문(西遊見聞)』에서 만국박람회에 대해 생산물, 고물, 진기한 물품을 수집, 전시하여 연구와 교류를 통해 세계의 문명과 교화에 이바지하는 기능성을 제시한 바 있다(채훈 역, 1988, p. 280).

우리나라에서 박물관에 대한 근대적 인식은 1881년 고종이 개화 정책 추진에 필요한 정보 수집과 인재 양성을 목적으로 파견한 일본 시찰단이 근대화된 각종 시설과 박람회, 박물관을 둘러보고 와서 낸 시찰 보고서에 처음 나타난다. 이를 계기로 박물관과 박람회에 대한 인식을 하게 되었으나 박물관 건립으로 이어지지 않았고, 경제적 효과를 기대하고 1893년 시카고 만국박람회 참가를 시작으로 해외 박람회에 적극적으로 참가하는 정책을 펴나가기 시작한다.

박물관을 근대적인 교육기관으로 인식한 것은 박영효가 1888년 일본에 망명 중에 고종에게 올린 개혁 상소를 올렸다. 그는 개혁을 위해 봉건적인 신분제도의 철폐와 근대적인 법치국가의 확립에 의한 조선의 자주독립과 부국강병을 강조하였는데 그 가운데 교육 및 학술 문화 정책의 하나로 박물관을 세울 것을 주장했다(목수현, 2000).

우리나라에 근대적인 박물관이 설립된 것은 이전에 있었던 박물관에 대한 두 가지 이해방식인 경제적 관점이나 교육적 관점과 연관성을 갖지 않은 제3의 관점, 즉 통감부의 국권 피탈 전략이라는 정치적 관점에서 이루어진 것이다. 박물관을 포함한 창경궁 개편 사업은 우에노 공원을 모델로 한 것이었으며, 제실박물관은 일본의 제실박물관을 모델로 한 입헌군주제 아래의 왕립박물관이었다. 이러한 시설들은 마치 대한제국의 황실이 자발적으로 일본을 모델로 한 근대화를 지향하고 있다는 듯한 인상을 주기 위한 것이었다. 이는 통감부의 한일합병 전략, 즉 조

18) 식산흥업(殖産興業): 한 말, 자주적인 경제 발전을 위해, 도로 · 철도 · 전기 등 근대 산업 기반 시설과 공장 · 광산의 설립, 상업적 농업의 확대를 추진했던 정부 정책과 민간의 경제 운동.

선인 스스로 한일합방을 원하였다는 논리하에서 이루어졌다는 것을 입증해 준다(양현미 외, 2002, p. 9).

우리나라에서 '박물관'이 처음으로 설립된 것은 대한제국의 마지막 황제인 순종이 1907년 즉위하면서 추진하여 1908년 9월 창경궁 내에 설치한 제실박물관(帝室博物館)이다.

1907년 고종황제의 양위로 경운궁에서 즉위한 순종은 11월 6일 박물관의 창설을 제의하여 동물원·식물원을 개설하고 이왕직 장서각을 신설하였다. 1908년 9월에 어원사무국이 설치되면서 동물원과 식물원 추진되고, 박물관은 전국 각지에서 도굴되어 유출된 고려자기와 고려 시대 동기(銅器)들을 구입하기 시작하였다. 이 시기에 일본인에 의해 도굴된 문화재를 총독부를 거쳐 한국 왕실에서 거액을 들여 사들였다. 이렇게 삼국시대 이래의 불교 공예품, 조선 왕조시대의 회화, 역사 풍속도, 도자기 등을 주로 수집하였다. 1909년 11월 창경궁을 일반에게 공개하면서 식물원, 동물원과 동시에 조선 왕가의 박물관도 궁궐 내의 전각들을 이용하여 전시하고 일반인에게 공개함으로써 박물관 본연의 전시기능을 발휘하기 시작하였다(이난영, 2015, p. 25).

당시의 제실박물관은 일본의 실질적인 지배체제 아래에서 '이왕가(李王家) 일가의 취미 제공과 조선의 고미술을 보호한다'라는 목적하에 일본인 고미야 미호마쓰(小宮三保松)와 이완용, 이윤형 형제가 주관하였다는 오점을 남겼지만, '백성과 함께 즐기겠다'라는 순종 황제의 '여민해락(與民偕樂)' 정신이 반영된 대중박물관으로 본격 출발하게 된 것임에는 틀림이 없다. 더욱이 근대 박물관으로서의 면모를 과시하기 위해 당시로서는 거금인 30만 환을 들여서 새로운 박물관 건물을 설계하기도 하였다(유병하, 2014).

(5) 일제 강점기

이왕가박물관

제실박물관은 일제에 국권을 빼앗기면서 1911년 이왕가박물관으로 격하된다. 1911년 9월 통명전의 동북쪽에 있던 자경전 자리에 지하를 포함하여 총 220평의 이왕가박물관의 본관 건물이 착공되어 1912년 3월 14일 낙성을 보기에 이른다.

이해 12월에 총 소장품이 12,230점으로 집계되었다(이난영, 2015, p. 26).

조선총독부 박물관

일본은 조선총독부의 시정 5년을 대대적으로 선전하기 위하여 물산공진회를 경복궁에서 개최하고 1915년 12월 1일 공진회 당시의 미술관 건물을 본관으로 하여 총독부박물관을 발족하였다. 이곳에는 주로 고적 조사에 의한 수집품과 매장유물의 국고 귀속품, 구입품, 그리고 각 사찰의 기탁품 등을 중심으로 역사, 미술공예에 관한 자료들이 전시되었다(국립중앙박물관 홈페이지, 2001). 조선총독부 박물관은 1926년 6월 20일에 경주분관, 1939년 4월 1일에 부여 분관을 각각 개관하였다. 이 총독부 박물관은 우리 미술품을 수집관리, 매장문화재 관리, 유적관리, 문화재 조사 등을 관장하기 위한 통치권 확립의 수단이었다.

이왕가미술관

우리나라에서 가장 먼저 설립된 박물관은 대한제국 황실이 1909년 11월에 서울 창경궁에 개관한 제실박물관(帝室博物館)이다. 제실박물관은 1911년 2월 1일 이왕가박물관(李王家博物館), 1938년 4월 이왕가미술관, 광복 이후인 1946년에 덕수궁미술관으로 각각 개편되었다(국립중앙박물관 홈페이지).

1938년 덕수궁이 일반에게 공개되면서 석조전에 일본의 근대 미술품을 진열하여 상설 미술관으로 문을 열고 회화, 조각, 공예로 분류 전시하였다. 그리고 같은 해 3월 새로운 미술관 건물이 준공되면서 창경궁 내에 있던 제실박물관에서 미술품만을 골라 이관하고 이왕가미술관을 발족시켰다. 이 미술관이 우리나라 최초의 국립미술관이었다.

1945년 광복으로 이왕가미술관과 총독부 박물관은 새 한국 정부에 인수되어 덕수궁미술관과 국립박물관으로 새 출발 하게 된다. 그러나 덕수궁미술관은 제대로 발전하지 못하고 1969년 5월에 국립박물관에 흡수되었고, 그해 국립현대미술관이 경복궁 전시관을 빌어 출범했다(이구열, 1982, pp. 40-42).

간송미술관

간송 전형필이 1938년 개관한 한국 최초의 근대식 사립미술관인 '보화각'이

1966년 간송미술관으로 개명되었다. 전형필은 일제하에서도 우리 문화재인 서화, 도자기, 고서, 불상 등 방대한 문화유산을 수집하였고, 국보 12점과 보물 10점, 그리고 서울특별시 유형문화재 4점 등 수천여 점의 문화유산을 소장하고 있다.

그 외 박물관

조선민족미술관은 1924년 조선에서 일본인 야나기 무네요시(柳宗悅)가 경복궁 안 집경당에 창립한 미술관으로 광복 직후 소장품은 국립민족박물관에 이관되었고, 6 · 25전쟁 직후 국립중앙박물관 남산 분관에 흡수되었다. 과학박물관의 시초는 남산 왜성대의 은사기념과학관으로 1927년 5월 개관했고, 1945년 국립 과학박물관으로 명칭 변경하고, 1949년에 국립과학관으로 개편되었다.

지방에서는 지역 유지들에 의하여 개성부립박물관(開城府立博物館, 1931년 11월 1일), 평양부립박물관(1933년 10월), 공주박물관(1938년 10월 1일)이 각각 개관되었다.

(6) 광복 이후 시기

1945년 광복 후 경주 분관과 부여분관, 공주분관, 1946년 개성 분관이 국립박물관 분관으로 체제가 정비되었다. 인천시립박물관이 1946년 개관하였고, 덕수궁미술관은 1969년 국립박물관에 통합되었고, 왜성대에 있던 국립과학관은 6.25동란 후 소실되었고, 와룡동에 1970년에 본관이 준공되었다. 그 후 1983년 대덕 연구단지에 국립중앙과학관 개관, 1990년 와룡동에 국립서울과학관으로 개관하였다.

- 1975. 07. 02. 국립경주박물관 이전 개관(경주분관 인왕동으로 이전 개관, 현 박물관)
- 1975. 08. 01. 국립부여박물관 승격(1993. 08. 06. 국립부여박물관 이전 개관, 현 박물관)
- 1978. 12. 06. 국립광주박물관 개관
- 1984. 11. 02. 국립진주박물관 개관

- 1987. 10. 30. 국립청주박물관 개관
- 1990. 10. 26. 국립전주박물관 개관
- 1994. 12. 07. 국립대구박물관 개관
- 1998. 07. 29. 국립김해박물관 개관
- 2001. 06. 15. 국립제주박물관 개관
- 2002. 10. 30. 국립춘천박물관 개관
- 2004. 05. 14. 국립공주박물관 이전 개관(현 박물관)
- 2013. 11. 22. 국립나주박물관 개관

국립중앙박물관

제실박물관은 1907년 경운궁에서 즉위한 순종 황제가 창덕궁으로 거처를 옮기기로 하면서 경운궁을 덕수궁이라 고쳤다. 그해 11월 6일 동물원과 식물원을 개설하고 이왕직 장서각을 신설하고, 1908년 9월에 박물관 설립이 추진을 관장할 어원사무국이 설치되었다. 왕실에서 거액을 들여 당시 일본인들에 의해 도굴된 고려자기, 불교 공예품, 조선 시대 그림 등을 수집하였다. 1909년 11월 1일에 창덕궁 내에 개관하여 일반인에게 공개하였다.

그러나 1910년 국권 피탈 이후 제실박물관은 1911년 2월 1일 이왕가박물관(李王家博物館)으로 격하되었다. 조선총독부에서 1911년 9월 경복궁 내에 박물관 건물을 착공하여 1912년 3월 14일 완공하고, 1915년 12월 1일 조선총독부 박물관이 개관하였고, 산하에 경주, 부여 분관과 평양 · 개성부립박물관을 두고 있었다.

일본인들에 의해서 운영되던 조선총독부 박물관은 1945년 8월 15일 광복이 되면서 그해 9월에 인수하여 12월 3일 국립박물관으로 개관하였다. 그러나 6 · 25전쟁으로 1950년 12월 소장품 부산으로 중요 문화유산 2만여 점을 긴급 피난시키고 이전하여 임시 사무실을 광복동에 설치하였다. 1953년 8월 부산에서 경복궁 내 청사로 복귀하였다. 1954년 남산 분관으로 이전 개관하였고, 1955년 6월 남산 분관에서 덕수궁 석조전으로 이전 개관하였고, 1969년 5월에 덕수궁미술관과 통합하였다. 1972년 07월 19일 국립박물관을 국립중앙박물관으로 명칭 변경하였고, 그해 8월 25일 경복궁 내 현대적 설비를 갖춘 건물을 신축하고 이전 개관(현 국립민속박물관)하였다. 1986년 8월 21일 구 중앙청을 리모델링하여 국립중앙박물관

이전 개관하였고, 조선총독부 건물이 철거되면서 바로 옆 사회교육관 건물을 증축하여 1996년 12월 13일 국립중앙박물관 이전 개관(현 국립고궁박물관)하였다. 용산 가족공원 내 새 국립중앙박물관을 신축·이전하여 2005년 10월 28일 개관하여 오늘에 이르고 있다.

국립중앙박물관은 한국과 세계의 문화유산을 수집·보존·연구·전시·교육하여, 국민의 창조적 문화 창출과 행복 추구에 이바지할 목적으로 설립하였다.

국립민속박물관

1945년 11월 8일 국립민족박물관(미군정청 임명 사령 제68호)으로 창립되어 1946년 4월 25일 국립민족박물관 개관(서울시 중구 예장동)하였다. 1950년 국립박물관에 통합되었다가, 1966년 10월 4일 경복궁 내 수정전에 한국민속관 개관(문화재관리국 소속)하였다. 1975년 4월 11일 한국민속박물관 개관(경복궁 내 구 국립현대미술관 건물)하였고, 1979년 4월 13일 국립중앙박물관 소속 국립민속박물관으로 직제 개편되었다. 1993년 2월 17일 경복궁 내 현 건물(구 국립중앙박물관 청사)로 이전 개관하였다. 2003년 2월 17일 어린이박물관으로 개관하였고, 2021년 7월 23일 국립민속박물관 파주 개관의 현재에 이르고 있다.

민속 박물관은 우리 민족 고유의 전통 및 근·현대 민속문화를 수집·보존·연구·전시·교육하여, 민속문화를 전승하고 새로운 미래 가치를 창출하여 이를 세계에 널리 알리기 위한 목적으로 설립되었다.

국립현대미술관

1969년에 미술작품 및 자료의 수집·보존·전시·조사 및 연구와 이에 관한 국제교류 및 미술 활동의 보급을 통한 국민의 미술 문화 의식 향상을 목적으로 설립되었고, 산하에 국립현대미술관 과천관, 덕수궁관, 서울관, 청주관을 관할하고 있다.

주요 사립미술관, 박물관

주요 사립미술관으로는 1982년 호암미술관, 1991년 선재미술관(아트선재미술관, 현재 우양미술관), 1991년 월전미술관(2007년 이천시립월전미술관으로 재개관),

1996년 금호미술관(1989년 금호갤러리), 1999년 성곡미술관 등의 사립미술관이 설립되었다.

주요 사립박물관으로는 1964년 한독의약박물관, 1982년 호림박물관, 1991년 거제박물관, 1991년 옹기민속박물관, 1993년 목아박물관, 1997년 만해기념관, 2002년 가회박물관, 2003년 금오민속박물관 등이 설립되었다.

대학박물관

대학박물관은 1934년 보성전문대학교(현재, 고려대학교), 1935년 이화여자전문학교(현재, 이화여자대학교), 1941년 경성제국대학 진열관(1946년 서울대학교 부속박물관으로 명칭 변경), 1965년 연희전문학교(현재, 연세대학교) 박물관이 개관하였다.

대학박물관은 1955년 대학설치 기준령에 설치를 권장하였고, 1967년에는 대학설치 기준령에 종합대학에는 설치 의무화하였으나, 1982년 대학설치 기준령에서 박물관 설치 조항이 삭제되었다.

나. 서양

(1) 고대

비록 그리스시대부터 수집된 자료를 보관하는 박물관이 생기기 시작했으나, 현대의 박물관과 도서관의 직접적인 기원은 이집트라 할 수 있다. 이집트의 프톨레마이오스 필라델푸스(Ptolemy II Philadelphus, 309–246 BC)와 프톨레마이오스 소테르(Ptolemy I Soter, 305/304-282 BC)의 뜻을 이어 궁전 일부에 각종 수집품, 즉 철학자의 조각상, 진귀한 동물, 기타 미술품, 서적 등을 모으고 뮤제이옹(Mouseion)이라 부르게 했다. 뮤제이옹은 수집된 도서와 미술품을 이용하여 문예, 철학을 연구하는 것을 목적으로 설립되어, 고대의 유명한 학자와 수학자들을 불러 토론하고 연구하게 했다. 즉, 최초의 박물관과 동시에 공공도서관 및 학술 연구원의 역할을 한 것이다. 당시 박물관 운영을 살펴보면, 총 70만 권의 장서를 기반으로, 소장품을 관리하고 연구하는 부서들이 세분화되어 있고, 부서별로 전문가들이 종사하고 있었다(나애리, 2020, p. 79).

박물관에서의 활동을, 종교적 목적을 떠나 순수한 학예활동으로 평가한 이 시대에는 학자와 예술가들이 활동할 수 있는 장소를 마련하고 그곳을 'Museum'이라고 불렀다. 뮤즈(Muse)가 학예와 예술을 관장하는 신이니 그곳을 '예술의 전당'이라 할 수 있었고 미술품을 평가하고 수집하는 것 또한 이 시대에 시작되었다(이은기, 1995, p. 188). 그리고 이곳은 도서관이면서도 여러 가지 예술품과 진귀한 동식물, 철학자의 조상 등을 함께 전시한 문화중심지로서 학자들이 다 모여 연구하는 종합 학술 문화센터였다.

세계를 제패한 로마제국에서는 세계 각지의 미술품 및 진귀한 동식물 등 각종 전리품이 유입되었는데, 이것들은 대체로 개인의 가정에서 진열·전시되는 가정용 소박물관의 형태로 나타나게 된다. 하지만 로마의 박물관이 이런 소박물관의 형태로만 나타난 것은 아니다. 폼페이우스는 미트리데트왕의 비장품을 주피터 신전에 봉납하였고, 시저는 베누스 신전에 예술품을 봉납하였다. 또한 어시너스는 기념물 관을 설치하여 공중의 관람에 제공하였으며, 아그리파는 수집품의 일반 공개를 권장하며 "미술품은 국가와 사회 공중의 것이니 은닉, 독점하지 못하도록 해야 한다."라고 주장하였다(홍보라매, 2016, p. 22). 이처럼 로마 시대에는 일부 왕족, 귀족들이 자기 저택이나 수도원 등에서 은밀하게 예술품 등을 보관하여 개인 수장에 치중하는 형태의 박물관으로 귀족이나 부호들에 의해 독점되던 미술품이 일부 예술가나 학자들에게 공개되는 정도였다.

(2) 중세

중세박물관은 중세 시대의 종교, 예술, 진귀한 물건 등을 전시하는 공간으로, 조각이나 성화, 장식품 등 다양한 유물을 통해 당시의 신앙과 미의식을 엿볼 수 있다. 종종 수도원이나 성채 등 역사적 건물을 활용해 공간 자체가 전시 일부가 된 것을 알 수 있다.

중세 유럽에서는 각 사원이 박물관 역할을 하며 주로 그리스도교 관련 예술품을 수집, 보관하였고, 그 외에는 고대 그리스의 서적이나 성서들을 수집했다. 당시 사원 내에서 제작된 수도사들의 필사본은 오늘날까지도 중세의 주요 유물로 남아있다. 사원의 수도사들은 고대 그리스의 서적과 성서를 필사해 보급하고, 이들 자료를 보존함으로써 로마멸망 이후 문화적 암흑기에도 고전 학문을 발전시킬 수 있었다(나애리, 2020, p. 80).

11세기 말에서 13세기까지의 십자군 원정은 성지 예루살렘의 탈환이라는 대의명분 못지않게 성유물 수집에 열을 올렸던 사실도 부인할 수 없다. 이렇게 십자군이 가져온 예술품을 사원이나 수도원에 보관하게 되어 그리스도교 문화유산의 수집, 보관, 공개를 시작하였다. 십자군 원정의 성과로 수집 공개되는 각종 예술품이나 진귀한 문물에 구경꾼들이 몰려들었으나 정확한 고증을 거치지 않은 문제를 불러오기도 하였다(이난영, 2015, p. 6).

14세기 후 고대 유물과 각종 미술품을 열광적으로 탐구되고 수집되고, 이를 전시할 전실의 수도 급작스럽게 증가했다. 마침내 교회의 권위가 쇠하고, 그 자리에 호사스러운 군주나 대부호들이 차지하면서 서서히 근대적인 의미의 수장가들이 형성되기 시작했다(심상용, 2000, p. 71).

(3) 르네상스 시대

르네상스 시대의 박물관은 오늘날과 같은 공공 기관의 형태보다는 왕족, 교황, 귀족 등 상류층의 사적인 수집 공간으로서의 성격을 지녔다. 고대 그리스·로마 문명에 관한 관심이 부활하면서 예술품, 고고 유물, 자연사 표본 등을 수집·전시하는 '스투디올로(studiolo: 희귀한 것, 호기심 유발 대상물, 식물 표본 등을 모아 놓은 작은 정사각형 공간)'나 '궁정 컬렉션'이 형성되었고, 이는 학문과 예술, 권력의 상징으로 기능했다. 이 시기 박물관은 대중에게 공개되지 않았으며, 지식인이나 예술가, 외교사절 등 제한된 사람들에게만 열려 있었다.

16세기 르네상스 시대에는 왕족과 귀족들이 예술품을 수집하는 붐이 형성되어 수장가는 늘어났지만, 수집품은 개인 저택의 화랑이나 복도에 진열하여 일부 계층만 한정적으로 공개하는 정도였다. 이때의 이탈리아 피렌체 메디치 가문은 대표적인 수장가로 본인들의 미적 취향을 과시하기 위하여 스투디올로라는 문화공간을 조성하였다. Medichi에서 소장하였던 예술품을 예술계의 발전을 위하여 예술계에 공개하였는데, 이것이 일반인에게도 예술품을 공개하는 전시기능이 부각된 박물관의 효시(나선화, 1999, p. 242; 윤병화, 2016, p. 12)라고 할 수 있다.

17세기로 접어들면서 '캐비닛(cabinet: 영국)', '분더캄머른(wunderkammern: 독일)', '갤러리(gallery)'라는 개념이 등장하는데 캐비닛은 골동품, 예술작품, 고문서,

장식적인 유물을 모아서 전시해 놓은 작은 공간을 지칭한다. 갤러리와 캐비닛보다는 규모가 큰 전시공간을 지칭하며 회화와 조각을 전시하는 공간으로 사용되었다. 16세기 이전에 미술품 수집은 귀족들의 재력 과시용이 주였던 반면, 17세기에 와서는 소장품 자체의 가치를 인정하고, 소장품을 유물로서 잘 보관하고자 하는 생각이 지배적이었다. 따라서 호기심의 방(Cabinet of Curiosity)의 소장품들은 체계적인 분류 시스템하에서 보관되었다(나애리, 2020, p. 81).

1667년 루브르궁에서 대살롱 전시회(Gally)가 개최되었고, 이후 1678년 루이 14세가 루브르궁에서 베르사유궁으로 거처를 옮긴 후 1715년 루이 14세가 루브르궁 일부를 아폴론 갤러리로 문을 열었다. 이때 일부 이용자를 위해 정기적으로 왕립아카데미와 전시 활동을 진행하였다(윤병화, 2016, p. 12).

이 시대의 박물관은 예술품을 수집한 왕족이나 귀족들이 예술의 후원자 역할을 해 줌으로써, 예술의 부흥에 이바지했다고 볼 수 있다. 이들이 수집한 수장품들이 17세기 후반에 가서야 비로소 일반인들에게도 공개되었고, 그 수장 자료가 교육자료로 활용케 되었다.

영국의 Asmole 경이 자신의 수장품을 Oxford 대학에 기증하면서 대학박물관의 시초인 에쉬몰리언 박물관(Ashmolean Museum)이 1683년에 개관하여 일반에 공개되었다. 이는 박물관이 일반 공중에게 공개하는 효시가 되었다. 이를 계기로 일반교육을 목적으로 한 박물관 개념이 정립되고 왕실과 귀족의 개인 수집품이 일반에게 공개되었으며, 공공 박물관이 증가하기 시작하였다.

(4) 근대

근대 박물관은 계몽주의와 프랑스 혁명, 산업혁명 등의 사회적 변화를 배경으로 등장한 공공 기관으로, '지식의 민주화'를 지향하며 대중에게 개방이 시작되었다. 이 시기의 박물관은 국가가 주도하여 문화유산과 예술품을 수집 · 보존 · 전시하며, 국민 정체성과 역사의식을 형성하는 수단으로 활용되었다.

18세기에는 정치, 경제, 사회, 문화적으로 시민계급의 성장, 계몽주의 파급, 산업혁명 등으로 유럽에 많은 혁명이 일어났다. 이러한 혁명으로 절대왕정이 타도되고 시민계급이 권력을 장악하였으며, 봉건 제도적인 잔재를 제거함으로써 자유로운 근대 자본주의의 발전을 가능하게 하였다. 사회에 만연한 각종 악습도 제거

되었고 고착된 종교적 이념이 배제되었다(윤병화, 2016, p. 13).

1789년 프랑스 대혁명 이후 근대에 들어오면서 박물관은 공공 박물관의 형식으로 자리 잡게 되었고, 박물관이 '호기심의 상자'라는 개념으로 변화함에 따라 일반 대중들의 박물관에 관한 관심도 증가하였다(홍보라매, 2016, p. 24).

18세기 산업혁명으로 부를 축적한 금융가와 산업자본가들은 미술품을 수집하기 시작하였고, 박물관에 대한 학문적인 태도가 나타났다. 1737년에 이탈리아 피렌체에 '우피치 박물관', 1764년 러시아 상트페테르부르크에 '에르미타쥬 박물관' 1773년 바티칸에 '바티칸 미술관', 1759년 영국 런던에 '대영박물관', 1793년 프랑스 파리에 '루브르 박물관'이 건립되었다. 비영리적이고 사회 봉사적인 기구로서의 성격을 가진 현대적 개념의 박물관 출현은 프랑스 혁명정부가 루브르 박물관을 시민들에게 개방하기 시작하면서 시작된 것으로 볼 수 있다.

(5) 19세기 이후

19세기 박물관은 산업혁명과 제국주의의 확산, 국민국가의 형성과 함께 대중교육과 국가 정체성 형성을 위한 문화 기관으로 자리매김하였다. 이 시기 박물관은 일반 대중에게 개방뿐만 아니라, 공공성을 기반으로 한 교육적 기능이 강조되었고, 전시 기법은 과학적 분류와 연대기적 배열을 중심으로 체계화되었다.

박물관에 대한 대중의 인식 변화와 시민들의 요구가 늘어나면서 교육기관으로 자리매김하기 시작했다. 1845년에는 영국 의회에서 박물관령이 통과, 공포되면서 박물관은 공공 기관이며 시민 교육기관으로 규정되었다. 1850년에는 박물관을 창설하는 법안이 제정되고, 1892년에는 무료화를 규정하였다. 미국의 경우 1805년 '펜실베이니아 예술원', 1846년 '스미스소니언 박물관', 1870년 '메트로폴리탄 박물관', 1883년 '시카고 필드 자연사 박물관', 1929년 '뉴욕 현대미술관(MoMA)', 1974년 '폴 게티 미술관'이 설립되었다.

19세기에 이르러 박물관은 그 수가 점점 더 증가했고, 현대적인 박물관이 설립되기 시작하였다. 먼저 박물관이 발달한 유럽의 박물관이 정부 주도로 설립된 것에 비해 미국의 박물관은 민간 차원에서 애호가나 개인 법이, 사설 단체에 의해 정부의 재정적인 지원을 받아 설립되어 급속히 증가하였다.

참고문헌

국성하(2007). 우리 박물관의 역사와 교육. 서울: 혜안.

국립고궁박물관(2024). 국역 궁궐지. 서울: 문예원.

나선화(1999). 박물관 교육의 특성과 역할. 한국교육학회 교육철학연구회. 교육철학, 19집, 241-252.

나애리(2020). 유럽 박물관의 역사. 유럽문화예술학논문집, Vol. 11, No. 2, 77-87.

목수현(2000). 일제하 박물관의 형성과 그 의미. 서울대학교 대학원 석사학위논문.

심상용(2000). 그림 없는 미술관. 이룸.

양현미 외(2002). 박물관 · 미술관 중장기 발전방안 연구. 서울: 한국문화관광정책연구원.

유길준(1895). 西遊見聞, 한국사상대전집. 양우당. 채훈 역(원서 출판 1988년).

유병하(2014). 내한제국의 제실박물관과 대한민국의 국립박물관. 전북도민일보(2014.12. 25.)

윤병화(2016). 학예사를 위한 박물관관학. 예문사.

이구열(1982). 한국의 박물관 · 미술관 역사와 실태. 계간미술, 21(봄), 30-46.

이난영(2015). 박물관학. 서울: (주)삼화출판사.

이은기(1995). 미술관의 성립과 후원자의 역할. 현대미술관 연구 제6집.

문화체육부(1994). 국제박물관 협의회 규정집. ㈜계문사.

박물관 및 미술관 진흥법 [시행 2024.5.17.] [법률 제19590호, 2023.8.8., 타법개정].

최종호(2004). 박물관의 이론과 실제: 박물관 실무지침(2). 서울: 한국박물관협회.

홍보라매(2016). 박물관학. 서울: (주)시대고시기획.

국가유산포털. https://www heritage.go.kr/main/?v=1746158554972(2025.5.2. 검색)

국립중앙박물관 홈페이지. https://www museum.go.kr/site/main/home(2025. 2.5 검색)

국사편찬위원회. 고려시대 사료 DB. 고려사. https://db.history.go.kr/goryeo/main.do(2025.1.31. 검색)

국사편찬위원회. 한국고대 사료 DB. 삼국유사. https://db.history.go.kr/ancient/level.do?itemId=sy(2025.1.30. 검색)

국사편찬위원회. 고려시대 사료 DB. 선화봉사고려도경. https://db.history.go.kr/goryeo/main.do(2025.1.31. 검색)

국사편찬위원회. 조선왕조실록. https://sillok.history.go.kr/main/main.do(2025.1.31. 검색)

한국민족대백과사전. https://encykorea.aks.ac.kr/(2025.5.2. 검색)

한국학진흥사업 성과포털. http://waks.aks.ac.kr/(2025.5.2. 검색)

박물관 및 미술관 진흥법(약칭: 박물관미술관법). [시행 2025.5.1.] [법률 제20746호, 2025.1.31. 일부개정]

제2장 박물관 교육의 역사

박물관은 전시된 물건들을 관람자에게 보여주기 위한 공간이고, 관람자는 그 전시물들을 통해 지적, 정서적 영향을 받기에 박물관은 교육적인 공간이다. 따라서 박물관은 기능 자체에 교육적인 목적이 있다고 할 수 있다. '박물관 교육(Museum Education)'은 "기관이자 공간인 박물관"에서 일어나는 교육으로서, "박물관이 갖는 고유의 기능과 교육의 기본 성격이 결합"된 교육(백령, 2005, p. 19)이라고 정의할 수 있다. 박물관 교육은 그 활동의 범위에 따라 다시 광의의 개념과 협의의 개념으로 나눌 수 있다. 광의의 박물관 교육은 박물관에서 교육적 의미를 지니는 모든 활동을 의미한다. 박물관은 기능 자체에 교육적인 목적이 있으며 유물자료를 수집, 연구하는 일, 전시계획을 세우고 실천하는 일, 특별 행사를 하거나 교수 활동을 하는 일 등이 모두 박물관 교육이 된다. 반면 협의의 박물관 교육은 박물관에서 독립적으로 운영되는 아카데미 형식의 활동으로 보는 관점이다. 박물관을 매개로 하여 누군가를 가르치는 일, 즉 아동이나 성인을 대상으로 시행하는 박물관 교육 프로그램과 이벤트를 지칭할 수 있다. 이 글에서는 광의의 개념을 포함하지만 협의의 개념으로 제한하여 우리나라와 세계의 박물관 교육의 역사를 고찰하고자 하였다.

1. 우리나라 박물관 교육의 역사

박물관은 문화적 행위가 일어나는 교육기관이다. 우리는 박물관이 처음 생겼을 때부터 지금까지 박물관 교육을 받아왔고, 또한 행해왔다. 역사를 살펴보면 우리나라는 현대적인 박물관의 기능을 모두 충족하지는 않았지만 우리나라에도 박물관의 기능의 한 부분을 담당하는 유사박물관이 있었다. 신라시대 설화를 살펴보면 당시에도 왕궁의 보물을 보존하는 장소가 있었으며, 고려시대와 조선시대에 와서는 몇몇의 기록들에서 궁궐이나 서원, 사찰에서 왕실의 보물을 보존하고 관리하기 위한 공간이 존재하고 있었음을 확인할 수 있다(국성하, 2007, p. 38). 그러나 당시에는 보물을 특정한 공간에서 다른 이들에게 인지시키고자 하는 전시와 교육의 모습은 보이지 않는다. 때문에 우리나라의 박물관 교육의 역사는 근대 이후 박물관 제도의 도입과 함께 시작된다고 볼 수 있다. 현대적 의미의 박물관의 모습을 갖춘 것은 일제강점기였으며, 그 시기부터 우리나라 박물관 교육의 성격과 목적이 변화하며 발전해 왔다.

가. 일제강점기 박물관 교육

일제강점기 동안 일본인들은 다양한 교육, 문화시설의 한 부분으로 박물관을 설립하였고 근대적 사회교육기관으로 이용하였다. 당시에는 박물관을 교육적인 목적과 왕실의 위엄을 과시하기 위한 목적으로 이용하였는데, 일본인들은 박물관을 자신들을 위한 교육의 공간이자, 권위의 공간으로 박물관에 기능하게 하여 사회 교육적인 목적으로 사용하였다.

우리나라 최초의 박물관은 창경궁 내에 1909년 설립된 '제실박물관(현재 국립중앙박물관의 전신)'이다. 1911년에는 '이왕가박물관'으로 명명되었다. 편의에 따라 창덕궁박물관, 창경궁박물관, 창경원박물관, 이왕직박물관, 어원박물관 등으로 불리기도 했다. 이 박물관은 순종이 창경궁 내에 설치한 박물관으로 조선의 고예술품을 중심으로 유물을 소장했다. 미술공예품이 중심이 된 미술박물관으로 덕수궁을 개방하고 석조전에 미술품을 전시하기도 하였다. 그런데 당시 덕수궁 석조전에서 전시하려 했던 것은 처음에 조선의 고미술품이었는데, 오히려 일본 근대 미술품이 전시되고 말았다. 덕수궁 석조전의 일본 미술품 전시는 발달한 일본의 예술을 조선인들로 하여금 배우게 하고자 하는 의도가 내재되어 있었고, 이 의도가 조선의 고미술품을 제외한 채 이루어지게 되었다. 이는 곧 조선의 근대미술이 따라야 할 미적 기준이 일본 미술이 된 셈이었다. 이후 1938년에 덕수궁에 신축건물을 지어 이전하고, '이왕가미술관'으로 명칭이 바뀌면서부터는 조선의 고예술품에 대해서 특별한 관심을 갖고 있는 관람객들에게 특별관람을 허용하였다. 이때, 연구를 위해 소장품 격납고에 들어가서 관람하거나 모사, 모조, 촬영하는 것을 허가하였다. 이는 미술과 관계 있는 사람들에게 조선의 고미술이나 일본 근대미술을 배울 수 있는 실제적인 기회도 부여한 것이었다(국성하, 2007, pp. 119-128).

1915년에는 '조선총독부박물관'이 설립되었다. 하나의 박물관이 아니라 경성(서울의 전 이름)에 설립된 박물관, 경주, 부여 분관과 평양, 개성 부립박물관을 모두 포함하는 박물관이다. 경성에 설립된 박물관은 경복궁 내에 역사, 문예, 종교, 미술, 공예 같은 부분의 유물을 전시했다. 조선총독부박물관은 조선총독부 학무국의 산하기관이었으며, 박물관 협의회와 고적조사위원회를 설립하여 경주와 평양의 유적발굴을 주도했다. 1900년 초반부터 일제강점기 말까지 이르는 동안 일본은 우리나라 전체를 대상으로 고적조사보존사업을 실시해 나갔다. 여기에서 얻어진 유물들은 조선총독부 박물관을 비롯한 다양한 박물관들의 설립 기반이 되었으며, 당시 수집된 유물들은 분관과 부립박물관에 보존, 전시되었다. 조선총독부박물관의 유물은 삼국시대 이전의 유물이 많은 부분을 차지하고 있는데, 조선과 일본이 고대부터 긴밀한 관계를 가지고 있었고, 조선과 일본의 유사성은 두 나라를 하나의 나라로 만드는 정신적, 물질적 기초로 이용하였다. 또한 삼국, 통일신라, 고려시대보다 조선시대를 상대적으로 적게 구성함으로써 조선시대가 문화적 예술적으로 퇴보하는 시기였다는 것을 간접적으로 강조하였다(국성하, 2007, pp. 160-166). 조선총독부박물관 분관과 부립박물관들은 개별적 교육활동을 실시하기도 한다. 전시실을 통한 교육적 전시를 중심으로 하였고, 각 학교와 연계해 역사 강의를 하고, 일요일에는 정기 강연과 강습회를 개최하기도 하였다.

1926년 경성에 설립된 '은사기념과학관(현재 국립과학관의 전신)'은 과학박물관으로, '은사(恩賜)'는 일왕이 은혜를 주었다는 의미로 일왕이 준 은사금으로 과학관을 설치하였다. 우리나라 최초의 과학관이며, 개관 때부터 1945년 광복 직전까지 조선 내에서 과학영역의 사회교육기관으로 기능했다. 관람자들은 과학관에서 전시물을 보고, 과학관 안과 밖에서 실시하는 다양한 사회교육활동에 참여했다. 과학관은 매주 토요일에 어린이날 교육을 개최하는 것을 비롯해 단체 과학강습회, 강연회, 영화회 등을 열어 관람자들이 과학교육을 받을 수 있도록 했다. 당시 과학관은 학교와의 연계가 잘 이루어지고 있었으며, 강습회와 강연회 중에는 교원을 중심으로 한 것도 많이 있었다. 특히 과학관에서 실시하는 진열품연구회에 2년 내에 부내 50개 국민학교(현재 초등학교) 교원 중 한 명이라도 빠짐없이 참가할 것을 전달하였다. 단체관람자는 교사와 학생을 중심으로 한 단체에 한정된 것은 아니었으며 여성단체가 방문한 기록도 찾아볼 수 있다. 또한 박물관주간을 운영하여 입장료 반액 할인(단, 초등학교 단체는 무료)을 하여 관람객을 확대시키고, 기간 중 과학영화 영사를 하기도 하였다. 과학관은 개관 당시부터 그 목적이 사회교육 장려였고, 따라서 다른 박물관들에서 찾을 수 없는 다양한 교육활동을 하였다고 볼 수 있다. 1932-1938년까지 과학관 관장으로 있었던 시게무라 기이치는 학교 교육체제 내에서는 실물을 중심으로 하는 교육이 이루어지기 힘들어, 과학관의 교육활동이 학교교육을 보완하였다고 하였다(국성하, 2001, pp. 150-161). 당시 사람들은 교육의 완성을 학교, 사회, 가정에서 이루어지는 교육의 조화라고 보았는데, 과학관은 이 중 사회교육적 측면에서 중요한 역할을 담당하였다. 긍정적으로는 근대 과학교육이 실시되었지만, 부정적으로는 과학기술이 정치 권력에 이용되어 일제의 지배 논리를 실현하기 위한 박물관 교육이었다고 할 수 있다.

이 외에도 일제강점기에는 다양한 공립, 사립박물관이 설립되었으며 학교에도 박물관을 설립하기도 하였다. 고등교육기관으로서 전문학교들과 대학 중에는 박물관을 설치하고 운영하였으며, 이때 설립된 대학 및 전문학교의 박물관은 현재 우리나라 대학박물관의 시작이 되었다. 대학박물관은 해당 학교의 교수와 학생을 위한 것이었지만 일반인들에게도 개방하여 사회교육적 기능을 수행하였다.

일제강점기는 우리나라에 최초의 근대박물관이 설립되고 박물관 교육의 출발점이 시작된 시기였다. 당시 박물관은 박물관의 역할로 교육 기능을 주목하고 실시했지만, 박물관 교육의 역할이 주로 일본 제국주의를 정당화시키기 위한 문화 전시와 교육의 수단으로 전락했던 시기였다고 할 수 있다.

나. 광복 이후 박물관 교육

1945년 8월 15일 광복으로 우리나라는 빼앗긴 주권을 도로 찾아왔다. 이제 모든 일들을 한국인의 입장에서 결정할 수 있었고, 일제강점기와는 다른 새로운 박물관들을 만들어야 했다. 박물관은 나라의 민족문화 보존 역할을 갖게 되는 공간이자 박물관 교육이 민족 정체성과 문화 유산의 중요성을 알리는 방향이 될 수 있기 때문이었다. 그러나 광복 이후 박물관 교육에 어려움을 주는 두 가지 일이 발생한다. 38도선을 경계로 남과 북이 나누어졌다는 것과 남과 북 모두 한국인들이 주체가 된 정부수립을 당분간 기다려야 했다는 것이다. 남쪽은 3년간 미군정을 실시하였고, 박물관은 미군정이라는 체제 속에서 새로운 박물관 교육을 수행할 수밖에 없었다.

광복 이후 일본으로 불법 반출해 간 수많은 우리 문화재를 반환받고자 하는 움직임이 일어났다. 국립박물관은 적산인수의 형태로 문화재를 접수하였다. 적산인수는 먼저 일본인의 파면과 그에게 있던 재산을 몰수하는 형태였다. 이때 인수한 유물은 국립박물관에 귀속되거나 새로운 박물관 설립의 기초유물이 되었다.

남쪽의 새정부수립이 공포되기까지 3년간의 미군정 체제 아래 있는 동안, 이 시기는 우리나라의 정치, 경제, 사회, 문화 등 모든 분야에서 격변기였다. 1945년 조선총독부 박물관은 국립박물관, 조선총독부박물관 경주분관은 국립박물관 경주분관, 은사기념과학관은 국립과학박물관 등으로 그 이름이 변화하기 시작하며, '국립'이라는 용어를 사용하여 박물관의 위상을 높이려고 하였다. 일제는 사회교육 체제 내에서 박물관 교육을 실행하였기에 '황민화 교육(일본에게 충성하도록 조선인들을 세뇌하기 위한 교육)'과 연결될 수밖에 없었다. 우리 박물관은 일제강점기 때의 시정기념관을 활용하여 1946년 '국립민족박물관'을 창설하여 민족의 정체성을 확립하려고 하였다. 민족의 생활사 자료를 중심으로 하는 민속품을 주로 진열하였고 다른 민족의 민속품도 비교 연구의 목적으로 전시하였다.

이 시기에는 국립박물관을 중심으로 한 연구와 교육활동도 있었는데 먼저 국립박물관은 1946년부터 관내 연구발표회를 개최한다. 박물관 직원의 계몽과 연구를 진전시키기 위한 일종의 보고회 형식이었으나 개별적인 각자의 연구발표로까지 발전시켰다. 박물관 직원들의 노력으로 학회조직을 하며 연구발표를 하였으며, 이는 한국인 박물관 전문가를 양성하려는 노력이었다. 이후 이러한 교육은 1949년 일반인을 대상으로 실시한 공개 미술강좌로까지 연결된다(국립중앙박물관, 2009, p. 326). 그러나 미군정 시대에는 또 다른 식민지 시대와 다름없었다. 1946년 국립박물관과 관련해서 내려진 약 1년 정도의 폐관 조치는 그 단적인 예이다. 박물관 강제 폐관 조치 1년 후 재개관하였지만, 경제적 어려움과 정치적 어려움 등으로 박물관 교육은 적극적으로 실행되기 어려웠다.

또한 이 시기에 박물관이 어려움을 겪는 일이 발생하는데, 박물관이 조선 문화를 제대로 수립하여 보여 줄 수 있는 전시로 유물을 재정비하고 있을 때, 1950년 남과 북의 한국전쟁이 발발하였다. 전쟁 중 수많은 폭격과 이송의 위험 속에서 다행히 국립박물관, 덕수궁 미술관 등의 유물은 지킬 수 있었고, 다행인 것은 일본인들에 의해서 이루어졌던 전시가 전쟁을 거치면서 우리의 손으로 새롭게 구성하게 되었다는 것이다. 또한 전시의 재구성과 함께 기존의 식민지교육이 아닌 주체적인 박물관 교육을 실시하고자 하였다.

1926년 설립된 경주 어린이박물관은 1954년 초, 중학생을 대상으로 어린이박물관학교를 열었으며 박물관의 관장실, 금관고, 경주 여자 중학교 등을 교실로 이용하면서 경주 시민들에게 문화재의 가치를 알려주는 일을 했다. 문화재에 대한 강의를 듣는 데서 끝나는 것이 아니라 전시회 개최를 통해 불상, 토기, 토우 등을 만들어 내었고, 경주 주변에 있는 고적을 둘러보았다. 학교와 달리 원하는 학생이 자유롭게 참여하는 형태였으며 문화를 체험하는 형식으로 진행되었다. 1977년 이후에 실시되는 어린이들을 위한 박물관 교육이 대부분 강의와 전시실을 둘러보는 것으로만 이루어진 것을 생각하면, 경주어린이박물관학교의 교육은 상당히 발전한 형태라고 할 수 있다(국성하, 2003, pp. 122-129).

전쟁 이후 국립과학관에서도 다시 교육활동이 시작되었다. 국립과학관은 1955년 경복궁미술관에서 제2회 전국과학전람회를 개최하였고, 1957년부터는 매년 이 과학전람회를 개최하였다. 1962년에 남산에 국립과학관 건물을 새롭게 만들고, 1964년부터는 과학기술을 보급하기 위해 생물표본강습회를 진행하였으며, 1965년부터는 지방의 과학담당 교사들에게 강의와 실습을 실시하는 이동과학실험실습 강습회를 개최하였다. 일반 시민들과 각급 학교 학생에게 과학기술을 알리기 위한 과학영화 상영도 이때부터 실시하였다(홍현선, 2009, pp. 546-547). 광복 이후부터 1970년까지의 시기는 박물관 교육이 시작되었지만, 박물관 교육의 기초를 구축하는 단계였고 체계적인 교육 프로그램은 아직 미흡한 시기라 할 수 있다.

다. 현대 박물관 교육

1970년대 이후에는 우리나라의 본격적인 박물관 교육이 시작된다. 이 시기는 박물관 교육의 기반이 마련되고 그 기능이 강화된 시기라고 할 수 있다. 당시 한국사회는 경제성장이 어느 정도 이루어졌고, 1970년에는 박물관의 설치 및 운영에 관한 법적 기반인 박물관법이 제정되었으며, 1972년에는 학예사 제도가 도입되면서 전문 인력이 교육에 참여하기 시작하였다. 박물관 교육의 개념이 적극 도입되면서 박물관은 교육 프로그램이 다양해지기 시작했다.

1986년에는 국립중앙박물관을 옛 중앙청 건물로 확장 이전하면서 전시와 유물 관리의 과학화와 전산화를 점진적으로 추진하였으며, 특별기획전시 및 국제교육 전시를 열어 시민들에게 폭넓은 문화 향유의 기회를 제공하였다. 또한 교육을 전담하는 문화교육과를 신설함으로써 어린이, 청소년, 성인, 노인 프로그램으로 나누어 우리 역사와 전통문화의 올바른 이해를 돕기 위한 사회교육 프로그램을 실시하였다. 청소년 박물관 교실, 토요 공개강좌, 노인문화강좌, 초중등교사의 역사문화 연수, 엄마와 함께 박물관을. 움직이는 박물관 등 다양한 박물관 교육이 추진되었다. 국립경주박물관의 경주박물관 학교, 국립민속박물관의 청소년 민속강좌, 인천광역시립박물관의 청소년 박물관 교실, 제주교육박물관의 수발 박물관학교, 부산광역시립민속박물관의 어린이박물관 강좌 등 전국의 박물관에서 어린이 및 청소년, 성인을 대상으로 다양한 박물관 교육이 실행되었다(최경희, 2000, pp. 44-46).

1990년대부터 2000년대 초반까지는 박물관 교육의 전문화와 다양화가 이루어지며 교육이 확대되는 시기였다. 이 시기에는 박물관 교육에서 중요한 위치를 차지하는 두 가지 법이 설립되었다. 1991년에는 '박물관법'이 '박물관 및 미술관 진흥법'의 명칭으로 개정되었고, 같은 해에는 '과학관 육성법'이 제정되었다. 특히 '박물관 및 미술관 진흥법'의 개정은 박물관 및 미술관의 등록 요건을 완화하여 등록을 유도하고 지원제도를 강화하여 그 설립을 촉진하며, 박물관과 미술관의 기능을 활성화하는 데 있었다(윤태석, 2009, pp. 599-607). 이와 같은 박물관법 개정, 학예사 자격제도의 강화 등으로 박물관 교육에 대한 관심은 확대되고 전문성은 점차 확립되었다. 이 시기에는 주요 박물관에서 교육 담당자를 채용하고 교육 부서를 운영하기 시작하면서 박물관 교육 전담부서가 본격적으로 운영되었다.

또한 박물관 교육의 주 대상층인 어린이를 위한 교육 및 그 공간이 강화되는데 어린이 박물관, 가족 프로그램, 체험 학습 등 참여형 교육 프로그램을 확대하면서 체험 중심 프로그램이 정착되었다. 1995년에는 '삼성어린이 박물관'이 개관되어 전시 영역별 주제와 연관된 각종 어린이 교육 프로그램을 연령대별로 제공하였다. 만 2세에서 4세까지의 어린이, 유아 및 초등 저학년, 초등 고학년을 위한 다양한 어린이 박물관 교육을 실시하였으며 새로운 형태의 박물관 교육의 장을 열었다. 이 외에도 1998년 국립청주박물관에서 어린이 전시실을 만들었으며, 2003년에는 국립민속박물관 내에 어린이민속박물관이 설립되었다. 국립중앙박물관에도 2005년 용산으로 이전하면서 어린이박물관을 설치하게 되었다. 국립현대미술관은 1995년에 어린이미술관을 설치하였으며, 국립과천과학관은 어린이 탐구체험관을 설치하였다(국성하, 2010, p. 90). 이는 박물관이라는 공간을 어린이의 체험을 통한 학습에 어울리는 곳으로 변화시키고자 하였으며, 박물관 교육이 활동적인 교육으로 정착되는 것이었다.

이 시기에는 중앙대학교(1997년), 경희대학교(2000년), 한양대학교(2006년) 등을 비롯한 몇몇의 대학에서는 박물관 교육에 관한 석사 과정 전공이 개설되고 연구가 확대되는데, 교육학, 박물관학 분야의 연구자들이 박물관 교육의 체계화와 학문화를 위한 연구가 실행되고 있다고 할 수 있다. 또한 각 박물관에서 교육을 담당하는 에듀케이터에 대한 전문적인 교육이 가능해지고, 충분한 전문 인력이 길러지고 있음을 의미한다. 박물관 교육을 위한 전문연구집단 조직도 생겨나는데, 1997년 한국교육학회 교육철학회에서는 '박물관과 교육'이라는 주제로 연차 학술대회를 개최하기도 하였다. 이것은 국내 교육학계에서 처음으로 박물관의 교육적 의미를 학술적으로 논의한 것이었다. 2003년에는 한국박물관 교육학회까지 창립되어 활발한 활동을 진행하고 있다. 현재까지도 이 학회는 국제박물관협의회(ICOM)에도 참여하여 국제적인 교육, 문화활동에 참여하고 있다.

2010년부터 현재까지는 박물관 교육의 의의를 공감하고, 박물관 교육이 다양한 영역과 연계한 교육으로 운영되고 있다. 어린이와 청소년을 위한 박물관 교육뿐만 아니라, 장애우, 외국인을 위한 교육 등 다양한 대상의 교육이 실시되고, 문화예술, 역사체험, 융합교육 등 다양한 분야와 연계된 박물관 교육 내용이 생겨났다. 박물관이 근본적으로 갖고 있는 다양함의 특성이 다양한 영역과 내용의 박물관 교육을 만들어나갔다. 또한 디지털 전환이 가속화되면서 박물관에서도 디지털 교육이 강화되는데, 박물관에서는 증강현실(AR), 가상현실(VR), 온라인 전시, 디지털 해설 등 ICT를 활용한 박물관 교육 프로그램이 확산되고 있다. 최근에는 2020년 코로나19 팬데믹을 지나며 비대면 교육 콘텐츠가 확대된 시기라고 할 수 있다. 코로나19 팬데믹 시기에 대부분의 박물관이 전시를 폐쇄하고 관람객이 축소되었지만 박물관은 디지털 기술을 통한 비대면 교육으로 박물관 교육을 지속해 나갔다. 직접 방문할 수 없는 박물관의 전시 소개 영상을 촬영하고 온라인에 탑재하였으며, 학교의 온라인 수업과 연계된 박물관 교육 프로그램을 개발하고, 수업 준비물을 학교와 가정으로 직접 배송해 수업을 운영했다. 이렇게 형성된 비대면 교육 콘텐츠들은 학교, 지역사회와 연계한 학습이 되었으며 4차 산업혁명 기술을 활용한 교육으로 발전, 확대되어 가고 있다. 또한 사회적으로 이제는 평생교육이 중요해지면서 박물관이 평생교육 기관으로서 강조되고 있기도 하다. 우리나라의 박물관 교육은 단순한 문화 보존의 전달 기능으로 출발했지만, 시간이 흐르면서 박물관 교육의 전문성과 다양성이 확대되었으며 오늘날에는 전 연령과 계층, 문화를 포용하는 다문화 교육이자 평생 교육으로 기능하고 있다.

2. 세계 박물관 교육의 역사

세계에서 '박물관(Museum)'이라는 용어가 현재와 같은 의미의 '박물관'이라는 기관을 지칭하기 시작한 것은 르네상스 이후부터, 정확히는 17세기부터이다. 따라서 박물관 교육의 역사는 17세기부터 시작됐다고 말할 수 있다. 그러나 그 이전에도 'Museum'이라는 명칭을 가진 기관은 고대 그리스시대부터 등장하였으며 박물관과 유사한 역할을 가지면서 교육적 기능을 수행한 기관들도 역사를 통하여 존재하였다. 박물관 교육은 17세기에 갑자기 등장한 새로운 개념이 아니라 그 이전부터 존재해 오던 다양한 교육적 전통이 특정한 시대적 환경을 맞이하며 정형화, 구체화된 것이라고 볼 수 있다(서원주, 2010, p. 52). 이 글에서는 17세기를 기준으로 삼아 현대적 의미에서의 박물관 교육의 발전과정을 살펴보았다. 특히 박물관 교육이 활발히 진행되어 온 유럽과 미국의 사례에 주목하였다. 세계 각국엔 많은 박물관이 있으나 역사가 깊은 영국, 프랑스 등 유럽의 박물관 교육과 세계 박물관 교육에 큰 영향을 끼친 미국을 중심으로 보았다.

가. 근대 박물관 교육

공공 박물관(Public Museum)의 등장은 박물관사 및 박물관 교육사에서 가장 중요한 사건 중 하나이다. 근대의 공공 박물관은 교육적 역할과 기능이 강조됨에 따라 일반 대중에게 전시를 공개하기 시작했다. 기존의 박물관은 왕실, 귀족, 학자들이 수집한 진귀한 유물을 보여주는 소장 중심의 공간이었지만, 공공 박물관은 대중 모두가 소장품을 감상할 수 있는 박물관이었다. 1753년 영국의 '대영박물관(The British Museum)'이나 1793년 프랑스의 '루브르 박물관(Louvre Museum)'의 설립을 통해 유럽에서 공공 박물관이 정착되기 시작했다. 1759년에는 영국 대영박물관을 일반 대중에게 무료로 개방하면서 박물관은 엘리트 소유의 공간에서 시민교육의 장으로 전환되기 시작했다. 그러나 당시 영국의 대영박물관에 입장하기 위해서는 전도 유망한 신분의 관람자가 서면으로 신청서를 제출하여 입장권을 받아야 했고, 관람시간도 두 시간으로 제한되었다. 때문에 박물관이 실질적으로는 상류층과 학식 있는 계층을 위한 장소라고 볼 수 있으며, 교육적 목적보다는 계몽적 · 권위적 성격이 강했다. 진정한 의미에서 공공 박물관의 시초는 프랑스의 루브르 박물관이다. 루브르 박물관은 프랑스 대혁명 이후 교육 문제를 국가가 주도하여 관장하였으며, 당시 국민의회가 왕실 소속이었던 고전 예술품들을 예술가들과 일반 대중에게 공개할 목적으로 설립되었다. 루브르 박물관은 모든 사람에게 무료로 개방되었으며 일주일에 며칠간은 교육적인 목적으로 이용할 수 있도록 학생들에게만 공개되었다(Hooper-Greenhill, 1994, p. 10).

영국에서는 19세기 중반, 특히 1820-1850년대부터 일반 대중의 박물관 관람이 본격적으로 허용되었고, 박물관의 수요가 급격히 증가하면서 다수의 공공 박물관이 출현하였다. 1845년 제정된 "공공 도서관 및 박물관 법(Public Libraries and Museums Act)"은 인구 10,000명 이상의·도시에 공공 박물관과 도서관을 설립할 수 있도록 하여 지방에 공공 박물관이 등장하고 대중의 접근성을 크게 향상시켰다. 19세기 이후로 박물관은 중산층과 노동자 계층이 학습의 공간으로 이용하는 교육기관으로 인정받게 되었다. 그러나 그 시대에 노동자 계층의 박물관 방문을 허가한 이유에는 노동력의 향상이라는 사회적 목적이 포함되었고, 방문 시간도 노동자들이 방문할 수 있는 일요일 오후에 개방되어야 한다는 주장이 있었다. 이러한 논의는 박물관이 단순한 전시 공간을 넘어 교육적 역할을 수행해야 한다는 인식을 반영한다. 이 당시에 박물관이 교육기관으로 자리 잡을 수 있었던 것은 사회적으로 교육 여건이 열악했던 외부 요인이 작용하였다. 당시에는 박물관이 학교 교육과 연계되기 시작하며 박물관 교육이 공교육 제도의 정착과 병행되었다. 그러나 당시 박물관 전시 관람 자체가 교육적 경험으로 여겨졌고, 체계적인 교육 프로그램은 거의 없었다(Bennett, 1995; Hooper-Greenhill, 1994, p. 16).

18세기 말과 19세기 초에 일어난 세계 역사상 가장 큰 사건 중 하나는 미국의 독립이다. 1846년 설립된 '미국 스미스소니언 협회'의 교육 연구소는 "지식의 증진과 확산"이라는 설립 이념 아래, 박물관 교육의 핵심 기관으로 성장하였다. 스미스소니언 협회는 산하에 박물관, 미술관, 도서관, 연구소 등을 두고 다양한 분야의 컬렉션과 연구, 교육활동 등을 수행하였다. 과학 교육을 중심으로 대중 강연을 진행하고 자료 열람실 등을 운영하였다. 미국은 1870년대에 설립된 '메트로폴리탄미술관(The Metropolitan Museum of Art)', 1869년 '미국자연사박물관(American Museum of Natural History)', 1870년 '보스턴 미술관(Museum of Fine Arts)'을 기점으로 박물관을 본격적으로 설립하였다. 미국 박물관은 유럽에 비해 늦은 출발에도 불구하고 초기부터 박물관 교육에 그 역량을 집중하였다. 하지만 당시 미국의 박물관 설립의 목적은 엘리트 중심의 교양 교육이었으며, 교육활동은 제한적이었다. 주로 텍스트 중심의 전시와 설명문, 정적인 관람이 이루어졌으며 학교와 연계된 적극적인 박물관 교육은 이루어지지 않았다.

반면 유럽에서는 19세기에 들어서면서 공공 박물관은 전성기를 맞이하였고 교육은 박물관의 가장 중요한 기능으로 인식되었다. 19세기 후반 산업화가 진행되면서 인구가 도시로 이동하고 과학과 산업이 삶의 형태를 바꾸었으며, 정부는 사회적 서비스와 교육을 위한 더 큰 책임을 갖게 되었다. 이때 박물관은 대중 교육을 제공할 수 있는 기관 가운데 한 유형으로 인식되었으며, 박물관은 사람들이 더 나은 삶을 살고 근대 삶의 가치를 누릴 수 있도록 도와주는 기관이 되었다. 그리고 학교에서는 박물관이 학교 교육을 도와야 한다고 주장하였다(Hein, 1998: 4). 이러한 박물관의 교육적 기능에 대한 인식과 다양한 활동들은 현재까지 이어지고 있다. 박물관은 대중에게 교육적 서비스를 제공해 주는 곳이며 유물에 대한 설명문 작성, 강연회, 학생들을 위한 교육과정, 방문 교육활동 등이 이때부터 시작되었다.

나. 현대 박물관 교육

20세기 초 영국에서는 박물관을 교육적 기관으로 보았던 사회적 시각이 쇠퇴하기 시작했다. 영국 박물관은 세계 각지의 식민지로부터 들여온 방대한 양의 수집품들을 체계적으로 관리해야 할 필요성이 높아지면서, 유물의 보존과 연구, 전시 기관으로 재확립하기 위하여 노력하였다. 따라서 1920년대 이후에는 교육기관으로서의 박물관의 역할이 대폭 축소되어 교육은 박물관의 다른 여러 기능 중의 일부로서 인식하게 되었다. 당시에 박물관 교육의 역사에서 매우 중요한 논의가 대두되는데, 바로 "누가 박물관에서 가르칠 것인가?"에 관한 문제였다. 학생들의 박물관 관람이 증가하는 상황에서 학교 교사들은 유물에 대한 지식을 가지고 있는 큐레이터(curator)들이 박물관을 방문한 학생들을 직접 가르쳐야 한다고 주장했고, 반대로 큐레이터들은 자신이 훈련받은 교사가 아니라고 생각하면서 '추가적인' 업무를 부담스러워했다(Hooper-Greenhill, 1994, pp. 25-40). 이러한 논쟁은 이후로도 오랫동안 지속되었으며, 결국 박물관의 주요 기능인 학예연구와 교육이 별개의 업무로 분리되어 "에듀케이터(Educator)"라는 별도의 교육직이 등장하는 배경이 되었다.

반면 미국에서는 신대륙 특유의 적극성과 활기로 박물관 활동이 왕성하게 나타났으며, 특히 1862년 "모릴 법(Morrill Act)"이 제정된 이후 교육을 위한 기부금과 유물의 기부가 활성화되었다. 이 법이 시행된 이후 대학들은 박물관을 교육 도구로 활용하면서, 미국의 박물관은 단순한 전시공간이 아니라 교육 기관의 역할도 수행하게 하였다. 특히, 박물관에서 어린이, 시민 대상의 공공 교육 프로그램이 발달하는 계기가 되었다. 1890년대 이후 미국은 진보주의 시대에 접어들며 교육을 통한 시민 계몽이 강조되었고, 박물관도 교육 기능이 강조되어 갔다. 1906년 '브루클린 미술관(Brooklyn Museum)'은 미국 최초로 공식적인 교육 부서를 설치하였고, 교사 연수, 박물관 어린이 프로그램, 학교와의 협력 수업 등을 운영하며 박물관 교육을 제도화하기 시작했다. 이 시기에 '보스턴 미술관', '필라델피아 박물관' 등도 박물관 교육전담 부서를 창설하여 적극적으로 박물관 교육을 수행해 나갔다. 그리고 미국 박물관들은 대중의 교육적 역할을 강조하게 되면서 전시물을 설명해 줄 사람이 필요해졌으며 "진시해설사(Docent)" 제도가 미국에서 시작되었다. 특히 1907년 미국 '보스턴 미술관'은 교육 프로그램을 확대하면서 교육 담당자들이 일반 대중에게 작품을 설명하기 시작했으며 전시해설사의 전신이 되었다. 이 흐름은 미국 전역과 세계의 박물관에 빠른 속도로 전파되었다. 그리고 당시 등장한 미국의 진보주의 교육 철학자 존 듀이(John Dewey)는 경험중심 교육 철학 아래 박물관은 "학습을 위한 실험실"이라는 관점이 확산되면서 박물관에서 교육이 더 확산되는 계기가 되었다. 그의 철학은 오늘날까지도 대부분의 어린이를 대상으로 한 박물관 교육의 가장 중요한 철학적 근거로 남아있는데, 1899년 설립된 미국의 '브루클린 어린이박물관(Brooklyn Children's Museum)'은 세계 최초의 어린이 박물관으로 설립되었다. 당시 아동들은 성인과는 다른 방식으로 학습하므로 어린이박물관은 성인을 위한 축소판 박물관으로 설계되어서는 안 된다고 하는 인식이 공유 되었다.

반면 유럽에서는 제1차 세계대전(1914-1918년)을 치루면서, 이 기간에 많은 수의 학교가 군사적 용도로 사용되었고, 교사들은 징집되었으며 사회 전반적으로 물자가 부족했다. 그러나 이 시기에도 박물관은 내부에 교실을 마련하여 학교 수업을 대체하거나 전시를 통하여 보건과 교육에 기여하였다. 하지만 제2차 세계대전(1939-1945년) 이후에는 이러한 분위기가 바뀌어 박물관은 유물을 보존, 전시하고 이에 대한 연구를 하는 기관이라는 인식이 일반화되었다. 학교가 공공교육을 주관하면서 박물관의 교육적 역할은 약화되기 시작하였고, 이후 1960년대까지 교육은 박물관의 하위 기능 중의 하나로 평가 절하되었다. 큐레이터는 박물관 교육

업무와 분리되어 유물의 전시를 통하여 대중과 소통하려 하였고, 에듀케이터는 성인을 위한 전시 안내와 학생들의 견학이나 학교를 대상으로 한 유물 대여 업무를 담당하게 되었다(Hooper-Greenhill, 1994, pp. 36-45).

20세기 초부터 유럽의 주요 박물관들도 미국과 유사하게 전문 교육 부서를 설치하기 시작했다. 특히 영국, 프랑스, 독일, 북유럽에서는 교육 철학과 박물관 교육의 연계가 활발히 이루어졌다. 1948년에는 UNESCO 산하 단체로 국제박물관협회(ICOM: International Council of Museums)가 창설되는데, 그해 ICOM 파리 회의에서 박물관의 교육, 문화 활동을 담당하는 위원회(CECA: Committee for Education and Cultural Action)가 구성되었다. 지금까지도 이 위원회는 매년 박물관 교육의 역할에 관한 다양한 방법을 모색하는 회의를 주관하고 있다. 전 세계 박물관의 교육 사례, 프로그램 및 도구를 공유하며 박물관 교육의 실천을 공유하고 학술연구를 통해 이론과 실천을 연결하고 있다.

한편, 1929년에서 1939년의 미국에서는 대공황이라는 경제 위기를 겪게 되는데, 당시 루스벨트 대통령은 "뉴딜 정책(New Deal)"을 수행했고, 실업자들은 정부에서 일거리를 제공하여 생활하게 되었다. 이때, 박물관은 지역사회의 재건과 교육의 장으로 활용되었다. 정부는 문화 예술 분야에 고용 창출과 교육 확대를 위한 투자를 진행했으며, 1935년 출범한 WPA(Works Progress Administration)는 수많은 예술가, 교사, 작가 등을 고용해 다양한 공공프로젝트에 참여시켰는데, 박물관 교육 전문 인력이 생겨나는 계기가 되었다. 박물관 교육은 정부의 지원을 받아 확대되고, 대중화되며, 미국의 박물관이 공공 봉사의 기능을 담당하게 되었다. 당시 WPA 산하의 FAP(Federal Art Project)는 시각 예술을 대중화하고, 교육적 자료를 제작하는 데 주력했다. 때문에 박물관에서 시청각 자료와 이동식 전시가 활성화되었고, 청소년, 성인 대상 교육 프로그램이 증가되었다. 이때 학교 연계 프로그램을 통해 소외된 계층과 지역에 문화 교육을 제공하는 교육의 역할도 정착되었다. 이 흐름 이후로 1960년부터 1970년대까지는 시민권 운동, 여성 운동 등의 영향으로 박물관 교육이 사회 정의와 포용성을 교육 목표로 포함하기 시작한다.

1963년에 영국 박물관협회(Museums Association)에서는 박물관 교육의 실태를 조사하고 그 중요성을 역설한 "로즈보고서(Report of a Working Party on Educaion in Museums)"를 발간하였고, 영국의 박물관이 공공 교육기관으로서 어떤 역할을 해야 하는지, 특히 학교 교육과의 연계, 전문 교육 인력의 필요성, 교육 시설 확충 등에 대한 방향성을 제시하였다. 로즈보고서에서는 박물관의 교육적 역할을 강조하였으며, 각 박물관에 전문 교육 담당자를 배치할 것을 권장했다. 이후 영국 박물관들은 박물관 교육이 핵심 기능으로 자리잡기 시작했다. 학교 교육과의 협력으로 교사들의 협력 강화, 교과과정과 연계된 프로그램 개발, 견학 시 교육적 효과 극대화 방안 등을 포함하여 학교의 현장 학습과 박물관 연계 학습이 영국 교육 체계에서 점점 일반화되기 시작했다. 또한 박물관 내에 학습 공간, 시청각 자료실, 안내 시설 등의 필요성을 제기하여 이후 많은 영국 박물관들이 학습 인프라를 갖추게 되는 계기가 되었다. 로즈보고서는 현대 박물관 교육의 제도적, 실천적 기초를 마련한 문서로 오늘날까지도 영국은 물론 세계 각국 박물관 교육 정책의 토대가 되었다고 할 수 있다. 영국에서는 이후 박물관 교육의 중요성이 다시 대두되었고, 1990년대 들어서면서부터 박물관에서는 소통과 학습이 강조되며, 박물관의 교육적 역할이 다시 강화되었다. 그래서 거의 모든 분야의 박물관 업무에서 교육적 기능이 중점적으로 고려되기 시작하였고, 소장품 수를 더 늘리기보다 대중의 이해를 돕기 위하여 박물관 소장품을 이용하는 방법에 관심이 집중되었다. 1991년 영국의 박물관·미술관위원회(Museums and Galleries Commission)는 모든 박물관이 주어진 지침에 따라 교육정책을 수립할 것을 권고하였다. 또한 박물관과 일반 대중 사이에 효과적인 소통을 위해 박물관의 모든 업무 분야에 걸쳐서 교육적 의미가 다시 강조되었으며 에듀케이터의 역할이 중요하게 부각되었다.

이때, 세계 박물관 교육 학계는 영국과 미국의 학계를 중심으로 독자적이고 구체적인 박물관 교육 연구 결과와 학습이론이 등장하기 시작했다. 영국의 레스터대학교 교수 후퍼 그린힐(Hooper-Greenhill)의 『The Museum and Gallery Education』(1994[1991]) 및 미국 학습혁신연구소의 존 포크(John Falk)와 린 디어킹(Lynn Dierkng)의 『The Museum Experience』(1992)를 필두로 하여 다양한 연구가 발표되었고, 이러한 연구 결과들은 후퍼 그린힐 편저의 『The Educational Role of the Museum』(1999[1994])에 종합적으로 수록되어 있다. 이후에 하인(Hein)의 『Learning in the Museum』(1998), 존 포크와 린 디어킹의 『Learning from Museums: Visitor Experiences and the Making of Meanings』(2000) 등 더욱 체계적이고 종합적인 박물관 교육 연구가 나타났다(서원주, 2010, pp. 66-67).

20세기 후반부터 세계 박물관은 포스터모더니즘의 영향으로 박물관이 "객관적 지식 전달자"가 아니라 "다양한 해석과 관점을 수용하는 장"이라는 관점이 등장하였으며, 많은 연구자들이 관람자 중심의 구성주의적 접근을 취하게 되었다. 구성주의적 인식론에 관한 철학적 논의와 이에 따른 박물관 교육 방법론에 대한 논의가 점차 이루어졌으며, 이러한 연구들은 21세기에 발표된 구체적인 성인교육, 시니어 프로그램, 감성적, 비인지적 교육이 확대되었으며 다양한 박물관 교육 연구의 초석이 되었으며 박물관 교육이 독자적인 학문으로 정착하는 데 필요한 기반이 되었다.

이후 오늘날에는 박물관 교육의 양적·질적 발전이 일어나 더 많은 사람들에게 폭넓은 경험을 제공하기 위해서 다양한 기법과 이론이 개발되고 있다. 디지털 미디어와 상호작용 기술이 도입되면서 오디오가이드, 앱, 증강현실(AR), 가상현실(VR)이 발전되어 있고, 코로나19 팬데믹 이후 온라인 박물관 교육 프로그램이 급속도로 확대되었다. 그리고 관람객이 수동적 수용자가 아니라 공동 창작자로 참여하는 참여형 교육이 강화되었다. 사회 정의, 환경 문제, 정신 건강, 공동체 치유 등 현대 사회 문제와 박물관 교육이 연결되며 사회적 역할도 강조되고 있다. 또한, 모두를 위한 장애인, 언어 소수자 등을 위한 유니버설 디자인과 맞춤형 콘텐츠를 개발해 나가고 있다.

세계 박물관 교육의 역사는 박물관 자체의 발달과 밀접하게 연결되어 있으며, 당시 사회의 정책과 교육 철학의 흐름에 따라 변모해 나갔다. 특정 계층을 위한 초기 박물관이 대중을 위한 박물관으로 변화함에 따라 박물관 교육은 박물관의 가장 중요한 기능으로 자리 잡았으며, 사회 교육을 위한 중요한 기관이 되었다. 현재는 박물관이 단순히 대중을 교육하고 사실을 전달하는 기관을 넘어서 다양한 해석과 경험을 중시하는 교육 공간으로 자리 잡고 있다. 기존의 정통 역사, 예술 중심의 박물관 교육이 소수자, 대중문화, 사회 문제 등으로 확대되며 체험, 토론, 질문 중심의 교육으로 변화시키는 것이다. 앞으로도 박물관 교육은 역사적으로 확대·발전되어 갈 것이며 그 내용은 시대에 따라 점차 달라질 것이다. 그렇지만 교육은 박물관의 주요 기능으로 계속 유지될 것이다.

참고문헌

국립중앙박물관(2009). 국립박물관의 교육활동. 한국 박물관 100년사: 본문편. 서울: 국립중앙박물관 · (사)한국박물관협회.

국성하(2001). 일제 강점기 박물관의 사회교육적 성격 연구: 은사기념과학관(恩賜紀念科學館)을 중심으로. 한국교육사학, 23(2), 147-167.

국성하(2003). 경주어린이박물관학교 연구. 교육사학연구, 13, 119-141.

국성하(2007). 우리 박물관의 역사와 교육. 서울: 혜안.

국성하(2009). 우리나라 박물관 교육의 역사: 1945년 이후 국립박물관을 중심으로. 박물관 교육연구, 3, 25-52.

국성하(2010). 한국박물관(미술관)교육의 역사. 한국박물관 교육학회(편). 한국박물관 교육학(pp. 74-93). 서울: 문음사.

백령(2005). 멀티미디어시대의 박물관 교육. 서울: 예경.

서원주(2010). 서구 박물관(미술관)교육의 역사. 한국박물관 교육학회(편). 한국박물관 교육학(pp. 51-73). 서울: 문음사.

윤태석(2009). 대학박물관. 한국 박물관 100년사: 본문편. 서울: 국립중앙박물관 · (사)한국박물관협회.

홍현선(2009). 국립과학관. 한국 박물관 100년사: 본문편. 서울: 국립중앙박물관 · (사)한국박물관협회.

Bennett, Tony. (1995). *The Birth of the Museum: History, Theory, Politics*. London: Routledge.

Falk, J. H., & Dierking, L. D. (1992). The *museum experience*. Washington, D.C.: Whalesback Books.

Falk, J. H., & Dierking, L. D. (2000). *Learning from museums: Visitor experiences and the making of meaning*.

Hein, George E. (1998). *Learning in the Museum*. London: Routledge.

Hooper-Greenhill, E. (1994). *Museum and Gallery Education*. Leicester: Leicester University Press.

Hooper-Greenhill, E. (Ed.). (1999). *The educational role of the museum* (2nd ed.). London: Routledge.

제3장 박물관 교육의 의의

사람들은 박물관이나 미술관을 왜 찾을까? 낯선 곳의 역사와 유물을 만나고 싶을 때, 시대의 문화적 취향이 궁금할 때, 호기심을 자극하는 주제의 전시를 만났을 때, 특정한 분야에 관한 깊이 있는 탐구를 요청할 때, 예술을 향유하고 심미적 즐거움을 느끼고 싶을 때, 시공간을 가로지르는 사유와 감정을 탐닉하고 싶을 때 등 다양한 이유일 것이다. 21세기의 박물관은 누구나 다가설 수 있는 공공의 장소이자 시대의 예술적 취향이 교차하는 사회·문화적 장소이며 개인적 앎의 욕구를 충족할 수 있는 배움의 장소로 작동하고 있다. 그렇다면 박물관에서 경험하는 배움은 구체적으로 어떤 의미와 가치가 있는 것일까? 본 장에서는 박물관에서 수행하는 박물관 교육의 의의를 짚어보고자 한다.

박물관 교육은 학습자와 전시물 사이에 이루어지는 교육적 소통을 망라하는 의미를 내포한다. 박물관 교육이 박물관 형성의 초기에서부터 주목받아 온 것은 아니다. 박물관의 개념과 역할은 시대적 변천에 따라 제기되어 온 사회적, 문화적 요구와 학술적 패러다임에 조응하며 계속 변화해 왔다. 특권층 이용자를 위해 진귀한 오브제를 수집해 놓은 공간에 머물렀던 과거의 박물관은 근대에 이르러서야 비로소 대중을 향한 공간으로 진화하였다. 초창기의 박물관은 주로 역사적, 문화적, 예술적 가치가 높은 유물을 수집·보존하고 대중에게 전시하는 활동과 이와 관련된 연구 및 조사를 수행하는 데 초점을 두었다. 그러나 오늘날에는 박물관을 찾는 이용자와 그들과의 상호작용을 통한 사회적 역할과 교육적 가치에 중점을 두는 쪽으로 이동하고 있다. 이러한 움직임은 자연스럽게 박물관 교육의 양적, 질적 성장을 촉진하였다.

1980년대 뉴 뮤지올로지(New Museology)의 출현 이후 박물관은 인류 유산의 수집 및 보존 기능에서 나아가 능동적으로 사회적 책임과 역할을 수행하는 데 큰 의미를 두게 되었다. 뉴 뮤지올로지는 폐쇄적이고 독점적인 전시가 아니라 대중의 삶이 녹아있는 지역사회와의 관계에 주목하며 이용자의 적극적인 참여와 실천을 지향하였다. 21세기 포스트 뮤지엄(Post museum) 개념을 만든 후퍼-그린힐(Hooper-Greenhill, 1994)은 박물관 교육이 수집품 전시에서 탈피하여 이들로부터 가치 있는 가르침을 이끌어내고 배우는 데 중점을 둘 것을 강조하였다. 사회적 역할과 배움의 가치에 집중하는 일련의 박물관 교육은 전시를 통해 학습자를 계몽하는 공급자 중심의 활동이 아니라 학습자를 중심에 놓고 그들의 능동적 사유와 정서를 동반하며 겪는 체험에 관심을 두고 있다. 거대 담론의 수동적 관찰자가 아닌 능동적 참여자로서 그들이 수행하는 '배움'에 집중한 것이다. 이러한 인식의 확장은 박물관에서의 전시, 교육, 보존, 연구, 기록, 산업 등 박물관과 연결된 내외부적 요소들이 서로 경계를 넘나들도록 하는 프로그램 실천의 활성화로 이어졌다. 오늘날 박물관 교육은 박물관의 본질적 기능과 가치를 충족할 뿐만 아니라 이를 넘어 사회적 역할과 교육적 기능으로 연결되는 탈경계화된 담론을 실현하는 중이다.

이러한 배경을 토대로 최근까지 재정립되어 온 박물관의 개념에 근간하여 박물관 교육의 의의를 조명해 보고자 한다. 박물관이 더 이상 과거의 공간이 아닌 지금, 여기를 살아가는 이들을 위한 삶의 공간이 된 오늘날, 학습자의 배움에 집중하는 박물관 교육 또한 비형식적 교육의 한 형태로서 교육학적 관점에서 어떤 의의가 있는지 탐색해 볼 필요가 있다. 박물관 교육의 의의를 탐색하는 것은 박물관과 우리, 박물관과 사회 사이를 연결하는 수많은 연결고리들을 단단히 점검하는 과정이자 그 사이에서 새롭게 생성될 수 있는 영감을 떠올리는 계기가 될 것으로 기대한다.

1. 문화의 이해와 문화다양성 존중

국제박물관협회(International Council of Museums, 이하 ICOM)는 2022년 프라하 회의에서 박물관의 정의를 재정립하였다. 이 최근의 정의에서는 "박물관은 유형, 무형의 유산을 연구, 수집, 보존, 해석, 전시하여 사회에 봉사하는 비영리적이고 영구적인 기관이다. 박물관은 대중에게 개방되어 접근이 쉽고 포용적이며 다양성과 지속가능성을 촉진한다. 박물관은 공동체의 참여로 윤리적, 전문적으로 작용하고 소통하며 교육, 향유, 성찰과 지식 공유를 위한 다양한 경험을 제공한다."라고 언급하였다. 박물관이 교육, 향유(즐거움), 성찰, 지식 공유의 장으로 확장되고 박물관 교육은 박물관의 주요한 기능으로 주목되었다. 박물관의 정의에 교육적 성격이 짙어지며 박물관 교육 내용과 형식의 변화가 촉진되고 있다. 그런데 박물관이 무엇을 매개로 교육적 목적을 실행하는가의 관점에서 보면 박물관은 전통적 기능, 즉 유무형의 유산을 연구, 수집, 보존, 해석, 전시하는 활동과 여전히 밀접하게 닿아있다. 인류의 역사에 존재하는 유무형의 문화적 산물과 예술적 가치가 높은 작품을 수집하고 전시하는 박물관 고유의 순기능은 변화의 맥락 속에서도 중심 토대를 유지한다는 점을 부인하기 어렵다. 박물관 태동기에서부터 현대에 이르기까지 박물관은 '문화(Culture)'를 중심으로 다루는 곳이며 문화에 관한 보존과 전시, 해석 등을 담당해 왔다.

이에 박물관 교육의 첫째 의의는 시대를 관통하며 유지해 온 박물관 고유의 순기능인 '문화'의 보존과 해석을 통해 우리가 살아가는 사회의 세대 간 문화를 잇고 문화 이해의 지평을 넓혀준다는 점에서 찾을 수 있다. 나아가 학습자는 박물관에서 경험한 문화적 이해를 자기 삶의 맥락으로 전유하여 일상의 문화를 향유하고 그 가치를 내재화하는 가치를 실현한다. 백종현 외(2004)에 따르면, 문화(文化, culture)는 라틴어 '쿨투라(cultura)'에서 유래하는데 '쿨투라'는 동사 '콜레레(colere)'의 명사로 '보살피다, 가꾸다, 돌보다, 재배하다, 경작(耕作)하다' 등의 의미이다. 어원으로 볼 때 문화란 자연에 인간의 작용을 더해 창조한 생산물이나 행위 전체를 말한다. 문화는 문명, 교양, 상징 체계 등을 포함하는 인간의 생활방식과 내용을 지칭하며 인간 고유의 총체적 생활 양태를 포함하는 개념이다. 박물관 교육은 다양한 문화를 교육 내용으로 다룸으로써 학습자들이 문화와 문화권에 관한 지식을 확장하고 이와 연결된 맥락적 이해를 폭넓게 형성할 수 있도록 촉진한다.

문화에 대한 이해는 단순히 내용 지식의 확장만을 의미하지는 않는다. 특히, 현대로 오면서 박물관 교육을 통한 문화적 이해에서 주목하는 것은 문화를 둘러싼 이데올로기와 담론, 문화 형성의 과정적 속성을 비판적으로 성찰하고 파악하는 힘을 기르는 데 있다. 문화는 특정 집단의 유물만을 칭하는 것이 아니라 철학, 인류학, 사회학, 심리학 등이 복합된 다차원적 속성을 가지며 문화에 대한 이해는 문화가 창조되고 의미화되는 과정, 쇠퇴 및 소멸이 되는 과정을 포함한다(이은영, 2016). 서덕희(2010)는 인간이 '되어가는 존재'이며 인간이 겪는 '문화'는 내용이나 관념이 주가 아니라 '길들임과 드러냄의 과정적 차원'에 주목해야 한다고 언급한다. 그녀는 문화가 주체 밖에서 안으로 무늬가 각인되는 '길들임'의 과정이기도 하지만, 주체 안에서 밖으로 자기 체험의 '드러냄'의 과정이기도 하다고 지적한다. 문화적 속성이 담긴 교육 내용을 매개로 이루어지는 박물관 교육은 나와 집단을 길들여 왔던, 또 나와 집단으로부터 표출되는 문화의 공적, 개인적, 집단적, 무의식적 차원을 직면하고 비판적으로 성찰하는 계기를 제공한다. 이를 통해 학습자는 문화가 인간의 삶과 사고방식을 다양한 방식으로 표출한 것임을 인지하고, 그 과정에 개입하는 사회적 가치 체계와 의미작용을 깊숙이 간파한다. 나아가 학습에서의 깨달음을 바탕으로 실제 삶의 문화를 주체적으로 해석하고 변혁하는 시도를 할 수 있다. 종합하면, 박물관 교육은 이용자가 문화에 대한 이해 지평을 넓히고 이를 자신의 삶으로 전유하여 실제적 삶의 문화를 가꾸도록 함으로써 이용자를 주체적인 문화 향유자로 성장하게 한다.

다음으로 박물관 교육은 문화다양성(Diversity of cultural expressions)을 존중하고 문화 민주주의(Cultural democracy)와 포용성을 체험하게 하는 교육적 의의를 지닌다. 오늘날 세계의 인문학적, 사회문화적, 기술적 변화는 박물관이 다루는 문화와 예술에 내재된 정치적 면모에 관해 날카롭게 질문한다. 그 질문들 중 한 가지는 대중에게 열린 박물관이 과연 모두가 다가설 수 있는 포괄적 접근성을 확보하는가, 박물관이 다루는 내용은 포용적이고 공정한 가치를 실현하는가에 관한 화두이다. 접근성과 포용성은 박물관이 주목하고 있는 핵심 요인이다. 인종, 성별, 국가, 지위, 장애 등의 여부와 관계없이 박물관은 정치적, 사회적으로 공평하며 박물관 전시물과 교육은 세계 문화의 다양성을 질적, 양적으로 실현하는가를 문제 삼으며 박물관은 문화다양성 확보를 위한 변화를 꾀하고 있다. 문화다양성 개념은 다양한 인류 문화의 주체성과 정의를 지향하는 것으로 세계화 속에서 불거지는 양극화에 대한 성찰과 민주주의, 인권적 가치와 연관되어 제창되었다. 김인회(2024)는 문화다양성 개념이 다문화주의의 한계를 극복하며 이를 적극적으로 확장한 개념이라고 언급한다. 그는 다문화주의가 소수인종의 문화를 인정하고 주류 문화와 공존을 목표하는 개념이라면, 문화다양성은 더 나아가 소수인종과 그 문화를 사회의 공동운영 주체로 인정하고자 하는 개념이라고 강조한다(김인회, 2024). 오늘날 박물관은 문화다양성을 실현할 수 있는 법적 조치, 정책적 지원, 실제적 전시 전략과 네트워크 및 플랫폼의 확장을 적극 모색한다. 박물관에서의 전시 기획도 그동안 실질적으로 독점적 위치를 지녀온 선진 국가들과 상대적으로 열악한 전시 기회에 놓였던 저개발 국가들 사이의 양극화를 해결할 참여 모델의 혁신 등에 관해 활발한 논의를 벌이고 있다. 박물관 교육은 주류 문화 중심의 교육에서 벗어나 전혀 새로운 접근으로 문화다양성의 논쟁적 화두를 다룬다. 네트워크로 상호 연결된 세계에서 누구나 접근 가능하고 다차원적 문화들 간 상호작용이 존중될 수 있도록 박물관 교육의 장을 확장한다. 이러한 변화는 문화다양성의 실현을 앞당기는 긍정적 전망을 부른다.

2. 학교교육의 연계를 넘어 평생교육적 소양 함양

박물관 교육은 학교교육과 상호연계하며 학습자의 교육적 경험을 두텁게 보완하는 교육적 이익를 가진다. 학교와 박물관은 근대 시기 대중을 위한 공적 목적을 충족하기 위해 설립된 기관이라는 공통점이 있다. 그러나 두 기관은 상이한 특성을 가진다. 우선 특정 연령 및 학령기의 학습자를 대상으로 하는 학교와 달리 박물관은 연령 구분이 없는 불특정 다수를 대상으로 한다. 학교교육은 표준화된 시스템에 기반한 '학교'라는 교육기관에서 진행하며 교육 철학과 학문적 배경, 사회 · 문화적 요구 등을 반영하여 개발된 국가수준교육과정, 지역사회교육과정, 학교교육과정, 교사교육과정 체계에 따라 진행하는 형식교육(formal education)이다. 이에 반해, 박물관 교육은 박물관의 종류와 전시 기획 의도, 프로그램의 성격 등에 따라 넓은 범위에서 비교적 자유로운 형태로 진행하는 비형식교육(informal education)을 제공한다. 학교교육은 특정 시기에 있는 다수의 학생과 교과를 다루며 교육과정에 부합하는 수업을 실천해야 하기에 현실적으로 물리적, 사회적, 환경적 제약이 있다. 이로 인해 학교교육은 중립적이고 간접적 교육자료를 주로 사용할 수밖에 없는 한계가 있다. 이 지점에서 박물관 교육은 학교교육의 어려움을 잘 보완해 준다. 박물관 교육은 전시 공간이라는 장소성과 실물 자료를 마주하는 직접성을 통해 중요한 교육적 효과를 발생시킨다. 이는 교과서에서 배운 지식을 견문을 통해 강화하는 것 이상의 의미이다. 역사적, 문화적 가치가 있는 유물이나 예술 작품을 사진, 영상 등을 통해 간접적으로 대하는 것과 몸으로 사물을 직면하는 것은 큰 차이가 있다. 배움이란 학습자가 존재하는 공간에 배치된 다른 요인들, 보이는 요소와 보이지 않는 요소가 함께 작동하는 미묘한 메커니즘에 의해 수행되기 때문이다. 박물관 교육은 의도하지 않았더라도 학습자가 오브제와 직접 관계하는 기회를 제공함으로써 보고, 만지고, 같은 공간에서 호흡하는 생생한 감각을 동반한 상호작용적 경험을 불러일으킨다. 이 과정에서 학습자는 선지식을 확장할 뿐만 아니라 기억, 감정, 상상 등과 얽히며 다가오는 오브제의 의미를 개인적 차원에서 인지할 수 있다. 모두가 아는 중립적인 지식과 달리 각자의 감각으로 발견하고 이해하는 사유의 다양성을 터득하고 해석적 지식에 다가서는 또 다른 방식에 눈을 뜨게 된다.

또한 박물관 교육은 전 생애주기에서 대중의 인문학적 성장을 지원하며 평생교육적 소양을 기르는 교육적 의의를 가진다. 박물관 교육은 학교교육과의 연계 활동을 넘어 비형식교육 특유의 평생교육적 가치를 실현한다. 박물관은 불특정 연령층을 대상으로 다채로운 전시를 선보이는 사회교육기관으로서 대중에게는 평생교육의 공간이다. 평생교육은 시간적으로 전 생애, 공간적으로 제도화된 교육기관 이외 삶의 전 영역에서 가르치고 배우는 행위를 포괄한다. 강대중 외(2015)에 따르면 '평생'이라는 수식어는 인간 학습의 세 측면에 주목한다. 그것은 ① 학습은 학교와 같이 가르치고 배우는 것을 위해 만들어진 공간에 국한된 활동이 아니며, 우리 삶이 펼쳐지는 다양한 영역에서 펼쳐진다는 점, ② 요람에서 무덤까지 진행되는 삶의 종적인 과정, 즉 생애 전개 과정에서 관찰되는 학습의 역사성에 주목하는 점, ③ 인간 삶의 깊숙한 곳에 자리 잡은 인생의 의미를 찾는 학습을 평생에 걸쳐 수행하는 것은 삶에 대한 인간의 근본적 욕구이며 삶은 학습의 과정이자 그 자체가 학습의 대상이라는 점이다. 평생교육은 삶(life) 자체를 문제시하고 삶의 역사성과 삶의 깊숙한 곳을 지향하는 질문과 행위에 주목한다. 한국의 평생교육법은 평생교육의 영역으로 학력보완교육, 성인문자해독교육, 직업능력향상교육, 인문교양교육, 문화예술교육, 시민참여교육 등을 명시하고 있다. 박물관 교육은 특히 문화예술교육과 인문교양교육 측면의 평생교육과 밀접하게 연관되어 있다고 볼 수 있다.

사람들은 생애 전반에서 삶의 다양한 의미를 탐색하며 그 무엇보다 자기다운 삶에 집중하고자 한다. 더욱이 탈근대 시기, 교육에 관한 관점과 배움을 향한 경로가 다양해지고 디지털 기술이 그 경로를 지원하는 것이 가능해진 오늘날 교육은 학교 담장을 넘어 무한히 확장하고 있다. 대중은 자기 삶에 스스로 질문하고 관심 있는 사람들과 자발적으로 모이며 배움의 장소를 찾아 앎의 욕구를 해소하는 가운데 자기 성찰과 성장을 이룬다. 박물관 교육에서도 이러한 점이 뚜렷이 목격된다. 박물관이나 미술관에 길게 늘어선 사람들, 여러 차례 작품을 찾아 깊이 있는 감상을 하는 사람들, 취향이 같은 이들과 온-오프라인에서 적극적으로 소통하는 이들에게 뜨거운 평생교육의 열기를 느낄 수 있다. 그들은 전시뿐만 아니라 연계 강좌, 토론회, 작가와의 대담, 관람객 참여 활동 등 박물관 교육 활동에 적극적으로 참여한다. 요컨대, 박물관교육은 대중이 평생교육 차원에서 자기 맞춤형 박물관교육을 즐기며 문화와 예술에 관한 호기심을 해소하고 예술적 소양을 기르도록 지원한다. 더불어 그들이 공동체와 자유롭게 의견을 교환하며 복잡다단한 삶의 양상을 해석하는 가운데 인문학적 소양을 함양하도록 이끄는 평생교육적 가치를 실현한다.

3. 심미적 경험과 창의적 사고의 발현

박물관 교육은 시공간의 흔적이 담긴 문화 및 예술 작품을 통해 학습자의 감각과 내면에 침잠된 기억, 정서 등을 일깨우며 심미적 경험을 강화하고 상상력과 창의성을 발현시키는 교육적 의의가 있다. 이러한 가치는 특히 미술관에서 예술 작품을 대면할 때 두드러진다. 예술 작품을 마주하며 미술관 이용자는 설명이나 해설 이전에 강렬하게 휘감겨 오는 미적 지각과 감수성을 느끼곤 한다. 사람들은 이유 없이 자신을 이끄는 예술 작품에 한참 매료되기도 하고 예술 작품이 지닌 색, 형태, 질감, 움직임, 리듬과 조화 등을 통해 전해지는 정서나 감흥을 느끼고 이와 더불어 깊숙한 곳에 잊혀 있던 기억과 서사를 떠올리며 정서를 환기하기도 한다. 이러한 현상은 선형적으로 이어진다기보다 동시 발생적이며 감성과 이성의 통합적 방식으로 나타난다.

박물관 교육에서 이러한 작용이 발생할 수 있는 계기는 다양한 맥락을 일으키는 예술 작품과 이를 감각하고 인지할 수 있는 학습자의 심미적 탐구가 통합적으로 만날 수 있기 때문이다. '심미적'이라는 용어는 아름다움이나 감정을 느끼는 차원을 넘어 다양한 감각을 사용하여 느끼고 인지적으로 이해하며 가치를 판단하는 속성까지 포함하는 의미이다. 박물관에는 인간의 유구한 역사를 통해 생산된 시대적 산물이 보존되어 있다. 유물과 예술 작품에 새겨진 흔적들은 박물관이라는 공간을 통해 오늘의 이용자와 연결되며 이는 미래의 누군가에게로 다시 연결될 것이다. 이 연결에는 수많은 잠재적 맥락과 모호함이 포함되어 있다. 학습자의 심미적 탐구는 예술품에 혼재된 맥락들을 헤집으며 자유롭게 활동하게 만든다. 맥신 그린(Maxine Greene)은 "심미적 교육(Aesthetic education)이야말로 인지적, 지각적, 정서적, 상상력의 개발 등 전인적 발달에 필수불가결한 요소(Greene, 2001, p. 30)"라고 하며 이를 통해 학생들이 수동적이고 지루한 삶의 실타래를 끊고 다채롭고 시끌벅적하며 문제 가득한 세상에서 깨어날 수 있다고 보았다. 그러면서 학생들 안에 있는 미적 감수성과 인지 역량을 개발시키는 예술의 중요성을 언급하였다. 그녀는 예술을 통해 발견하는 언어들과 이미지들은 일상 생활에서 알지 못하고 말하지 못하며 듣지 못한 것들을 인지하게 한다고 하며 "예술은 돌처럼 굳은 세상을 말하고, 노래하고, 춤추게 할지도 모른다(2001, p. 99)"고 강조하였다.

듀이는 미적 경험은 가장 이상적인 '하나의 경험'으로 지적, 정서적, 실천적 영역을 아우르며 이상적인 경험으로서 교육적 경험의 원형을 제시한다고 보았다. 그에 따르면 '하나의 경험'은 경험을 구성하는 행위들이 무리 없이 연결되어 계속적 융합을 일으키면서 각 부분들은 고유의 특징을 상실하지 않고 자연스럽게 스며든다(Dewey, 2016; 국성하, 2023에서 재인용). 듀이는 경험을 구성하는 내용들은 단절되지 않고 억지로 연결되는 것도 아니라고 하며 이러한 통합의 기초에 심미적 성질이 있다고 언급한다(국성하, 2023). 박물관 교육은 예술을 통한 심미적 경험의 장을 만들면서 널리 깨어있음과 반성 과정을 통해 학습자가 매여 있던 인식의 틀을 해체하고 자유로워지게 한다. 듀이는 '심미적(esthetic)'의 반대말이 '마취 상태(anaesthetic)'라고 하였으며, 그린은 주어진 것을 의문 없이 수용하는 마취 상태에서 깨어나 예술 작품과의 심미적 경험을 통해 상상력을 발휘하는 것을 '널리 깨어있음'이라고 보았다(권남희, 2018). 예술 작품을 통한 심미적 경험을 거듭하며 학습자는 감성적 인식과 상상력을 발전시키고 새로운 이해에 도달할 수 있다. 이들은 세상을 다양한 유형으로 읽어내기 시작한다. 전에는 보지 못했던 시공간을 느끼고 상상하며 다채로운 질문을 던지며 창조적 발상을 증폭시킨다. 이 지점에서 창의성이 발현될 수 있다. 미즈시마 에이지(2017)는 박물관이 영역을 초월하며 상상력과 창조력을 키우는 모판이며 감성을 연마하는 교육의 장이라고 피력한 바 있다.

박물관 교육에서 발생하는 심미적 경험은 다양한 유형을 가진다. 박물관에서 심미적 경험 유형을 분석한 권남희(2018)의 연구에 따르면 심미적 경험은 미적 즐거움, 미적인 앎, 미적 가치, 미적 태도의 유형으로 나타날 수 있다. 예술철학자 캐롤(Carroll)은 심미적 경험의 유형을 미적 쾌를 발생시키는 정서 지향적 유형, 감각적 인식 작용과 연관된 인식론적 유형, 체험이나 체험 대상의 가치를 떠올리는 가치론적 유형, 미적 체험 대상의 특징이나 속성과 관계하는 내용 지향적 유형으로 나누기도 하였다. 이러한 선해들은 박물관에서 교육적으로 접근할 수 있는 심미적 경험의 층위가 다양함을 알게 한다. 최근 박물관 교육은 심미적 경험을 충분히 겪으며 창의성을 발현하는 가치에 주목하며 접근 방식에 있어서도 심미적 성질을 최대화할 수 있는 방안을 모색하고 있다. 몸의 감각을 자유롭게 활용해 보도록 하거나 우연성, 놀이성을 최대한 발휘할 수 있는 체험 중심의 기획을 시도하기도 한다. 다양한 주제의 체험형, 놀이형, 몰입형 프로그램이 대두되며 눈으로만 바라볼 수밖에 없었던 과거의 전시에서 탈피하여 직접 만지고 온몸으로 체험하는 전시가 각광을 받고 있다. 이러한 심미적 경험을 통해 사람들은 미적 즐거움뿐만 아니라 엉뚱한 발상과 상상력의 발판을 마련할 수 있다. 나아가 미에 관한 인식의 전환과 미적 가치를 실천하는 삶의 계기를 확보할 수 있다.

4. 능동적 의미 구성과 비판적 사고의 형성

박물관 교육은 학습자가 주체적으로 능동적인 의미 구성을 경험하도록 이끌며 비판적 사고를 형성하게 하는 교육적 가치를 지닌다. 박물관 교육은 전시에 관한 객관적 지식을 주입하는 것이 아니다. 오늘날에는 박물관 교육 학습자를 주체적 위치에 놓으며 학습자에게 내재된 이전의 맥락적 요인들과 박물관에서 새롭게 만나는 콘텐츠가 얽혀 능동적으로 새로운 의미를 구성할 수 있도록 교육한다. 이는 박물관 교육의 중심 화두인 '접근성' 측면에서도 의미가 깊다. 교육에서 말하는 진정한 의미의 접근성은 물리적, 공간적 차원의 접근성 이상의 '배움에 관한 접근성'을 동반한 것이다. 어떤 장애나 제약 없이 누구나 박물관을 경험할 수 있을 뿐만 아니라, 실제 박물관 교육에서의 경험이 즐겁고, 어렵지 않으며, 저마다의 맥락에 연결되며 개인적 배움을 자극하는 효과를 누리도록 하는 것이 중요하다. 즉 인지적, 심리적 차원에서의 접근성까지 충분히 담보할 수 있는 배움, 보다 중요하게 이용자 스스로 각자의 경험을 토대로 능동적 의미 만들기(Meaning making)를 수행할 수 있을 때 교육적 접근성을 실현하였다고 할 수 있다.

이러한 가치는 박물관에서 교육의 기능을 강조하고 개인적 경험과 의미 구성의 함의를 강조한 학자들에 의해 조명된다. '경험'의 의미를 강조한 듀이(John Dewey)의 교육 이론과 구성주의 박물관 교육 이론을 강조한 하인(George E. Hein)의 의견이 대표적이다. 듀이는 진정한 교육은 경험으로부터 나온다고 보았지만 그렇다고 모든 경험이 곧 진정한 교육이라는 것을 의미하지는 않는다고 하며 박물관 교육에서 두 가지 요점을 언급한다. 첫째 이용자를 자극하고 이끌지 못하는 경험은 교육적일 수 없기에 마음의 활동이 일어나도록 해야 한다는 점, 둘째 단지 생생하고 흥미롭기만 하다고 교육적인 것이 되지는 않으므로 교육적 경험이 되려면 잘 조직되어야 한다는 점이다(Hein, 2015). 하인은 지식이 그 맥락과 분리될 수 없으며 지식은 학습자에 의해 새롭게 재구성된다는 구성주의 관점에 동조한다. 하인의 구성주의 학습 이론에서는 인지 주체로서 개개인이 자신의 경험을 토대로 주어진 현실을 해석, 이해, 의미 부여하는 활동의 결과가 지식이라고 본다. 즉, 배움은 객관적으로 주어진 지식을 습득하는 것이 아니라 구성원들의 대화와 협의를 통해서 좀 더 특수적이고 맥락적인 지식의 구성이 이루어지며 그 점에서 학습의 과정이 결과만큼 중요하게 여겨진다는 것이다(조혜진, 2024). 하인은 구성주의 박물관에서의 전시 기획이 진리의 진열이 아닌 해석이라는 것을 인정하는 것과 박물관 이용자들이 어떻게 의미를 만드는지를 적극적으로 연구하는 것이 인정되어야 한다고 강조하였다(최석영, 2012). 이러한 의견들은 박물관 교육에서 학습자를 주체적 존재로 자리매김하고 그들의 능동적 의미 구성과 이해, 해석 작용이 지닌 인지적 가치를 조명한다. 더불어 그들 스스로 자신의 의미 구성에 도달하도록 하기 위해 어떠한 노력을 기울여야 할지 고민하게 한다.

박물관 교육에서 능동적으로 의미를 구성하는 경험은 비판적 사고를 형성한다. 비판적 사고에 눈을 뜬 이용자는 삶의 현상을 결코 수동적으로 바라보지 않으며 자기 관점을 가지고 비판적으로 성찰하는 역량을 가지게 된다. 그들은 삶에서 마주하는 미디어와 이미지, 정보 등에 내재한 복합적 의도와 의미에 관해 질문하고 비판적으로 사고하며 자기 관점에서 해석할 줄 알 뿐만 아니라 이를 기반으로 타자와 주체적으로 소통하게 된다. 이러한 과정에서 학습자는 자연스럽게 메타인지를 형성하고 삶에서 비판적 사고를 적극 실행하는 힘을 갖게 된다. 프레이리(Paulo Freire)는 우연적, 상황적 연관성 속에서 경험적으로 현존하는 상황과 사실을 비판적으로 의식화하는 것은 실제의 상황과 통합하여 행위로 이어진다고 보았다(Hein, 2015). 실제 자기 삶의 맥락과 엮어가며 구성한 의미와 그 과정에서 형성한 비판적 의식화는 고스란히 자기 삶의 맥락으로 전이된다. 전이란 배움에서 진정으로 이해되고 영속적으로 남은 핵심 아이디어가 전혀 다른 맥락 상황에서도 유의미하게 발휘되는 교육적 현상이다. 박물관 교육은 맥락과 분리되지 않는 총체적인 경험과 새롭게 다가오는 요인들을 통합하여 의미를 재구성하는 과정을 거듭 경험하게 함으로써 학습자가 자기 지식을 창조하도록 돕고 이러한 이해들이 일상으로 전이되어 주체적 관점에서 비판적 행위를 실천하도록 이끈다. 하나의 완성형 답을 주는 것이 아니라 학습자가 주체로 존재하며 경험하는 가운데 능동적으로 자기 학습의 의미와 해답을 구성해 가는 것이다.

5. 사회 참여적 학습 경험과 공동체와의 소통

박물관 교육은 학습자에게 사회 참여적 학습 경험을 제공하고 쌍방향으로 교류할 수 있도록 촉진함으로써 그들이 공동체를 이해하고 동시대 사람들과 소통하게 하는 교육적 의의가 있다. 박물관 교육은 학습자가 자신의 목소리를 내고 공동체와 연결할 수 있는 플랫폼의 역할을 한다. 사회 참여적 학습 경험이란 용어는 두 가지 관점에서 그 의미를 생각해 볼 수 있다. 첫째는 '참여 중심의 학습 경험'의 의미로 학습자가 주체적으로 토론, 탐구, 체험, 창작 등의 활동에 참여하도록 한다는 뜻으로 이해할 수 있다. 둘째는 보다 진보적 성격의 '사회 참여적 학습 경험'의 의미로 이용자가 몸담은 실제 사회의 주체로서 직접 콘텐츠를 만들고 능동적으로 학습하며 자신의 사회적 문제 해결에 참여한다는 의미로 볼 수 있다. 두 가지 의미는 상호 연관되며 후자의 사회 참여적 학습 경험은 전자에서 언급한 참여 중심 학습 경험 방식을 적용할 때 교육 효과와 효능감이 크게 나타날 것으로 예상된다.

이필(2019)에 따르면 박물관은 사회나 공동체에 속한 대중을 위한 공간이므로 그 사회와 긴밀하게 연루될 수밖에 없다. 그는 이러한 관점이 뉴 뮤지올로지 운동의 기저에 깔려 있으며 에코(eco) 뮤지엄, 동네(neighborhood) 뮤지엄, 지역(local) 뮤지엄, 공동체(community) 뮤지엄, 대중(popular) 뮤지엄 등의 대안이 나온 이유이기도 하다고 언급한다. 미즈시마 에이지 외(2017)의 연구에서도 박물관은 각 나라 사람들의 재산(a common wealth)이고 모든 시대의 이들을 위해 존재하는 공공재(公共財)로 교육적, 사회적, 경제적, 정신적 가치에 관한 공공 교육 자원을 가지며, 무한한 표현력을 지닌 보편적 교육기관이라고 강조한다. 이러한 견해들은 박물관이 사회 또는 지구촌의 공동재이자 공공재로서 그들이 속한 사회 문제를 적극적으로 다루어야 할 뿐만 아니라 어떤 방식으로든 공동체에 긍정적 영향을 미칠 방법과 대안을 강구하도록 추동한다. 사회적 역할에 관한 소명을 다하려는 박물관 교육은 장소성과 문화적 특수성을 깊게 파고들며 시공간을 초월한 창조적 대안을 모색하며 공동체에 열린 자세로 다가선다. 오늘날 박물관은 대중을 기다리지 않고 삶의 터전인 사회 속으로 직접 찾아가 그들의 참여를 이끄는 아웃리치(outreach) 프로그램까지 활발하게 전개하고 있다.

후퍼-그린힐(1994)은 포스트 뮤지엄(Post museum) 개념을 통해 참여자의 자발적 참여와 해석에 기반한 복합적 상호작용 경험의 중요성을 강조하였다. 그는 "전시에서 교육으로, 일방적 교육에서 쌍방향적 교류로" 소통의 범위를 확대해야 한다고 역설한 바 있다. 지식과 해석을 한 방향으로 전달하는 모더니스트 박물관(Modernist museum)에서 탈피하여 다양한 과정들이 어우러지고 학습자의 직접적 경험을 중심으로 다원적 지식과 해석을 생성하는 쌍방향적 소통의 중요성을 강조하였다. 박물관 담장을 넘어 우리가 살아가는 삶의 공간에서 쌍방향으로 소통하려는 노력은 박물관과 학습자 사이의 거리를 좁히고 삶의 다양한 조건들을 교육에 연결하는 교육 프로그램의 활성화로 이어지고 있다. 최근 박물관 교육 프로그램은 연구, 수집, 전시, 보급 등 본래의 기능을 준수하는 동시에 그동안 박물관과 거리가 있다고 여겨졌던 대중문화와 매체, 명품 브랜드, 음악가 등 이질적 장르와 융복합하는 파격적인 프로그램을 선보이고 있다. 박물관이 유물들의 성전에서 탈피하여 공동체의 소통 공간이자 함께 즐기는 복합문화공간으로서 재구조화하고 있다.

참여적 박물관은 사회 참여적 학습 경험과 공동체와의 적극적 소통 양상을 뚜렷하게 관찰할 수 있는 좋은 사례이다. 니나 사이먼(Nina Simon)은 '참여'와 '소통'을 강조한 참여적 박물관(Participatory Museum) 개념을 제안하며 박물관 이용자가 직접 콘텐츠를 생산하고, 공유하고, 공동체와 연결 짓는 상호작용적 가치를 강조하였다. 참여적 박물관에서는 학습자들의 경험, 생각, 질문들이 곧 전시콘텐츠가 되고 참여한 사람들이 만들어 낸 콘텐츠가 서로를 연결시키며 소통하는 행위 그 자체가 사회적 매개체로 작용한다. 박물관 이용자는 전시콘텐츠를 구성하고 해석해 가는 '변형의 주체'가 되며 다른 사람들과 의견을 공유하는 가운데 창조를 경험하고 나눔이 발생할 뿐 아니라 그 과정 전체를 통해 서로의 연결고리가 된다(오명숙 · 윤여각, 2019). 니나 사이먼은 참여적 박물관이 이용자의 단순한 참석을 넘어 그들의 삶 속에서 매력 넘치는 곳으로 변화해야 한다고 말하며 공동체적 소통의 방법을 다양하게 모색한다. 참여적 박물관은 무엇에 '관한', 누군가를 '위한' 것이기를 뛰어넘어 방문자와 '함께' 만들어지고 운영되는 것이다(Simon, 2015). 이러한 특징은 박물관이 사회적 소통의 채널로서 공공성을 실천하는 장소가 될 수 있으며 대중의 민주적 참여로 사회를 변화시킬 수 있는 열린 플랫폼이자 문화 변혁의

도구로 기능할 수 있음을 알게 한다.

루이스 라포소(Luis Raposo, 2025)는 박물관을 사람들과 소장품을 연결하는 '험한 물살 위에 놓인 다리'에 비유한 바 있다. 그는 박물관과 사람들 사이에 놓인 이 다리를 굳건히 지지하는 박물관의 필수적인 '세 개의 기둥 개념(the three-pillar concept)'으로 '연구', '큐레이션', '교육, 보급'을 꼽았다. 그는 세 개의 기둥이 교차하는 지점에서 박물관이 고유한 가치를 정립할 수 있다고 강조한다. 박물관 교육은 박물관의 전통적 가치인 연구, 큐레이션과 마찬가지로 박물관의 정체성을 실현하는 하나의 핵심 기둥으로 자리매김하였다. 세 개의 기둥이 적정한 상태로 힘을 모을 때 튼튼한 다리가 만들어지듯 박물관 교육은 다른 요인들과 조화롭게 만나도록 애써야 한다. 박물관의 중심 기둥을 형성하기 위해 고군분투하며 도달한 오늘날의 박물관 교육은 문화와 예술의 전수와 보존, 교육과 영감, 개인의 창조적 사유와 공동체의 소통을 북돋우며 배움과 사회 공동체를 향한 공공의 연결고리를 형성하는 중이다.

본 장에서는 박물관 교육의 의의를 다섯 가지 관점에서 조명해 보았다. 박물관 교육은 문화의 이해와 문화다양성 존중, 학교교육의 연계를 넘어 평생교육적 소양의 함양, 심미적 경험과 창의적 사고의 발현, 능동적 의미 구성과 비판적 사고의 형성, 사회 참여적 학습 경험과 공동체와의 소통이라는 교육적 의의를 가진다. 이러한 의의는 바라보는 관점에 따라 다른 측면에서 언급될 수 있다. 가령 사회 참여적 학습 경험에 기반하여 공동체와 소통하는 지점에서 사회적 포용성에 의의를 부여할 수 있다. 심미적 경험과 창의성의 발현에 관한 아이디어는 이를 발판으로 이어지는 융합적 사고 촉진의 가치에 주목해 보는 것이 가능하다. 또 문화다양성과 문화 민주주의 실현의 측면에서 세계의 지속가능성 실현이라는 거시적 관점의 의의를 언급할 수도 있다. 박물관 교육의 의의는 어디에 초점을 두는가의 차이일 뿐 인드라망처럼 서로 연결되어 작용한다. 하나의 가치에 붙박여 사고하기보다 어떤 맥락과 의도에서 의의가 조명되었는지, 이를 통해 어떻게 또 다른 가치로 연결될 수 있을지 총체적으로 이해하는 유연한 태도가 중요하다.

박물관 교육의 의의는 향후 도래될 시대적 요구에 반응하며 새롭게 형성되어 갈 것이다. 특히, 포스트휴머니즘 시대 4차 산업혁명으로 대변되는 디지털 대전환이 불러올 시대적, 문화적 변동의 측면에서 박물관 교육의 의의를 면밀하게 관찰하고 탐구해 보아야 한다. 온라인 가상현실, 인공지능, 사물인터넷, 빅데이터 등의 기술 변화로 박물관과 박물관 교육의 지형이 어떻게 변화할지, 어떤 새로운 의의를 갖게 될지 사뭇 궁금하다. 다양한 변화 속에서도 박물관 교육의 중심에 놓아야 할 기본이자 핵심은 박물관 교육이 인간의 성장을 추구하는 교육 본래의 목표와 궤를 같이 해야 한다는 점이다. 교육의 본질에 충실한 박물관 교육이 수행되는 연장선에서 박물관 교육의 의의는 지속적으로 새롭게 조명될 것이다.

참고문헌

국성하(2023). 박물관 교육의 의미 고찰-박물관 교육의 요소 · 목적 · 방법을 중심으로-. 문화예술교육연구, 18(2), 207-231.

권남희(2018). 박물관 교육 참여자의 심미적 경험 연구: 회상을 통한 브리콜라주. 한양대학교 대학원 박사학위청구논문.

김인회(2024), 박물관 교육 30년 담론. 서울: 민속원.

백종현 외(2004). 철학의 주요 개념. 서울: 서울대학교 철학사상연구소.

서덕희(2010). 일상적 삶의 형식으로서의 다문화교육: 문화의 과정성과 다차원성을 중심으로. 2010년 교육인류학회 공동학술대회 자료집, 281-305.

성태제, 강대중, 강이철, 곽덕주, 김계현, 김천기, 김혜숙, 송해덕, 유재봉, 이윤미, 이윤석, 임웅, 홍후조(2021). 최신교육학개론(3판). 서울: 학지사.

오명숙, 윤여각(2019), 박물관 교육론-쟁점과 과세-. 서울: 민속원.

이은영(2016). 다문화교육에서 상호문화미술교육으로의 전환: 상호문화성에 관한 현상학적 사유를 중심으로. 미술교육논총, 30(1), 29-54.

이필(2019). 뉴 뮤지올로지(New Museology)방법론의 유효성과 비판적 수용. 미학예술학연구, 56, 295-321.

조혜진(2024). 참여 기반의 박물관 경험 확장과 박물관 교육의 변화. 박물관과 연구, 2, 118-143.

최석영(2012). 하인 G. E. Hein의 구성주의 박물관 교육론. 서울: 민속원.

미즈시마 에이지, 오호리 사토시(2017). 박물관 전시 및 교육론(김건희, 배정현, 주미정 역). 서울: 학연문화사.

Dewey, J. (2016). 경험으로서의 예술(Art as experience)(박철홍 역). 서울: 나남. (원저 1938년 출판)

Greene, M. (2011). 블루 기타 변주곡(VARIATIONS ON A BLUE GUITAR)(문승호 역). 서울: 다빈치. (원저 2001년 출판)

Hein, G. E. (2015). 박물관 교육론(Learning in the Museum)(안금희, 김해경, 김선아, 정혜연 역). 서울: 학지사. (원저 2005년 출판)

Hooper-Greenhill, E. (1994). *Museum and Gallery Education*. Leicester: Leicester University Press.

Raposo, L. (2025). 급변하는 공동체와 박물관의 미래(The Future of Museums in Rapidly Changing Communities). 제19회 한국박물관국제학술대회 자료집.

Simon, N. (2015). 참여적 박물관(The Participatory Museum)(이홍관, 안대웅 역). 경기: 연암서가. (원저 2010년 출판)

제2부

박물관 교육의 이슈

제4장 포용적 박물관 교육

제5장 문화다양성과 박물관 교육

제6장 지속가능한 박물관 교육

제7장 온 · 오프라인을 넘나드는 박물관 교육

제8장 AI와 박물관 · 미술관의 만남

제4장 포용적 박물관 교육

박물관은 오랫동안 지식과 유산을 보존 · 전시하는 공간으로 인식돼 왔다. 그러나 현대 사회가 다양성과 평등, 사회 통합의 가치를 중시함에 따라 박물관은 단순한 전시관을 넘어 '포용적 박물관'으로 진화한다. 포용적 박물관은 다양한 계층 · 세대 · 문화적 배경, 그리고 신체적 · 정신적 조건을 지닌 모든 사람이 차별 없이 문화를 향유하고 자신의 목소리를 낼 수 있도록 설계된 열린 공간을 지향한다.

국제박물관협의회(ICOM)는 새 박물관 정의에서 '포용적 · 다층적 공간'과 '모든 사람의 평등한 접근권'을 강조하며, 박물관이 사회적 갈등을 해소하고 통합을 이루는 데 기여해야 한다고 명시한다. 2022년 프라하 세계박물관대회에서 15년 만에 개정된 이 정의는 '접근성', '포용성', '재미'를 핵심 요소로 제시한다. 전통적 정의가 박물관을 '비영리 기관으로 대중에게 개방'해야 한다고만 규정했다면, 개정 정의는 박물관이 다양한 이용자와 지역사회 구성원이 평등하게 참여하고 누릴 수 있도록 해야 함을 분명히 한다. 이에 따라 박물관은 소장품을 관리 · 전시하는 역할을 넘어서 적극적이고 포괄적인 사회적 책임을 수행하며 지역사회와 협력하고, 다양성과 지속 가능성을 추구하는 기관으로 자리매김한다.

세계화가 가속화되고 사회가 복잡해질수록 서로 다른 문화 · 사회적 배경을 지닌 사람들이 더욱 긴밀히 연결된다. 동시에 불평등, 차별, 환경 파괴 등 복합적인 문제가 부각됨에 따라 이를 해결하기 위한 공감과 협력이 절실해진다. 이러한 배경 속에서 박물관은 문화, 인종, 성별, 세대를 포괄하는 의미 있는 경험을 제공하라는 사회적 요구에 직면한다. 또한 박물관이 서구 제국주의와 식민주의 시각을 반영해 왔다는 비판과 소외된 집단을 재조명해야 한다는 내부 · 외부의 성찰이 고조되면서, 운영 방식은 폭넓은 변화를 요구받는다. 물리적 · 심리적 장벽을 낮춰 누구나 편안하고 쉽게 접근할 수 있도록 하는 일은 선택이 아니라 필수가 된다.

새로운 박물관 정의가 '포용성'을 한층 강조하는 것은 박물관이 교육과 전시에 머무르지 않고 사회적 책임을 적극 실천하는 공공의 장으로 거듭나겠다는 의지를 보여준다.

1. 포용적 박물관의 개념과 철학

가. 포용(Inclusion)의 의미

포용이란 모든 개인과 집단이 배경, 능력, 정체성의 차이에 관계없이 동등하게 참여하고 존중받을 수 있도록 여건을 조성하는 개념이다. 사전적으로는 '남을 너그럽게 감싸 주거나 받아들임'을 뜻하며, 반의어는 '배척'이다. '감싸다', '싸다', '용납하다'라는 의미를 지닌 '포(包)'자는 몸을 굽혀 아기를 보호하는 어머니의 모습을 본뜬 글자에서 유래했다. 즉, 포용은 단순한 수용을 넘어, 따뜻하게 감싸고 이해하는 태도를 포함한다.

박물관에서의 포용은, 박물관이 사회의 다양한 구성원 모두에게 열려 있으며, 누구나 동등하게 박물관의 자원과 경험에 접근할 수 있도록 하는 것을 의미한다. 이는 단순히 장애인이나 노약자 등 특정 계층을 위한 접근의 편이를 넘어서, 인종, 성별, 연령, 경제 배경, 문화차이 등 모든 사회적 다양성을 포괄하는 것을 목표로 한다.

포용은 단순히 차이를 인정하는 데 그치지 않고, 다양한 목소리와 경험을 적극적으로 수용하며, 서로의 가치를 함께 만들어 나가는 과정을 포함한다. 박물관은 전통적으로 문화유산의 보존, 연구, 전시에 중점을 두었으나, 오늘날에는 포용성의 중요성이 부각되면서, 누구나 자유롭게 접근하고 의미 있는 경험을 누릴 수 있도록 환경을 조성해야 하는 사회적 책임을 지닌 기관으로 변화하고 있다.

나. 포용적 박물관(Inclusive Museum)의 개념

포용적 박물관이란, 다양한 문화적 · 사회적 배경을 지닌 사람들이 박물관을 '자신의 공간'으로 느끼고 적극적으로 참여할 수 있도록 하는 철학에 기반한 개념이다. 이는 단지 전시장이나 교육 프로그램에서 일시적으로 소수 집단의 요구를 반영하는 수준을 넘어서야 한다. 박물관의 기획 단계부터 물리적 접근성(예: Barrier-free 환경), 언어적 · 정보적 접근성(예: 다양한 언어 지원, 읽기 쉬운 안내문), 사회적 · 문화적 접근성(예: 경제적 지원, 지역사회와의 협력, 공동체 참여 기반의 프로그램 설계)까지 폭넓게 포용성이 구현되어야 한다.

특히 문화적 · 사회적 접근성은 박물관이 관람객에게 제공하는 의미 체계와 정서적 연결을 확장한다는 점에서 핵심적이다. 전시나 교육 프로그램을 기획할 때, 소수자나 지역공동체 등 다양한 주체의 이야기가 반영될 수 있도록 협업 구조를 마련하고, 이들의 목소리를 실질적으로 반영해야 한다. 예를 들어, 전시물 선정이나 해석 과정에서 관람객과 토론하거나, 지역사회가 보유한 구술 자료와 문화적 전통을 함께 수집 · 해석하고 이를 공유하는 자리를 마련하는 방식이다.

결국 포용적 박물관의 철학은 "우리 박물관은 누구를 위해 존재하며, 누구에게 열려 있는가?"라는 질문에서 출발한다. 이 질문에 대한 답은 박물관이 스스로 내리는 것이 아니라, 방문객, 지역사회, 문화예술계, 교육계 등 다양한 주체들과의 상호작용을 통해 함께 발견해 나가야 한다. 이러한 공동 창조의 과정을 통해 탄생한 박물관은 특정 시각이나 목소리만을 반영하는 '닫힌' 공간을 넘어, 다양한 가치와 경험이 공존하는 '열린' 공간으로 발전하게 된다. 이는 현대 박물관이 추구해야 할 윤리적 · 사회적 · 교육적 이상이며, 궁극적으로는 문화적 다양성 보전과 사회통합을 이끄는 중요한 동력이 될 수 있다.

다. 포용적 박물관이 추구해야 할 가치

(1) 평등한 접근성의 유형

가) 물리적 접근성

물리적 접근성은 신체적 제약이 있는 사람들이 박물관 시설을 편안하고 자유롭게 이용할 수 있도록 공간을 개선하는 것이다. 휠체어 경사로, 엘리베이터, 장애인 전용 화장실과 같은 배리어프리 설계는 기본이며, 점자 안내판, 촉각 모형, 보행 유도블록 등 유니버설 디자인 요소도 필수적이다. 예를 들어 조선왕릉은 문화재의 특성을 고려해 리프트를 설치했고, 국립중앙박물관은 휠체어 이동 동선을 최적화하였다. 해외 사례로는 루브르박물관의 촉각 전시 복제품과 수어 해설 제공, 일본 오사카성의 엘리베이터 설치 등이 있다.

나) 정보 접근성

정보 접근성은 다양한 감각과 언어를 가진 사람들이 정보를 동등하게 획득할 수 있도록 보장하는 것이다. 수어 해설, 음성 안내, 쉬운 글로 작성된 해설서, AI 실시간 번역, AR/VR 기술 활용 프로그램 등이 이에 해당한다. 일부 박물관은 QR 코드를 통해 수어 영상을 제공하고 있으며, 유럽연합은 다국어 AR 가이드 도입으로 외국인 관람객의 접근성을 높이고 있다. 디지털 격차 해소를 위해 무료 Wi-Fi와 스마트기기 대여 서비스도 확산되고 있다.

다) 경제적 접근성

경제적 접근성은 소득 수준과 무관하게 누구나 문화시설을 이용할 수 있도록 보장하는 것이다. 무료 입장일 운영, 저소득층 할인 제도, 지역사회 연계 프로그램 등이 주요 방안이며, 복지기관과 협력해 취약계층에게 무료 입장권을 제공하거나, 온라인 전시 접근성을 위한 기기 대여 서비스도 지원된다.

라) 문화적 접근성

문화적 접근성은 문화적 배경이 다양한 사람들이 자신의 정체성을 존중받으며 문화활동에 참여할 수 있도록 하는 것이다. 이주민 대상 다문화 교육 프로그램, 소외계층 맞춤 체험 활동, 지역사회 협업형 전시 등이 이에 포함된다.

이러한 평등한 접근성 확보를 위해 「문화기본법」과 「문화다양성 보호법」은 기준을 명시하고 제도적 기반을 마련하고 있다. 접근성 가이드라인의 의무화, 직원 교육, 인식 개선 캠페인 등도 병행된다. 이는 단순한 편의 제공을 넘어, 사회적 배제를 해소하고 공동체 통합을 촉진하는 수단이 된다.

(2) 다양성과 대표성

박물관의 다양성 보장은 단지 다양한 집단을 포함하는 것을 넘어, 이들의 문화적 정체성과 경험을 전시, 교육, 정책에 적극적으로 반영하는 것이다. 이는 박물관이 사회적 배제의 위험에 처한 집단을 대변하고, 역사와 문화 해석의 권력을 재구성하는 과정으로 대표성과 연결된다.

다문화 프로그램 운영은 소외계층의 문화적 가치를 반영하는 실천이다. 이주민의 모국 문화를 존중하는 전시, 다국어 해설 교육, 다문화 가정의 생활사 기록 전시, 장애인 감각 경험을 위한 촉각 전시물과 수어 영상 제공 등이 이에 해당한다. 성별 및 연령 균형을 고려한 여성 노동사 특별전 등도 계층별 경험을 조명하는 기획 사례이다.

역사 해석의 다층화는 지배층 중심의 서사에서 벗어나, 소수자와 약자의 관점을 추가하는 것이다. 예를 들어, 위안부 피해자의 구술 전시, 지역 주민이 기증한 사진 · 유물을 바탕으로 한 공동체 참여형 아카이빙은 박물관이 사회적 대화의 장으로 기능하게 만든다.

조직 내 다양성을 강화하기 위해 큐레이터 및 교육 담당자 채용 시 성별, 인종, 장애 유무를 고려하고, 자문위원회에 소외계층 대표를 포함해 전시 기획 단계부터 의견을 반영한다. 대표성 확보를 위해 관람객이 전시 주제 선정과 해설문 작성에 참여할 수 있는 구조가 구축된다. SNS 투표, 생활사 유물 수집, 지역 복지기관과의 협력 프로그램 개발 등은 대표적인 실천 사례다.

다양성 구현에는 편향된 아카이브, 직원의 무의식적 편향, 평가 지표의 한계 등 도전 과제가 존재한다. 이를 극복하기 위해 민간 아카이브와의 협력, 포용성 교육의 의무화, 다양성 지수 기반 평가 도입이 요구된다.

(3) 공공성 및 지역사회 참여

포용적 박물관의 가치는 공공성과 지역사회 참여를 통해 구체화된다. 박물관의 공공성은 누구나 접근할 수 있는 열린 공간으로서의 성격에서 출발하며, 모든 사회 구성원이 차별 없이 이용할 수 있도록 설계되어야 한다. 이는 사회적 배제 집단을 포함한 다양한 계층의 목소리를 반영하는 역할로 확장된다.

공공성은 지역사회 참여와 밀접하게 연계된다. 박물관은 지역사회와의 상호작용을 통해 공동체의 문화 정체성과 자긍심을 강화하는 공간이 되어야 한다. 예컨대 미국 산타크루즈 예술·역사박물관은 지역민의 기억과 감정을 수집해 전시로 구성하고, 주민 참여 프로그램을 통해 박물관을 공동체 중심 공간으로 전환하였다.

지역사회 참여는 관람객을 수동적 수혜자가 아닌 박물관 운영의 공동 주체로 인식하는 데서 출발한다. 지역 주민이 전시 기획, 유물 해석, 무형유산 프로그램에 직접 참여하는 사례는 푸솔학교박물관 등에서 확인된다.

이러한 실천은 박물관을 민주적이고 지속 가능한 문화공간으로 변화시키며, 문화민주주의 실현의 기초가 된다. 전문가뿐 아니라 지역 공동체가 프로그램 설계와 운영에 함께 참여함으로써, 박물관은 사회적 협력의 장이자 문화적 공공재로 기능하게 된다.

(4) 윤리적 책임: 문화재 반환과 역사적 맥락 반영

포용적 박물관은 윤리적 책임의 실천으로서 문화재 반환과 역사적 맥락의 반영을 수행해야 한다. 이는 단순히 소장품을 관리하는 것을 넘어, 식민주의와 전쟁, 불평등한 교역으로 인한 유물의 역사적 정의를 회복하고, 공정한 소유권과 해석권을 재구성하는 과정이다.

첫째, 문화재 반환은 피해 공동체의 정체성 회복과 화해를 위한 출발점이다. 식민지 시기에 약탈된 유물은 원소유국 또는 원주민의 요구에 따라 협상을 통해 반환되어야 한다. 예를 들어, 프랑스는 2021년 베냉에 26점의 유물을 반환하였으며, 이는 유럽 박물관들이 식민지 과거에 책임을 져야 함을 시사한다.

둘째, 역사적 맥락의 반영은 전시 서사에서 소수자와 피해자의 관점을 적극적으로 포함하는 것이다. 위안부 피해자의 구술 기록, 아메리카 원주민의 유물 재해석, 네덜란드 국립박물관의 '식민주의와 노예제' 전시 등은 역사적 폭력성과 책임을 성찰하게 하는 대표 사례이다.

셋째, 수집과 해석 과정의 투명성 확보는 포용적 박물관의 핵심 원칙이다. 유물의 출처 조사(프로비넌스)를 철저히 수행하고, 불법 거래나 비윤리적 수집을 방지해야 한다. 최근 ICOM은 윤리적 수집 가이드라인을 강화하여 박물관의 감시자 역할을 강조하고 있다.

2. 공동체 참여의 필요성: 박물관과 지역사회의 협력

가. 공동체 참여의 의의

공동체 참여란 박물관이 지역사회 내 다양한 집단-예컨대 주민, 예술가, 교육자, 소수자 단체, 상공업계 등-과 주체적으로 협력하여 전시와 프로그램을 기획·운영하는 과정을 의미한다. 이는 박물관이 단순히 관람객 유치에 그치는 것이 아니라, 지역사회가 박물관 활동에 직접 개입하고 공동의 가치를 창출한다는 점에서 중요한 함의를 지닌다. 무엇보다 이러한 참여는 지역 정체성과 문화 자산을 발굴·보존하는 데 결정적인 역할을 한다. 박물관이 지역 구술사, 생활문화, 민속 전통 등을 수집하고자 할 때, 공동체 구성원의 적극적인 협력은 생생하고 풍부한 자료 확보를 가능하게 한다. 이는 박물관이 지역사회의 기억과 정체성을 반영한 공간으로 자리매김하는 데 크게 기여한다. 또한 공동체 참여는 박물관 운영에 대한 신뢰를 제고하고, 지역사회의 지속적인 관심과 자발적 후원을 유도하는 기반이 된다.

나. 공동 기획 전시와 참여형 프로젝트

공동 기획 전시(Co-curation)와 참여형 프로젝트는 공동체 참여를 구체화하는 대표적 방식이다. 예컨대 지역의 전통 공예, 민간신앙, 산업 역사 등을 주제로 전시를 기획할 경우, 해당 분야의 전문가, 장인, 또는 해당 문화를 경험한 주민을 전시 기획 전반에 참여시킬 수 있다. 이들은 콘텐츠 선정, 해설문 작성, 전시 구성 방식, 인터랙티브 요소 설계 등에서 실질적인 목소리를 낼 수 있다. 참여형 프로젝트는 공동체의 일상과 박물관의 콘텐츠를 연결 짓는다. 예를 들어, 지역 역사와 인물에 대한 자료 수집, 구술사 디지털화, 마을의 유·무형 자산을 '살아 있는 전시(living exhibition)'로 구현하는 등의 형태가 있다.

다. 교육문화 프로그램에서의 공동체 역할

박물관의 교육·문화 프로그램은 관람객의 경험을 확장시키는 주요 수단이다. 여기에 공동체가 참여할 경우, 프로그램의 기획, 운영, 평가 전반에 걸쳐 보다 다양한 관점과 전문성이 반영된다. 기획 단계에서는 지역 내 학교, 청소년 단체, 노인회 등 다양한 기관과 협력하여 주제 선정부터 참여할 수 있다. 운영 단계에서는 지역 주민이 해설사, 보조 강사, 자원봉사자로 참여하여 박물관 프로그램에 일상성과 지역성을 부여한다.

라. 공동체 참여 활성화의 도전과 해결방안

공동체 참여를 활성화하기 위해서는 박물관과 지역사회 간의 관심 불일치, 재원과 인력의 부족, 참여 범위에 대한 기대치의 차이, 참여 결과물의 보존·활용 문제 등 구조적 난제를 해결해야 한다. 이를 위해 상호 목표 공유, 협의 구조 마련, 지역 행정기관과의 파트너십 확대, 역할과 책임의 명확화, 디지털 아카이브화, 외부 전문가 협력 체계 구축 등이 필요하다.

3. 포용적 박물관 실현을 위한 전략과 통합적 접근

가. 전시 기획에서의 포용성: 다성적 스토리텔링과 다층적 해석

포용적 박물관을 구현하기 위해서는 무엇보다 전시 서사가 다양한 사회집단의 기억과 경험을 동등하게 다루어야 한다. 전통적으로 박물관 전시는 단일하고 권위적인 "정설(master narrative)"을 중심으로 구성되는 경향이 강했으나, 오늘날의 관람객은 복수의 목소리가 교차·충돌하며 새로운 의미를 생성하는 과정에 적극적으로 참여하기를 기대한다. 따라서 동일한 역사적 사건이라도 피해자의 관점, 가해자의 관점, 제3자의 관점뿐 아니라 당대인의 기록과 현대 연구자의 재해석을 동시에 제시함으로써 관람객이 주체적으로 해석을 구성하도록 유도해야 한다. 이러한 다성적(Multivocal) 스토리텔링은 질문형 패널과 토론 존을 설치하여 관람객이 자신의 관점을 기록하거나 토론할 수 있는 물리적·디지털 공간을 포함할 때 더욱 효과적이다.

다층적 해설 역시 필수 요소다. 언어 능력이나 학습 배경에 관계없이 정보를 수용할 수 있도록, 해설은 쉬운 한국어로 요약한 핵심 버전과 학술적·비판적 논의를 담은 심화 버전으로 병행 제공되어야 한다. 사진, 영상, 증강현실(AR)·가상현실(VR), 촉각 모형, 인터랙티브 디스플레이 등 다감각 매체를 활용하면 시청각과 촉각을 동시에 자극하여 학습 효과를 배가할 수 있다. 더 나아가 음성 안내, 자막, 수어 영상 같은 보조 커뮤니케이션 수단을 병행하면 정보 접근성을 획기적으로 높일 수 있다.

또한 관람객이 해석의 생산자로 기능하도록, 사용자 생성 콘텐츠(UGC)를 전시 과정에 적극적으로 반영할 필요가 있다. 온라인 플랫폼을 통해 관람객이 기증한 사진·영상·구술기록을 수집한 뒤, 이를 후속 전시에 재귀적으로 활용하면 전시가 일방적 정보 전달을 넘어 열린 대화의 장으로 기능한다. 모바일 설문이나 키오스크를 통해 모인 실시간 피드백은 전시 해설을 동적으로 업데이트하는 데이터베이스가 되어, 박물관과 관람객 사이에 순환적 학습 루프를 형성한다.

나. 물리적 · 환경적 접근성: 장애인 편의시설과 유니버설 디자인

물리적 접근성은 포용성을 가늠하는 최소 기준이다. 한국의 경우, 「장애인 · 노인 · 임산부 등의 편의증진보장법」(2023 개정)은 공공문화시설 전반에 요구되는 접근성 기준을 명확히 제시한다. 박물관은 휠체어 경사로, 엘리베이터, 점자 표지판, 유도 블록, 음성 안내 시스템 등을 기본 인프라로 갖추어야 하며, 신규 건립이나 리모델링 시 장애 당사자 및 접근성 전문가의 자문을 설계 단계부터 반영해야 한다.

유니버설 디자인(Universal Design, 이하 UD)은 모든 사람들이 가능한 한 보편적으로 이용할 수 있도록 제품, 환경, 프로그램, 서비스 등을 설계하는 접근 방식을 말한다(Center for Universal Design, 1997). 이는 단순히 장애인을 위한 편의 제공을 넘어서, 연령, 능력, 언어, 문화 등 다양한 사용자 특성을 고려한 포괄적 설계를 지향한다.

유니버설 디자인은 다음의 7가지 원칙을 기반으로 한다.

첫째, 공평한 사용(Equitable Use). 다양한 능력을 가진 사람들이 공평하게 사용할 수 있어야 한다. 둘째, 사용의 유연성(Flexibility in Use)이다. 다양한 선호와 능력을 수용할 수 있어야 한다. 셋째, 간단하고 직관적인 사용(Simple and Intuitive Use)은 사용자가 쉽게 이해하고 사용할 수 있어야 한다. 넷째, 정보의 인지 용이성(Perceptible Information)은 필요한 정보를 효과적으로 전달해야 한다. 다섯째, 오류 허용(Tolerance for Error)은 실수나 위험을 최소화하는 설계가 되어야 한다. 여섯째, 적은 물리적 노력(Low Physical Effort)은 무리한 힘을 들이지 않고 사용할 수 있어야 한다. 일곱째, 접근 및 사용을 위한 적절한 공간(Size and Space for Approach and Use)은 사용자의 자세나 이동성을 고려한 공간이 제공되어야 한다.

위의 일곱 가지 원칙에 따라 모든 사용자를 고려하여 장애인의 위한 보조적 수단에 중점을 두는 것이 아니라 초기 설계단계부터 모든 사용자를 고려하여 보편적인 접근을 추구한다.

다. 디지털 인클루전: 온라인 전시, XR 기술, 다국어 다문화 서비스

코로나19 팬데믹 이후 박물관의 디지털 전환은 선택이 아닌 필수가 되었고, 이는 포용성을 실현하는 핵심 수단으로 기능한다. 온라인 전시 플랫폼과 XR(확장현실) 기술을 도입할 때, 기획 초기부터 디지털 큐레이터, UX · UI 디자이너, 개발자, 접근성 전문가가 협업해야 한다. 프로토타입 단계에서는 장애인 사용자를 대상으로 WCAG 2.2 기준에 준하는 접근성 평가를 실시해 문제점을 조기에 수정한다.

다문화 사회로의 이행에 따라, 다국어 서비스는 공공기관으로서 박물관이 반드시 제공해야 할 의무이다. 웹사이트와 모바일 앱에는 최소 8개 언어 버전을 제공하고, AI 자동 번역 결과를 전문 번역가가 감수하는 이중 검증 체계를 운영해야 번역 오류를 최소화할 수 있다. 단순 직역을 넘어 문화적 맥락과 표현 관습을 고려한 현지화(localization)는 언어적 장벽을 넘어 문화적 배경 차이에서 비롯되는 오해를 줄이는 데 기여한다.

디지털 콘텐츠가 모든 이용자에게 접근 가능하려면, 대체 텍스트(alt text) 제공, 키보드만으로 화면을 탐색할 수 있는 내비게이션 구조, 스크린 리더와 호환되는 마크업, 색각 이상자를 위한 컬러 팔레트 등을 반드시 구현해야 한다. 이러한 지침을 준수하면 장애인뿐 아니라 모바일 환경, 저속 네트워크 등 다양한 제약 상황에 있는 사용자 모두에게 유익하다.

라. 지역사회 연계 교육 · 협력 모델

박물관은 지역의 역사 · 경제적 생태계와 긴밀히 연결되어 있을 때 비로소 공공성을 온전히 실현할 수 있다. 지역 축제와 연계한 테마 전시나 시민 큐레이터 프로그램을 운영하면, 주민의 자긍심을 고양하고 박물관의 사회적 파급력을 확장할 수 있다. 또한 지역 예술가, 교사, 활동가와 공동으로 워크숍이나 공연을 기획함으로써 박물관을 복합 문화거점으로 재편할 수 있다.

교육 프로그램 설계에서는 연령과 배경에 구애받지 않는 다층적 접근이 중요하다. 유아 · 아동을 위한 감각통합형 프로그램, 청소년 · 대학생을 위한 문제 기반 학습(PBL) 워크숍, 성인・시니어를 위한 평생학습형 강좌 및 해설사 양성과정을 병행 운영하면 세대 간 소통이 자연스럽게 이루어진다. 이러한 프로그램을 일회성으로 끝내지 않고, 지역사회 조직과 정기적 협력 체계를 구축하려면 참여위원회나 자문단을 구성해 의견을 지속적으로 수렴하고 반영해야 한다. 타운홀 미팅과 온라인 포럼은 박물관 정책 수립 과정에 지역주민을 실질적 주체로 참여시키는 좋은 수단이다.

4. 해외 박물관 사례

가. 영국 테이트 모던(Tate Modern)의 사례

테이트 모던은 1950년대 발전소 건물을 미술관으로 전환한 대표적 사례로, 산업유산을 현대적 문화공간으로 재생시켜 도시 재생과 사회적 포용을 동시에 실현하였다. 외관의 80% 이상을 보존하고 내부는 미술관 기능에 맞게 개조하여, 과거와 현재가 공존하는 공간을 창출하였다.

입구 경사로(4.76도), 전관 엘리베이터, 유모차 주차 공간, 장애인용 버튼 등 유니버설 디자인을 적극 도입하여 휠체어, 유아 동반 가족, 노약자 등 누구나 쉽게 접근할 수 있도록 설계하였다. 모든 공간에 턱이 없고, 간이 의자와 같은 세심한 배려도 제공한다.

'테이트 드로우(TATE DRAW)' 등 디지털 창작 체험 프로그램을 운영하여, 디지털 기기가 없는 사람들도 미술관에서 창작 경험을 할 수 있도록 하였다. '콰이어트 룸(Quiet Room)'은 신경 다양성(예: 자폐, ADHD 등)을 가진 관람객이나 소음에 민감한 이들이 쉴 수 있는 공간으로, 심리적 접근성까지 고려한 포용적 공간이다.

학생 견학 시 교사 공간, 점심 공간, 화장실 등 별도 편의시설을 제공하며, 대형 터빈홀에서는 영화 상영, 퍼포먼스 등 다양한 공공 예술 행사를 개최한다. 테이트 모던의 이러한 포용적 운영은 지역사회 활성화, 일자리 창출, 관광 수익 증대 등 사회적 가치 실현에도 크게 기여하고 있다.

나. 미국 스미스소니언(Smithsonian Institution)의 사례

스미스소니언은 19개 박물관, 미술관, 도서관, 국립동물원 등으로 구성된 세계 최대 규모의 종합 박물관 네트워크로, 인종, 문화, 역사, 예술 등 모든 분야에서 포용과 평등을 실현하는 대표적 기관이다.

허시혼 미술관(Hirshhorn Museum)의 '아트랩플러스(ARTLAB+)' 등 프로그램을 통해 13-19세 청소년에게 미디어아트, 3D 프린팅 등 과학 · 기술 · 예술 융합 교육을 무료로 제공한다. 예술가 멘토와 함께하는 이 프로그램은 디지털 격차 해소, 창의력 신장, 미래 인재 양성 등 사회적 포용을 실천한다.

국립 아프리카계 미국인 역사문화박물관, 국립 아메리카 인디언 박물관, 아나코스티아 커뮤니티 박물관 등 소수자 정체성과 역사를 조명하는 전용 박물관을 운영하여, 미국 사회의 다양성과 포용성을 적극적으로 실현한다.

모든 박물관이 무료로 개방되고, 방문자 센터(스미스소니언 성)에서는 다국어 안내, 무료 Wi-Fi, 다양한 편의시설을 제공한다. 지도와 안내 데스크, 휴게 공간 등 누구나 쉽게 정보를 얻고 쉴 수 있도록 설계되어 있다.

각 박물관은 지역사회와 협력하여 사회적 소수자, 청소년, 가족, 장애인 등 다양한 계층을 위한 맞춤형 교육 · 문화 프로그램을 운영한다. 심층 전시, 문화 행사, 커뮤니티 참여형 프로젝트 등도 활발하다.

포용적 박물관은 단순히 다양한 접근성을 보장하는 차원을 넘어, 박물관이 사회적 불평등과 배제, 문화적 양극화와 같은 동시대의 문제를 문화적으로 해소하는 핵심 플랫폼으로 기능해야 함을 강조해야 한다. 포용적 박물관은 모든 계층과 배경의 사람들이 차별 없이 접근하고, 자신의 목소리를 내며, 지식과 경험을 공유할 수 있는 열린 공공영역이 되어야 한다.

이를 위해서는 전시, 교육, 디자인, 기술, 운영 등 박물관의 모든 영역에서 통합적이고 협력적인 거버넌스가 구축되어야 하며, 전문 인력과 지역사회, 다양한 이해관계자가 기획 단계부터 실질적으로 참여하는 구조가 필수적이다.

특히, 포용적 박물관은 단순한 제도적 · 물리적 장벽 해소를 넘어, 사회적 약자와 소수자의 관점이 박물관의 해석과 운영 전반에 반영될 수 있도록 해야 한다.

또한 디지털 기술과 혁신적 교육 프로그램, 지역사회와의 지속적인 동반관계를 통해 박물관의 사회적 책임과 공공성을 확대해야 한다.

이러한 통합적 접근은 박물관이 지속 가능한 발전을 실현하는 데 있어 전략적 핵심 가치로 작용하며, 궁극적으로 모든 박물관을 위한 문화적 공유지이자 사회적 변화의 주체로 자리매김하게 한다.

참고문헌

김현경(2017). 박물관의 사회적 기능 확대 방안 연구: 포용적 박물관을 중심으로(수시연구 2017-14). 서울: 한국문화관광연구원.

박윤옥(2010). 박물관과 사회적 역할: 사회 포용(Social inclusion). 박물관학보, (18-19), 67-86.

박종민(2020). 한국 사립박물관에서 박물관 교육의 역할. 박물관 교육연구, (24), 3-16.

서울디자인재단 시민디자인 연구팀(2014). 유니버설 디자인사업 생태계 조성 방안 연구. 서울: 서울디자인재단.

안형기, 위상희(2025). 최신 디지털 헤리티지 사례를 통해 본 XR 기술의 전망. 글로벌문화콘텐츠, 62, 171-190.

요시힐 가와우치(2005). 유니버설디자인(홍철순, 양성용 역). 서울: 도서출판 선인. (원저 출판 2001)

이요한(2020). 박물관의 포용성을 위한 박물관 교육의 역할. 박물관 교육연구, (23), 65-70.

최성미(2024). 국내 박물관의 유니버설 디자인 개발 방향 연구. 한국공간디자인학회 논문집, 19(3), 487-500.

문화체육관광부 · 한국장애인개발원(2024). 장애인 문화접근성 백서 2024. 세종: 문화체육관광부.

Papannek, V. (2009). 인간을 위한 디자인(현영순, 조재경 역). 서울: 미진사. (원저 출판 1971)

Sandell, R. (2007). *Museums, prejudice and the reframing of difference*. London: Routledge.

Silverman, L. H. (2010). *The social work of museums*. New York, NY: Routledge.

Center for Universal Design. (2021). *Museum accessibility guidelines*. Raleigh, NC: North Carolina State University. Retrieved from https://projects.ncsu.edu/design/cud/

United Nations Department of Economic and Social Affairs. (2020). *Principles of universal design: Guidelines for an inclusive world* (3rd ed.). New York, NY: UN Publications. Retrieved from https://www.un.org/development/desa/disabilities

UNESCO. (2001). *Universal declaration on cultural diversity*. Paris: UNESCO.

International Council of Museums. (2022). *Museum definition adopted by the ICOM General Assembly*, Prague, 24 August 2022. Retrieved from https://icom.museum/en/resources/standards-guidelines/museum-definition/

Smithsonian Institution. (n.d.). *About the Smithsonian*. Retrieved from https://www.si.edu/about

Smithsonian Institution. (n.d.). *Accessibility at the Smithsonian*. Retrieved from https://www.si.edu/visit/accessibility?utm_source=chatgpt.com

Smithsonian Institution. (2023, December 19). *Making museums more accessible: Smithsonian Institution's Access Smithsonian program*. Retrieved from https://naricspotlight.com/2023/12/19/making-museums-more-accessible-smithsonian-institutions-access-smithsonian-program/?utm_source=chatgpt.com

제5장 문화다양성과 박물관 교육

세계화된 오늘날은 사람, 자본, 문화가 자유롭게 국경을 넘나들게 되면서, 국가나 지역 사회 내에서 다양한 인종, 언어, 종교, 문화적 배경을 지닌 사람들이 함께 살아가게 되었다. 서로 다른 문화적 배경에 따른 편견과 갈등에서 오는 사회적 혼란을 막고 서로 존중하면서 공존하기 위해서 문화다양성 교육이 필요하다.

뮤지엄은 다양한 시대와 지역 사람/집단들의 문화를 유·무형의 유산을 통해 이해하고 해석하도록 돕는 공간이다. 이러한 특성을 활용하여 뮤지엄은 학생 관람자들이 나와 다른 문화에 대한 선입견이나 편견을 해소하고, 다문화적 감수성을 기를 수 있는 교육의 장으로 활용되어야 한다.

문화다양성 중심 뮤지엄 교육은 글로벌 시대를 살아가는 세계시민인 아동·청소년 학습자들이 자문화와 타 문화를 이해하고 소통할 수 있는 문화 역량을 함양하는 데 기여할 수 있다. 그리고 이주민, 소수자, 장애인 등 소외되기 쉬운 집단의 문화에 대해 소통함으로써 사회 구성원 간에 이해, 존중, 포용의 태도를 기르고 지속가능한 사회를 구현하는 데 중요한 역할을 할 수 있다.

1. 문화다양성의 개념과 중요성

가. 문화다양성의 개념

'문화'는 삶의 양식을 의미한다. 한때, 문화는 고급진 것, 문명화된 것, 교양 있는 것으로서 세련미가 있거나 미적 특성에 따라 식별될 수 있는 상품이나 실천으로 여겨져 왔다. 이런 접근 방식에서는 문화가 종종 건축물, 문학, 특정 사회의 문화 유산을 구성하는 예술 작품으로 여겨졌었다(Nieto, 2009; Smith, 2007). 그러나 문화란 삶의 양식으로서 사람들의 믿음, 가치, 판단, 행동하는 방식을 관장하는 것으로 이해되어야 한다(남영림, 2015; Gollnick & Chinn, 2009; Stuhr, 1999). 세계적으로 문화에 대한 관점을 알려주고 지침을 제안하는 기구인 유네스코도 이 문화의 개념을 지속적으로 채택해 오고 있다. 예를 들어, 1982년 「문화정책에 관한 멕시코시티 선언」에서는 문화를 "예술과 문학뿐만 아니라 삶의 양식, 인간의 기본적 권리, 가치 체계, 전통과 신념을 포괄"한다고 서술하였고(모경환, 남정훈, 진선민, 2024, p. 145), 2001년 「문화다양성 세계 선언」에서는 문화를 "사회 또는 사회집단의 독특한 정신적, 물질적, 지적, 정서적 특징의 집합으로 간주되어야 하며, 예술과 문학 외에도 생활양식, 함께 사는 방식, 가치 체계, 전통 및 신념을 포함"한다고 하여 문화란 생활양식임을 재확인하였다.

동시대 사람들은 한편으로는 다양한 문화를 경험해 가고 다른 한편으로는 자신들의 고유한 문화가 사라질지 모른다는 우려 속에서 살고 있다. 집단의 문화는 고유성을 지니면서도 역동적이고 복합적으로 변화하는 성격도 띤다(남영림, 2015; Ballengee-Morris & Stuhr, 2001). 임의의 한 사회 공동체 내 다수 사람들의 삶의 양식은 다른 사회 공동체 구성원들의 문화 양식과 구별된다. 그렇다 하더라도 이 삶의 양식이 고정된 것은 아니다. 정치, 경제, 사회 체계 및 역사 속에서 문화는 끊임없이 변화하기 때문이다(Neperud & Stuhr, 1987). 특히, 지금과 같이 교통과 통신의 발달로 시 · 공간의 압축 속에서 자본, 사람, 상품, 서비스가 쉽고 빠르게 전 세계를 이동하는 글로벌 시대에는 이러한 문화의 역동적 변화가 더욱 넓은 범위에 걸쳐 가속화되고 있다(남영림, 2019). 그 결과, 세계의 많은 나라들은 국가 간

이동 및 무역의 자유화로 인해 자신들의 고유한 신념체계, 가치, 문화가 중심부 국가의 것으로 수렴되는 것이 아닐까 하는 위기감을 토로한 지 오래다. 그리고 국내적으로도 사람들은 도시화로 인해 전통적 관습이라든가 방언 등의 지역 토착 문화가 사라지고 있음을 경험하고 있다. 실제로 유네스코에 의하면 평균 2주마다 하나의 언어가 사라지고, 전 세계 6,000여 개의 언어의 50%가 현재 소멸될 위험에 처해 있는 것으로 추정되고 있다고 한다(Smith, 2007). 이런 관점에서 보면 문화가 표준화되고 있다거나 동질화되고 있는 것처럼 보인다. 그러나 물론, 이것이 온전히 사실이라고 간주하기는 어렵다. 토착적 전통 문화가 정치, 경제, 사회, 지리, 역사적 측면들의 다양한 영향 요인들에 의해 세계화되는 경향을 보일 수도 있지만, 반드시 그렇다고만은 할 수 없기 때문이다. 예를 들어, 글로벌 문화와 지역 문화가 상호 작용하며 영향을 미치는 글로컬화(Robertson, 1995), 글로벌화 속에서도 쉽게 변하지 않는 심층 문화(Morris, 2002), 주변부가 중심부의 아이디어나 지식을 먼저 채택한 후 중심부의 문화를 주변부로 밀어내는 경우(Hannerz, 1997) 등도 엄연히 존재하기 때문이다. 실로, 다양하고 복잡한 양태로 전 세계 문화는 이동되고, 혼재되고, 소멸되고, 새로이 생성되고 있다.

이러한 배경 속에서 '문화다양성'이 전 세계적으로 주목받게 되었다. 문화다양성이란, "민족, 인종, 종교, 언어, 지역, 성, 세대 등 집단과 사회의 특성에 따라 문화가 표현되는 다양한 방식"을 말한다(모경환, 전영은, 정수진, 2022; 모경환 외, 2024, p. 146 재인용). 문화다양성(cultural diversity)이라는 용어가 등장하게 된 것은 1980년대 후반 우루과이라운드 협상으로 거슬러 올라간다(천정웅, 남부현, 김태원, 한승희, 박수현, 2015). 글로벌 자유무역 개방 속에서 프랑스, 캐나다 등은 문화상품이나 서비스와 같은 문화는 자유 무역 대상의 예외가 되어야 한다고 목소리를 높였다. 소수 집단 및 개인의 문화적 권리를 보장해야 한다고 보았기 때문이었다. 고유한 문화의 자율적 보호와 진흥을 강조해야 한다는 견해는 이후 WTO(1995), 다자간 투자협정(1998) 속에서 부침을 겪다가 2001년 11월 2일 파리에서 있었던 31차 국제연합교육과학문화기구(UNESCO) 총회에서 「세계 문화 다양성 선언(Universal Declaration on Cultural Diversity)」에서 힘을 얻게 되었다. 선언문은 문화다양성의 가치를 제1조에서 다음과 같이 밝히고 있다.

> 문화는 시간과 공간에 따라 다양한 형태를 취한다. 이러한 다양성은 인류를 구성하는 집단과 사회의 고유성과 다원성의 정체성으로 구체화된다. 교류와 혁신, 창조의 원천인 문화 다양성은 생물 다양성만큼이나 인류에게 필수적인 요소이다. 이러한 의미에서 문화다양성은 인류의 공동유산이며 현재와 미래 세대의 이익을 위해 인정되고 긍정되어야 한다(UNESCO, 2002, p. 4).

선언은 문화 다양성을 '인류 공동의 유산'으로 선언하고, 이를 인권, 지속가능 발전, 창의성과 연결시켰다. 문화다양성 선언 이후 세계는 곧이어 문화다양성을 수행하기 위한 정책을 마련할 것을 약속하였다. UNESCO는 2003년, 2005년 문화 다양성 협약을 채택하였다(Jagielska-Burduk, Pszczy'nski, & Stec, 2021). 2003년 유네스코 협약은 전통문화와 무형유산의 역할을 인식하여 교육, 인식 제고, 커뮤니케이션을 개발할 것을 협약하였다(Jagielska-Burduk et al., 2021, p. 9). 예를 들어, 협약은 제 14조에 의거, 당사국들에게 다양한 형태의 무형유산에 대해 인정, 존중 및 증진을 보장하기 위해 적절한 조치를 취할 것을 요구하였다. 2005년 유네스코 협약[1]은 '문화적 표현의 다양성을 보호하고 증진하는 것'(제1조 a항)을 가장 중요한 목적으로 천명하였다(Smith, 2007, p. 32). 이 협약에서 말하는 문화적 표현물이란, "개인, 집단 및 사회의 창의성에서 비롯되고 문화적 내용을 담고 있는 표현물"을 말한다(제4조 3항)(Smith, 2007, p. 32). 이로써 협약은 문화를 표현하는, 예를 들어 영화, TV 프로그램, 웹사이트, 음식, 요리, 스포츠 및 기타 형태의 레크리에이션 등의 다양성을 보호하고 증진하고자 했다(Smith, 2007). 협약의 핵심 목표는 "고유한 문화적 표현의 손실 또는 소멸을 방지하고 다양한 문화가 번성할 수 있는

1) 협약의 주요 내용 몇 가지를 보면, 다음과 같다(서윤호, 2012, p. 310).

조항	주요 내용
제6조	당사국의 권리로서 문화다양성의 보호 및 증진을 위한 규제, 재정지원, 공공기관 설립 및 지원 등의 조치를 취할 수 있음
제8조	당사국은 자국 영토 내의 문화적 표현이 소멸할 위험 등 긴급한 보호가 필요한 특수한 상황의 존재를 결정하고 적절한 조치를 취할 수 있으며, 이를 정부 간 위원회에 보고함
제9조	당사국은 4년마다 문화다양성의 보호 및 증진을 위해 취한 조치를 유네스코에 보고하며, 이와 관련된 정보를 공유 및 교환함
제11조	당사국은 문화적 표현의 다양성 보호와 증진을 위한 시민사회의 중요한 역할을 인정하고, 이 협약의 목적을 달성하기 위한 당사국의 노력에 시민사회가 적극적으로 참여할 수 있도록 장려해야 함

환경을 조성하기 위해 고안된 국가 조치를 지원"하는 것이다(Smith, 2007, p. 33). 이를 위하여 "'문화 간 대화 장려와 문화상호성 강화', '문화적 표현의 다양성에 대한 존중의식을 높이기 위한 국내 · 국제적 인식증진 및 활동', '정체성과 가치 및 의미를 전달하는 수단으로서의 문화 활동과 상품에 대한 인식'과 더불어 '개도국의 역량 강화를 위한 국제적 연대강화'와 '문화적 표현의 다양성을 보호하기 위한 개별국가의 주권적 권리'를 재확인"하고자 하였다(서윤호, 2012, p. 310). 이 「문화적 표현의 다양성 보호와 증진에 관한 협약」은 2007년 3월 18일 발효되어 회원국들에게 세계 문화다양성 선언의 법적 효력이 적용될 수 있도록 하였다. 우리나라는 이에 의거, 2014년에 「문화다양성의 보호와 증진에 관한 법률」을 제정하고 제2조(정의)에서 다음과 같이 문화다양성을 정의내렸다.

> [문화다양성이란] 집단과 사회의 문화가 집단과 사회 간 그리고 집단과 사회 내에 전하여지는 다양한 방식으로 표현되는 것을 말하며, 그 수단과 기법에 관계없이 인류의 문화유산이 표현, 진흥, 전달되는 데에 사용되는 방법의 다양성과 예술적 창작, 생산, 보급, 유통, 향유 방식 등에서의 다양성을 포함하는 것

을 말한다. 문화다양성 교육에 대한 법적 근거에 따라 2015년부터 문화다양성 교육자 대상 교육 커리큘럼 개발이라든가 문화다양성 교육 커리큘럼 개발에 대한 연구가 활발하게 이루어지기 시작하였다(문화체육관광부 & 한국문화예술위원회, 2015; 한국문화예술위원회, 2015).

종합적으로 볼 때, 문화다양성은 우리의 생존을 위해서 문화 간 다양성과 문화 내적 다양성을 균형 있게 고려하는 성격을 띤다. 한편으로 문화다양성은 어떤 집단의 고유하고 이질적으로 보이는 문화들을 존중하여 문화 간 다양성을 인정하고자 하는 것이다. 그리고 다른 한편으로 문화다양성은 하나의 집단이 가진 문화 내 다양함에 대해서도 존중하여 문화 내 다양성을 인정하는 것이기도 하다.

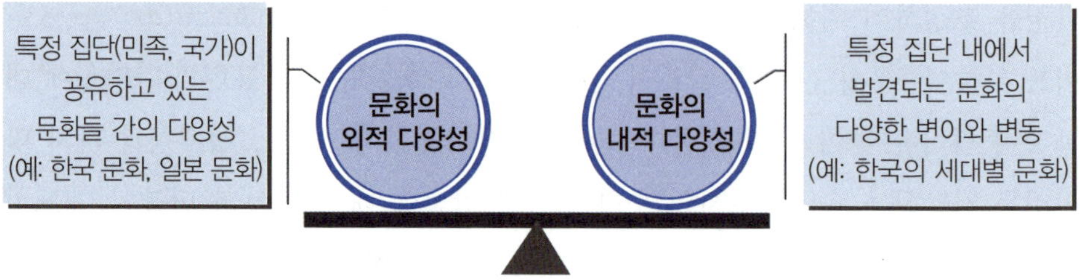

[그림 5-1] 문화다양성의 구조

출처: 한국문화예술위원회, 2015, p. 35.

문화 다양성은 지배적인 문화 내에서 소수 문화가 지닌 차이를 특별히 인정하고자 하는 관점으로도 볼 수 있다. 그리고 이는 Güneröz & Yanar(2024)가 본 문화다양성 관련 행동들과 통한다(p. 835).

- 다양한 문화가 존재한다는 것을 인식하기
- 서로의 다름을 존중하기
- 모든 문화적 표현이 유효하다는 것을 인정하기
- 문화가 기여할 수 있는 가치를 인정하고 존중하기
- 다양한 그룹이 기여할 수 있도록 지원하고 권한을 부여하기
- 다름을 단순히 용인하는 것이 아니라 존중하고 축하하기

부연컨대, 문화다양성은 국내의 초창기 다문화정책을 보완할 수 있다. 우리나라에서 다문화 정책의 역사는 1990년대로 거슬러 간다. 이때 다문화 용어를 처음 사용하였고, 2006년 행정안전부가 '다인종 다문화 사회로의 이행'을 발표하면서 다문화 정책을 수행하게 되었다. 그리고 2008년 「다문화가족지원법」을 제정하면서 다문화가족에 대한 관심을 법제화하기 시작하였다. 그런데 국내 초기 다문화 정책은 다소 결혼이주여성을 타깃으로 하여 한국문화를 가르치는 방향으로 전개되는 경향이 있었다. 이러한 생각은 다음 몇 가지 관점 때문이었다. 첫째, 차이에 기반한 평등, 공생에 관심을 가지기보다 동화나 통합에 관심을 가졌다. Taylor(1994)의 '인정의 정치'에 기반한 다문화주의를 따른다면, 다수집단은 소수집단을 문화적으로 동등하다고 인정해야 한다. 결혼이주여성들의 문화를 소수문

화로서 배제해야 한다거나 주류문화인 한국문화를 배우도록 강요할 것이 아니라, 우리 사회에 영감을 주는 것으로 재인식했어야 했는데, 그러질 못해 동화주의적 경향을 띠게 되었다. 둘째, 소수문화는 사회경제적 계층, 인종/민족/종족성, 특수성 여부(장애성/영재성), 젠더/성적취향, 나이, 지역 등의 기준에 따라 사회경제적 소외계층, 소수 인종/민족/종족, 장애인, 성 소수자 등 다양하나, 국내 초기 다문화 정책에서는 소수문화 향유 집단의 대상을 인종/민족/종족성 기준과 젠더 기준에 집중해 협소하게 본 경향이 있었다. 셋째, 소수민족의 문화적 표현들을 정형화된 양태로 간주하고 이를 일반화, 표준화하여 소개하고자 하였다. 그러나 문화다양성 협약 이후 국내 다문화 정책은 동화주의적 경향에서 벗어나 다양한 문화의 공존과 표현의 다양성을 인정하는 방향으로 옮겨갈 수 있게 되었다. 예를 들어 〈무지개다리사업〉(2012)의 경우, 이주민, 소수문화, 세대문화, 지역문화 등의 범주에서 살고 있는 사람들의 문화적 주체로서 표현하는 것을 격려하였다.

나. 문화다양성 보호의 중요성

Smith(2007)의 견해를 바탕으로 문화다양성을 보호하고 증진하는 것이 중요한 이유를 정리해 보면 다음과 같다. 첫째, 문화 공동체의 지속성을 보장하기 위해서이다. 만약 한 국가가 인구 구조나 언어적 측면에서 우위를 가진 국가와의 경쟁으로 인해 자체 영화나 텔레비전 프로그램을 제작할 수 없게 된다면, 해당 국가는 이와 같은 영화나 TV 매체를 통해 자신들의 가치관, 독특한 특성 및 주요 관심사를 성찰하고 탐구할 수 있는 능력을 상실하게 될 것이다. 이는 문화 공동체의 지속 불가능성을 높이게 된다.

둘째, 문화 공동체에 속한 개인의 문화 자율권을 보장하기 위해서이다. 이를테면 한 개발도상국이 협약에 의거하여 자국의 문화 혹은 자국 내 어느 지역의 독특한 문화를 보호, 증진하고자 조치를 취하는 것은 중심부 문화로부터 주변부의 문화를 지켜 그 개발도상국 공동체 구성원들이 다양한 문화를 즐길 수 있도록 하는 권리를 보장해 주는 것이 된다. 이러한 조치가 허용되지 않는다면, 문화적 차원에서 보았을 때, 개인이 누릴 수 있는 다양한 차원의 문화적 표현물의 선택지는 줄어들게 된다.

셋째, 문화 공동체의 지속가능한 경제와 안보를 위해서이다. 문화다양성은 인류에게 물질적 혜택을 안겨 주어 평화로움을 담보할 수 있도록 도울 수 있다. 협약은 문화다양성을 증진하는 관용과 존중을 실천하면 '지역, 국가, 국제적 차원의 평화와 안보'가 촉진될 것이라고 제안하고 있다(Smith, 2007). 협약에 의거하여 모든 국가가 자국의 문화유산을 충분히 활용할 수 있도록 지원할 것을 허용하게 되면, 예를 들어 원주민 공동체가 자신들의 전통적 유·무형의 유산을 문화 콘텐츠화하여 상품과 서비스로 제공할 수 있다. 이것은 수 세기에 걸쳐 발전해 온 특정 그룹의 통찰력과 기술을 지속가능하게 전승, 개발하게 함과 더불어 이로 인해 각종 문제를 해결하고 동시에 경제적 부를 비롯한 물질적 혜택을 이어나가 안보를 다지게 할 수 있다.

넷째, 인간의 역량과 가치를 드높이기 위해서이다. 문화다양성은 "풍부하고 다양한 세상을 만들어 선택의 폭을 넓히고 인간의 역량과 가치를 키운다"(Smith, 2007, p. 35). 다른 나라의 문화가 물밀 듯이 들어오는 지금, 다른 나라의 문화가 지니는 새로움의 매력으로 인해 내국인들이 외국의 문화를 더 선호할 수 있다. 그러나 모든 사람들이 그런 것은 아니다. 일부는 비판적 사고에 의거하여 자신들의 토착 문화를 더 선호하고 중요하다고 생각할 수 있다. 자국의 영화 및 텔레비전 제작에 대한 지원을 제공함에 있어 해당 국가는 자국민에게 특정 생활방식이나 가치관을 채택하도록 강제하는 것이 아니다. 자국민들이 자국 문화에 대한 정보를 얻고 비판적으로 참여할 수 있도록 보장하는 것이다. 따라서 문화다양성을 증진하고자 노력하는 것은 개인의 선택의 중요성을 거부하지 않으며, 오히려 이를 중시하고 장·단기적으로 이를 유지하기 위해 노력하는 작업이 된다. 그 결과, 개인의 창의적이고 비판적인 역량을 키우게 된다.

2. 문화다양성 중심 뮤지엄 교육의 의의

뮤지엄은 문화적 생산물을 매개로 관람자들이 대화하고, 가르치고 배우며, 실천하는 공간으로 거듭나고 있다. 국제 뮤지엄 협의회(ICOM)는 뮤지엄을 다음과 같이 정의한 바 있다.

> [뮤지엄은] 유-무형 유산을 연구, 수집, 보존, 해석 및 전시하여 사회에 봉사하는 비영리적 상설기관이다. 대중에게 개방되고 접근성이 뛰어나며 포용적인 뮤지엄은 다양성과 지속가능성을 촉진한다. 뮤지엄은 윤리적으로, 전문적으로, 그리고 커뮤니티의 참여를 통해 운영되고 소통하며 교육, 즐거움, 성찰, 지식 공유를 위한 다양한 경험을 제공한다(ICOM, 2022).

이 정의에 비추어 본다면, 뮤지엄은 유산 · 유물이나 예술 작품들과 같은 문화적 생산물을 단순히 보관하는 장소가 아니라 유 · 무형의 유산을 매개로 다양성과 다양한 삶과 관련된 문제를 다루는 사회에 봉사하는 기관이다. 그러므로 구조적으로나 내용적으로 뮤지엄이 문화다양성 구현에 중추적 역할을 담당할 수 있고 담당해야 하는 기관임을 유추할 수 있다.

문화다양성을 지향하는 뮤지엄 교육은 다음과 같은 의의를 갖는다. 첫째, 포용적 학습 환경을 조성한다. 모든 방문자들은 서구 혹은 주류 문화 중심에서 벗어나 모든 다양한 문화가 존중되고 있다는 분위기에서 자신이 자신들이 속한 문화적 공동체의 대표라는 자부심을 가지고 자신들이 존중받고 있다는 감각을 가짐과 동시에 자신들의 정체성을 강화한다. 둘째, 문화 간 이해와 관용을 경험할 수 있다. 방문자들은 다양한 문화 표현과 역사를 접하게 됨으로써 고정관념을 해체하고 타 문화에 대한 공감을 갖게 된다. 셋째, 민주시민성을 기를 수 있다. 문화다양성을 지향하는 뮤지엄 교육은 정체성, 역사, 권력 구조에 대해 비판적으로 사고하도록 유도한다. 이는 다름을 존중하고 윤리적으로 소통하는 민주시민성을 양성할 수 있다. 넷째, 탈식민적 실천 교육을 수행할 수 있다. 문화다양성을 바탕으로 하는 뮤지엄 교육은 소외된 목소리를 회복하고 역사적으로 배제되어 왔던 목소리를 조명하게 된다. 다섯째, 사회정의 실현에 다가갈 수 있다. 문화다양성을 지향하는 뮤지엄 교육은 다양한 공동체가 자신의 이야기를 말하고, 사회 문제에 대한 대화를 나누고, 변화되도록 이끌기 때문에 사회정의 실현에 다가갈 수 있다.

3. 문화다양성 중심 뮤지엄 교육

가. 기본방향

문화다양성 중심 뮤지엄 교육의 기본 방향은 문화다양성 교육의 기본 방향과 궤를 함께 한다. 문화다양성 교육의 기본 방향은 전술한 유네스코 문화다양성 선언과 협약에서 밝힌 문화다양성의 개념과 가치를 인식, 실행, 표현할 수 있게 하는 것이다. 즉, 문화다양성은 다양한 문화적 표현을 인류의 본질적 특성으로 보고 문화적 권리를 인권의 문제와 연결함으로써 "한 사회의 문화가 획일화되거나 목적에 의해 통합되는 것이 아니라 그 자체로 다양한 가치들이 차별받지 않고 존중되는 것을 추구하는 정신"이다(한국문화예술위원회, 2015, p. 10). 문화다양성의 핵심적 가치는 인권 및 평등, 대화, 시민성, 문화적 민감성, 존중, 관용 및 포용, 상호의존성, 사회적 정의, 차이, 공존이다. 문화다양성 교육의 목표는 사회 전 구성원들이 문화 내적 차이에 대해 감수성을 지니고, 자신과 다른 문화를 가진 이들에 대해 존중하는 태도를 가질 수 있도록 돕기, 글로벌 시민에 적합한 바람직한 시민정신과 인성을 갖도록 돕기, 교육 대상들이 상호 존중, 경계 간 문화 해독 역량을 가짐으로써 문화적 공존을 실천할 수 있도록 돕기, 교육대상자들이 문화적 다양성을 바탕으로 창의성이 발전하도록 돕기, 교육대상자들이 문화 간 대화능력을 가지게 해 모든 사회 구성원들이 긍정적인 개인적, 집단적 정체성을 가지도록 돕기이다. 이를 위하여 문화 간 대화 능력을 향상시켜야 하고, 연령, 젠더, 지역, 계층 등의 각 사회 범주 간 이해와 소통을 도모할 필요가 있다. 이 두 세부 목표에 대한 자세한 지침은 [그림 5-2]와 같다.

문화다양성 교육의 핵심가치

인권 및 평등	대 화	시민성	문화적 민감성	존 중
관용 및 포용	상호 의존성	사회적 정의	차 이	공 존

문화다양성 교육의 목표

1. 문화 내적 차이에 대한 감수성 및 차이를 존중하는 태도 함양
2. 글로벌 시민으로서 살아가기 위한 시민정신과 인성 함양
3. 경계 간 문화 해독력 함양을 통한 문화적 공존의 실천
4. 문화적 다양성을 바탕으로 한 창의성의 개발
5. 모든 사회구성원의 긍정적인 자기 정체성 확보

문화다양성 교육의 세부목표

문화관 대화 능력의 향상

- 수평적으로 무한히 다양할 수 있으며 경계 간 이동이 자유롭다는 문화의 성격 이해
- 주어진 문화로부터 자유로울 수 있는 가치와 태도 함양
- 문화권을 보편적 인권으로 이해하고 문화권 향유에 있어 민주주의가 실현돼야 함을 인지
- 다양한 사회집단에 맞는 문화적 표현을 기꺼이 수행하는 태도 함양
- 다양한 문화적 표현을 열린 사고하에 활용할 수 있고, 이를 기반으로 새롭게 창조할 수 있는 능력 함양

사회 범주 간 이해와 소통

- 세대: 미래의 문화소통 방안에 대한 청사진을 가지고 노인의 문화적 표현에 대해 알고 수용
- 젠더: 서로 다른 젠더 사이에서 나타나는 세계 인식과 표현 방식, 행동 방식 차이에 대해 인지
- 지역: 지역적 차이에 기초한 차별을 지양하고, 차이가 다양함으로 이룰 수 있는 길을 모색
- 계층: 계층 간 문화적 차이에서 비롯되는 차별과 갈등 완화 방안 모색
- 소수자: 소수자 문화를 문제를 인식하고 이들에 대한 관용적 태도 함양

[그림 5-2] 문화다양성 교육의 목표 및 세부목표

출처: 한국문화예술위원회, 2015, p. 12.

나. 구성 영역

문화다양성 중심 뮤지엄 교육의 구성 영역은 문화다양성 교육의 구성 영역을 따른다. 문화다양성 교육은 인지 영역, 사회정서 영역, 실천 영역, 문화창조와 표현 영역의 네 영역으로 구성되어 있다(한국문화예술위원회, 2015). 인지 영역은 학습자의 지식과 정보의 습득에 관한 것이다. 사회정서 영역은 정의적 영역으로 학습자의 관점, 태도, 감정의 변화를 추구하는 영역을 말한다. 실천 영역은 학습자의 행동 변화를 추구하는 영역이다. 문화창조와 표현 영역은 문화다양성에 대해 인지적, 사회정서적, 실천적 변화가 일어났을 때 기대할 수 있다. 문화다양성 교육은 인지, 사회정서, 실천/문화창조의 표현 순으로 심화해 나가는 것이 바람직하다. 다만, 실천 영역과 문화창조 영역은 상호 독립적이면서도 보완적 관계의 성격을 띠므로 두 영역 간에 선후 관계를 매기기는 어렵다. 문화다양성과 관련하여 각 영역에서 고려해야 할 지침들은 [그림 5-3]과 같다.

다. 주제선정

문화다양성은 기본적으로 문화의 복합성과 역동성을 기반으로 하기 때문에 주제를 고정화하는 것은 무리가 있다. 그리고 문화다양성 교육은 전술했듯 인지, 사회정서 및 실천과 표현 영역을 고려해야 하기 때문에 주제가 교육 대상들의 삶의 경험과 밀접하게 관련이 되어야 한다. 이에 대해 한국문화예술위원회(2015)는 문화다양성이 사회문화적 삶의 영역에 문화적 차이를 만들어내는 요인들이 개입하여 영향을 줌으로써 나타나는 것으로 보고 이 두 범주들의 결합을 고려해 선정할 것을 제안하고 있다. 사회문화적 삶의 영역으로는 “언어, 예술, 미디어와 문화콘텐츠, 취향과 라이프 스타일, 교육, 종교” 등을 꼽고 있다. 문화적 차이를 만들어내는 요인으로는 “세대, 지역, 젠더, 계층, 소수자 등”을 꼽고 있다(p. 44). 이 입장에서는 이 여섯 사회문화적 영역을 문화다양성 교육을 위한 주제 영역(theme)으로 삼고, 문화적 차이를 만들어내는 다섯 가지 주요 요인을 변수로 삼아 이 변수를 각 영역에 적용시켜 문화다양성 교육 주제(topic)를 선정해 볼 것을 제안한다. 주제가 선정되면 이후 교육 영역에 따라 세부 목표, 구체 활동, 교수법을 설정

1. 인지 영역

- 자신이 어떤 문화적 속성을 지니고 있으며 그것이 타인의 문화적 환경과 어떤 공통점 및 차이점을 가지는지 인식
- 개인을 이루는 문화적 속성들을 객관화시켜 봄으로써 자신과 다른 문화적 특성을 가진 사람들을 이해
- 거시 사회적 요소가 문화 다양성에 끼치는 영향 인지
- 현대 사회에서 다양한 문화를 생산 및 재생산하고 전달하는 미디어의 작용 이해
- 문화 다양성 개념과 이를 둘러싼 여러 개념들이 발생한 맥락을 이해

2. 사회정서 영역

- 사회 및 여타 구성원을 바라보는 관점과 태도 감성의 변화 경험
- 자신과 다른 문화적 배경을 가진 사회 구성원에 대한 공감의 폭 확대
- 문화적 차이에 기인한 편견과 혐오 배격
- 특정 문화적 특성을 잣대 삼아 편협하게 타인을 재단하는 태도 지양
- 개인의 문화적 특성이 절대적인 것이 아니며 문화는 상대적인 구성물이라는 인식 내재화

3. 실천 영역

- 일상적인 실천 및 행동, 언어, 의사소통 영역에서의 변화
- 문화적 차이로 인한 충돌이 발생했을 경우 현실적이고 상호존중에 기반을 둔 해결 방식을 모색하는 자세 함양
- 사회 안에서 다양한 구성원들이 건강한 공존에 필요한 원활한 소통 능력 함양
- 문화적 특성의 자유로 인한 사회적 차별을 배격하는 자세 함양
- 인권 보호와 현황의 문제점 개선을 위한 제도적 장치의 필요성 인식에 기초한 실천 능력 함양

4. 문화창조와 표현 영역

- 자신이 가지고 있는 문화적 특성에 대해 자신감을 가지고 긍정적인 정체성을 드러냄으로써 창의적 생산 활동에 기여
- 예술 및 문화 영역 등에서의 소비자, 매개자, 해석자, 전달자 모두가 다양한 문화의 표현이 만개하는 창작물의 공유할 수 있는 환경의 조성
- 거대 자본과 주류 미디어에 기초하여 나타나는 창작 활동뿐 아니라 독립적이고 상업 자본에 대한 의존도가 낮은 작품들에 대해서도 존중하는 태도 함양

[그림 5-3] 문화다양성 교육이 추구하는 인간상

출처: 한국문화예술위원회, 2015, p. 7.

한다. 한편, 문화적 차이를 보이는 요인들을 다층적 범주 내에 위치시키고 요인들 간의 접합을 바탕으로 주제를 선정하는 것을 제안하는 의견도 있다(남영림, 2015; Ballengee-Morris & Stuhr, 2001). 이 관점은 한 개인이 자신이 어떠한 삶의 양식, 곧 문화를 구가하고 있는지를 인지하는 문화적 정체성을 수립하는 데에는 개인적, 국가·사회적, 글로벌 차원에서의 문화적 요인들의 접합이 일어나게 된다고 본다(남영림, 2015; Ballengee-Morris & Stuhr, 2001). 개인적 차원에서는 성/젠더, 인

종/민족/종족, 사회경제적 계층, 특수성(영재성/장애성), 나이, 지역, 종교 등이 관여한다. 국가적 차원에서는 법, 제도, 관습, 정치 등이 관여한다. 그리고 글로벌적 차원에서는 글로벌 경제, 테크놀로지, 환경 등의 요인들이 관여한다. 이 세 범주들의 접합으로 인하여 개인의 문화적 정체성은 복합적 성격을 띤다. 이 입장에서는 문화다양성 중심 뮤지엄 교육은 개인이 한 번에 여러 정체성에 속할 수 있으며 서로 다른 방식으로 상호작용할 수 있음을 인정하는 내용을 담아야 한다고 본다. 이 두 견해들은 주제 선정이 학생의 삶에 기반해서 유연해야 하고 주제가 범교과적으로 진행될 수 있다고 본 점에서 공통적이다.

라. 교수-학습 기획 방안

Padmini는 뮤지엄에서 문화다양성을 교육할 때 다음 4가지를 고려할 것을 조언하였다(Padmini, 2009; Güneröz & Yanar, 2024, p. 835 재인용). 첫 번째는 '소장품의 문화적 다양성을 추구하기'이다. 뮤지엄 교육자는 문화적 다양성을 대표하는 오브제를 조사, 분류하여 온·오프라인 전시에 활용할 필요가 있다. 두 번째는 '문화를 전시하기'이다. 뮤지엄 교육자는 원류 커뮤니티와의 협업을 통해 관람자들이 대립, 협상, 체험을 경험할 수 있도록 하는 다양한 전시와 이벤트를 제공할 필요가 있다. 세 번째는 '경험을 만들기'이다. 뮤지엄 교육자는 다양한 문화적, 인종적, 사회적 배경에서 온 뮤지엄 방문자들에게 문화다양성을 '경험'할 수 있는 기회를 제공할 필요가 있다. 네 번째는 '협업하기'이다. 뮤지엄 교육자는 전시 디자인, 커리큘럼 준비 시 다양한 그룹과 협업함으로써 포용적, 참여적, 민주적 뮤지엄 환경을 구축할 필요가 있다.

비슷하게, 여기서는 문화다양성 구축을 위한 교수-학습 기획 방안으로서 전시물 기반 학습 기획, 전시/해석 내러티브 활용, 놀이·탐구 중심의 활동중심 학습 기획, 뮤지엄 기반 다양성 관리 모델 구축을 다룰까 한다.

첫 번째로, 뮤지엄 교육자는 다루려는 문화다양성의 범위, 학습자들의 수준, 일정 등을 고려하여 대상 전시물의 종류와 범위를 정한 후 전시물을 기반으로 교육해야 한다. 예를 들어 한국인의 문화다양성에 대해 다루고자 한다면, 2022년 기준 국립민속박물관의 제1관에 있었던 '한국인의 하루' 전시장의 전시물들을 활용할 수 있다. 하루의 시작을 수양으로 여는 선비와 물 긷는 여인, 낮에 일터에서 열심히 일하는 농부와 장인, 그리고 바느질을 하며 하루를 마감하는 부녀자의 삶의 양식들을 통해 같은 한국인 내에서의 다양한 문화를 보여줄 수 있다.

전시물/소장품에 기반하여 교육하는 것은 여러 가지 측면에서 교육적 효과가 있다(손지현, 남영림, 황은경, 2021, pp. 50-51). 첫째, 구체적인 경험을 통해 학습자가 추상적인 개념을 효과적으로 이해하도록 돕는다. 둘째, 학습자의 호기심과 배움에 대한 동기와 욕구를 신장시킨다. 셋째, 배움을 촉진하는 질문, 아이디어 교환, 그리고 학습자 간 논의를 활발하게 한다. 넷째, 학습자의 오개념을 바로잡고, 다양한 지식의 관계 짓기 및 기억을 촉진한다. 다섯째, 선지식에 도전하고, 비판적 사고력을 신장한다. 전시물을 중심으로 한 뮤지엄 학습은 학습자가 전시물을 탐구하는 과정에서 더 깊은 탐구와 학습에 대한 동기를 가지도록 이끌어낼 수 있다(Bunce, 2016; Schultz, 2018).

전시물에 기반한 교육이 여러 가지 긍정적 효과를 낳는 이유는 학습자들의 전시물 물질성 체험과 관계가 깊다. 전시물들이 가지는 물질성은 학습자들의 호기심을 자극하고, 해당 전시물에 대해 더욱 깊이 배워보고자 하는 영감을 제공하기 때문이다(Hooper-Greenhill, 1999). 그리고 학습자는 전시물의 물질성을 경험할 때 전시물을 느끼고, 이를 통해 감정과 느낌을 명확히 하고 정동을 느끼게 되어 더 효과적으로 학습할 수 있다. 그러므로 개별 전시물의 물질성을 다양한 감각으로 탐구할 수 있는 핸즈온 활동이 전시물을 기반으로 하는 교육에서 중요하게 고려할 방법들 중 하나가 되겠다(손지현 외, 2021).

두 번째로, 뮤지엄 교육자는 문화다양성을 보여줄 수 있도록 전시 내러티브를 기획하고 학습자들이 적극적이고 즐겁게 의미 만들기를 할 수 있도록 기획할 필요가 있다. 내러티브란 어떤 일어난 일에 대한 이야기나 설명의 개인적 표현을 말한다(Polkinghorne, 1988). Bruner(1996)는 인간을 이야기꾼으로 규정하며, 내러티브가 지식의 구성과 동화에 중요한 역할을 한다고 지적한 바 있다. 그리고 우리가 장소와 정체성을 가진 개인적 세계를 창조할 수 있는 것은 내러티브라는 매개체 때문이라고 간주하였다. 또한 내러티브를 통하여 우리는 우리의 삶과 세계를 구성하고 이해하게 된다고 보아 내러티브를 의미 만들기의 도구라고 보았다. 그는 의미 만들기란 그것이 무엇인지 알기 위해 세계와의 만남을 적절한 문화적 맥락에서 상황화하는 것이라고 보았다(p. 3). 의미 만들기와 관련하여 Hooper-Greenhill(1999)은 의미 만들기란 지속적인 과정이며 구성되는 것이라고 지적한다. 의미는 기성품이 아니고 구성해야 한다는 것이다. 의미를 만들 때 사람들은 파편적 지식의 조각들을 하나의 패턴으로 연결한다. 따라서 Hooper-Greenhill은 뮤지엄 교육자들이 사물이나 유물을 파편화하여 전시하기보다는 맥락, 용도, 장소, 시간 등과 연결하기를 기대한다. Egan(1986)도 내러티브는 아이들의 관심을 끌고 새로운 지식을 만드는 데 도움이 된다고 하였다. 특히 그에 의하면, 이야기에 리듬과 구성, 극적 갈등과 해결책이 혼합된 방식이 아동들의 상상력을 자극한다고 한다. 비슷하게, Hooper-Greenhill(1999)에 의하면 질문을 던지고 불연속성을 드러내는 것이 기성품의 완벽한 내러티브를 제시하는 것보다 낫다고 주장한다. 질문에 답하고 연결고리를 발견하면서 학습자들은 통찰을 얻게 되기 때문이다. Säljö는 내러티브가 사람들 간의 소통, 사고와 기억의 도구, 삶과 우리 주변의 세계를 묘사하고 해석하는 도구, 집단과 개인의 정체성을 만드는 도구로 사용될 수 있다고 주장한다(Säljö, 2005; Frykman, 2009 재인용). 특히 그는 시각적 이미지도 이야기를 전달하고 이해하는 데 도움되는 매개가 된다고 보며 내러티브의 개념을 확장할 것을 권한다. 이런 이미지에는 지도, 그림, 표지판, 시뮬레이션 등이 포함된다. 따라서 교사는 전시 내러티브에서 학습자들의 의미 만들기를 도울 시각화 작업을 기획하고 학습자들이 문제 상황에 직면해서 문제를 해결해 가도록 하는 경험과 질문에 대해 탐구해 보고 답변해 보도록 자극할 필요가 있다.

뮤지엄이 교육 텍스트에 사용할 수 있는 내러티브의 종류들은 다양하다. 이야기, 노래, 시, 영화 또는 비디오, 그림, 사진, 드라마, 연극 또는 놀이, 감각적 경험 또는 당시 사람들의 복장, 작업 방식, 숙제 준비에 특별히 사용된 텍스트에 대한 자세한 설명과 같은 텍스트 등 다양한 내러티브 표현 방식들이 사용될 수 있다. 학습자들은 내러티브 속에서 문제를 만나고, 문제를 해결하며, 다양한 시대와 장소를 체험하고, 이 시대와 장소와 관련된 연기를 하고 이야기를 한다. 상상력을 활용하기도 하고, 멈춰서 생각하기도 하며, 사실적 정보를 일상 생활과 연관시키는 작업을 한다. 그리고 상호작용 활동, 실험, 연구, 개인적인 경험과 반응, 영화, 사진 등의 활용 등 다양한 측면을 활용한다.

Frykman(2009)은 내러티브를 활용한 뮤지엄 교육을 분석 후 내러티브가 다음과 같은 효과를 보여주었다고 보고하였다.

- 의사 소통, 해석, 의미 만들기, 창의성, 엔터테인먼트 및 상상력 사용을 통한 보다 효과적인 학습을 촉진
- 다른 사람과의 상호 작용, 협상 및 의사 소통을 돕는 자원으로 기능
- 테마 전시 등의 특정 맥락에서 반응을 이끌어내고, 개인적인 관점의 표현을 장려
- 토론, 주제 작업, 체험 또는 상호작용 활동을 통해 관점의 변화를 도움
- 타인과의 연대감을 형성
- 드라마에 대한 참여를 촉진하여 사건, 권력 관계, 감정, 언어, 문화 등에 대한 더 나은 이해에 기여

세 번째로, 뮤지엄 교육자는 놀이·탐구를 기반으로 학습자들이 문화다양성을 경험하도록 프로그램을 기획할 필요가 있다. 아동들은 놀이를 통해 사회에서 소통되는 상징, 기호를 익힌다(손지현 외, 2021). Csikszentmihalyi(1990)는 몰입이 일어나기 위해서는 학습자가 신체를 통해 활동하는 것이 필요하다고 하였다. Williams(1976)는 아동들이 뮤지엄에서 본 것을 구성하도록 하기 위해서는 아동들이 무언가를 행하도록 하는 다감각적 활동이 필요하다고 하였다. 아동들은 놀이 속에서 몰입하고, 자신이 본 것에 대해 이해하게 되고 정서적으로 느끼게 된다. 아동들이 우리 주위의 사람이나 그룹이 지니는 문화적 다양성을 보여주는 기회들을 놀이로 만날 수 있도록 기획할 필요가 있다.

덧붙여, 탐구학습을 이끌 필요가 있다. 듀이에 의하면, 학습은 문제적 경험(problematic experience)으로부터 시작한다. 학습자는 자신의 선지식으로 해결할 수 없는 문제적 경험을 만났을 때 당황도 하지만, 동시에 이 경험을 해결하고자 하는 시도로서 탐구를 시작하게 된다. 이에 듀이는 학습 방법으로서 탐구학습(inquiry learning)을 제시한 바 있다. 학습자는 탐구학습을 통해 직면한 문제들에 대해 반성적 사고를 하고, 이를 기반으로 하나의 '완결된 경험'을 하게 된다. 이 활동 과정에서 학습자에게는 사고 같은 인지적 요소뿐 아니라 동기, 흥미 같은 정서적 요소가 작동을 하게 된다. 즉, 실제적인 활동들은 "학습자에게 새로운 지식을

얻고자 하는 동기, 선지식에 새로 배운 지식을 통합하는 관점, 그리고 지식을 적용할 기회를 제공"해 준다(Edelson et al., 1999; 손지현 외, 2021, p. 184 재인용). 따라서 다름에 대해 소통하고 존중하는 데 필요한 인지, 사회정서, 실천, 문화표현 영역이 자극될 수 있도록 학습자들이 탐구행위를 할 수 있는 프로그램을 기획할 필요가 있다.

마지막으로, 뮤지엄 교육자는 뮤지엄 기반 다양성 관리 모델을 구축해 문화다양성 교육을 위한 제반 구조를 형성할 필요가 있다. 뮤지엄 기반 다양성 관리 모델은 뮤지엄에서 다양성을 확보하기 위해서는 뮤지엄의 인력, 소장품과 프로그램, 방문자 각각의 다양성을 확보해야 하고, 이 세 가지 요인 사이에 존재할 수 있는 역동적 상호 관계를 고려해야 함을 제안한 모형이다. 즉, 뮤지엄이 교육, 채용 및 선발 과정에서 긍정적인 조치를 취하면 인력의 다양성을 향상시킬 수 있다. 마찬가지로 뮤지엄은 수집 및 전시/행사 기획에 다양한 공동체와 함께 참여하고 협

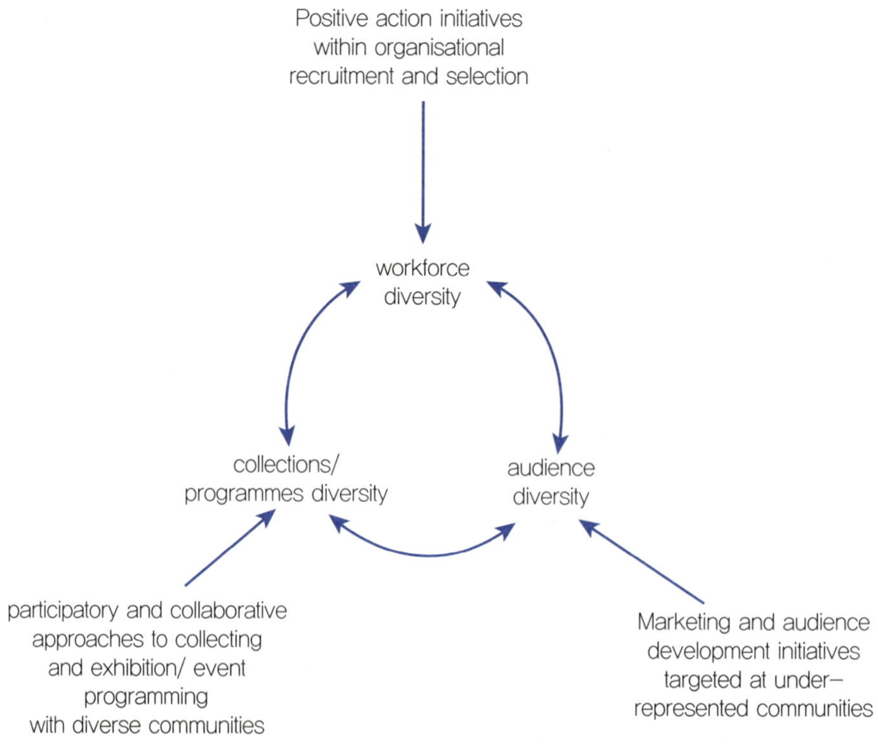

[그림 5-4] Sandell(2000)의 뮤지엄 기반 다양성 관리에 대한 개념적 프레임워크

력적인 참여적 접근 방식을 채택하면 서비스 제공 내에서 다양성을 향상시킬 수 있으며, 마케팅 및 방문자 개발 이니셔티브는 방문자의 다양성을 향상시킬 수 있다. 이 모델은 세 가지 요소가 서로 연관되어 있으므로 예를 들어 뮤지엄 인력의 다양성을 높이면 해당 조직이 서비스 제공과 관객 프로필 모두에서 다양성을 높일 수 있다고 주장한다(Sandell, 2000).

예를 들어 국립민속박물관이 2012년 수행한 〈다문화 특별전: 내 이름은 마포포 그리고 김하나〉 전이 이를 잘 보여줄 수 있다. 이 전시에서는 미얀마 출신인 마포포 씨를 객원 큐레이터로 초빙해 다문화 가정이나 결혼이주여성들의 문화와 이들과 한국인이 서로에 대해 가지는 선입견이나 편견에 대해 보여주었다. 이 기획은 뮤지엄 교육에 있어 인력의 다양화를 꾀한 것이었는데, 이 행위 하나로 기존의 전시장에서 보기 힘들었던 결혼이주여성들의 가족과 지인들이 방문자로서 뮤지엄으로 들어오게 하는 효과를 낳을 수 있음을 보여주었다. 그리고 보다 중요한 것은 그동안 대상화되어 알 수 없었던 그들의 문화와 생각, 가치 체계 등을 이주 여성 출신의 뮤지엄 인력으로서 진정성 있고 전문성 있게 들려주어 한국 내에서 또 하나의 고유한 문화그룹의 문화를 보여주었다. 이로써 한국 문화의 다양성을 보여주는 프로그램을 완성할 수 있었다.

4. 문화다양성 중심 뮤지엄 교육 사례

가. 스웨덴 민속박물관

문화다양성 프로그램을 운영하는 전 세계적 뮤지엄으로 스웨덴의 민속박물관을 빼놓을 수 없다. 스웨덴 민속박물관(Skansen)은 1891년 Artur Hazelius가 스웨덴 스톡홀름의 유르고르덴(Djurgården) 섬에 설립한 뮤지엄으로서 세계 최초의 야외(민속) 박물관이면서 역사, 건축, 민속, 전통, 그리고 동물원이 어우러진 문화공간이다. Skansen에는 과거 농촌 마을의 주택, 농장, 공방, 광장 등이 원형 그대로 복원되어 있다. 전통 복장을 입은 장인들이 유리 세공, 제과, 직조, 제본, 보트제작, 무두질, 조각 등 옛 기술을 직접 시연하여 방문자들이 전통문화를 체험할 수 있게 하는 것이 특징적이다. 교육 프로그램으로 학교 연계 체험, 전통 공예 워크숍, 오디오가이드 투어, 문화유산 수업 등이 있다.

Skansen은 교육용 텍스트에 내러티브를 주로 사용하고 있음을 확인할 수 있다(Frykman, 2009). 여기서 내러티브는 역사적 시간과 상황을 경험하게 하고 문제를 해결해 보게 하는 것을 목적으로 하고 있다. 이에 따라 학습자들은 사실적인 환경에서 그룹으로 함께 무언가를 만드는 작업을 한다. 예를 들어 초등학생 1학년(7-8세)과 2학년(8-9세) 학생, 교사, 뮤지엄 직원들은 함께 시대 의상을 입고 19세기 스웨덴 북부의 달라르나에서 유래한 시골 농가에서 빵을 굽는 활동인 '시간 여행'을 경험한다. 다음 '모라 농장에서의 모험' 프로그램 교사용 가이드를 보면, 드라마 방식으로 내러티브가 펼쳐지는 방식을 확인할 수 있다.

> 우리는 소위 '시간 여행' 방식으로 작업한다. 즉, 우리는 100년 전에 살았던 사람이라고 가정한다. 특별한 준비 작업이 필요하지 않으므로 모든 참가자는 당일에 특정 역할을 할당받게 된다. 먼저 아이들에게 농장과 집의 구조를 소개한다. 두 명의 뮤지엄 교육자가 이 집에 살고 있는 어머니 안나와 방문하게 될 여동생 카린에 대해 이야기한다. 아이들은 새로운 이름을 부여받고 두 여성 중 누가 자신의 어머니인지 알게 된다. 여자아이들은 머리 스카프를, 남자아이들은 모자를 받는다. 선생님과 동행하는 다른 어른들에게도 역할과 시대 의상이 할당된다(Frykman, 2009, p. 307).

학습자들은 이 일련의 활동에서 빵 만들기를 경험하게 된다. 이를 위해 뮤지엄의 교사들은 빵 만들기에 필요한 모든 재료를 준비한다. 아이들은 나무와 물을 가져오고 밀가루를 빻는 일을 돕기 시작한다. 그러던 중 어떤 문제가 발생하게 되는데, 참여한 관람자들만이 그 문제가 무엇인지 알게 된다. 그리고 이 참여자들이 문제를 해결하기 위해 돕게 된다. 문제의 발생은 내러티브 이벤트에서 흥미성을 더하며, 특히 동행한 성인들도 다른 시공간에서 펼쳐지는 드라마에 몰입하도록 만든다. 이 뮤지엄 교육에서 학습자들은 문제해결, 다양한 시대와 장소와 관련된 연기 및 이야기하기, 상호작용 활동, 실험, 연구, 개인적인 경험·반응과 같은 다양한 내러티브의 측면을 활용해 의미 만들기를 수행하였다.

Frykman(2009)이 이 활동에 참가한 사람들이 웹 페이지에 남긴 후기를 조사한 바에 의하면, 학생들은 현실적인 환경에서 함께 무언가를 만드는 것이 사건이나 상황을 경험하는 데는 물론 당시의 생활이 어떠했는지를 이해하는 데 가치 있었다고 생각했다고 한다.

> 많은 것을 배웠고 그룹으로 일할 수 있어서 좋았습니다. 그들은 환경과 의상이 이해를 돕기 위해 매우 중요한 요소라고 생각했습니다. 뮤지엄 선생님들도 시대와 주변 환경에 대한 지식을 더 많이 알려주셨다는 점에서 중요했습니다. 학교에서 드라마 리허설을 할 때는 정말 그렇게 진지하게 받아들이지 않았습니다. 몇 가지 사항을 무시하고 많은 에너지를 쏟지 않았지요. 하지만 실제로 현장에 가보니 모든 것이 제자리를 찾았습니다. 모든 것이 잘 작동했고 모든 것이 순조롭게 흘러갔습니다. 마치 우리가 정말 19세기 초에 살고 있는 것처럼 느껴졌어요!(Skansen의 역사 라인 방법에 대한 평가, n.d; Frykman, 2009, p. 313 재인용)

그 외, 환경과 복장, 뮤지엄의 교육 담당자나 교사가 제공하는 지식도 중요했다고 보는 것으로 보인다.

나. 국립민속박물관

국내 대표적 문화다양성 프로그램 운영 기관으로는 국립민속박물관이 있다. 국립민속박물관은 문화다양성을 주제로 하는 '다문화꾸러미'를 관내 가족 대상 주말 프로그램으로 운영해 온 물론, 학교, 다문화 관련 기관 등에 대여해 오고 있다. 다문화꾸러미란 국립민속박물관이 몽골, 베트남, 필리핀, 우즈베키스탄, 대한민국, 인도네시아, 중국, 일본, 인도, 태국의 문화를 체험 자료를 통해 배울 수 있도록 개발한 모음집이다. 꾸러미는 큰 꾸러미와 작은 꾸러미로 구성된다. 큰 꾸러미에는 국가와 해당 국가의 문화에 대한 소개가 담겨 있다. 작은 꾸러미에는 해당 국가의 "화폐, 의복, 엽서, 지도, 서적, 교재, 교육활동지, 동화책과 시청각 자료"로 구성된 주제별 자료가 담겨 있다(조아영, 2021, p. 202).

다문화꾸러미가 목적하는 바는 공존, 이해, 체험이다. 국립민속박물관은 다문화꾸러미를 개발한 목적으로 다문화시대의 주역, 어린이가 문화다양성을 이해하여 공존하고, 이 이해를 바탕으로 다문화 시대의 사회통합에 기여하여 사회발전의 원동력이 되길 기대하며, 실물 자료와 오감 체험의 기회를 마련하여 진정성 있는 다문화 체험을 이끌기를 기대하고 있다(국립민속박물관 어린이박물관, 2024). 다문화꾸러미를 활용한 문화다양성 교육은 "서로 다른 문화를 가진 사람들의 생활문화를 이해하고 존중하는 방법을 배우는 것에 중점"을 두고 있다(조아영, 2021, p. 202). 오감 체험과 활동을 통해 다른 나라의 역사, 언어, 자연환경, 의식주, 명절, 놀이 등을 학습자가 탐색해 보게 하고, 한국 문화와 비교해 보게 한다. 이 과정에서 학습자들이 타자와 더불어 사는 삶의 소중함과 다른 문화에 대해 긍정적 인식을 갖게 한다.

국립민속박물관(2015)은 다문화꾸러미를 다음 원리와 학습유형을 바탕으로 교육해 오고 있다고 밝히고 있다.

- 실물 자료를 활용한 진정성(authenticity) 있는 체험의 기회를 제공: 교수자가 실물 자료에 의거해 핵심적 질문을 하고 이에 대해 학습자가 답변을 하는 과정에서 비판적 사고력, 창의력, 자발적 호기심에 따른 학습에 대한 동기부여 경험을 갖게 한다.
- 비형식교육으로 학습자의 자발적인 참여를 통해 지식을 구성하고 습득: 비형식적이고 독특한 형태와 내용을 담아 교육함으로써 학습자가 자발적으로 참여할 수 있도록 해 자기 주도적 학습 환경에서 자신의 체험과 학습 의욕에 따라 지식을 습득할 수 있는 분위기를 만든다.
- 탐구활동 · 체험활동 · 협력활동의 학습 환경: 상황성을 기반으로 하여 개별적으로 다양한 의미구성과 해석을 가능하게 하는 탐구활동(minds-on)과 실물자료를 활용하여 다중감각적 접근을 통한 체험활동(hands-on)과 모둠이 협동하여 문제를 해결하는 협력활동(hearts-on)의 조화를 도모하고 있다.
- 통합적 교육: 꾸러미를 통해 사상, 철학, 종교, 예술, 구전물, 풍속, 놀이, 축제 등의 정신문화와 의식주, 문화재, 생산양식, 생산도구, 경제체계 등의 물질문화를 두루 경험할 수 있게 하였다. 이를 통해 학습자들이 배운 것을 생활과

연결시킬 수 있는 통합 교육을 실현하고자 하였다.

- 사회 · 문화에 대한 새로운 이해: 학습자들이 실물에 포함된 복잡하고 다양한 맥락적 상황적 요소들을 다각적으로 관찰하고 이해하게 함으로써 호기심과 공감을 불러일으키고자 하였다. 호기심과 공감은 문화다양성에 대해 비판적 사고를 키우고 사회문화에 대해 새롭게 이해하게 하는 요체이기 때문이다(국립민속박물관, 2015, pp. 202-203).

〈표 5-1〉 국립민속박물관의 〈다문화꾸러미〉 학습유형

학습유형	활동주제	지도방안
탐구해결학습	• 한국문화 알리미 영상을 제작하는 문화 외교관 • 우즈베키스탄 바자르 시장을 취재하는 어린이 기자단 • 인도네시아 왕실 공주 부부의 혼례복 디자이너 • 다문화식당의 향신료 소스 요리 연구가	• 모둠활동을 통한 협동학습 • 탐구상황 제시 • 관찰, 조사를 통한 문화 이해 • 교사 · 학생 간의 상호작용 • 습득한 지식으로 문제해결 • 성찰
놀이기반학습	• 오축놀이, 게르 짓기 • 가인으로 물건 옮기기 • 마라카스 악기 꾸미기와 연주 • 시장놀이와 전통 팔찌 만들기 및 전통 춤 배우기 • 총명한 아기사슴 극놀이	• 각국의 동화를 활용한 동화 구연 • 실물자료를 활용한 놀이 환경 조성 • 역할 놀이 지도
상호이해학습	• 세계의 놀이 문화 • 세계의 명절	• 문화의 다양성 조사학습 안내 • 조사를 통해 문화의 보편성을 이해할 수 있도록 조력

출처: 국립민속박물관, 2015, p. 203.

참고문헌

국립민속박물관(2015). 다문화꾸러미 활용 안내서.

국립민속박물관 어린이박물관(2024). 상자를 펼치면 세계가 열린다! 다문화 꾸러미.

남영림(2015). 사회정의를 위한 비판적 다문화 미술교육 탐색. 미술과교육, 16(2), 29-50.

남영림(2019). 전지구화시대의 지역문화관광에 기반한 초등학교 다문화 미술교육의 방향에 대한 소고. 미술교육연구논총, 56, 103-132.

모경환 · 남정훈 · 진선민(2024). 중학교 사회과 교사의 문화다양성 인식과 문화다양성 교육 실태 분석. 시민교육연구, 56(2), 143-168.

문화체육관광부 & 한국문화예술위원회(2015). 2015년도 문화다양성 교육 커리큘럼 개발 연구.

서윤호(2012). 다문화주의와 문화다양성. 일감법학, 23, 283-321.

손지현 · 남영림 · 황은경(2021). 교실로 간 뮤지엄. 북코리아.

조아영(2021). 다문화 시대의 어린이를 위한 박물관미술관 문화예술교육 사례연구: 문화다양성 미술교육 제안. 어린이와 박물관 연구, 18, 192-220.

천정웅 · 남부현 · 김태원 · 한승희 · 박주현(2015). 현대사회와 문화다양성의 이해. 서울: 양서원.

한국문화예술위원회(2015). 문화다양성 교육 커리큘럼 개발을 위한 지침서.

Ballengee-Morris, C., & Stuhr, P. L. (2001). Multicultural art and visual cultural education in a changing world. *Art Education, 54*(4), 6-13.

Bruner, J. S. (1996). *The culture of education*. Cambridge, MA: Harvard University Press.

Bunce, L. (2016). Appreciation of authenticity promotes curiosity: Implications for object-based learning in museums. *Journal of Museum Education, 41*(3), 230-239.

Csikszentmihalyi, M. (1990). *Flow: The Psychology of Optimal Experience*. New York: Harper Perennial.

Egan, K. (1986). *Teaching as story telling: An alternative approach to teaching and curriculum in the elementary school*, 1-50. https://www.researchgate.net/publication/37692546_Teaching_as_Story_Telling_An_Alternative_Approach_to_Teaching_and_Curriculum_in_the_Elementary_School

Frykman, S. G. (2009). Stories to tell? Narrative tools in museum education texts. *Educational Research, 51*(3), 299-319.

Gollnick, D. M., & Chinn, P. C. (2009). *Multi cultural education in a pluralistic society* (18th ed.). NJ: Pearson Merrill Upper Saddle River.

Güneröz, C. & Yanar, A. (2024). Diversity as a matter of reality or a perception at the museum: samples of approaches and practices through research and analysis. *Museum Management and Curatorship, 39*(6), 834-855.

Hannerz, U. (1997). Scenarios for Peripheral Cultures. In A. D. King (Ed.), *Culture, Globalization and the World-System. Contemporary Conditions for the Representation of Identity* (pp. 107-128). Minneapolis: University of Minnesota Press.

Hooper-Greenhill, E. (1999). *The educational role of the museum*. London: Routledge.

International Council of Museums. (2022). ICOM museum definition. https://icom.museum/en/resources/standards-guidelines/museum-definition/

Jagielska-Burduk, A., Pszczy′nski, M., & Stec, P. (2021). Cultural Heritage Education in UNESCO Cultural Conventions. *Sustainability, 13*, 3548.

Morris, N. (2002). The Myth of Unadulterated Culture Meets the Threat of Imported Media. *Media, Culture and Society, 24*(2), 278-289.

Neperud, R. W., & Stuhr, P. L. (1987). A critical analaysis of cultural maintenance in a changing society. *JMCRAE, 5*(1), 117-130.

Nieto, S. (2009). *Language, Culture, and Teaching: Critical Perspectives for a New Century*. London: Routledge.

Polkinghorne, D. (1988). *Narrative knowing and the human sciences*. Albany, NY: State University of New York Press.

Robertson, R. (1995). Glocalization: Time-space and Homogeneity-Heterogeneity. In M. Featherstone, S. Lash, & R. Robertson (eds.). *Global Modernities*. London: Sage Publications.

Sandell, R. (2000). The Strategic Significance of Workforce Diversity in Museums. *International Journal of Heritage Studies, 6*(3), 213-230.

Schultz, L. (2018). Object-based learning, or learning from objects in the anthropology museum. *Review of Education. Pedagogy, and Cultural Studies, 40*(4), 282-304,

Smith, R. C. (2007). The UNESCO Convention on the Protection and Promotion of the Diversity of Cultural Expressions: Building a New World Information and Communication Order?. *International Journal of Communication, 1*, 24-55.

Stuhr, P. L. (1999). Bookreview Chalmers, G. (1996). Celebrating pluralism: Art, education, and cultural diversity. *Studies in Art Education, 40*(2), 180-191.

Taylor, C. (1994) The Politics of Recognition. In A. Gutmann (Ed.), *Multiculturalism: Examining the Politics of Recognition* (pp. 25-73). Princeton: Princeton University Press.

UNESCO. (2002). *Universal declaration on cultural diversity*. United Nations Educational, Scientific and Cultural Organization.

Williams, P. (1976). Teaching or touring?. *Roundtable Reports, 1*(3), 1-3.

제6장 지속가능한 박물관 교육

2022년 국제박물관협의회(ICOM, International Council of Museums) 총회에서 개정한 박물관(museum) 정의[1)]에는 기존 정의와 비교하여 '지속가능성'이라는 키워드가 추가되고 강조되었다. 본장에서는 ICOM에서 '지속가능성'과 관련하여 제시한 이니셔티브를 박물관 교육 관점에서 다루고자 한다. 2015년 9월, 유엔(UN, United Nations)은 '우리가 사는 세상의 전환: 지속가능한 발전을 위한 2030 의제(Transforming our world: The 2030 Agenda for sustainable development)'를 채택하고 지속가능발전목표(SDGs) 17개([그림 6-1])와 세부 목표 169개를 제시하였다. ICOM의 지속가능성 관련 국제 위원회인 SUSTAIN은 박물관의 지속가능한 발전을 지원하기 위해 2024년 3월에 설립되었는데, SDGs의 다섯 가지 구성요소(5p)인 사람(People), 지구(Planet), 번영(Prosperity), 평화(Peace), 파트너십(Partnership)을 기반으로 박물관이 나아가야 할 방향과 관련하여 이니셔티브를 제공하고 있다. 따라서 지속가능한 발전에 대응하는 박물관의 역할에 대한 인식이 확대되고

1) 박물관은 유·무형 유산을 연구·수집·보존·해석·전시하여 사회에 봉사하는 비영리, 영구기관이다. 박물관은 모두에게 열려 있어 이용하기 쉽고 포용적이어서 다양성과 지속가능성을 촉진한다. 박물관은 공동체의 참여로 윤리적, 전문적으로 운영하고 소통하며, 교육·향유·성찰·지식 공유를 위한 다양한 경험을 제공한다(ICOM, 2022, para 2). 본고에서 '박물관'이란 'museum'의 번역어로 박물관, 미술관, 과학관 등을 모두 포함하는 광의의 의미로 쓰였다.

있다.

ICOM 국제박물관연구교류센터(ICOM-IMREC)와 ICOM 한국위원회는 2024년 7월, "박물관과 지속가능발전목표: 2030을 향하여" 국제회의를 서울에서 개최하였다. 특히 이 국제회의에서는 SDGs의 다섯 가지 구성요소와 관련하여 전 세계 박물관에서 고려해야 할 중요한 질문을 제기하였다(ICOM Korea, 2024). 본고에서는 이 질문들을 '박물관 교육' 관점으로 수정해서 지속가능한 박물관 교육의 모습과 나아가야 할 방향을 사례 중심[2]으로 제안하고자 한다. 본고에서 일컫는 '박물관 교육'이란 단순히 프로그램에만 한정하지 않고, 박물관이 여러 사람들과 소통하는 다양한 실천을 일컫는 광의의 개념으로 사용되었다.

[그림 6-1] UN(2015)이 제시한 지속가능발전목표(SDGs) 17개

2) 최근의 국내 사례를 주요로 서술하였으며, 찾기 어렵거나 대표적일 때 국외 사례를 포함하였다.

〈표 6-1〉 지속가능발전을 위한 '박물관 교육' 분야에서의 질문
(UN, 2015에서 취사선택하고 질문은 저자가 추가함)

<table>
<tr><th>SDGs 5P</th><th>박물관 교육 관점에서의 질문</th><th>SDGs 목표</th><th>SDGs 세부목표(Targets)</th></tr>
<tr><td rowspan="3">1. 사람</td><td>박물관 교육은 관람객의 웰빙에 기여하나요?</td><td>3. 건강한 삶과 웰빙</td><td>3.d. 건강 위험에 대한 조기 경보, 위험 경감과 관리를 위한 역량을 강화한다.</td></tr>
<tr><td rowspan="2">박물관은 어떻게 양질의 교육을 제공하나요?</td><td rowspan="2">4. 양질의 교육</td><td>4.7. 지속가능발전, 지속 가능한 생활양식, 인권, 성평등, 평화와 비폭력 문화 확산, 세계시민의식, 문화다양성 존중과 지속가능발전을 위한 문화의 기여 등에 대한 교육을 통해 모든 학습자들이 지속가능발전을 증진하기 위한 지식과 기술을 습득한다.</td></tr>
<tr><td>4.a. 모두를 위해 아동, 장애, 성별을 배려한 교육시설을 건축하고 개선하며 안전하고 비폭력적이며, 포용적이고 효과적인 학습환경을 제공한다.</td></tr>
<tr><td rowspan="7">2. 지구</td><td>기후 위기 상황에서 박물관 교육의 역할은 무엇일까요?</td><td>13. 기후변화에 대응</td><td>13.3. 기후변화 완화, 적응, 영향 감소, 조기 경보 등에 관한 교육, 인식 제고, 인적 · 제도적 역량을 강화한다.</td></tr>
<tr><td rowspan="6">박물관 교육은 인간과 지구(환경)의 관계에 무엇을 제시할 수 있을까요?</td><td rowspan="3">12. 지속 가능한 발전과 소비</td><td>12.5. 예방, 감축, 재활용 및 재사용을 통해 쓰레기 발생을 대폭 줄인다.</td></tr>
<tr><td>12.8. 모든 사람이 지속 가능한 발전과 자연과의 조화를 이루는 생활양식에 대해 인지하고 필요한 정보를 가질 수 있도록 보장한다.</td></tr>
<tr><td>12.b. 일자리를 창출하고 지역 고유 문화와 특산품을 알리는 지속 가능한 관광이, 지속가능발전에 미치는 영향을 모니터링할 수 있는 수단을 개발하고 이행한다.</td></tr>
<tr><td>14. 해양 생태계 보전</td><td>14.2. 심각한 부정적 영향을 피하기 위하여 복원력 강화를 포함하여, 해양 및 해안 생태계를 지속가능하게 관리하고 보호하며, 건강하고 생산적인 바다를 만들기 위해 복원 조치를 취한다</td></tr>
<tr><td rowspan="2">15. 육상 생태계 보전</td><td>15.5. 자연 서식지 황폐화를 줄일 수 있도록 긴급하고 의미 있는 조치를 취하고, 생물다양성 손실을 중단하며 멸종 위기종을 보호하고 멸종을 예방한다.</td></tr>
<tr><td>15.a. 생물 다양성과 생태계의 보존 및 지속 가능한 사용을 위해 모든 재원을 동원하고 대폭 확대한다.</td></tr>
</table>

3. 번영	박물관 교육은 박물관의 경제적 지속 가능성에 어떻게 기여하나요?	8. 일자리 증가와 경제 성장	8.3. 생산 활동, 양질의 일자리 창출, 기업가정신, 창의성과 혁신을 지원하고, 금융서비스에 대한 접근 확대를 포함하여 소규모 비즈니스 및 중소기업의 형성과 성장을 촉진하는 개발지향 정책을 증진시킨다.
			8.8. 이주노동자, 특히 여성 이주자와 불안정한 고용상태에 있는 노동자를 포함한 모든 노동자의 권리를 보호하고, 안전하고 안정적인 노동환경 조성을 확대한다.
			8.9. 지역의 고유 문화와 특산품을 알리고 일자리 창출에 기여하는 지속 가능한 관광을 진흥하는 정책을 개발하고 이행한다.
		5. 성평등	5.4. 공공서비스, 사회기반시설, 사회보호정책, 가정 내 책임 공유 촉진을 통하여 무급 돌봄 노동 및 가사노동에 가치를 부여하고 중요성을 인식한다.
	박물관 교육은 공동체 및 지역사회의 번영과 발전에 어떻게 기여하나요?	9. 사회기반시설 산업화 및 혁신	9.4. 높은 자원사용 효율과 청정기술 및 환경친화적 공정을 산업에 적용하며 국가별 역량에 따라 각국별 조치를 취함으로써 기존의 사회기반시설과 산업을 지속 가능하게 개선한다.
		11. 지속 가능한 도시개발	11.4. 세계의 문화 · 자연유산을 보호하고 보존하기 위한 노력을 강화한다.
			11.7. 특히 여성과 아동, 노인 및 장애인을 위해 안전하고 포용적이며 접근이 용이한 공공 녹지공간에 대한 보편적 접근을 보장한다.
4. 평화	포용적 박물관 교육은 어떤 모습이며 사회에 어떻게 기여하나요?	10. 모든 형태의 불평등 해소	10.2. 연령, 성별, 장애여부, 인종, 민족, 출신, 종교, 경제 및 기타 지위와 관계없이 모든 사람의 사회적 · 경제적 · 정치적 포용을 증진하고 확대한다.
			10.3. 차별적인 법규, 정책, 관례를 철폐하고 관련한 적절한 법, 정책, 활동을 증진하는 등의 노력을 포함하여 평등한 기회를 보장하고 결과의 불평등을 감소한다.
		16. 평화롭고 정의롭고 포용적인 제도 구축	16.6. 효과적이고 투명하며 책무성 있는 제도를 개발한다.
			16.7. 의사결정이 대응적, 포용적, 참여적, 대의적으로 될 수 있도록 보장한다.
			16.10. 정보에 대한 대중의 접근을 보장하고 기본적인 자유를 보호한다.
			16.b. 지속가능발전을 위한 비차별적 법규와 정책을 증진하고 강화한다.
5. 파트너십	박물관 교육 중심 협력관계는 어떤 모습인가요?	17. 목표를 위한 파트너십	17.17. 파트너십의 경험과 재원조달 전략을 바탕으로, 효과적인 공공 · 공공-민간 · 시민사회 파트너십을 장려하고 증진한다.

1. 박물관 교육과 사람

가. 박물관 교육은 관람객의 웰빙에 기여하나요?

'사회적 처방(Social Prescribing)' 개념은 질병의 치료 차원의 의료서비스보다 비임상적인 방식을 활용하여 예방적 조기 대응을 좀 더 강조하며 지역사회의 다양한 자원을 활용하여 심리사회적으로 정신건강을 회복하는 것에 있다(주하나, 김주연, 2024). 이러한 방식은 자연을 활용하는 녹색처방, 신체를 활용하는 걷기나 요가 등의 방식도 포함하나, 최근 강조되는 방식은 '박물관 처방(museum on prescription)'으로 이는 2018년 캐나다에서 처음 시작하였고, 벨기에에서도 2022년부터 지금까지 해오는 방식이다. 이는 의사들의 처방으로 우울증, 당뇨병, 만성질환을 앓는 환자들이 간호 보조사나 가족과 함께 박물관 · 미술관을 무료로 방문할 수 있는 시스템이다. 코로나 이후 많은 사람들이 정신적 질환을 겪었으나 이러한 박물관 처방으로 인해 스트레스와 불안에서 벗어날 수 있었다고 한다(진승우, 2017). 박물관학자 Silverman(2010)은 박물관의 치유적 역할 다섯 가지를 강조한 바 있다. 첫째, 휴식을 촉진하고, 둘째, 생리적/정서적으로 즉각적 긍정적 변화를 유도하며, 셋째, 자기 성찰을 장려하고, 넷째, 건강 교육을 촉진하며, 다섯째, 건강 관리 환경을 개선한다는 점이다.

박물관 방문만으로도 관람객의 웰빙에 기여할 수 있다. 그러나 적극적인 예술치유적 접근을 통해 박물관 소장품과 건물, 정원 등의 물리적 공간을 활용하고 치유와 위안을 얻을 수 있는 조직된 프로그래밍을 통해 더 적극적으로 관람객의 웰빙에 기여할 수 있다. 미국 플로리다에 위치한 MFA St. Petersburg는 방문객들이 감정적으로 연결될 수 있는 여섯 가지 주제인 슬픔 & 회복력, 기쁨 & 축하, 자기 성찰, 자아 강화, 관계 평온을 바탕으로 의미 있는 방식으로 작품 감상을 하도록 도왔다. 그리고 다섯 명의 의사와 협업하여 사회적 처방을 시행했다(Murray, 2021).

[그림 6-2] MFA St. Petersburg의 사회적 처방(Murray, 2021)

[그림 6-3] 뮤지엄산의 명상관(뮤지엄산, n.d.)

치유적 공간 조성을 통해 프로그램의 치유적 분위기를 극대화하기도 한다. 뮤지엄산(n.d.)은 2018년 건축가 안도 다다오와 함께 '살아갈 힘을 되찾는 장소'라는 의미의 '명상관'을 설립하였다. 이 곳은 40평 면적의 돔 공간으로 유리창을 통해 시시각각 달라지는 빛과 풍경을 담아낸다. 관람객은 쉼 명상, 보이스 힐링 명상, 여유 명상, 음악 테라피, 싱잉볼 명상 등 다양한 프로그램에 참여하여 공간과 자연, 예술을 접하고 여유로움을 느끼며 자신을 돌아보는 정신적인 휴식을 취할 수 있다.

치유적 활동으로서의 박물관 교육은 치료적 관점에서 의학적 진단을 받은 사람과 동반인에게도 도움을 줄 수 있다. 시각장애, 청각장애, 인지장애, 발달장애 등장애인, 자폐스펙트럼을 포함한 신경다양인, 치매 환자, 학교 폭력에 노출된 학생 등 여러 사람들과 함께 진행한 교육 프로그래밍이 지금까지 여러 박물관에서 다양한 방식으로 진행되어 왔다. 예를 들어, 영국 Bolton Museum and Archive Services에서 진행한 Museum Collections & You라는 프로그램에서는 중증도 이상의 정신 건강 문제를 가진 사람들이 참여하였다. 자연사 큐레이터의 지도 아래 박물관 근처 숲을 산책하고, 점토를 사용하여 봤던 동물이나 균류를 자유롭게 만들고 가져가거나 그곳에 두고 오도록 하여 사람들이 부담 없이 참여할 수 있도록 하였다(Balshaw et al., 2012). 국립해양과학관은 최근 해양치유 교육프로그램을 시작하였는데, 특수학급 학생, 치매환자와 가족, 장애인과 보호자 등을 대상으로 파도소리 오감체험, 해양생물 생태관찰, 해양환경 업사이클링 체험 등이 있다(이성주, 2025).

환기미술관에서 치유적 프로그램을 진행한 바 있는 김예진(2024)은 미술관이 마음 챙김의 공간이 되기 위한 다섯 가지 방식을 언급했다. 이는, 정답을 묻지 않고, 자신만의 호흡과 발걸음에 집중하고, 일상을 잠시 잊고, 서로의 다름을 즐기고, 카페와 아트숍 등 편의시설을 즐기는 방법이다. Chatterjee & Noble(2013)은 개인이 박물관 소장품과 다감각적으로 상호작용할 때 유물의 특성이 연상, 기억, 투사와 연관되어 자신의 감정을 탐색하고, 자기 표현을 할 수 있고, 기억을 회상하며, 장소감과 정체성을 느끼고 참가자 간 또는 간병인과의 상호작용에 도움이 될 수 있음을, 나아가 삶에 대한 철학적 질문을 다룰 수 있음을 제시하였다.

이렇듯, 쉼의 공간에서 사람들이 자신의 속도로 자유로운 활동을 하도록 도움으로써 박물관은 웰빙에 기여할 수 있다. Chatterjee & Noble(2013)은 박물관 교육이 사람들의 웰빙에 기여하는 방식을 다양하게 제시했는데 건강한 노화, 건강 교육, 스트레스 감소, 사회적 고립 해소, 통증 강도 완화, 정신 건강 향상, 이동성 증가, 인지 자극, 사회적 향상, 고용 가능성 향상 등을 예시로 들었다. 앞으로도 박물관과 웰빙 효과에 대한 정성적, 정량적 연구들이 축적되어 그 효과성을 심층적으로 살펴볼 필요가 있을 것이다.

나. 박물관은 어떻게 양질의 교육을 제공하나요?

지난 30년 동안 한국의 박물관 교육은 양적, 질적으로 꾸준히 성장해 오는 추세에 있다. 한국 국립박물관의 교육프로그램 변천을 살펴본 최고운, 이아진, 이정은(2023)은 교육 대상이 확대되고, 소장품 중심의 주제가 높아졌으며, 교육 주제가 다양해지고 참여자 중심의 학습으로 전환되었으며, 디지털 기술을 접목한 프로그램들이 등장하고 있음을 밝혔다.

다른 교육 방식과 차별화되는 박물관 교육의 핵심은 박물관이 소장하고 전시로 선보이는 오브제인 실제 유물이나 작품, 자료 등이 있다는 것이다. 그래서 초창기 박물관 교육은 '전시물 기반(object-centered)'의 방법론으로 제시되어 왔다. 그러나 전문가가 구성한 오브제와 관련이 있는 역사적 사실이나 미술사를 전달하는 접근 방식에서 관람객의 의미 구성과 참여를 고려하는 새로운 방식으로의 전환은 그동안 박물관 교육이라는 분야가 꾸준히 추구해 온 방향이다. 정혜연(2015)은 지속가능발전을 위해 박물관 교육이 나아가야 할 미래 방향은 관람객 스스로 지식을 창조해 나가는 방식임을 역설한 바 있다. 즉, 박물관은 구축한 지식을 후속 세대에 전달하는 것이 아니라, 지식에 새로운 지식을 합쳐, 혹은 새로운 방식으로 보게끔 하여 관람객으로 하여금 의미생성과 지식 창조를 가능하게 하는 학습 공간으로 나아가야 한다. 이러한 방향성은 구성주의적 접근(Hein, 1998) '포스트-뮤지엄(post-museum)'(Hooper-Greenhill, 2000), '참여적 박물관(participatory museum)'(Simon, 2010), '관람객 중심 박물관(visitor-centered museum)'(Samis & Michaelson, 2017; Villeneuve, 2012) 등으로 지칭되어 왔다. 이러한 방식에서 관람객은 전시물과 전혀 상관 없는 의미구성을 하는 것이 아니다. 즉, 박물관 교육자의 전문성을 바탕으로 전시품, 관람객의 선행지식, 그리고 다른 사람들과의 사회적 상호작용이 결합되어 새로운 지식이 생성될 수 있다.

또 다른 박물관 교육의 특징은 관람객이 '자유 선택 학습(free-choice learning)'(Falk & Dierking, 2000)을 한다는 것으로, 형식적 교육 방식인 학교 교육과 비교되어 비형식적 교육 환경 및 평생 학습의 공간으로 비교되어 왔다. 그러나 '학교 연계 박물관 교육'의 방식으로 형식적 교육과 비형식적 교육이 상호작용하면서 발전해 온 부분도 있다(김수진, 심효진, 2022). 이는 박물관 교육의 대상과도 밀접한 관련이 있는데, 우리나라 박물관 교육의 발전 과정을 살펴보면 전문가를 위한 교육에 이어서 강조된 것이 어린이와 학생이기 때문이다(국성하, 2010; 양진이, 2025).

이러한 역사적 흐름을 바탕으로 1995년 삼성어린이박물관이 국내 최초의 어린이 대상 전문 박물관으로 개관하였다. 이후 우리나라 박물관에서는 교육을 중심으로 한 전시 공간 조성에도 힘쓰기 시작하였다. 어린이를 위한 교육적 공간은 핸즈-온, 인터랙티브 설치물, 놀이, 보호자와의 상호작용을 통한 학습에 중점을 두고 있다. 그러나 어린이만을 위하지 않은 교육적 전시 공간도 등장하고 있으며 국립현대미술관의 〈마르셀 뒤샹〉 전시 연계 열린공간, 〈정영선: 이 땅에 숨 쉬는 모든 것을 위하여〉 전시의 7전시실, 열린공간7 〈우리를 바꾸는 다섯 가지 대화〉 등이 이에 해당한다. Villenueve & Love(2017)는 이와 같은 교육적 전시구성 조성을 일컬어 '에듀-큐레이션(edu-curation)'이라고 부르고 박물관 내에서 전시팀과 교육팀의 협업이나 두 분야 모두에 전문성을 지닌 박물관 전문가 '에듀-큐레이터(edu-curator)'의 양성을 제안하기도 하였다.

관람객 중심의 박물관 교육에서 더 나아가 Kletchka(2018)는 사회 책임적(socially responsive) 박물관 교육을 제안하였다. 이러한 관점에서 박물관은 그동안 배제적 선택을 했고 이를 반성하고 포용적인 정의를 실천해야 한다고 본다. 이를 반영하기 위해 교육적 전시 공간 조성에 있어서도 현재 어린이, 비전문가, 장애인 등 더 다양하고 많은 사람들을 위한 '포용적 학습 공간 조성'을 위한 여러 시도들이 이루어지고 있다. 국립중앙박물관의 '오감'은 시각장애인을 중심으로 다양한 사람들이 여러 감각을 활용하여 반가사유상을 경험해 볼 수 있도록 조성되었다. 국립중앙박물관 어린이박물관에는 심한 스트레스나 감각 자극 때문에 안정과 쉼이 필요한 어린이와 가족을 위한 '마음보듬소'가 있다. 여러 어린이박물관은 연령별로 공간을 나누어 유아보다 더 어린 영아의 경험이 가능하도록 하기도 하는데, 대표적으로는 36개월 미만 영아 대상인 국립어린이박물관 '숲속놀이터'가 있다.

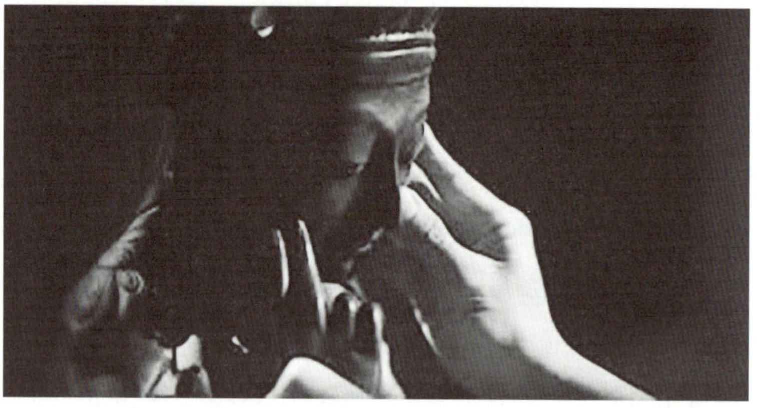

[그림 6-4] 국립중앙박물관 오감(©국립중앙박물관)

[그림 6-5] 국립어린이박물관 숲속놀이터

박물관 교육 주제의 확장 측면에서 지속가능한 생활 양식, 인권, 성평등, 평화, 세계시민의식, 문화다양성 등 지속가능발전과 밀접한 연관성을 지닌 전시와 연계 교육이 꾸준히 열리고 있다. 예를 들어 풀짚공예박물관(2024)에서는 문화체육관광부와 국립박물관문화재단의 지원을 받고 서울식물원 및 판교환경생태학습원과의 협업을 통해 박물관미술관주간사업에서 '지속가능한 우리'라는 주제로 전시와 교육프로그램을 진행했다. 참가자들은 풀짚공예의 지속가능성과 예술성을 탐구하고 지구의 모든 구성원이 함께하는 세상을 생각해 볼 기회를 가졌다. 서울역사박물관에서는 2024년 국제교류전으로 보스니아 War Childhood Museum과 함께

〈전쟁을 겪은 어린이들의 이야기〉라는 전시를 개최했는데, 어린이들의 눈높이에서 평화와 인권을 교육적으로 접할 수 있는 전시였다. 이 전시에서는 보스니아 사라예보 전쟁에서 어린이들이 사용했던 발레 슈즈, 만화책, 일기장 등의 실제 물품을 보고, 직접 자신의 생각을 표현하거나 4세 및 9세 대상의 활동지를 활용할 수도 있었다.

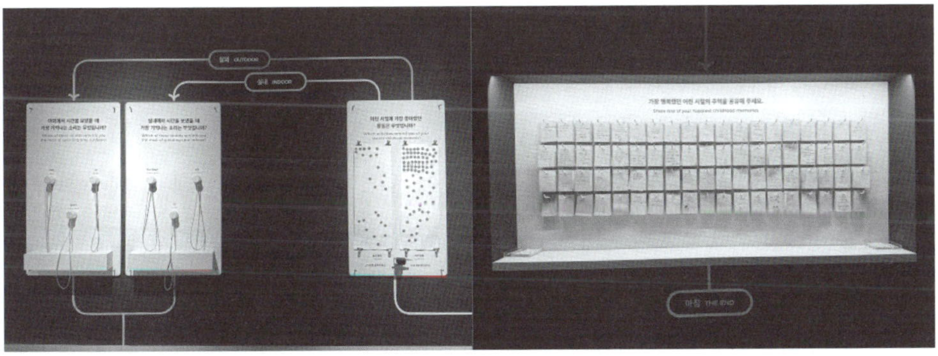

[그림 6-6] 서울역사박물관, 〈전쟁을 겪은 어린이들의 이야기〉, 관람객 참여 코너

2. 박물관 교육과 지구

가. 기후 위기 상황에서 박물관 교육의 역할은 무엇일까요?

국립아시아문화전당은 2021년에 지속가능한 ACC 콘텐츠 창제작 개발 연구(아시아문화원, 2021)를 제작하였는데, 박물관과 같은 문화예술기관에서 지속가능하고 친환경적인 콘텐츠를 제작하는 방식에 대해 다음과 같이 세 가지로 정리한 바 있다.

- 콘텐츠의 제작 및 설치 시 환경오염의 여지가 있는 요소들에 대한 리스트업 및 이를 대체할 현실적 방안 모색
- 콘텐츠의 운영에 있어 관람객들에게 지속가능성에 대한 메시지를 함께 전달하면서 이에 동참할 수 있도록 방안 제시 및 권유

- 콘텐츠의 기획부터 폐기까지 직원들이 취해야 할 지속가능한 태도 및 실천 방안의 사례 제시

첫 번째 사항과 관련하여 박물관은 전시 가벽 재활용, 인쇄 최소화, 친환경 용지 사용, QR 코드 적극 활용 측면의 실현 가능한 시도들을 하고 있고 이는 박물관 교육에서도 마찬가지로 적용된다. 두 번째 사항은 관람객을 대상으로 한 박물관 교육과 밀접한 관련이 있는 항목이며, 세 번째 사항은 박물관 직원 교육에 해당하므로 이도 박물관 교육과 관련이 있다.

관람객의 학습에 기여하는 전시 관련 매개물과 관련해서, 리움미술관의 〈피에르 위그: 리미널〉 전시에서는 전시 팸플릿을 읽고 반납하는 형태로 제작하였으며, 서울시립미술관의 〈기후미술관: 우리 집의 생애〉에서는 월텍스트를 망점으로 찍어 잉크의 양을 줄이고자 하였고, 국립현대미술관 어린이미술관 〈예술가의 지구별연구소〉 도록은 마지막 재단을 하지 않아 독자가 직접 재단자를 활용하여 책장을 낱장으로 분리하도록 하였다. 특히 마지막 방법은 관람객의 불편을 유도하여 지속가능성에 대한 메시지를 전달함과 함께 어쩔 수 없이 동참하도록 만든 사례이다.

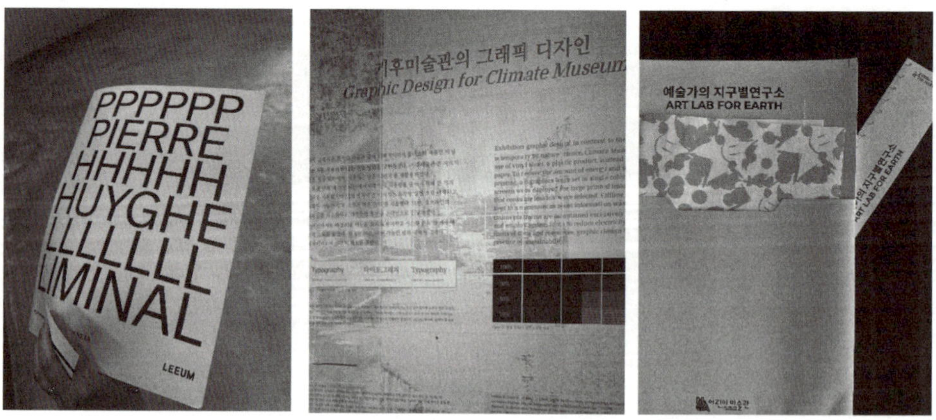

[그림 6-7] 리움미술관, 서울시립미술관, 국립현대미술관 어린이미술관

문화유산의 디지털화 및 온라인 전시와 교육을 통해 기후위기가 문화유산에 미치는 영향을 더 많은 사람들에게 알릴 수 있다. 이러한 방식으로 문제의 중요

성을 알리고 더 많은 사람들이 경각심을 가지도록 할 수 있다. 구글 아트 앤 컬쳐의 〈위기의 유산(Heritage on the Edge)〉 온라인 전시는 ICOM의 산하 조직 중 하나인 ICOMOS와의 협업을 통해 제작되었다. 이 온라인 전시에서는 각 문화유산이 어떤 위기에 처했는지, 자세한 관찰, 어떤 기후 변화가 각 유산에 어떤 영향을 미쳤는지, 지역주민 인터뷰, 그리고 해결 방안을 제시하고 있다. 무엇보다도 박물관 교육 측면에서 교육자들이 사용할 수 있는 교사용 자료를 pdf 파일로 제공하여 어디서든 관련 교육이 가능하도록 돕는다.

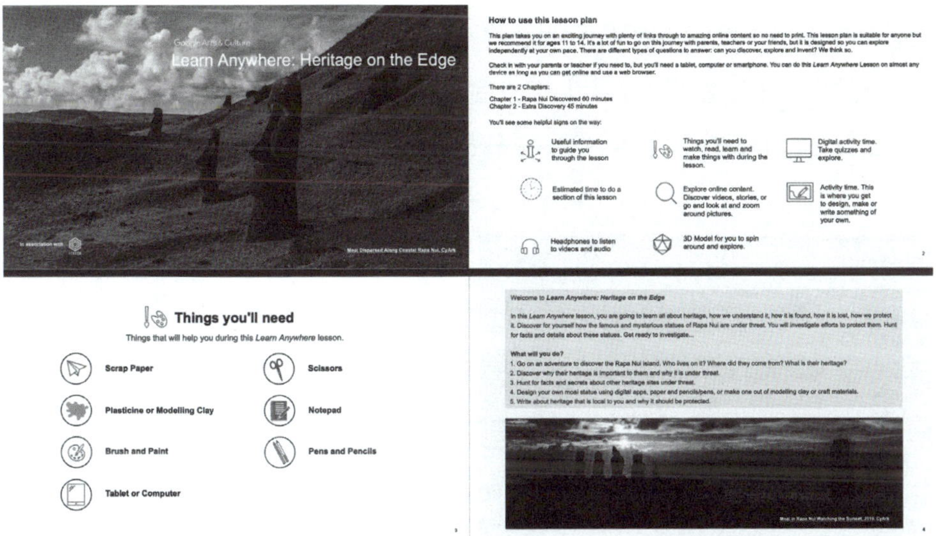

[그림 6-8] 구글 아트 앤 컬처, 〈위기의 유산〉 온라인 전시의 교사용 자료
https://artsandculture.google.com/project/heritage-on-the-edge

나. 박물관 교육은 인간과 지구(환경)의 관계에 무엇을 제시할 수 있을까요?

국내 여러 과학관에서는 다양한 기후위기 관련 교육적 전시를 개최하여 관람객들의 경각심을 높이고 실천적 방식을 제안하기 위해 힘쓰고 있다. 국립과천과학관에서 진행되었던 특별전 〈어울림, 숲의 공존〉에서는 숲에서의 나무의 역할, 숲에 살고 있는 모든 생명체들의 이야기, 그리고 기후 위기로 인해 숲이 사라지고 있는 현황을 안내하였다. 서울시립과학관에서 진행되었던 전시 〈기후비상〉에서는 여러 인터랙티브 전시물이 재생지, 친환경 소재, 재활용이 가능한 자재로 설치되어 있어 관람객들이 인간과 지구의 관계에 대해 참여하면서 학습할 수 있는 여러 방식을 제안하였다(강사랑, 2022). 예를 들어, '기후위기가 뭐예요' 코너에서는 기후상식 테스트를 마련했는데, 정답 칸에 페트병 뚜껑을 올려놓으면 정답을 확인할 수 있도록 하여 플라스틱의 재활용 방식을 교육적 전시 상황에서 직접적으로 제시하였다. '변화될 일상을 위하여' 코너에서는 그린워싱과 진짜 친환경 제품을 구분하고, 탄소저감실천을 다짐하고 영수증을 뽑으면 이산화탄소량 감소 수치를 알아볼 수 있다. 제시된 실천 카드의 예시로는 'TV 사용시간 1시간 줄이기', '컴퓨터절전 프로그램 사용하기', '샤워시간 줄이기', '주 1회 자전거 이용하기', '사용하지 않는 플러그 뽑기', '에어컨 냉방 온도 2℃ 높이기'로 직접 할 것을 선택하면 총 온실가스 저감량이 계산되어서 영수증으로 출력되게 된다.

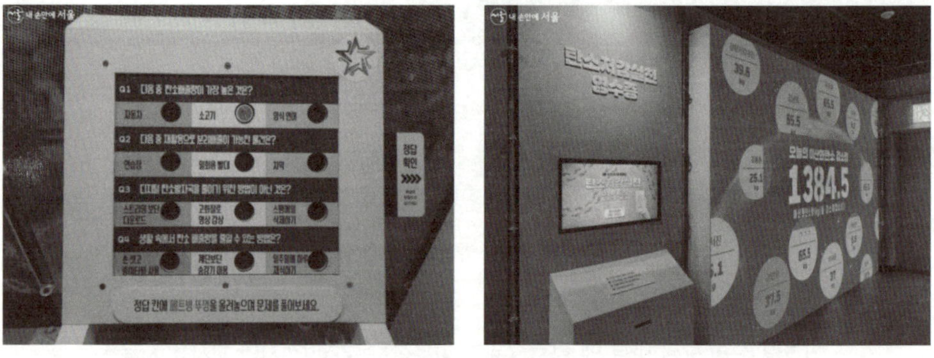

[그림 6-9] 서울시립과학관, 〈기후비상〉의 인터랙티브 코너(강사랑, 2022)

아트센터나비미술관에서는 지속가능한 미술관 교육을 위해 미디어아트를 기반으로 교육 프로그램을 진행한 바 있다(이채원 외, 2022). 미디어아트와 같은 예술적 기술을 활용하는 방안은 기술과 자연이 결합한 새로운 도구를 만들어 혼종적 네트워크를 보여주는 등 비근대적 생태화의 가능성을 보여주기도 한다. 어린이와 청소년을 대상으로 한 교육 프로그램 '지구 감각'에서는 이러한 예술적 창의성을 적극적으로 활용하여 자연과 인간이 공존하는 미래 모습을 증강현실 기술과 데이터시각화 방식을 통해 상상할 수 있는 기회를 학습자들에게 부여하였다. 이 프로그램에 참여한 학생들은 기후 위기에 대한 인식, 태도, 자연관 변화에 긍정적인 영향을 받았으며, 공생의 관점으로 자연을 바라보았으며, 학습자들의 창의적 자기표현 능력을 확장시키고, 기술을 창작의 매체로 활용하는 능력을 신장시킬 수 있었다.

경기북부어린이박물관에서는 탄소 중립, 탄소 발자국, 바다 오염, 멸종 위기 동물, 친환경 실천의 다섯 주제로 각각 '오감이 환경 동화 도서' 시리즈를 발간하고 순회전시를 진행하면서 전시 및 프로그램 전반에서 친환경적인 요소를 고려하였다(김효기, 2024). 각각의 주제는 관람객으로 하여금 식물 심기, 소등, 쓰레기 줍기, 걷기, 재활용의 실천 항목을 제시하고, '나도 힙환경이가 될 거야'라는 온라인 동영상과 연계하여 직접 교구재를 활용하여 실천하고 SNS에 인증하도록 하여 박물관 관람 경험이 실제 일상 생활과도 연관되도록 하였다. 특히, 교구재 포장재가 가장 많이 버려지는 것임을 알고 이를 대체할 수 있는 방향, 즉 포장재가 재활용될 수 있는 방식을 제안함으로써 지속가능한 교육적 내용이 교구재를 통해 직접적으로 실천할 수 있는 방향으로 구성되었다. 이와 같이 박물관 교육은 인간과 지구(환경)의 관계에 있어서 내용적인 측면에서의 교육도 가능하지만 더 나아가 실천적인 차원을 도모할 수 있으며, 박물관 교육 행위 자체가 모범이 되어 교육 참여자로 하여금 지구와 공생하는 방식을 참여자로 하여금 스스로 생각하고 실천할 수 있도록 그 계기를 제공하는 역할을 할 수 있다.

〈표 6-2〉 친환경적 박물관 교육 운영을 위한 고려사항

구분	고려사항	적용사항
그림책	• 종이 손실이 적은 판형인가? • 코팅 없이 내구성 확보가 가능한가? • 친환경 인쇄가 가능한가? • 친환경 포장이 가능한가?	• 작가 의도가 손상되지 않는 수준에서 손실이 적은 판형 선택 • 내구성 있는 종이 재질과 두께 선택 • 친환경 콩기름 인쇄 • 책보자기를 포장지로 선택
전시	• 환경친화적 재료인가? • 재활용이 가능한가? • 파손에 의한 수리가 쉬운가?	• 나무, 종이를 주재료로 사용 • 순회 전시를 고려한 모듈형 구조 • 종이를 덧대는 등 쉽고 저렴한 수리
교구재	• 환경친화적 재료인가? • 불필요한 쓰레기가 발생하지 않는가?	• 비환경적 재료(코팅, 플라스틱, 스티커 등)의 사용을 자제함 • 불필요한 포장지를 없애고 필요 포장재는 재활용이 가능하게 함

출처: 김효기, 2024, p. 141.

3. 박물관 교육과 번영

가. 박물관 교육은 박물관의 경제적 지속 가능성에 어떻게 기여하나요?

최근 미국 내 미술관 교육자(art museum educator)의 상황에 대해 연구한 Kletchka(2021)는 직업의 재정적 현실이 특정 인구만을 수용할 수 있음을 밝혔다. 즉, 이는 주로 미술사나 미술 실기를 공부한 사람, 백인 여성, 대학원 과정 중 무급 인턴십을 할 수 있는 사람, 낮거나 중간 급여로도 직장을 유지할 수 있는 사람, 경제적 자본이 적더라도 문화적 자본을 얻는 것이 가치를 두는 사람이다. 이 연구는 미국 미술 분야 박물관에만 한정된 연구에 해당하며, 안타깝게도 국내에서는 아직 관련 연구가 진행되지 않아 정확한 정보를 알 수 없어 성별이나 급여 상황에 대한 조사가 필요하다. 한국박물관협회에서 사립 및 사립대학박물관 전문인력 지원사업으로 학예 및 교육 분야 박물관 인력에 대한 국고지원을 제공하고 있는 상황이지만, 이 사업의 수혜자가 오랜 기간 동안 해당 기관에 일할 수 있는 보장은 없다. 또한, 관람객을 직접 만나는 직종인 도슨트나 전시 해설사의 경우 무급 자원봉사로 이루어지는 경우가 많아 질적인 향상성을 보장하기가 어렵기도 하다.

질적 양적으로 우수한 박물관 교육은 더 많은 관람객이 박물관에 방문하도록 돕는 데 기여하는 가장 직접적인 분야이다. 이런 상황에서 재정적으로 안정된 정규직은 더 우수한 박물관 교육과 더 많고 다양한 관람객을 박물관으로 향하게 할 수 있어 박물관 산업계에 선순환을 가져오는 중요한 직업군이 될 수 있다. 이에 박물관 교육자의 지위 향상, 양질의 일자리 창출, 양질의 재교육을 바탕으로 박물관 교육을 통해 지속가능한 관광의 중심으로서, 일부러 방문 목적지로 삼는, 즉 여행의 주된 이유로 여겨지는 박물관(destination museum)이 더 많아지도록 기여할 필요가 있다.

요즘 여러 박물관에서는 유료 멤버십 제도를 활용하여 더 다양한 교육적 경험을 제공하는 사례들이 있다. 리움미술관에서는 특별 관람 시간 제공, 보존연구실 투어, 소규모 감상 프로그램 '다르게 보기', 멤버십 전용 특강 등을 제공하고 있다. 국립현대미술관에서도 하루에 여러 이벤트가 진행되는 멤버십 데이, 토크, 공연, 워크숍 등을 진행하는 아트 살롱 등을 통해 차별화된 특별한 교육적 경험을 제공한다. 뮤지엄산도 스페셜 프로그램을 할인하여 제공하는 등의 혜택을 제공하고 있다.

보통 멤버십은 굿즈 제공이나 전시 할인 등 금전적인 혜택에 한정되어 있지만, 요즘은 프라이빗 관람과 해설, 특별한 이벤트나 프로그래밍을 교육적 관점에서 시행하는 경우들이 많아지는 추세이다. 국립현대미술관 〈론 뮤익〉 전시와 연계하여 진행된 멤버십 '미술관 아침 산책' 프로그램에서는 전시 개장 이전 시간에 쾌적한 전시 관람과 더불어 예술가가 진행하는 드로잉 워크숍이 마련되어 자발적인 참여를 통해 미술 교육적 경험을 할 수 있는 것이 특징이었다.

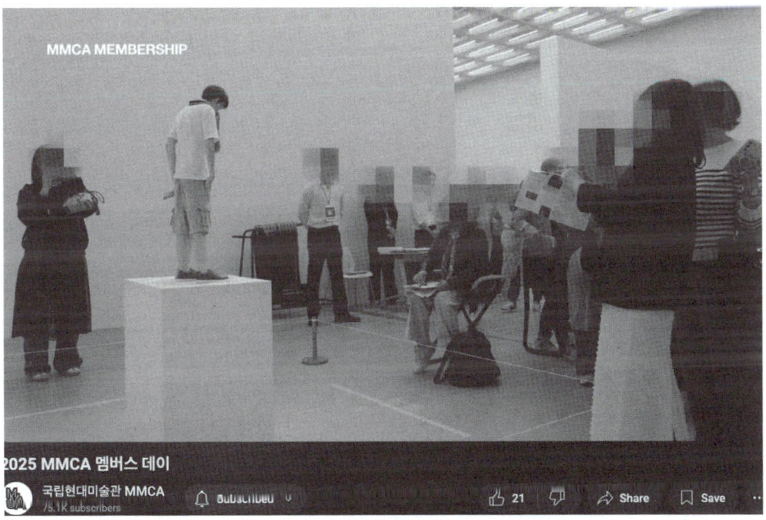

[그림 6-10] 멤버십 드로잉 워크숍

https://youtu.be/posv4Ke2TT0

이인선, 양지연(2020)은 멤버십 운영으로 단기간에 실질적 수익을 창출하는 것은 어려울 수 있으나 개인 후원자 개발을 통해 기관의 활동에 공감하고 참여하는 지지층을 확보할 수 있다고 제안했다. 이 연구에서는 다양한 개인들이 관심을 지니는 소그룹을 이루어 사회적 네트워킹와 미술관에 참여를 도모하고 미술관 내외부 인력과 교류할 수 있는 혜택을 개발할 수 있음을 제시하였다. 이와 같은 방식은 Simon(2010)의 참여적 박물관 담론과도 연계되는 방식으로 멤버십 제도, 커뮤니티, 박물관 교육 부서의 협업을 통해 박물관에 긍정적으로 기여하는 참여적 그룹이 형성될 수 있음을 암시한다.

나. 박물관 교육은 공동체 및 지역사회의 번영과 발전에 어떻게 기여하나요?

ICOM(2019/2021)은 경제협력개발기구(OECD)와 함께 『지방자치단체와 공동체, 박물관을 위한 지침서』를 발간하였는데, 이 문서는 지역사회에서 박물관의 영향을 증대시키기 위한 목적을 지니고 있다. 또한 문화체육관광부(2024a)가 2020년부터 시행하고 있는 우수 공립박물관 · 미술관 평가제도는 설립목적의 달성도, 재정 관리의 적정성, 자료의 수집 및 관리의 충실성, 전시 개최 및 교육 프로그램 실시 실적, 공적 책임의 5개 범주 14개 지표가 있다. 이 중 '공적 책임' 평가 범주에는 '상생협력' 지표에 세부지표로 '유관기관 네트워크 활성화', '지역사회 활동 적극도', '자원봉사 진흥'이 있다. 이렇듯 박물관의 국제적인 기구 및 국내 정부 모두 박물관이 지역사회와 밀접한 관련을 맺으면서 지속가능한 발전을 추구해야 한다는 데 뜻을 모으고 청사진을 제시하고 있다.

연천 전곡리 구석기 축제는 전곡선사박물관과 연계하여 진행되는 지역사회 축제로 다양한 이벤트를 제공하여 매년 성황리에 개최되고 있다. 1978년 전곡리 유적 발견 이후 발굴조사가 시작되었으나 지역개발의 장애물로 취급받았다. 그러나 이후 1993년 유적관을 건립하고 개관식 퍼포먼스가 사람들에게 큰 인상을 남겨 1994년부터 축제를 개최하고 2011년 박물관이 개관하게 되었다. 2000년 연천군이 연천 전곡리 구석기 축제를 지역축제로 포함하게 되면서 지역사회와 박물관, 학계가 서로 공생하는 성공적인 모델이 되었다.

이 박물관은 2012년부터 지금까지 매년 1박 2일 '구석기 가족캠프'를 추첨제 교육 프로그램으로 운영하고 있다. 구석기 생활사를 직접 체험해 볼 수 있는 프로그램으로 막집 짓기, 불 피우기, 석기 제작, 고기 자르기, 동굴 벽화 탐험, 채집과 사냥 체험 등을 직접 해볼 수 있어서 문화 유산 보호와 더불어 선사문화 속 ESG 가치를 전파하고 확산하는 역할도 하고 있다.

● 프로그램 세부 일정

구분	시간	프로그램명	교육내용	교육장소
1일차	~14:00		도착	-
	14:00~14:30	출발, 시간여행!	입교식(OT)	전곡선사박물관 소강당
	14:30~15:00	막 짓는 우리집, 막집	막집 짓기	막집체험장
	15:00~15:30	쓱쓱싹싹, 불 피우기	불 피우기	야외체험장
	15:30~16:00	내 돌을 받아라!	석기제작	석기체험실
	16:00~18:00	선사인의 식사시간	고기 자르기 식사시간	피크닉테이블
	18:00~18:30		자유시간	-
	18:30~19:00	한 밤의 전시실 투어	텐트설치	전곡선사박물관 상설전시실
	19:00~20:00		전시실 투어	
	20:00~20:30		동굴벽화탐험	
	20:30~21:00	선사인의 밤	캠프파이어	
	21:00~22:00	박물관에서 잘자요	취침 준비	
	22:00~		취침	-
2일차	~07:00		기상	-
	07:00~09:00	기상, 선사인의 아침	아침식사 잠자리 정리	사랑채 / 피크닉테이블
	09:00~09:15	이사 준비를 합시다	막집 해체	막집체험장
	09:15~09:45		채집체험	
	09:45~10:15	고기를 잡으러	사냥체험	사냥체험장
	10:15~10:30	복귀, 시간여행!	수료식	피크닉테이블

[그림 6-11] 전곡선사박물관 구석기 가족캠프 일정표

[그림 6-12] ACC 업사이클 프로젝트

국립아시아문화전당 ACC에는 보편적 접근을 보장하는 안전한 공공 녹지공간인 ACC하늘마당이 자리 잡고 있다. 사람들은 잔디마당에서 소풍을 즐기거나 SNS에 사진을 올리기도 하고, 행사가 열리면 임시무대와 객석으로 변경되는 등 다용도로 사용되고 있다. 2019년 10월 이 공간은 업사이클링 프로젝트를 위한 교육 공간으로 변모하여 지속가능한 도시환경 조성에 기여하였다.

이 행사는 'ACC 업사이클 프로젝트: 시민이 함께 만드는 국립아시아문화전당'(ACC, 2019)으로 주말마다 ACC하늘마당 공간에 버려지는 쓰레기 문제를 해결하기 위해 기획되었다. 우선 친환경 종이박스로 만들어진 돗자리를 전달하고 업사이클 관련 영상을 상영하였다. 또한 친환경 그린티셔츠, 테라리움, 종이컵 일러스트 등 다양한 체험 워크숍이 연계 교육 프로그램으로 진행되었다. 이 외에도 시민들이 직접 ACC하늘마당에 버려진 쓰레기를 재료로 만든 타악기로 공연을 하고 쓰레기를 수집하여 전시회를 여는 등 지역사회와 소통하면서 상생하는 형태로 행사가 이루어졌다.

4. 박물관 교육과 평화

가. 포용적 박물관 교육은 어떤 모습이며 사회에 어떻게 기여하나요?

2024년 12월에 공포된 '국민과 함께 살아숨쉬는 박물관 · 미술관 – 제3차 박물관 및 미술관 진흥 기본계획(2024-2028)'(문화체육관광부, 2024b)에 따르면 전략 3은 '문화로 포용하는 박물관 · 미술관'으로 앞으로 모두를 위한 박물관을 지향하고자 한다. 세부 전략으로는 '어린이 경험의 폭을 넓히는 박물관 · 미술관', '노년의 활동 무대 박물관 · 미술관', '다양한 문화를 이어주는 박물관 · 미술관', '유니버셜 박물관 · 미술관을 위한 정보제공', '유니버셜 서비스 모델 활용으로 접근성 제고' 항목이 존재한다. 이와 같은 전략들은 박물관 방문객의 다양성을 보장하기 위해 시행하는 전략이라고 볼 수 있다.

구체적으로 어린이를 위해서는 연령 맞춤형 설계, 프로그램 다양화, 대외기관 협업 프로그램 확대, 보호자 대상 프로그램 확대가 있다. 고령층을 위해서 교육

프로그램 및 자원봉사 제도 확충, 프로그램 개발, 전시기획, 접근성, 채용, 홍보 등 모든 영역에서 연령차별 방지가 있다. 다양한 문화와 관련해서는 다문화 체험 프로그램 개발 보급, 다문화가족 프로그램 확대, 외국인 서포터즈 자원봉사 채용이 있다. 유니버설 서비스 모델로는 감각지도의 온·오프라인 보급, 장애 유형별 맞춤형 안내가 가능한 키오스크 개발, 접근성 자체개선 장려가 있다.

위와 같이 정부 차원에서도 포용적 박물관 환경과 교육을 실행하고자 노력하는 모습을 볼 수 있다. 더 나아가 이러한 접근성 지원의 사각지대에 있는 사람들은 누가 있는지 파악하고, 또 수혜자로만 되어있는 대상이 어떻게 교육 프로그램 개발이나 박물관 환경에 더 적극적으로 개입할 수 있을지, 또 채용되어 활동할 수 있을지도 고려해 볼 필요가 있을 것이다.

[그림 6-13] 국립중앙박물관 홈페이지 '접근성' 안내

성북구립미술관에서는 장애인의 자립과 고용에 관하여 장애인과 함께 일할 수 있는 환경을 조성하고 직업 교육을 실행하기 위해 〈모두DA(다같이, 다함께): 미술관에서 일하기〉라는 프로그램을 운영하였다(안성은, 최계은, 2023). 장애인 프로그램의 궁극적인 목표가 고용과 자립에 있음을 확인하고 장애의 유무를 떠나 함께 일하는 동료가 되는 것을 제안하였다. 이 프로그램에서는 전시장 지킴이를 채용 직군으로 정하고 발달장애 청소년과 지역대학 사회봉사 프로그램 참여자를 매칭

하여 직업 교육을 설계하였다. 이후 성북장애인복지관과 협업하여 실제 연계고용으로 확장 운영하였다.

정보에 대한 접근성 강화 측면에서 최근 여러 박물관 홈페이지에는 '접근성(Accessibility)' 항목이 생겨나고 있다. 국립중앙박물관은 '모두를 위한 관람객 안내' 섹션에서 요금, 지하철/버스/자동차 이용, 휠체어 이용, 수어 안내, 전시 안내 모바일 앱 서비스 이용, 공감각 전시 학습 공간 '오감' 이용, 어린이 심리안정실 '마음보듬소' 이용, 유아 동반, 안내견 동반, 이용 장벽 없는 스마트 전시관 서비스 항목이 있다. '관람 지원 서비스 위치 찾기' 섹션에서는 각 층마다 촉각전시물, 점자 설명책, 촉지도, 쉬운 정보, 음성 해설, 스마트 키오스크, 수어 영상이 어디에 위치하는지를 안내하고 있다. '관람 지원 서비스란 무엇인가요?' 섹션에서는 각 항목이 무엇에 해당하는지에 대한 설명문을 제공하고 있다.

이러한 정보 제공을 통해 더 많은 사람들이 쉽고 편하게 박물관을 이용할 수 있도록 하고 있으며 향후 더 많은 박물관이 이와 같은 행동에 참여할 것을 기대하고 있다. 더 나아가 이러한 섹션을 어떻게 제공할 것인지 누구와 제공할 것인지에 대한 의사결정에 있어 당사자와의 협업을 통해 더 적절한 맞춤형 박물관 경험이 이루어지기를 기대한다. 이와 관련하여 서울시립미술관(2023)에서는 발달장애인을 위한 '쉬운 해설(Easy Read)' 제작을 위해 발달장애인을 포함한 정보약자를 위해 쉬운 정보를 제작하는 사회적 기업 및 발달장애인 당사자들과 협업하여 쉬운 해설글을 레이블로 만들고 여러 전시에서 선보인 바 있다. 쉬운 해설글은 단순히 내용만 쉬운 것이 아니라 글자 크기, 아이콘, 디자인, 전시장에서의 배치 등 다양한 요소를 고려할 필요가 있었다.

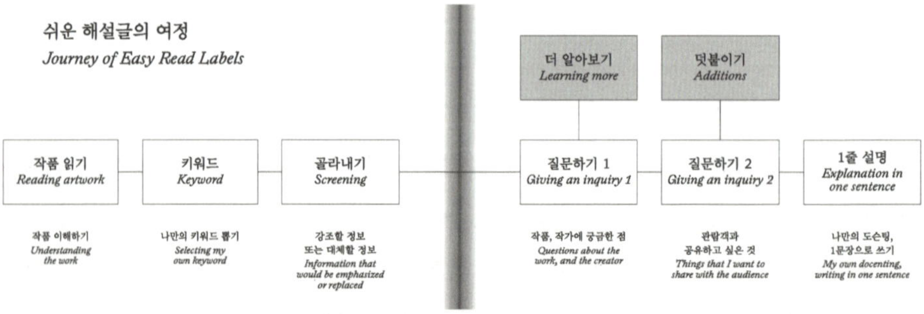

[그림 6-14] 쉬운 해설글 제작 과정

출처: 서울시립미술관, pp. 78-79.

또 〈전시실의 사적인 대화〉 교육 프로그램에서는 미술관 입장에서는 비관람객에 가까운 청소년들을 초청하여 "단순히 교육에 참여하는 학생으로만 보지 않고 미술관의 문화를 만드는 참여자"(p. 186)로서 대하며 최종적으로는 녹취록 편집본, 팟캐스트, 사적인 해설 글을 함께 제작하였다. 이렇듯 포용적 박물관 교육은 많은 사람들을 환영하면서 동시에 그 환영 과정을 투명하게 밝히고 당사자들을 참여자로 초청하여 박물관이 모두를 환대하는 곳임을 전 과정에서 느끼도록 하는 과정적 작업일 것이다.

5. 박물관 교육과 파트너십

가. 지속가능발전을 위한 '박물관 교육' 중심 협력 관계는 어떤 모습인가요?

위에서 언급한 '제3차 박물관 및 미술관 진흥 기본계획(2024-2028)'(문화체육관광부, 2024b)에는 박물관이 사회적 문제 해결을 위해 역할하는 주체임을 제시하고 지역사회 문제를 해결하기 위한 전략으로 '리빙랩(Living Lab)'을 제안하였다. 여기서 말하는 뮤지엄 리빙랩이란 관람객이 직접 참여해서 특정 주제를 경험 및 실험하고 함께 결과물을 만드는 실험실을 의미한다. 박물관은 관람객을 수동적인 관람객으로 생각하는 것이 아니라 함께 지역사회의 문제를 해결해 나가는 동반자로 초청하고, 박물관은 문제 해결과 지식 생산의 플랫폼이 되는 것이다. 지역주민과 전문가가 함께 참여하여 지속가능성과 관련한 주제를 발굴하고 박물관이 연구소, 도서관, 학교 등이 팀을 이루어서 공공-민간-시민 협력 프로젝트를 이행하고 보고서와 출판물을 제작하여 배포하는 것이다.

특히 지속가능성이라는 주제는 리빙랩을 이용하여 문제 해결을 도모하고자 하는 사례가 많아지고, 정부와 민간이 거버넌스를 구축하거나 주민이 주도하는 지역 혁신 모델로도 확장되는 경향성이 있다. 이탈리아 프라토에 위치한 Museo del Tessuto는 섬유를 중심으로 한 박물관으로, 리빙랩을 통해 지역과의 상생협력 방안을 제시하였다. EU의 후원을 받은 RECHARGE(Resilient European Cultural

Heritage As Resource for Growth & Engagement) 프로그램의 일환으로, 코로나19 이후 문화유산 기관이 창의적 이니셔티브를 통해 수익으로 전환하고자 하는 과제를 2022년부터 3년간 수행하고 있다. 토스카나 지역 내 다른 박물관, 소규모 기업, 지역 내 장인 및 디자이너들과의 협업을 통해 궁극적으로 문화유산 분야를 더욱 회복력 있게 만들고 향후 전환적 상황에 더 잘 대응할 수 있는 지속가능성을 추구한다.

[그림 6-15] Museo del Tessuto의 리빙랩과 온라인 상점

출처: Museo del Tessuto, 2025.

Museo del Tessuto(2025)의 프로젝트는 지속가능한 제품과 공예를 홍보하기 위해 박물관 온라인 상점(e-shop, https://shop.museodeltessuto.it/en/about/)을 설계하였다. 이 참여적 접근 방식은 네 단계로 구성되었다(RECHARGE, n.d.). 1단계는 공동 아이디어 워크숍으로 지역 공동체가 박물관 온라인 상점 전략의 설계 과정에 참여할 수 있도록 하였다. 2단계는 지역 장인 및 디자이너들과 함께 지속가능한 제품을 공동 제작하는 데 초점을 맞추었다. 3단계에서는 커뮤니티 워크숍을 여러 잠재 사용자들이 온라인 상점의 사용자 경험을 테스트하고 향후 발전 방향을 구상할 수 있는 기회를 제공하였다. 특히 이 단계에서 장인 정신 및 장인 이야기를 담은 콘텐츠를 박물관에서 개발할 수 있었다. 4단계에서는 피렌체 ISIA(예술산업고등연구소) 학생들이 구현 워크숍에 참여하여 온라인 상점 서비스를 창의적으로 개선할 수 있는 새로운 방식을 탐색하고 이를 통해 젊은 세대의 니즈를 충족시킬 수 있는 혁신적 아이디어를 도출하여 박물관 온라인 상점의 제품 라인업 확장으로 이어졌다. 궁극적으로는 박물관 소장품에 영감을 받은 수공예 작품들을 온라인 상점에서 판매하고 있다. 특히 [그림 6-15]에 등장하는 제품은 아이들을 위한 교구재에 해당하여 박물관 교육을 통해 또 다른 형태의 교육 방식이 등장하는 선순환을 살펴볼 수 있다. 따라서 박물관이 소속 지역사회 내에서 경제적을 포함한 공유 가치를 창출하는 사례임을 드러내고 있다.

본고에서는 UN이 제시한 지속가능발전목표 중 박물관 교육과 연관이 있는 목표와 세부목표를 골라 박물관 교육과 관련한 질문로 변환하고 각 질문에 대해서 사례를 중심으로 현 상황과 방향성을 제시하였다. 되도록 국내 사례를 제시하고자 하였으며, 적절한 국내 사례를 찾기 어려운 경우 해외 사례로 대체하여 제시하였다. 또한, 여러 종류의 박물관(역사 박물관, 미술관, 과학관, 어린이박물관 등)을 제시하고자 하여 사례의 다양성을 최대한 확보하고자 하였다.

박물관은 지속가능한 미래를 위해 긍정적인 변화를 이끄는 주체가 되어야 하고 그 중심에는 박물관 교육이 있다. 여기서 박물관 교육은 적극적이고 다양한 방식으로 관람객, 지역사회, 여러 사람들과 소통하는 다양한 방식을 의미한다. 닫힌 형태의 박물관 교육, 즉 관람객이 수동적으로 어떤 특정한 지식을 전달받기 위한 방식이 아니라, 적극적으로 의미를 생성하고, 어떠한 처지에 있더라도 박물관으로부터 환영받고, 더 나아가 함께 프로젝트를 진행하고 적극적으로 의견을 개진하여 그것이 반영되는 여러 사례가 등장할수록 박물관 교육을 통한 박물관과 우리 사회의 지속가능성이 촉진될 것이다.

참고문헌

강사랑(2022). 기후위기 비상! 지구를 위해 우리가 해야 할 것은?. https://mediahub.seoul.go.kr/archives/2005300

국성하(2010). 한국 박물관(미술관)교육의 역사. 최종호(편). 한국박물관 교육학(pp. 74-93). 한국박물관 교육학회.

김수진, 심효진(2022). 학교 연계 미술관 교육의 현황과 뉴노멀 전망: 국내 미술관 에듀케이터와 학교 교사 의견을 중심으로. 조형교육, 82, 53-88.

김예진(2024). 미술관, 마음챙김의 공간이 되다. 좋은질문워크숍(편). 미술관 에듀케이터(pp. 195-215). 고양: 퍼블리터.

김효기(2024). 어린이 환경 감수성 성장을 통해 만드는 지속 가능한 미래: 경기북부어린이박물관 전시 및 교육프로그램 사례. 제13회 국립민속박물관 어린이박물관 학술대회 자료집(pp. 122-144). 서울: 국립민속박물관 어린이박물관.

문화체육관광부(2024a). (보도자료) 전국 33개 국립박물관과 40개 공립미술관이 평가인증 받아.

문화체육관광부(2024b). 국민과 함께 살아숨쉬는 박물관 · 미술관 - 제3차 박물관 및 미술관 진흥 기본계획(2024~2028). 세종: 문화체육관광부.

뮤지엄산(n.d.). 명상관. https://www.museumsan.org/museumsan/meditation/about.jsp?m=7&s=1

서울시립미술관(2023). 미술관에 다가갈 수 있나요? 교육자들의 경험으로 돌아본 신체적, 정서적 미술관 접근성 향상 연구 프로그램. 서울: 서울시립미술관.

아시아문화원(2021). 지속가능한 ACC 콘텐츠 창제작 가이드라인 개발 연구. 광주: 국립아시아문화전당.

안성은, 최계은(2023). 지역 공립미술관과 연계한 장애인 직업 교육 개발: 성북구립미술관을 중심으로. 50th Conference of CIMUSET 2023 SEOUL 3rd Source Book(pp. 118-121). 서울: 국립항공박물관.

양진이(2025). 국내 미술관 교육 연구의 학술적 논의 과정에 대한 고찰. 서울대학교 대학원 박사학위논문.

이성주(2025). 국립해양과학관, 사회 배려계층 해양치유 교육프로그램 운영. 이코노뉴스. https://www.econonews.co.kr/news/articleView.html?idxno=390444

이인선, 양지연(2020). 미술관 개인 후원자 개발을 위한 멤버십 연구. 예술경영연구, 56, 89-117.

이채원, 박지현, 윤진영(2022). 지속 가능한 환경을 위한 미디어아트 기반 융복합 교육 프로그램 연구. 한국과학예술융합학회, 40(5), 319-331.

정혜연(2015). 지속가능발전을 향한 박물관/미술관 교육의 미래: 스미스소니언 자연사 박물관과 뉴욕 현대미술관의 사례를 통한 지식 창조를 위한 학습 환경에 관한 연구. 미술과 교육, 16(3), 115-136.

주하나, 김주연(2024). 지역사회 공공서비스로써 사회적 처방 디자인의 뮤지엄 프로그램 개발 프로토콜 연구. 한국공간디자인학회 논문집, 19(5), 477-488.

진승우(2024. 07. 17.). 벨기에 브뤼셀, 의사가 미술관, 박물관 관람 처방 가능. 한국미술신문. https://www.kmisul.com/news/articleView.html?idxno=3657

최고운, 이아진, 이정은(2023). 한국 국립박물관 교육프로그램의 시기별 변천과 그 특징. 인문사회 21, 14(3), 4181-4196.

풀짚공예박물관(2024). 2024 박미주간 〈지속가능한 "우리"(Sustainable "WE") 특별전시 및 교육프로그램 운영. http://www.pulzip.com/gallery/125782

ACC. (2019). 2019 국립아시아문화전당 광주지역 디자인랩 시범사업. https://www.acc.go.kr/main/event.do?PID=0302&action=Read&bnkey=EM_0000003380

Balshaw, M., Daniel, J., Mount, P. W., & Regan, D. (2012). *How museums and galleries can enhance health and wellbeing*. http://www.healthandculture.org.uk/about

Chatterjee, H. & Noble, G. (2013). *Museums, health and well-being*. Ashgate Publishing.

Falk, J. H., & Dierking, L. D. (2000). *Learning from museums*. Maryland: Rowman & Littlefield.

Hein, G. E. (1998). *Learning in the museum*. London: Routledge.

Hooper-Greenhill, E. (2000). *Museums and the interpretation of visual culture*. London: Routledge.

ICOM. (2021). 지방자치단체와 공동체, 박물관을 위한 지침서(ICOM Korea 역). ICOM Korea. (원서출판 2019년)

ICOM. (2022). Museum definition. https://icom.museum/en/resources/standards-guidelines/museum-definition/

ICOM Korea. (2024). *Museums and the Sustainable Development Goals-Towards 2030*. ICOM Korea.

Kletchka, D. C. (2018). Toward post-critical museologies in US art museums. *Studies in Art Education, 59*(4), 297-310.

Kletchka, D. C. (2021). Art museum educators: Who are they now?. *Curator: The Museum Journal, 64*(1), 79-97.

McCarthy, C. (2019). Destination Museum: A Conversation with Barbara Kirshenblatt-Gimblett. *Museum Worlds, 7*(1), 71-81.

McGhie, H. A. (2019). *Museums and the Sustainable Development Goals*. Curating Tomorrow, UK.

Murray, M. (2021, Sep, 24.). *Picture of Health: How MFA, St. Petersburg, Reimagined the Museum Program as a Source of Wellness and Healing*. https://www.aam-us.org/2021/09/24/picture-of-health-how-mfa-st-petersburg-reimagined-the-museum-program-as-a-source-of-wellness-and-healing/

Museo del Tessuto (2025). RECHARGE Prato Living Lab Prato Textile Museum. https://youtu.be/rNBU0mcd4eY

RECHARGE (n.d.). Prato Living Lab. https://recharge-culture.eu/processes/prato

Samis, P. & Michaelson, M. (2017). *Creating the visitor-centered museum*. London: Routledge.

Silverman, L. (2010). *The Social Work of Museums*. Routledge.

Simon, N. (2010). *The participatory museum*. Museum 2.0.

UN (2015). *Transforming our World: The 2030 Agenda for Sustainable Development*.

https://www.undp.org/ko/policy-centre/seoul/sustainable-development-goals

Villeneuve, P. (2012). Building museum sustainability through visitor-centered exhibition practices. *International Journal of the Inclusive Museum, 5*(4), 37-50.

Villeneuve, P., & Love, A. R. (Eds.). (2017). *Visitor-centered exhibitions and edu-curation in art museums*. Maryland: Rowman & Littlefield.

제7장

온 · 오프라인을 넘나드는 박물관 교육

온라인 박물관은 물리적인 공간을 초월하여 사이버 공간에서 존재하는 가상의 박물관으로, 가상 박물관, 사이버 박물관, 디지털 박물관 등 다양한 명칭으로 불린다. 전통적으로 박물관은 직접 관람을 전제로 하는 오프라인 콘텐츠였으나, 코로나19 팬데믹을 계기로 온 · 오프라인 전시를 병행하는 박물관들이 급증하면서 그 형식이 확장되었다.

온라인 박물관의 매력은 관람객들이 가상 전시를 통해 관심을 두거나 흥미를 느낀 뒤, 실제 박물관을 방문해 현장 관람을 원하는 욕구를 자극할 수 있다는 점이다. 반대로, 박물관에서 직접 진품 유물이나 작품을 접한 관람객은 그에 대해 더 알고 싶을 때 온라인 박물관을 찾아 보충적인 정보를 얻기도 한다. 즉, 온라인 박물관과 오프라인 박물관은 상호 대립적인 개념이 아니라, 서로 보완하며 사이버 공간과 현실 공간이 결합한 새로운 형태의 관람 경험을 제공한다.

1. 온라인 박물관 교육

가. 온라인 박물관의 개념

온라인 박물관의 접근이 시공간의 제약으로 인해 접근이 어려운 사람들을 위해 디지털 플랫폼을 통해 박물관의 전시, 자료, 교육 프로그램 등을 제공하는 형태로, 박물관의 경계를 확장하고 더 많은 사람에게 문화와 지식을 전달하는 중요한 역할을 하고 있다.

21세기 박물관 온라인 플랫폼은 과거 모더니즘 시기의 수직적인 권위로부터 전달과 해석이 아닌 상호작용과 유동성 있는 변화를 추구하는 문화적인 양상이자 개입과 논쟁이 있는 장소가 되고 있다. 온라인 플랫폼을 활용하는 박물관에서는 특히 이용자를 이해하는 과정, 그들이 해석해 나가는 공동체, 그리고 그 관계에서 논의되고 의미를 구축하는 것에 대한 관심과 역할이 요구된다. 이 장소에서 박물관과 이용자와의 관계는 무한한 네트워킹상에서 다수 대 다수 커뮤니케이션으로 변화하고, 박물관은 거대한 플랫폼으로 변모해 나간다(김정화, 2011).

온라인 박물관이 처음 등장한 90년대 초반에는 오프라인 박물관의 홍보를 목적으로 실제 진품의 자료를 그대로 옮겨놓은 '전자 브로슈어'의 형태였다(Kang & Seol, 2010; 백근아, 허윤정, 2020, p. 126 재인용). 이어 90년대 중반에는 웹 기능에서 강조하는 '상호 작용성'이 덧붙여지고 멀티미디어 형태로 각종 디지털 자료나 이미지를 게시할 수 있게 되면서 온라인 박물관의 교육적 활용에 관심을 두게 되는데 이때를 2세대라고 부른다(Kang, Lee, & Kim, 2015; 백근아, 허윤정, 2020, p. 126 재인용). 이때부터 서구의 박물관들은 홈페이지를 개설하여 소장품 전시, 교육적 자료 등을 올려 온라인을 통해 시공간의 제약 없이 박물관을 경험할 수 있도록 기능을 확장했다. 이후 교육적 자료들을 파일로 만들어 학교와 연계하여 배포하였지만, 여전히 선택과 활용 면에서 제한적이었으며 자료들은 보조적인 형태로 학교나 오프라인 박물관 관람 시 사용되었다. 그러다 웹 2.0의 기술적 도약과 더불어 특정 박물관의 웹사이트에서 독립된 박물관으로 존재하는 온라인 박물관의 3세대를 맞이하게 된다. 이때부터 온라인 박물관 내에서 '학습 네트워크'가 강점을 이루게 되고 2세대 미술관이 더욱 발전하게 되면서 개별 이용자들의 욕구를 만족시키기 위해 자유로운 검색과 활용을 가능하게 하였다(Kang, 2010; 백근아, 허윤정 2020).

온라인 박물관은 박물관의 개념을 디지털 공간으로 확장한 형태로, 인터넷을 통해 거대 박물관의 전시물, 자료, 교육 프로그램에 시공간을 초월하여 쉽게 접근할 수 있도록 하는 플랫폼이다. 이로 인해 개별 이용자들은 자신의 흥미와 관심 있는 전시물에 대한 지적 욕구를 충족시키는 유연한 검색과 정보 제공이 가능해졌고, 그로 인해 온라인 박물관은 단순한 디지털 전시를 넘어, 참여적이고 상호작용적인 문화적 플랫폼으로 자리 잡고 있다.

현재 국내외 많은 박물관이 온라인 전시를 통해 시공간의 제약을 넘어 수많은 관람객과 소통하며, 오프라인 전시에서 부족했던 부분을 보완하는 장점이 드러나고 있다. 이는 온라인 박물관이 더욱 확장되고 발전하는 중요한 이유이며, 이제는 글로벌 박물관들이 이를 적극적으로 운영하며 지속해서 발전하고 있다.

나. 온라인 박물관의 전시 유형

초기에 온라인 박물관은 인터넷에 접속하여 작품 이미지를 검색하거나 텍스트 설명, 동영상을 보는 콘셉트에서 점점 더 새로운 모습으로 빠르게 진화하고 있다. 최근의 온라인 박물관의 대표적인 전시 형태로는 3D 온라인 전시와 하이브리드 전시가 있다. 3D 온라인 전시는 VR(가상 현실)과 AR(증강 현실)로 이루어져 관람자와 진품이 상호작용할 수 있는 3차원 이미지나 VR을 접목해 감상자에게 독특한 체험을 할 수 있게 한다.

하이브리드 전시는 라이브로 진행되는 오프라인 전시회와 온라인으로 전시에 참여가 가능한 가상 이벤트를 혼합한 형태이다. 하이브리드 전시는 시공간을 초월하여 지구촌 어디서나 참여할 수 있으므로 많은 관람객의 참여가 가능하다.

오프라인 전시 없이 온라인으로만 진행되는 독립적 유형의 전시와 오프라인 전시와는 다른 관람방식을 제안하는 대안적 유형의 전시도 최근 등장하였다. 수동적인 관람객의 관람방식을 넘어서 이용자가 전시 기획을 진행하거나, 참여하는 관람객의 아이디어를 통해 새로운 오프라인 전시가 박물관에서 탄생하는 사례도 생겨나고 있다(김보름, 용호성, 2020).

〈표 7-1〉 온라인 전시의 유형과 특성

유형	특성	목적	기존 전시와의 관계
보조적 전시	• 오프라인 전시의 심화 감상을 목적으로 전시 개요, 작가, 주요 작품 등에 대해 온라인으로 소개 • 오프라인 전시에 대한 보조적 수단으로 활용	교육, 홍보	의존적
병행적 전시	• 동일 전시를 오프라인과 온라인에서 병행 • 오프라인 전시를 그대로 혹은 일정 부분 변형하거나 응용해서 온라인에서 전시 • 전시 방식 다양화의 한 형태	감상	상호보완적
독립적 전시	• 오프라인 전시 없이 온라인 전용으로 전시 기획 • 오프라인 전시를 온라인에 적합한 방식으로 구현	감상	독립적
대안적 전시	• 오프라인 전시와는 다른 새로운 전시 및 관람방식 창조 • 작품 전시를 넘어서 새로운 온라인 콘텐츠로서의 위상	감상, 참여	복합적

출처: 김보름, 용호성(2020, p. 99)의 일부 수정.

다. 온라인 박물관의 특성

온라인 박물관의 특성을 구체적으로 살펴보면 다음과 같다. 첫째, 자유로운 접근성이다. 시공간을 뛰어넘어 누구나 참여할 수 있다는 점이다. 현실에 존재하는 박물관은 직접 방문해야 작품을 감상할 수 있지만, 온라인 박물관은 언제 어디서나 시공간의 제약 없이 24시간 접근할 수 있다는 것이다. 온라인에서는 누구나 진품 전시를 자유롭게 열고 전시회를 찾은 사람들에게 감동과 영감을 줄 수 있다. 박물관에 전시할 때 대관료와 접근성으로 인한 비용과 시공간 제약 등이 많으나, 무료 온라인 전시 플랫폼을 이용하면 비용이 들지 않고 접근성이 쉬운 관계로 개인도 쉽게 전시회를 열고 다수가 관람할 수 있다.

둘째, 색다른 체험의 기회 제공이라 할 수 있다. 전시실에 단순하게 진열된 유물이나 작품을 동선을 따라 이동하면서 관람하는 단순한 전시와는 다른 색다르고 신선한 체험을 제공할 것이다. 3D 기술을 구현한 메타버스 전시는 가상과 현실의 경계를 넘나들면서 새로운 체험을 할 수 있게 된다. 또, 온라인 전시는 시공간을 넘어 전시된 유물이나 작품을 현장감 있게 몇 번이라도 다시 감상할 수 있다는 점이다.

셋째, 3D 메타버스 전시는 사실감을 느낄 수 있다. VR과 AR 등 실재감을 느낄 수 있는 기술의 발전으로 현실보다 더 현실 같은 사실감을 관람자가 느낄 수 있다는 점이다. 3D 메타버스로 구현된 작품 전시는 실제 작품을 눈앞에서 보는 것보다 실재감을 극대화한다. 작품을 더 자세히, 확대 또는 입체 작품의 경우 360도 자유롭게 돌려보며 보기 힘든 세밀한 부분의 감상과 오프라인 관람 이상의 미적 경험치를 제공한다는 점이다.

넷째, 쌍방향 소통을 통한 체험 향상에 도움이 된다. 실물 기반의 교육을 할 수 없는 단점을 보완하기 위해 온라인 환경은 박물관과 이용자들의 쌍방향 커뮤니티를 통해 교육적 활용을 가능케 한다(백근아, 허윤정, 2020, p. 127). 온라인 전시회만 가능한 것은 전시장의 오프라인 전시와 다르게 채팅이나 화상 미팅이 가능하다. 양방향 커뮤니케이션을 할 수 있는 통합형 플랫폼을 이용하면, 디지털 도구를 통해 관람자와 도슨트와 쉽게 만나 소통이 가능하다는 장점이 있다.

라. 온라인 박물관의 교육적 의의

온라인 박물관의 교육적 가치를 구체적으로 살펴보면 다음과 같다. 첫째, 학생들의 흥미와 동기를 유발할 수 있다. 교과서 도판 위주의 유물이나 작품 감상 수업은 학습자들의 흥미를 끌기 쉽지 않다. 온라인 박물관을 활용한 수업은 다양한 방식으로 유물이나 작품의 감상을 진행할 수 있으므로 학생들이 흥미를 느낄 수 있는 하나의 방법으로 기능할 수 있다. 특히 진품의 실제 크기를 살펴보거나, 작품과 상호작용하거나, 영상을 통해 작품 감상에 집중하거나 텍스트, 음성, 영상 등의 다양한 형식으로 작품 해설을 접할 수 있는 특징이 있다.

둘째, 실재감을 느낄 수 있다. 최근 온라인 박물관은 단순히 작품을 이미지화하여 웹페이지에 업로드하는 것을 넘어서 가상현실(VR), 증강현실(AR), 메타버스 등 다양한 기술을 활용하고 있다. 이와 같은 기술은 진품의 실재감을 느끼도록 도와 학생들이 유물이나 작품을 현실에서 볼 때보다 더 사실감을 느낄 수 있도록 기여하기도 한다. 예를 들어, 작품을 확대하여 실제 작품보다 더 디테일한 붓 터치감이나 세세한 질감까지 느낄 수 있으며 조각 같은 입체 작품을 자유롭게 돌려보며 뒷부분이나 윗부분 등 보기 힘든 세밀한 부분까지 감상할 수 있다. 오프라인 세계에 실제로 존재하는 작품뿐만 아니라 온라인상에서만 존재하는, 혹은 온라인과 실제의 결합으로 이루어지는 디지털 기반 작품들을 경험할 수 있다는 장점도 있다.

셋째, 단순한 감상을 넘어서는 다양한 체험이 가능하다. 메타버스 환경의 새로운 온라인 박물관에서는 스스로 아바타를 꾸민다든지, 가상공간에서 박물관을 꾸며 보는 등 색다른 체험으로 학습에 있어서 학생들에게 흥미와 동기를 유발하는 데 유용하다. 또한, 인터랙티브한 경험으로 유물이나 작품 제작과 감상에 직접 참여할 수도 있으며. 다른 학생들과 상호작용하며 전시를 경험할 수 있고, 게이미피케이션을 적용하는 타 교과 관련 학습을 진행할 수도 있다.

넷째, 수업 중에 교육적으로 활용하기 쉽다. 오프라인 박물관은 직접 박물관을 방문해야 진품을 관람하거나 감상할 수 있지만, 온라인 박물관은 학생들이 직접 박물관을 방문하지 않아도 온라인을 활용하여 언제 어디서나 쉽게 방문하고 관람하거나 감상을 할 수 있는 장점이 있다. 교과서에 나오는 유물이나 작품 중 외국 박물관이나 미술관에 소장된 진품은 실제로 감상하기가 어려울 수 있다. 그러나 온라인 박물관이 가능하게 하는 시공간의 확장으로 인해 먼 거리에 있는 외국 박물관에 직접 가지 않고도 유물이나 작품을 수업에 손쉽게 도입할 수 있다. 영상 형태의 작품도 학급 내 다른 학생들과 집중해서 감상하거나, 끊어 감상하거나, 재감상할 수 있다는 장점도 있으며, 어린이 관련 미술관의 경우에는 교과 연계 학습 영상 자료실을 운영하는 곳도 많다.

다섯째, 자기 주도적 학습이 가능하다. 온라인 박물관은 접근이 쉬우므로 학생들이 쉽게 방문하여 다양한 체험을 자기 주도적으로 할 수 있다. 교실에서 구글 카드보드, 태블릿 PC, 스마트폰 등을 활용하거나, 컴퓨터실을 활용하여 미션 형태로 온라인 박물관을 경험할 수 있다. 실제 박물관에 방문했을 때도 전시를 자기 주도적으로 경험할 수 있는 것처럼 온라인 전시 또한 학생 자신의 관심사와 속도에 맞게 경험할 수 있다. 마음에 드는 유물이나 작품들을 모아 자신만의 가상 소장품을 구성하거나 또 다른 전시를 제작할 수도 있다. 이와 같은 온 · 오프라인 전시 경험이 누적되었을 때 학생들이 스스로 삶 속에서 학습의 주체가 될 수 있다.

마. 주요 온라인 박물관

국내외 주요 온라인 박물관 · 미술관 운영 현황은 다음 〈표 7-2〉와 같다. 운영 사례를 보면 국내 온라인 박물관의 경우, 대다수의 온라인 교육 프로그램이 작가나 큐레이터의 해설을 통한 일방적 강의식 교육이거나 신청을 통한 소규모 비대면 교육으로 키트를 구성 · 배포하여 한정된 인원을 모집하여 진행되고 있음을 알 수 있다. 또한 초등학교 연령대의 학습자들을 위한 프로그램이나 어린이와 가족 중심의 참여 프로그램이 대다수이다. 청소년이나 성인 학습자들을 대상으로 비판적이고 통합적인 사고 능력을 함양하여 삶을 위한 학습으로 이어질 수 있는 온라인 감상 학습 콘텐츠를 더 개발할 필요가 있다(이유진, 김효정, 2022). 국립현대미술관의 경우 소장품을 기반으로 제작된 다양한 관람 영상을 감상할 수 있다. 작품 전시에 대한 큐레이터의 해설, 작가와의 대화, 소장품 모음 영상 등으로 쉽게 접속하여 시간의 제약 없이 미적 경험을 할 수 있다.

해외의 온라인 박물관이나 미술관들은 전반적으로 테크놀로지의 접목을 통한 결과의 다양화를 추구하고 있음을 알 수 있었는데, 블로그나 페이스북 등의 소셜미디어를 통한 박물관 이용자들의 커뮤니케이션이 전반적으로 활성화되고 있다는 점에서 파생적인 효과를 잘 보이고 있다. 그 예시로 Google Art & Culture는 실험 탭을 통하여 기관이나 관리자 외 참여자의 크리에이티브적 속성을 강화하는 특성을 보였다(이유진, 김효정, 2022).

〈표 7-2〉 국내외 온라인 박물관미술관 운영 현황 및 특징 분석

기관	운영 현황
국립중앙박물관	소장품을 국적이나 시대, 출토지, 재질별로 분류하여 제공, 일부 작품 3D 감상 가능, 수어 해설 제공, 어린이·청소년·성인·외국인 등 맞춤 교육 제공, 온라인 학습 영상 자료실이 운영을 통해 교과와 연계하여 학년, 과목, 단원에 따라 수업에서 활용 가능, 디지털 실감 영상관을 통해 AR, 미디어 파사드, VR 체험, 파노라마 영상 등 다양한 테크놀로지 연계
국립현대미술관	영상, 음성해설, VR 미술관 등의 콘텐츠를 제공하고 있다. 소장품 해설, 큐레이터 전시 해설, 학술강의, 작품 소개·퍼포먼스 영상 소개, 청소년을 위한 교육 자료와 진로 연계 영상 탑재, 수어 해설·음성 해설 제공, VR 관람, MMCA 작가와의 대화 등 다양한 주제를 통한 미술관의 탐색이 가능하다.

서울시립미술관	온라인 전시를 영상 콘텐츠로 제공, VR을 활용한 소장품 전 콘텐츠 제공, 온라인 교육 프로그램을 제공하여 신청을 통해 워크북과 워크시트와 같은 교육 자료를 제공하여 미술관의 자체적 교육 프로그램을 실행, 전시 해설 오디오로 제공
사비나미술관	사비나미술관은 지난 전시를 온라인상에 VR로 구현하여 시공간의 제약 없이 언제 어디서나 현장감 있게 재감상할 수 있도록 제시하였다. 메타사비나 아트플랫폼을 통해 미술관과 관련한 직업 탐색도 진행할 수 있다.
테이트 키즈	영국 테이트 미술관은 온라인에서 5-12세 어린이가 활용할 수 있는 웹사이트인 테이트 키즈(https://www.tate.org.uk/kids)를 운영한다. 창작, 게임과 퀴즈, 탐험의 세 섹션으로 나누어져 있다. 창작 섹션에서는 15분-1시간 정도의 활동이 글과 동영상 형태로 제시됨. 게임과 퀴즈에서는 데스크톱과 모바일에서 즐길 수 있는 예술 관련 콘텐츠가 있다. 탐험 섹션에서는 예술에 대한 어린이들의 독특한 시각을 살펴볼 수 있다. 키즈 갤러리도 운영하고 있어 어린이들이 자신의 작업을 업로드하여 세계 다양한 나라의 작품과 같이 전시할 수 있다.
메트로폴리탄 박물관	아트컬렉션 탭을 통해 소장품을 테마에 따라 검색 가능, 작품과 제작과정에 대한 설명 제공, MetPublications를 통해 50년 이상의 교육 간행물·온라인 간행물 등을 무료로 읽고 다운로드 가능, 소장품 관련 음성 해설 제공, 미술관의 큐레이터·보존 연구가에 대한 소개, MetKids 탭을 이용하여 인터랙티브 지도를 통한 학습과 멀티미디어 교수 자료를 제공
게티 미술관	스토리 기반의 온라인 전시 제공, STEAM 교육 콘텐츠 개발자 체험이 가능한 Teen Lab 등의 프로그램을 진행, Getty Unshuttered라는 사진 공유 애플리케이션을 개발하여 청소년이 영감을 얻고 창작하도록 장려하는 교육 콘텐츠를 지원, Getty 블로그를 통해 미술교육과 관련된 동영상과 강의를 제공, 가상 도서관을 통한 도서 제공
루브르박물관	3D 영상을 통한 명화 감상, Learning about art 탭의 A Closer Look은 확대경을 통한 세부적인 감상 가능, Through Children's Eyes를 통한 전문가가 짧은 비디오 클립으로 학생들 질문에 답변함, The Elements of Art를 통해 다양한 예술 관련 데모 비디오 제공
MoMA	Art tetms 탭을 통해 소장품들에 링크를 연결하여 용어 또는 개념 설명, 아티스트와 큐레이터의 오디어 해설 제공, MoMA Learning-미술교사를 위한 에듀케이터의 짧은 영상과 교수 자료·연구 자료 등 제공
Google Art & Culture	웹사이트와 모바일 앱으로 다양하게 활용할 수 있다. 특히 앱에서 포켓 갤러리(Pocket Gallery)를 활용하면 증강현실(AR) 기반의 다양한 온라인 전시를 경험할 수 있다. 세계의 랜드 마크 가상 체험 가능(스트리트뷰 활용), 회화·조각 ·건축을 가상현실로 탐색 가능(Culture in 360 video 활용), 감상을 표현활동으로 연결(Art Selfie, Art Transfer 활용), 주제기반 감상 학습, 실험 탭을 통한 AR 드로잉, 모핑 활동 등 디지털 체험을 제공하고 있다.

2. 박물관 블렌디드 러닝

가. 블렌디드 러닝(Blended learning) 개념

블렌디드 러닝(Blended learning)이란 학습 효과를 높이기 위해 면대면 수업(등교 수업)과 온라인 수업을 혼합한 수업 형태로 혼합형 학습 방식을 말한다. 이는 전통적 대면 수업 형태의 장점과 디지털 온라인 수업 형태의 장점을 결합하여 운영하는 학습 방식으로 하이브리드 학습, 웹 강화 교육, 기술 매개 교육, 혼합 모드 교육 등으로도 불린다.

블렌디드 러닝은 전통적인 학습 방법과 다양한 기술 매체를 응용한 학습 방법을 혼합하여 학습 효율을 효과적으로 만드는 방법으로, 학습 콘텐츠의 높은 몰입 효과를 가질 수 있다. 이는 기존의 대화 바탕의 전달 방식 및 책 등의 전통매체와 새로운 디지털 학습 기술과 매체의 결합을 바탕으로 학습 환경뿐만 아니라 매체, 활동, 상호작용 등 다양한 학습 요소들을 통합함으로써 자기 주도적 학습을 높여주는 설계 전략으로 표현된다. 이러한 블렌디드 러닝을 이용한 혼합 학습은 교육 콘텐츠에서 부분적으로 사용되고 있으나, 온라인 전시에서는 그 사례를 살펴보기 어렵다. 이에 온라인 전시 콘텐츠에 블렌디드 러닝의 혼합 학습 형태를 적용함으로써 효과적인 학습 콘텐츠를 제공해 주고자 한다(이지은, 이상은, 2021, p. 61).

블렌디드 러닝의 유형에는 순환 모델, 플렉스 모델, 알라카르테 모델, 가상학습 강화 모델 등이 있다(김형섭, 2020). 순환 모델은 교사의 통제에 따라 면대면 수업과 온라인 수업을 정해진 시간에 따라 운영하는 방식으로서 기존 대면 수업 입장에서 온라인 수업으로 구현하기 좋은 것을 수용한 형태이다. 순환 모델 중 대표적인 것이 가정에서 온라인 학습을 하고 학교에서 대면 수업을 통해 지식을 익히는 '플립 러닝(Flipped learning, 거꾸로 교실)'이다.

플렉스 모델은 방송통신고등학교처럼 기본적으로 온라인 수업으로 진행하지만 온라인 방식으로 하기 힘든 체육대회, 입학식, 각종 행사, 시험 등을 대면 활동으로 진행하는 것이다.

원래 알라카르테는 일종의 일품요리를 말하는 것으로 알라카르테 모델은 학생이 일반 학교를 다니면서 대면 수업에 참여하지만 선택 과목 등 일부 과목은 온라인 과목으로만 개설하여 운영하는 것이다.

가상학습 강화 모델은 필수 과목 등 일부 수업 시간만 대면 수업을 하고 나머지는 온라인 수업에 참여하는 것으로서 주 2~3회 출석 수업을 하거나 오전이나 오후만 나와 출석 수업에 참여하는 것이다. 온라인 수업에 대한 비중이 플렉스 모델과 알라카르테 모델의 중간적 위치에 있다고 볼 수 있다.

블렌디드 러닝의 장점은 다음과 같다(교육부, 2021). 첫째, 학습자 주도의 맞춤형 교육이 가능하다는 점이다. 대면 수업에서 수업을 이해하지 못했다면, 원격 수업에서 보충할 수 있다. 발전한 인공지능과 빅데이터 기술은 개별 학생들의 정량화된 데이터를 토대로 학습자의 수준과 관심에 맞는 개별화되고 세분화된 맞춤형 학습 자료와 효과적인 학습 방법을 제공할 수 있다.

두 번째, 시·공간의 제약이 적어서 수업의 효율을 극대화할 수 있다. 특히 현재와 같은 팬데믹 상황, 혹은 앞으로 닥칠지도 모르는 자연재해의 상황 속에서도 안정적으로 교육받을 수 있는 시스템의 구축은 매우 큰 장점이 아닌가? 언제 어디서나 들을 수 있는 원격 수업 덕분에 도서 지역에 사는 학생들에게 제공되는 교육의 질도 높이면서 교육 격차 해소에도 높아질 수도 있다.

세 번째, 창의 융합형 미래 인재를 양성할 수 있다. 세계는 점점 더 빠른 기술 발전 속도를 가지고 달라지고 있다. 이에 발맞춘 학습 방법의 변화에 적응력을 지닐 필요가 있다. 이제 학생들은 단순히 지식을 습득하는 것이 아니라, 지식을 선별하고, 구분하고, 학습하고, 자신만의 지식으로 손쉽게 재탄생시킬 수 있다.

나. 박물관 블렌디드 러닝

박물관 블렌디드 러닝은 박물관의 전시물을 활용해 오프라인과 온라인 학습 요소를 결합하여 학습자나 방문객에게 다양한 방법으로 학습할 수 있도록 하는 교수 방법이다. 이는 전통적인 박물관 교육이 가진 한계를 보완하면서 학습자들이 보다 몰입적이고 맞춤형 학습 경험을 할 수 있도록 도울 수 있다.

이 블렌디드 러닝은 다양한 디지털 기술을 활용하여 학습자들이 박물관의 전시물과 콘텐츠를 더 깊이 이해할 수 있도록 도와준다. 특히, 온라인 콘텐츠(동영상,

가상 체험, 퀴즈 등)를 활용하면 학습자가 박물관 방문 전·후에도 지속적으로 학습할 수 있는 장점이 있다.

(1) 오프라인 학습 요소

박물관에서의 전통적인 오프라인 학습은 전시된 진품을 직접 눈으로 보고, 담당 도슨트나 큐레이터의 설명을 듣고, 전시 관련 체험하는 형태이다. 이러한 학습 방식은 학습자들에게 직관적이고 감각적인 경험을 제공한다.

- 전시 관람: 박물관에 직접 방문하여 진품을 보거나, 오디오가이드나 도슨트의 설명을 들으며 관람한다. 온라인에서 배운 내용을 바탕으로 전시를 더 깊이 이해할 수 있다.
- 워크숍 및 체험활동: 체험형 프로그램으로, 예를 들어 역사적 유물 복원 체험, 미술 작품 만들기, 고고학 발굴 체험 등 다양한 주제로 한 다양한 실습 활동을 한다. 학습자가 직접 체험하면서 박물관 전시와 관련된 지식을 몸으로 익힐 수 있다.
- 전문가와의 대화: 박물관이나 미술관 내 전문가(역사학자, 큐레이터 등)와 대화를 통해 깊이 있는 정보나 지식을 얻을 수 있어, 전시 이해도를 높일 수 있다.

(2) 온라인 학습 요소

박물관 온라인 학습은 박물관을 직접 방문하지 않고 박물관에서 제공하는 다양한 디지털 콘텐츠를 활용해 학습하는 방식을 말한다. 이는 박물관 방문자뿐만 아니라 거리상 접근이 어려운 사람들에게도 학습 기회를 제공한다.

- 가상 전시: 박물관에 직접 방문하지도 않고도 사이버 공간에서 전시물을 관람할 수 있는 가상 전시가 제공될 수 있다. 360도 VR 투어나 AR(증강현실) 기술을 활용한 체험이 가능하다.
- 온라인 강의 및 실시간 웨비나(Webinar): 박물관 학예사, 전문가, 연구자 등이 진행하는 온라인 강의나 세미나로, 학습자는 시간과 장소에 구애받지 않

고 학습할 수 있는 장점이 있다. 또 실시간 Q&A, 댓글 참여 등을 통해 학습자들의 이해도를 높일 수 있다.

- 디지털 콘텐츠(멀티미디어 자료): 박물관의 소장품을 디지털화하여 제공하는 온라인 자료, 예를 들어 소장품의 이미지, 전시 설명 동영상, 3D 모델링, 팟캐스트, 오디오가이드, 인터랙티브 애니메이션 등 학습자가 관심 있는 주제를 선택해 심화 학습을 할 수 있다.
- 퀴즈 및 게임형 학습(Gamification): 박물관 전시와 연계된 퀴즈, 퍼즐, AR 게임 등을 통해 재미있게 학습할 수 있고, 학습자의 능동적인 참여를 유도하여 학습 효과를 증대시킬 수 있다.

(3) 블렌디드 러닝의 장점

박물관 블렌디드 러닝은 오프라인 관람의 경험을 확장하고, 온라인 학습의 장점을 결합하여 더욱 효과적인 박물관 교육을 제공할 수 있다. 이를 통해 학습자들은 더 풍부한 경험을 하며 깊이 있는 학습을 할 수 있다.

- 접근성 용이: 장애인이나 원거리 거주자, 바쁜 일정으로 박물관에 직접 방문하기 어려운 사람들에게도 온라인 콘텐츠를 통해 다양한 교육 자료를 이용하거나 박물관 교육을 경험할 기회를 제공한다.
- 상호작용 증가: 블렌디드 러닝으로 박물관과 관람자 간의 상호작용이 증가할 수 있다. 오프라인 학습과 온라인 학습을 결합함으로, 박물관 학습자는 다양한 방식으로 학습하고 흥미를 느낄 수 있다.
- 개인화된 학습: 온라인 학습은 박물관에서 제공한 콘텐츠를 개인의 관심이나 학습 속도에 맞게 학습할 수 있다.
- 심화 학습: 오프라인과 온라인 학습의 결합으로 배운 내용을 복습하거나 심화할 수 있는 학습이 가능하다.

(4) 박물관 블렌디드 러닝의 유형

박물관 블렌디드 러닝의 유형은 다음 〈표 7-3〉처럼 4가지 유형으로 나누어 구체적으로 제시하면 다음과 같다.

〈표 7-3〉 박물관 블렌디드 러닝의 유형

유형	특징
사전 학습 + 현장 학습	온라인을 통해 미리 전시 내용에 대해서 알아보고, 오프라인 박물관에 방문하여 직접 체험하는 방식
현장 학습 + 사후 학습	오프라인 박물관 방문 후, 사후 학습 자료나 온라인 퀴즈, 토론 등의 자료를 활용하여 학습 내용을 복습하는 방식
사전 학습 + 현장 학습 + 사후 학습	온라인 → 오프라인 → 온라인의 순환학습으로 학습 효과 극대화하는 방식
온라인 중심 학습	오프라인 박물관을 방문하지 않고 온라인 가상 박물관과 디지털 콘텐츠로 학습하는 방식

(5) 박물관 블렌디드 러닝의 학습 과정

박물관 블렌디드 러닝의 학습 과정을 사전 학습, 현장 학습, 사후 학습을 구체적으로 살펴보면 다음과 같다.

- 사전 학습(Pre-Museum Learning): 박물관 방문 전에 온라인 박물관과 온라인 학습 플랫폼을 통해 전시물에 대한 배경지식 습득이 가능하다. 예를 들면 가상 박물관 탐색, 전시 관련 동영상 시청, 사전 과제 수행, 온라인 퀴즈나 토론을 통해 관심과 흥미를 유발할 수 있다.
- 현장 학습(On-site Learning): 오프라인 박물관을 직접 방문 및 전시 관람, 체험활동 및 워크숍 참여, 모바일 앱이나 AR을 활용하여 전시물에 대해 더 깊이 탐구할 수 있다.
- 사후 학습(Post-Museum Learning): 오프라인 박물관 방문 후 사후 학습용 자료나 온라인 자료를 활용하여 토론, 프로젝트 수행, 표현활동, 학습자가 퀴즈, 보고서 자성 등을 통해 배운 내용을 정리한다.

(6) 박물관들이 블렌디드 러닝 사례

세계 유명 박물관들이 블렌디드 러닝(Blended Learning)을 활용하여 교육과 학습 경험을 확장하는 사례는 다양하다. 각 박물관은 오프라인과 온라인 요소를 잘 결합하여 학습자의 참여와 몰입을 유도하고 있다.

(가) 국립중앙박물관(National Museum of Korea)

국립중앙박물관은 박물관의 전시와 교육적 활동을 결합하여 관람객들에게 디지털 기술과 오프라인 학습을 동시에 활용하는 방식으로 학습 경험을 제공한다. 이 방식은 박물관 방문 시 전통적인 오프라인 전시와 디지털 학습 자료를 결합하여, 방문객들이 더 깊고 몰입감 있는 학습을 할 수 있도록 지원하고 있다. 디지털 리소스, 인터랙티브 기술, 온라인 학습 플랫폼 등을 활용하여 관람객들은 박물관에서의 경험을 지속적으로 확장하고, 새로운 방식으로 역사와 문화를 배우게 된다.

◈ 국립중앙박물관 블렌디드 러닝의 주요 특징

① 오프라인 전시와 온라인 콘텐츠 결합

- 디지털 리소스와 온라인 플랫폼을 통해 방문객들이 박물관 전시물을 탐구하는 동안 추가 정보를 얻을 수 있다. 예를 들어, 박물관에 방문하여 전시물을 관람하고, 전시된 유물에 대한 심화 정보를 온라인 강의, 동영상, 디지털 아카이브 등을 통해 집에서나 방문 중에도 확인할 수 있다.
- 국립중앙박물관의 공식 앱이나 웹사이트에서는 전시물에 대한 인터랙티브한 설명, 이미지 확대 보기, 영상 자료 등을 제공하여 관람객이 전시물에 대한 이해도를 높일 수 있다.

② 디지털 아카이브와 모바일 플랫폼

- 국립중앙박물관은 디지털 아카이브를 통해 박물관의 주요 유물과 전시물에 대한 고해상도 이미지와 세부 설명을 온라인으로 제공한다. 이를 통해 관람객은 박물관에 직접 방문하지 않더라도 박물관의 방대한 유물 컬렉션을 탐색할 수 있다.
- 모바일 앱이나 웹사이트를 통해 제공되는 오디오가이드는 전시물에 대한 정보를 실시간으로 제공하며, 관람객이 전시를 자신만의 속도에 맞춰 탐험할 수 있도록 도와준다.

③ AR(증강 현실) 및 VR(가상 현실) 기술 활용

- 국립중앙박물관은 AR과 VR 기술을 활용하여 전시물에 대한 몰입형 경험을 제공한다. 예를 들어, 증강현실(AR) 기능을 사용하면 스마트폰이나 태블릿을 통해 전시물을 확대하고, 그에 대한 배경 정보를 실시간으로 확인할 수 있다.
- 가상 현실(VR)을 활용한 프로그램은 관람객이 특정 유물이나 시대를 가상 환경에서 체험할 수 있도록 하여, 역사적인 장면을 재현하거나 유물의 원래 모습을 가상으로 볼 수 있는 기회를 제공한다.

④ 인터랙티브 학습 활동

- 박물관 내에서는 인터랙티브 전시와 디지털 학습 게임을 통해 방문객들이 참여하는 활동을 제공한다. 예를 들어, 전시와 관련된 퀴즈나 게임을 통해 관람객들이 학습 내용을 복습하거나, 전시물을 더욱 흥미롭게 이해할 수 있도록 한다.
- 어린이나 청소년들을 위한 교육적 게임이나 체험형 프로그램도 마련되어 있어, 더 흥미롭고 효과적인 학습이 이루어질 수 있다.

⑤ 온라인 교육 자료 및 프로그램

- 국립중앙박물관은 온라인 교육 프로그램을 제공하여, 박물관을 방문하지 않더라도 온라인으로 다양한 교육 콘텐츠를 학습할 수 있도록 지원한다. 예를 들어, 특정 주제에 대한 온라인 강의나 웹 세미나를 통해 전시물이나 역사적 배경에 대한 심도 있는 교육을 제공한다.
- 교사용 자료와 학습 가이드도 제공되어, 학생들과 함께 박물관을 방문하거나, 학습 활동을 온라인으로 진행할 때 유용하게 활용할 수 있다.

⑥ 다양한 연령대 및 학습 수준에 맞춘 프로그램

- 국립중앙박물관의 블렌디드 러닝 프로그램은 어린이부터 성인까지 다양한 연령대에 맞춘 콘텐츠를 제공한다. 예를 들어, 어린이들을 위한 디지털 동화나 미술 작품 체험 프로그램은 상호작용을 통해 예술과 역사를 쉽고 재미있게 배울 수 있게 돕는다.

- 성인과 고등학생을 위한 심화 학습 자료나 전문 강의도 제공하여, 역사적, 문화적 배경을 깊이 있게 학습할 수 있도록 돕는다.

⑦ 학교나 단체 방문을 위한 교육적 지원

- 국립중앙박물관은 학교 방문 프로그램을 제공하여, 학생들이 박물관에서 배운 내용을 수업과 연결할 수 있도록 돕는다. 또한, 교사들이 수업을 준비할 수 있도록 교사용 자료와 교육적 가이드라인을 제공한다.
- 이 프로그램은 박물관 방문 전후에 사용할 수 있는 온라인 학습 자료와 워크북을 제공하여, 학생들이 박물관에서의 학습을 더 잘 이해하고 기억할 수 있도록 지원한다.

◈ 국립중앙박물관의 브렌디드 러닝의 예

① 온라인 강의 + 오프라인 전시 관람

국립중앙박물관은 종종 전시와 관련된 온라인 강의와 현장 학습을 결합한 프로그램을 운영한다. 예를 들어, 특정 전시와 관련된 온라인 강의를 먼저 듣고, 그 후 실제 박물관을 방문하여 전시물을 직접 관람하면서 학습을 심화시키는 방식이다.

② 모바일 앱과 연계된 학습

박물관은 모바일 앱을 활용한 디지털 학습 콘텐츠를 제공한다. 이를 통해 관람객은 전시물 앞에서 추가적인 정보를 얻고, 학습을 심화시킬 수 있다.

③ 온라인 워크숍 + 오프라인 체험활동

국립중앙박물관은 온라인 워크숍과 오프라인 체험활동을 결합한 프로그램도 제공한다. 예를 들어, 박물관에서 제공하는 디지털 워크숍에 참여한 후, 박물관을 방문하여 실제 유물을 보고 체험하는 활동이다.

④ 디지털 전시와 연계된 학습 프로그램

국립중앙박물관은 디지털 전시와 오프라인 전시를 연계하여, 다양한 온라인 콘텐츠와 학습 자료를 제공한다. 이를 통해 학습자는 박물관에 직접 방문하지 않아도 전시를 온라인으로 미리 보고, 전시와 관련된 심화 자료를 학습할 수 있다.

(나) 스미스소니언 박물관(Smithsonian Institution)

스미스소니언 블렌디드 프로그램은 스미스소니언 박물관과 연구소에서 제공하는 교육 및 전시 프로그램 중 하나로, 온라인과 오프라인 활동을 결합하여 학습 효과를 극대화하는 형태의 학습 경험을 제공한다. 이는 전통적인 박물관 방문과 디지털 기술을 융합하여 관람객들에게 몰입감 있는 체험을 선사한다. 이 프로그램은 특히 학생들, 교육자들, 그리고 일반 관람객들을 대상으로 한 다양한 형태의 교육 콘텐츠와 상호작용을 제공한다.

◈ 스미스소니언 블렌디드 프로그램의 주요 특징

① Smithsonian Learning Lab

스미스소니언의 Learning Lab은 디지털 학습 자료와 교육 콘텐츠를 제공하는 온라인 플랫폼으로, 교육자와 학습자들이 다양한 자료를 활용할 수 있도록 지원한다.

- 다양한 자료: Smithsonian Learning Lab에는 박물관의 전시물을 포함한 수천 개의 사진, 비디오, 텍스트, 아카이브 자료들이 포함되어 있다. 이러한 자료들은 교육자들이 자신만의 교육 커리큘럼을 만들거나 학생들이 원하는 주제에 대해 더 깊이 학습할 수 있도록 돕는다.
- 맞춤형 학습 콘텐츠: 사용자는 다양한 자료들을 디지털 컬렉션으로 묶어서 자신만의 학습 자료집을 만들 수 있다. 예를 들어, 특정 역사적 사건이나 과학적 원리를 주제로 자료를 묶어, 교육 과정에 맞춘 맞춤형 학습 자료를 제작할 수 있다.
- 인터랙티브 기능: Learning Lab은 사용자들이 자료를 편집하고, 태그를 달고, 주석을 달 수 있는 기능을 제공하여 참여적이고 상호작용적인 학습 경험을 제공한다. 이를 통해 학습자는 더 적극적으로 자료를 탐색하고 자신만의 학

습 경로를 설계할 수 있다.

② 가상 전시(Virtual Exhibitions)

스미스소니언 박물관은 전시물을 디지털화하여 가상 전시로 제공함으로써 방문자가 온라인에서도 박물관의 주요 전시를 경험할 수 있게 한다.

- 가상 투어: 스미스소니언 박물관은 360도 가상 투어를 제공하여, 방문자가 물리적으로 박물관에 오지 않아도 전시장을 체험할 수 있다. 이를 통해 학습자는 다양한 전시를 온라인에서 자유롭게 돌아다니며 학습할 수 있다.
- 디지털 전시물: 박물관의 주요 전시물들은 디지털 아카이브와 함께 제공되며, 학습자는 이러한 자료를 통해 더 많은 정보를 얻고 전시물에 대한 심화 학습을 할 수 있다. 예를 들어, 박물관에 전시된 예술 작품이나 역사적 유물들을 세밀하게 살펴보고, 그에 대한 배경 정보를 얻을 수 있다.

③ 온라인 강의 및 워크숍(Online Lectures and Workshops)

스미스소니언 박물관은 온라인 강의와 워크숍을 통해 박물관의 전문 지식을 전 세계의 학습자에게 전달하고 있다.

- 스미스소니언 대학(Smithsonian Associates): 스미스소니언 대학은 박물관의 전문가들과 협력하여 다양한 온라인 강의와 세미나를 제공한다. 이 강의는 예술, 역사, 과학 등 다양한 주제를 다루며, 수천 명의 학습자가 참여할 수 있다.
- 인터랙티브 워크숍: 스미스소니언은 온라인 워크숍을 통해 실시간으로 강사와 학습자가 소통할 기회를 제공한다. 예를 들어, 특정 기술이나 예술을 배우는 워크숍에서, 학습자는 온라인으로 참여하여 질문하고 실습을 진행할 수 있다.

④ 스미스소니언 교육 키트 및 리소스

스미스소니언은 교사와 학생을 위해 다양한 디지털 교육 키트와 리소스를 제공한다. 이러한 자료는 전 세계의 교사들이 수업을 계획하는 데 유용한 자료로 사용된다.

- 교육 키트: 교사들은 스미스소니언의 온라인 플랫폼에서 다양한 교육 키트를 다운로드하거나, 실제 박물관의 자료를 활용하여 수업을 준비할 수 있다. 예를 들어, 박물관 학습 키트는 학생들에게 직접 체험할 수 있는 과학 실험이나 예술 창작 활동을 제공한다.
- 프로젝트 기반 학습: 학생들은 박물관의 디지털 자료를 바탕으로 프로젝트 기반 학습을 할 수 있다. 예를 들어, 특정 역사적 사건에 대한 프로젝트를 수행하거나, 고대 유물에 관한 연구를 통해 발표 자료를 준비할 수 있다.

⑤ 스미스소니언 모바일 앱(Smithsonian Mobile Apps)

스미스소니언은 모바일 앱을 통해 사용자가 박물관의 자료에 쉽게 접근할 수 있도록 지원한다.

- 상호작용적인 전시 탐색: 스미스소니언의 모바일 앱은 박물관 방문 중에 상호작용할 수 있는 다양한 기능을 제공한다. 예를 들어, 사용자는 전시물에 대한 설명을 앱을 통해 들을 수 있고, QR 코드를 스캔하여 추가 정보를 얻을 수 있다.
- 개인화된 학습: 앱은 학습자의 관심사에 맞춰 콘텐츠를 추천하고, 개인화된 학습 경로를 제시한다. 또한, 사용자에게 전시물에 대한 퀴즈나 활동을 제공하여 참여를 유도한다.

⑥ 온라인 학습 프로그램(Smithsonian Online Learning)

스미스소니언은 다양한 온라인 학습 프로그램을 통해 전 세계적으로 박물관 교육을 제공한다. 이 프로그램은 전통적인 교육 방식을 보완하는 디지털 학습 경험을 제공한다.

- 교사 전문 개발: 스미스소니언은 교사를 위한 전문 개발 프로그램을 제공하

여, 교육자들이 박물관 자원을 효과적으로 활용할 수 있는 방법을 배울 수 있도록 돕는다. 예를 들어, 교사들은 박물관의 자료를 교실 수업에 어떻게 통합할 수 있을지에 대한 워크숍을 온라인으로 참여할 수 있다.

◈ 스미스소니언 블렌디드 러닝의 예

① 디지털 워크숍: 학생들이 박물관의 전시물이나 특정 유물에 대해 온라인으로 진행되는 워크숍에 참여하여, 해당 유물에 대한 역사적 의미를 토론하고, 실제 박물관을 방문해 유물을 관람하며 학습을 이어가는 방식이다.

② 가상 투어: VR 또는 360도 영상을 통해, 박물관에 직접 방문하지 않고도 집에서 전시를 관람하는 경험을 제공하는 프로그램도 있다. 이를 통해 물리적으로 방문하기 어려운 사람들도 스미스소니언 박물관의 다양한 전시와 컬렉션을 즐길 수 있다.

③ AR 체험: 특정 전시에서 AR 앱을 활용하여, 유물을 자세히 분석하거나 그 유물이 역사적으로 어떤 방식으로 사용되었는지, 그 유물이 속한 시대와 문화를 시각적으로 재현할 기회를 제공한다.

(다) 루브르 박물관(Louvre Museum)

루브르 박물관의 블렌디드 러닝(Blended Learning) 프로그램은 박물관의 전시와 교육적 콘텐츠를 결합하여, 관람객들에게 더욱 풍부하고 몰입감 있는 학습 경험을 제공한다. 블렌디드 러닝은 전통적인 오프라인 학습과 디지털 기술을 활용한 온라인 학습이 결합된 방식으로, 루브르 박물관의 학습 프로그램에 적용되어 관람객들이 박물관 전시물을 탐구하고, 그에 대한 이해를 더욱 깊이 할 수 있도록 돕는다.

◈ 루브르 박물관의 블렌디드 러닝의 주요 특징

① 디지털 및 오프라인 학습 결합

루브르 박물관의 블렌디드 러닝 프로그램은 오프라인 전시 관람과 온라인 학습 콘텐츠를 결합한 형태이다. 예를 들어, 박물관을 실제로 방문한 후, 온라인 자료나 디지털 리소스를 통해 전시된 작품이나 유물에 대해 더 깊이 공부할 수 있다.

방문객들은 박물관에서 제공하는 스마트폰 앱이나 디지털 기기를 사용하여, 전시물에 대한 추가 정보를 얻거나, 관련된 동영상, 오디오가이드를 통해 학습을 이어갈 수 있다.

② 인터랙티브 및 몰입형 체험

루브르 박물관은 가상현실(VR), 증강현실(AR) 등 최신 기술을 활용하여 전시물을 더욱 몰입감 있게 경험할 기회를 제공한다. 예를 들어, VR 투어를 통해 고대 유물이나 작품들이 원래 있던 장소나 시대적 배경을 가상으로 재현해 볼 수 있다.

AR 기능을 통해 유물이나 작품을 확대하여 세부적인 부분을 들여다보거나, 작품이 속한 역사적 배경을 시각적으로 체험하는 방식으로 관람객의 참여를 유도한다.

③ 온라인 교육 프로그램

루브르 박물관은 온라인 강의나 인터넷 워크숍을 통해 관람객들이 특정 주제에 대해 사전 학습을 할 수 있는 기회를 제공한다. 예를 들어, 특정 시대의 예술, 문화, 미술 기법 등에 대한 강의를 사전에 듣고 박물관을 방문하여 해당 전시물과 관련된 깊이 있는 학습을 할 수 있다. 또한, 온라인 플랫폼에서 제공되는 디지털 아카이브나 전시자료를 활용하여, 더 자세한 학습과 연구를 할 수 있다.

④ 학습 도구와 교육적 자료

루브르 박물관은 학생들을 위한 교사용 자료나 학습 가이드를 제공하여, 교육자들이 박물관의 전시물을 효과적으로 가르칠 수 있도록 지원한다. 이러한 자료들은 교실에서 학습할 수 있는 정보뿐만 아니라, 박물관을 방문한 후에는 학습을 계속할 수 있는 디지털 자료들을 포함한다.

방문객들은 오디오가이드나 모바일 앱을 사용하여, 자신만의 학습 속도에 맞춰 전시를 탐험하고, 작품에 대한 깊은 이해를 얻을 수 있다.

⑤ 연령대별 맞춤형 프로그램

루브르 박물관의 블렌디드 러닝 프로그램은 다양한 연령대와 관심사에 맞춰 설계되어 있다. 어린이나 청소년을 위한 게임 기반 학습이나, 성인을 위한 심화 학습 등이 준비되어 있어, 모든 연령대의 관람객들이 박물관을 방문하여 자신만의 학습 경험을 할 수 있도록 돕는다.

예를 들어, 어린이들을 위한 인터랙티브 게임을 통해 예술 작품에 관한 관심을 유도하고, 청소년을 위한 역사적 해석이나 큐레이터와의 실시간 대화를 통해 학습의 깊이를 더할 수 있다.

⑥ 디지털 전시 및 가상 투어

디지털 전시를 통해 물리적으로 루브르 박물관을 방문할 수 없는 사람들도, 온라인을 통해 박물관의 전시와 컬렉션을 볼 수 있다. 가상 투어는 루브르 박물관의 주요 전시와 작품들을 360도 영상으로 제공하며, 사용자는 가상공간에서 직접 돌아다니며 전시를 관람할 수 있다.

또한, 박물관에 있는 유물이나 작품들에 대한 상세 설명과 배경지식을 제공하여, 관람객이 원거리에서도 전시물을 깊이 이해할 수 있도록 한다.

◈ 루브르 박물관 블렌디드 러닝의 예시

① Louvre at Home 프로그램

루브르 박물관은 온라인을 통해 박물관의 주요 전시를 집에서도 체험할 수 있는 "Louvre at Home" 프로그램을 제공한다. 이 프로그램은 가상 투어나 전시된 작품들의 디지털 이미지와 함께 제공되며, 집에서 편안하게 루브르 박물관을 탐방할 수 있다.

② 미술사 및 큐레이팅 관련 온라인 강의

루브르 박물관에서는 미술사나 큐레이팅 관련 강의를 온라인으로 제공하여, 박물관 방문 전에 미술사나 예술 작품에 대한 배경지식을 미리 학습할 기회를 제공한다.

③ 디지털 오디오가이드와 AR 체험

루브르 박물관의 모바일 앱을 사용하면 디지털 오디오가이드와 함께 전시를 관람할 수 있으며, AR 기능을 활용해 특정 작품에 대한 배경 정보를 얻거나, 작품을 더 잘 이해할 수 있는 시각적 설명을 제공한다.

(라) 대영박물관(British Museum)

대영박물관의 블렌디드 러닝은 박물관의 전시와 교육적 자료를 결합하여 관람객들이 다양한 방식으로 학습할 수 있도록 지원하는 프로그램이다. 블렌디드 러닝은 전통적인 오프라인 학습과 온라인 학습을 결합한 접근 방식으로, 박물관의 유물과 전시물을 더 깊이 이해하고, 그들의 역사적, 문화적 의미를 배우는 데 도움을 준다. 대영박물관은 최신 기술과 교육 콘텐츠를 활용하여 다양한 연령대와 학습 수준의 관람객들에게 유익한 경험을 제공한다.

◈ 대영박물관 블렌디드 러닝의 주요 특징

① 온라인 및 오프라인 학습 결합

대영박물관의 블렌디드 러닝 프로그램은 박물관을 실제로 방문한 후, 온라인 학습 플랫폼에서 제공되는 자료들을 통해 학습을 계속할 수 있게 돕는다. 예를 들어, 전시된 유물에 대한 디지털 자료, 동영상 강의, 교재, 그리고 온라인 워크숍 등을 통해, 박물관의 전시물에 대해 더 많은 정보를 얻고 깊이 있게 학습할 수 있다.

박물관을 직접 방문하여 유물을 보고, 관련된 온라인 자료를 통해 전시물의 역사적 배경, 문화적 의미, 그리고 중요한 정보들을 탐구할 수 있다.

② 디지털 리소스 및 교육 콘텐츠

대영박물관은 디지털 아카이브와 온라인 컬렉션을 제공하여, 전 세계 어디에서나 박물관의 유물을 온라인으로 볼 수 있게 한다. 이를 통해 관람객들은 박물관에 직접 방문하지 않더라도 유물에 대한 상세한 설명과 이미지를 통해 학습할 수 있다.

박물관은 디지털 오디오가이드를 제공하여 방문객들이 전시물을 따라가면서 음성 안내를 통해 유물에 대한 설명을 들을 수 있도록 지원한다. 이를 통해 더 깊이 있는 학습을 돕고, 학습 속도에 맞춰 전시를 관람할 수 있다.

③ 인터랙티브 학습 경험

대영박물관은 방문객들이 직접 참여하고 상호작용할 수 있는 인터랙티브 콘텐츠를 제공한다. 예를 들어, 터치스크린이나 모바일 앱을 통해 유물에 대한 추가 정보를 얻거나, 퀴즈나 게임을 통해 유물의 역사적 배경을 학습할 수 있다.

AR(증강현실) 기술을 사용하여 전시된 유물이나 유적을 더 자세히 보고, 그 유물의 역사적 맥락을 실시간으로 이해할 기회를 제공한다.

④ 온라인 교육 프로그램 및 워크숍

대영박물관은 온라인 강의와 웹 세미나를 제공하여, 방문객들이 박물관에 대한 지식을 쌓을 수 있도록 돕는다. 이러한 프로그램은 박물관의 전시 주제와 관련된 학문적 내용에 대해 심층적으로 배울 기회를 제공한다.

또한, 박물관은 다양한 워크숍을 제공하여 방문객들이 직접 참여할 수 있도록 하며, 이러한 워크숍은 미술사, 문화유산 보존, 아티팩트 분석 등의 주제를 다룬다.

⑤ 교사용 자료 및 교육자 지원

대영박물관은 교사 및 교육자를 위한 자료와 교육적 지원을 제공한다. 이러한 자료들은 교사가 박물관을 방문하여 전시를 더욱 효과적으로 지도할 수 있도록 돕는다. 예를 들어, 박물관에서 제공하는 수업 계획과 교수 자료를 통해, 교사들은 학생들에게 박물관에서의 경험을 학습에 연결할 수 있다. 또한, 대영박물관은 교사를 위한 특별한 워크숍이나 교육 프로그램을 통해 박물관 방문 시 학습의 질을 높일 수 있도록 돕는다.

⑥ 연령별 맞춤형 학습 경험

대영박물관의 블렌디드 러닝 프로그램은 연령대와 학습 수준에 맞게 설계되어 있다. 어린이와 청소년을 위한 교육적 게임이나 인터랙티브 학습 도구를 제공하여, 그들이 역사와 문화유산에 대한 흥미를 갖도록 유도한다. 성인 방문객들을 위한 더 심도 있는 전문 강의와 워크숍도 제공하여, 예술, 역사, 문화유산에 대한 심화 학습을 할 수 있도록 지원한다.

◈ 대영박물관 블렌디드 러닝의 예시

① 디지털 아카이브 및 컬렉션

대영박물관은 온라인 아카이브를 통해 전시된 유물들의 고해상도 이미지와 상세 설명을 제공하고 있다. 관람객은 이 자료를 통해 유물의 세부 사항을 보고, 그에 대한 배경지식을 미리 준비할 수 있다.

대영박물관의 디지털 컬렉션은 고대 문서, 미술 작품, 고고학적 유물 등 다양한 주제를 다루며, 연구자나 학생들이 깊이 있는 학문적 작업을 할 수 있는 자원으로 활용된다.

② 가상 전시와 온라인 투어

대영박물관은 가상 전시와 360도 온라인 투어를 통해, 방문객들이 집에서도 박물관의 주요 전시를 체험할 수 있게 한다. 이를 통해 박물관에 직접 방문하기 어려운 사람들도 세계적인 컬렉션을 온라인으로 감상할 수 있다.

온라인 투어는 모바일 앱이나 웹사이트를 통해 제공되며, 전시물에 대한 설명과 역사적 배경을 함께 제공하여, 관람객들이 가상공간에서도 깊이 있는 학습을 할 수 있도록 한다.

③ 온라인 교육 플랫폼

대영박물관은 온라인 강의와 웹 세미나를 통해 전 세계 사람들에게 박물관의 주요 주제나 유물에 대한 학습 기회를 제공한다. 예를 들어, 고대 문명에 대한 온라인 강의를 듣고, 박물관의 관련 전시물을 실제로 관람하며 학습할 수 있다. 이러한 교육 플랫폼은 박물관 방문 전에 학습을 준비하고, 방문 후에는 더 깊이 있는 연구를 할 수 있도록 돕는다.

참고문헌

김보름, 용호성(2020). 포스트 코로나 시대 뮤지엄 온라인 전시 유형에 관한 연구. 문화산업연구, 20(3), 95-104.

김정화(2011).「소셜미디어가 뮤지엄 경영에 끼친 영향과 활용 방안 연구」,『한국문화관광연구원』, 문화정책논총, 25(2), 35-62.

김형섭(2020). 블렌디드 러닝 수업과 평가의 변화. 서울교육. 가을호(240호).

백근아, 허윤정(2020). 온라인 콘텐츠를 활용한 미술관 교육 프로그램 사례 분석 -젠킨스의 뉴미디어리터러시로-. 한국융합학회논문지, 11(9), 125-134.

양경은, 신현덕(2012). 가상미술관을 통한 관람객 커뮤니케이션 연구: 관계마케팅의 요소를 중심으로. 문화예술경영학연구, 5(1), 통권 8호, 51-69.

이지은・이상은(2021). 온・오프라인 연계 체험형 어린이 박물관 콘텐츠 개발 및 만족도 조사 연구. 디지털융복합연구, 19(9), 59-65.

I. A. Kang, & Y. K. Seol. (2010). Exploring thepossibilities of virtual museums as an online learning environment. *The Korean Contents Society, 10*(4), 458-470.

I. A. Kang, H. M. Lee, & Y. S. Kim. (2015). Teaching examples of visual culture art education using an online museum: focusing on contextual learning andself-directed learning. *Plastic Arts Education, 56*, 1-34.

I. A. Kang. (2010). A look at the integrated grafting of virtual museums and visual culture art education. *Plastic Arts Education, 37*, 1-29.

교육부(2021). 블렌디드 러닝이 뭔지, 함께 알아블렌?.(https://if-blog.tistory.com/12486 2025.3.7. 검색)

국립중앙박물관. https://www.museum.go.kr/site/main/home (2022.12.26. 검색)

국립현대미술관. https://www.mmca.go.kr/digitals/digitalMovList.do#) (2022.12.25. 검색)

사비나미술관. https://www.savinamuseum.com/kor/exlist.action?exdgb=VR (2022.12.25. 검색)

서울시립미술관. https://sema.seoul.go.kr/ (2022.12.26. 검색)

The British Museum. https://www.britishmuseum.org/ (2022.12.15. 검색)

Google Art & Cultureh. ttps://artsandculture.google.com (2022.12.25. 검색)

J. Paul Getty Museum. https://www.getty.edu/museum/ (2022.12.26. 검색)

Louvre Museum. https://www.louvre.fr/en (2022.12.25. 검색)

MoMA. https://www.moma.org (2022.12.27. 검색)

Tate Kids. https://www.tate.org.uk/kids (2022.12.30. 검색)

The Metropolitan Museum of Art. https://www.metmuseum.org/ (2022.12.30. 검색)

Smithsonian Institution. https://washington.org/ko/smithsonian-institution-museums (2025.3.21. 검색)

제8장 AI와 박물관 · 미술관의 만남

박물관과 미술관은 디지털 기술의 발전과 함께 단순한 유물 보존 및 전시 공간을 넘어 관람객과의 상호작용을 증대시키고, 교육적 기능을 강화하는 방향으로 변화하고 있다. 이러한 변화의 중심에는 인공지능(AI) 기술이 있다. AI는 박물관 운영의 다양한 측면에서 혁신을 불러오고 있으며, 전시 기획, 교육 프로그램, 연구 활동 등 여러 분야에서 새로운 가능성을 제시하고 있다.

특히 미술교육의 관점에서 AI 기술은 박물관의 교육적 잠재력을 확장하는 데 중요한 역할을 하고 있다. AI는 큐레이션의 자동화, 가상 도슨트 시스템 구축, 관람객 데이터를 활용한 맞춤형 서비스 제공 등을 통해 박물관이 학습자 중심의 교육 공간으로 기능할 수 있도록 돕는다. 이러한 기술의 도입은 박물관의 정보 전달 방식뿐만 아니라, 관람객의 경험 방식까지도 변화시키며, 보다 참여적이고 몰입적인 학습 환경을 조성한다.

AI가 박물관 운영과 관람객 경험에 미치는 영향은 단순한 기술적 진보를 넘어 문화적 · 사회적 함의를 포함하고 있다. 특히 AI 기반의 전시 기획과 교육 프로그램은 관람객과의 상호작용을 증진시키는 동시에, 박물관의 전통적 가치와 운영 방식에 구조적 변화를 일으킬 가능성을 내포하고 있다. 이러한 변화는 박물관의 정체성과 역할을 새롭게 정의할 필요성을 제기하며, 박물관 · 미술관 교육의 맥락에서는 학습자 중심의 감상, 탐구, 해석 활동을 활성화시키는 계기가 될 수 있다.

이 장에서는 박물관과 미술관에 도입된 AI 기술의 개념과 주요 사례를 살펴보고, 이러한 기술이 교육, 보존, 큐레이션, 관람객 참여에 어떤 방식으로 적용되고 있는지를 이해하고자 한다. 또한 AI 기술의 활용에 따른 한계와 비판적 쟁점을 함께 다루고, 지속가능한 방향성을 모색해 보고자 한다.

1. 박물관과 미술관에서의 AI 기술 도입 현황

인공지능(AI, Artificial Intelligence)은 인간의 지능을 모방하는 기술로, 데이터 분석, 패턴 인식, 의사결정 자동화 등을 포함하는 광범위한 분야이다. 최근 AI 기술은 머신러닝(ML, Machine Learning)과 딥러닝(DL, Deep Learning)의 발전을 바탕으로 급속도로 성장했으며, 자연어 처리(NLP, Natural Language Processing), 컴퓨터 비전(CV, Computer Vision), 생성형 AI 등의 분야에서 획기적인 성과를 이루고 있다.

특히 생성형 AI(Generative AI)는 이미지, 텍스트, 음악, 코드 등을 생성하는 기술로, ChatGPT, DALL · E, Stable Diffusion 같은 모델들이 주목받고 있다. AI 기술의 발전은 고성능 하드웨어(GPU, TPU), 빅데이터, 효율적인 학습 알고리즘의 결합을 통해 가능해졌으며, 다양한 산업에서 활용이 확대되고 있다.

머신러닝은 데이터에서 패턴을 학습하여 예측하거나 분류하는 기술로, 지도학습, 비지도학습, 강화학습 등이 포함된다. 딥러닝은 머신러닝의 하위 분야로, 인공신경망(Artificial Neural Networks, ANN)을 기반으로 한 학습 방식이다. 인공신경망을 활용하여 이미지 인식, 자연어 처리 등 복잡한 작업을 수행할 수 있다. 딥러닝은 머신러닝보다 더 많은 데이터를 필요로 하지만, 복잡한 문제 해결 능력이 뛰어나며, 현재 AI 혁신의 중심 기술로 자리 잡고 있다. 머신러닝과 딥러닝은 관람객의 학습 패턴을 분석하여 맞춤형 교육 콘텐츠를 제공할 수 있다. 박물관에서는 관람객의 동선, 선호도, 체류 시간 등을 분석하여 맞춤형 전시 추천이나 인터랙티브 콘텐츠 제공 등 개인화된 경험을 설계하는 데 활용된다. 이는 박물관 · 미술관 교육의 관점에서도 개별 학습자 중심의 감상 활동과 맞춤형 탐구 학습을 설계할 수 있는 가능성을 보여준다.

자연어 처리 기술은 AI가 인간의 언어를 이해하고 해석하는 기술로, 번역, 감정 분석, 텍스트 생성 등에 활용된다. 주요 응용 분야는 챗봇(Chatbot), 기계 번역, 감성 분석, 텍스트 요약, 음성 인식(Speech Recognition) 기술 등이 있다. 사용자와 대화하는 챗봇인 ChatGPT나 자연스러운 기계 번역을 제공하는 DeepL 등이 대표적인 사례이다. NLP 기술을 활용한 다국어 번역 서비스는 다양한 언어를 사용하는 관람객에게 접근성을 높이며, AI 기반 챗봇은 관람객의 질문에 실시간으로 응답하여 교육적인 정보를 제공한다. 또한, 자동 텍스트 요약 기능을 통해 방대한 예술 자료를 간결하게 전달할 수 있다. 박물관에서는 다국어 번역 서비스, 자동 음성 해설, 관람객의 질문에 응답하는 챗봇 등을 통해 언어 장벽을 해소하고, 정보 접근성을 확대하는 데 기여하고 있다. 예를 들어, AI 기반 도슨트 시스템은 전시 정보를 관람객의 이해 수준과 언어에 따라 맞춤 제공함으로써 보다 깊이 있는 관람 경험을 제공한다. 이는 박물관 · 미술관 교육에 학습자의 언어 · 문화적 배경을 고려한 교육자료 개발에도 시사점을 제공한다.

컴퓨터 비전은 이미지를 분석하고 이해하는 기술로, 이미지 및 영상 데이터를 분석하고 이해하는 기술이다. 주요 응용 분야는 얼굴 인식, 자율 주행, 의료 영상 분석, 객체 탐지 기술이며, 텍스트 기반 이미지 생성도구인 DALL · E나 자율 주행 AI가 대표적인 서비스이다. 이러한 컴퓨터 비전 기술은 작품의 세부 사항을 분석하여 관람객에게 시각적 해설을 제공할 수 있다. 박물관에서는 유물 식별 및 디지털 복원, 작품 세부 분석, 시각적 비교, 디지털 큐레이션 등에 이 기술이 적용된다. 예컨대, 유사한 예술 양식을 지닌 작품을 자동 분류하거나, 손상된 유물의 복원 이미지를 생성하는 데 쓰일 수 있다. 또한 증강현실(AR)과 결합하여 관람객이 특정 유물과 상호작용할 수 있는 몰입형 콘텐츠를 제공함으로써 교육 효과를 극대화할 수 있다. 박물관 · 미술관 교육에서는 이러한 기술을 통해 감상의 시공간적 제약을 극복하고, 보다 몰입적이고 확장된 감상 경험을 제공할 수 있다.

생성형 AI는 머신러닝과 딥러닝 기술을 활용하여 텍스트, 이미지, 음악 등 새로운 콘텐츠를 생성하는 AI로 현재 미술관, 박물관 교육에서 가장 많이 활용되는 기술이기도 하다. 위의 자연어 처리 기술과 컴퓨터 비전 등 기존 AI 기술을 바탕으로 진화하고 있으며, 창의적인 콘텐츠 제작과 인간과의 자연스러운 상호작용을 가능하게 하는 핵심 기술로 자리 잡고 있다. 특히 미술관과 박물관 교육 프로그램에서는 AI를 통해 학생이나 관람객이 직접 이미지나 스토리텔링 콘텐츠를 생성해 보는 체험 활동도 확산되고 있다. 이는 학습자 중심의 창작활동과 디지털 리터러시 교육을 강화하는 실천적 기반이 된다.

이러한 기술들은 박물관과 미술관에서 다양한 방식으로 적용되어 운영 효율성을 높이고, 관람객 경험을 향상시키는 데 기여하고 있다. 박물관 · 미술관 교육의 맥락에서는 이러한 AI 기술들이 예술 감상, 비판적 탐색, 창작 교육 전반에 걸쳐 새로운 가능성을 열어주며, 디지털 전환 시대의 문화예술교육의 방향을 재설정하는 데 기초가 되고 있다.

〈표 8-1〉 AI 기술 활용 개요

	AI 기술	설명	주요 응용 분야	박물관/미술관 활용
1	머신러닝 (ML)	데이터에서 패턴을 학습하여 예측 또는 분류를 수행하는 기술로, 지도학습, 비지도학습, 강화학습 등이 포함됨.	추천 시스템, 금융 예측, 의료 진단, 자율	관람객의 학습 패턴 분석, 맞춤형 전시 추천
2	딥러닝 (DL)	인공신경망을 기반으로 한 머신러닝의 하위 분야로, 이미지 인식, 자연어 처리 등 복잡한 작업 수행 가능.	음성 인식, 자연어 처리, 자율 주행, 의료 영상	작품 속 감성 분석, 작품 특징 자동
3	자연어 처리(NLP)	AI가 인간의 언어를 이해하고 해석하는 기술로, 번역, 감정 분석, 텍스트 생성 등에 활용됨.	챗봇, 기계 번역, 감성 분석, 텍스트 요약, 음성	다국어 번역 서비스, AI 기반 챗봇, 자동 텍스트
4	컴퓨터 비전(CV) 머신 비전	이미지 및 영상 데이터를 분석하고 이해하는 기술로, 얼굴 인식, 자율 주행, 의료 영상 분석 등에 활용됨.	얼굴 인식, 객체 탐지, 자율 주행, 의료 영상 분석	작품 세부 사항 분석, 유사 스타일 작품 비교 분석, AR 콘텐츠 제공
5	생성형 AI	머신러닝과 딥러닝 기술을 활용하여 텍스트, 이미지, 음악 등 새로운 콘텐츠를 생성하는 AI.	텍스트 생성, 이미지 생성, 음악 생성, 코드	전시 안내 텍스트 생성, AI 기반 작품 제작, 몰입형 교육 콘텐츠 제공

2. 박물관 미술관의 AI 활용 방식

가. 문화유산 보존과 해석

박물관은 오랫동안 문화유산의 보존, 전시, 해석을 담당해 왔으며, 오늘날 AI는 이 과정을 심화시키는 중요한 기술적 도구로 자리매김하고 있다. 특히 박물관·미술관 교육의 관점에서 AI는 문화유산을 분석하고 재해석할 수 있는 새로운 교육적 환경을 제공하며, 학생들이 문화와 예술을 비판적으로 감각하고 재구성하는 능력을 기르는 데 기여할 수 있다.

(1) 디지털 아카이브 분석 및 활용

박물관에서는 수천, 수만 개의 문화재와 예술 작품을 관리해야 하며, AI는 이러한 자료들을 디지털화하고 자동화된 방법으로 분류, 분석하는 데 중요한 역할을 한다. AI 기반 이미지 인식 기술은 작품의 스타일, 기법, 색상 등을 분석하고, 이를 기반으로 작품의 출처나 연대 등을 추정할 수 있다. 이러한 기술은 예술 작품을 감상하거나 연구하는 교육 현장에서 작품의 형식적·내용적 요소를 종합적으로 분석하는 능력을 함양하는 데 활용될 수 있다. 특히 시각적 문해력 및 비판적 분석 능력을 기르는 데 효과적이다.

AI는 다양한 방법으로 문화유산을 분석하고 해석할 수 있으며, 가장 중요한 기술 중 하나는 데이터 분석이다. AI는 박물관의 컬렉션, 기록, 예술 작품, 유물 등을 디지털화하여 의미 있는 패턴을 발견하는 데 도움을 준다(Johnson, 2025). 예를 들어, AI는 고대 문서나 그림을 분석하여 문화적·역사적 맥락을 보다 깊이 이해하고, 그 관계를 명확히 할 수 있다. AI는 패턴 인식을 통해 문화적 요소들 간의 연결 고리를 찾는 데 유용하다. 다양한 시대나 지역에서 발생한 유사한 예술적 기법이나 스타일을 비교하고, 이들의 유사점과 차이점을 식별할 수 있으며, 이를 통해 학자들과 교육자들은 더 많은 문화적·역사적 통찰을 얻을 수 있다.

또한, AI는 자연어 처리(NLP) 기술을 활용하여 텍스트 기반의 문화유산 자료를 분석하는 데도 활용된다. 예를 들어, 고대 문헌이나 역사적 기록을 디지털화하여

AI가 텍스트를 분석하고, 그 안에 숨겨진 의미나 새로운 해석을 찾아내는 데 도움을 줄 수 있다(Terras, 2022). 이는 문화적 맥락을 보다 깊이 이해하는 데 중요한 기여를 한다. 특히 교육 현장에서는 이러한 분석 과정을 활용하여 학생들과 함께 다층적인 문화 해석 활동을 할 수 있다.

구글(Google)의 AI 연구소 딥마인드(DeepMind)가 로마 국립박물관과 협력하여 고대 문서 및 벽화를 AI로 분석하였는데, AI 기반 OCR(광학 문자 인식) 및 자연어 처리(NLP)를 활용하여 손상된 고대 라틴어 문서를 자동으로 해독하였다. 인공신경망을 활용한 패턴 인식으로 문서의 출처, 시대, 역사적 맥락을 자동으로 분류하여, 고고학 및 역사학 연구자들에게 새로운 연구 방향을 제공하고 있다. 이러한 사례는 미술사나 고고학을 다루는 수업에서 학생들에게 자료 해석의 확장된 방법을 제시해 줄 수 있으며, 디지털 도구를 활용한 통합적 접근이 가능함을 보여준다.

또한, AI는 고대 언어를 번역하거나 오래된 서적의 내용을 복원하는 데 기여하고 있으며, 이는 전통적인 연구 방법으로는 어려운 작업을 가능하게 한다(Perez, Johnson, & Thompson, 2020). 이러한 기술은 예술 교육에서도 역사적 자료의 접근성과 해석력을 증진시키는 학습 도구로 활용될 수 있다.

유럽연합(EU)은 인공지능(AI) 기술을 활용하여 박물관 전시와 데이터베이스 구축을 혁신하기 위해 다양한 협력 프로젝트를 진행하고 있다. 대표적인 예로 SHIFT 프로젝트가 있으며, 이는 문화유산의 접근성과 포용성을 강화하는 대표적인 사례로 주목받고 있다(Münster et al., 2024). 본 프로젝트는 디지털 아카이브의 분석과 활용을 통해 박물관이 보유한 방대한 문화유산을 보다 효과적으로 관리하고, 대중이 이를 쉽게 접할 수 있도록 지원하는 것을 목표로 한다.

SHIFT 프로젝트는 AI 기반 기술을 활용하여 박물관의 디지털 아카이브를 자동으로 분석하고 분류하는 기능을 갖추고 있다. 기존의 데이터 분류 및 검색은 시간이 많이 걸리고 전문 인력이 필요하지만, AI 기술을 적용함으로써 이미지 인식, 자연어 처리(NLP), 머신러닝 등을 활용하여 더욱 정교하고 신속한 데이터 관리가 가능해졌다. 이러한 기술은 예술교육에서 학생들이 아카이브 탐색 활동을 통해 자료 분석, 정보 조직, 주제별 분류 등의 경험을 할 수 있게 하며, 교육 자료로서의 디지털 아카이브 활용을 확대할 수 있다.

SHIFT 프로젝트의 또 다른 중요한 의의는 박물관과 연구 기관 간 협력을 증진시키는 데 있다. 유럽 내 여러 박물관이 이 프로젝트에 참여하여 데이터와 기술을 공유하며, 이를 통해 보다 풍부한 문화유산 데이터베이스를 구축하고 있다. AI 기술을 통해 통합된 디지털 아카이브는 연구자들에게 유용한 정보를 제공하며, 학술 연구 및 교육 목적으로도 활용될 수 있다. 이러한 프로젝트는 AI 기술을 접목하여 박물관의 디지털 아카이브를 혁신적으로 발전시키고 있으며, 이를 통해 문화유산의 보존과 활용을 한층 더 발전시키고 있다.

결과적으로 이러한 노력을 통해 박물관은 보다 포용적이고 접근성이 뛰어난 공간으로 거듭나고 있으며, 궁극적으로 문화유산의 가치와 중요성을 더욱 널리 알리는 데 기여할 수 있다. 이는 박물관·미술관 교육에서도 디지털 기술과 융합한 창의적 교육 활동의 가능성을 확장하며, 학생들에게 과거와 현재를 연결하는 문화적 통찰을 제공하는 데 중요한 역할을 한다.

(2) 유물과 역사적 의미의 복원

AI는 문화적 재발견과 복원에도 중요한 역할을 한다. 특히 미술교육의 관점에서 이러한 기술은 예술작품과 유물에 대한 이해를 심화시키고, 과거의 미적 표현을 오늘날의 학습자들이 보다 생생하게 체험할 수 있도록 돕는다. AI 알고리즘은 오래된 문서나 조각들의 디지털 복원, 3D 모델링을 통해 원본 상태를 재현할 수 있다. 고대 유물이나 작품들이 시간의 흐름 속에서 손상되거나 파괴된 경우, AI는 그 복원 작업을 돕는 유용한 도구가 된다. 예를 들어, 3D 모델링과 이미지 인식 기술을 통해 유물의 손상된 부분을 복원하거나 원래의 모습을 추정할 수 있다. AI는 손상된 그림의 색상이나 세부 사항을 예측하여 원래의 상태를 재구성하고, 이는 학생들이 과거 예술 형식의 본래 형태를 보다 직접적으로 이해할 수 있는 기회를 제공한다.

대표적으로 인도네시아의 보로부두르 사원을 딥러닝 기술로 흑백 사진을 3D 이미지로 복원한 사례가 있다(Pan et al., 2024). 보로부두르 사원은 유네스코 세계문화유산으로 지정된 세계 최대의 불교 사원이다. 사원의 기단부 내부에는 부조판이 있었으나, 현재는 원래의 모습을 볼 수 없다. 134년 전 촬영된 흑백 사진만이 그 당시의 모습을 담고 있는데, 연구진은 기존 스테레오스코프 방식을 개선하여 제한된 사진 데이터만으로 3D 이미지를 재구성하는 "21세기형 스테레오스코

프"를 개발하였다. 이 연구를 통해 과거 기술로는 재구성이 어려웠던 보로부두르 사원의 숨겨진 부조를 성공적으로 3D로 복원하였다. 이 사례는 컴퓨터 시각화와 가상 현실을 통해 보이지 않는 유물에 대한 가상 탐험을 가능하게 하여, 문화유산 보존 및 연구뿐 아니라 예술교육 현장에서 학생들에게 몰입적이고 비판적인 학습 기회를 제공하는 데에도 기여한다. 이러한 AI 기반의 디지털 복원 기술은 향후 다른 문화유산의 보존과 복원에도 적용될 수 있으며, 예술과 역사의 융합적 교육을 위한 실천적 자원이 될 수 있다.

인공지능(AI)과 디지털 기술을 활용하여 역사 인물의 외모와 행동을 복원하는 프로젝트는 고대 인물들을 현대에 생생하게 되살려 역사적 이해를 돕는 데 큰 역할을 하고 있다. 특히, 고선지 장군과 백제 귀족 여성의 디지털 복원 사례는 국립부여박물관의 특별전 "백제인의 얼굴, 백제인을 만나다"의 일환으로 진행되었다(문화유산기술연구소, 2013). 부여 능안골에서 출토된 백제 귀부인의 두개골과 당나라 화가 염립본의 "왕회도"에 묘사된 백제 사신의 그림을 기반으로 복원 작업이 이루어졌는데, 이 디지털 복원 프로젝트는 고대 인물들의 외모와 복식을 현대에 재현함으로써, 관람객들에게 생동감 있는 역사 · 미술 통합 교육의 기회를 제공하였다. AI 디지털 휴먼을 활용한 이러한 전시는 고대 유물, 기록, 유골 등을 기반으로 역사 인물의 외모와 행동을 재현하며, 학생들에게는 역사와 미술을 연결하는 융합적 시각을 제공하고, 비판적 감상 및 공감 능력을 기를 수 있는 교육적 자원으로 활용될 수 있다.

나. 관람객 경험 향상을 위한 AI 기술

(1) 인터랙티브 기술을 통한 참여 촉진

최근 박물관과 미술관에서 인공지능(AI) 기술을 활용한 인터랙티브 전시는 관람객 경험을 혁신적으로 향상시키는 중요한 사례로 자리 잡고 있다. 예를 들어, AI와 가상현실(VR), 증강현실(AR), AI 챗봇 등을 결합하여 더욱 실감 나는 교육 환경을 조성하며, 몰입형 전시를 제공한다.

2023년 미국 플로리다주 세인트피터스버그에 위치한 살바도르 달리 박물관은 인공지능(AI) 기술을 활용하여 관람객들에게 독특하고 몰입감 있는 경험을 제공하는 다양한 인터랙티브 전시를 기획하였다. "달리에게 물어보세요(Ask: Dalí)" 전시에서는 살바도르 달리의 탄생 120주년을 기념하여 마련되었으며, AI를 통해 달리의 모습을 재현하여 관람객과의 상호작용을 가능하게 했다. 딥페이크 기술과 머신러닝을 통해 달리의 음성, 표정, 동작을 분석하고, 이를 닮은 배우의 연기에 합성하여 실제 달리가 살아있는 듯한 모습을 구현하였다. 관람객은 전시된 "랍스터 전화기"를 통해 AI 달리와 대화할 수 있으며, 작품에 대한 질문을 하면 달리가 직접 답변하는 형태로 진행되었다. "꿈의 형태(The Shape of Dreams)" 전시에서는 관람객의 꿈을 AI를 통해 시각화하여 독특한 예술 작품으로 표현하는 프로젝트이다. OpenAI의 이미지 생성 AI인 "DALL-E"를 활용하여, 관람객이 제공한 꿈에 대한 텍스트 설명을 기반으로 포토리얼리스틱한 이미지를 생성한다. 관람객은 최근에 꾸었거나 인상 깊었던 꿈을 텍스트로 제출하면, AI가 이를 해석하여 독특한 이미지를 생성하고, 이러한 개별 이미지들이 모여 공동의 태피스트리로 전시된다. 이 전시는 개인의 무의식적인 경험을 시각적으로 표현함으로써, 관람객들에게 자신만의 독특한 예술 작품을 감상할 수 있는 기회를 제공하였다.

홀로코스트 박물관의 NDT(New Dimensions in Testimony) 프로젝트는 홀로코스트 생존자들에게 수백 가지 질문에 대한 구술증언을 녹취하고 디지털 아카이브로 보존하여, 인공지능(AI) 기술을 활용하여 관람객과의 상호작용을 가능하게 하였다(Holocaust Museum Houston, 2023). 생존자들은 116대의 카메라로 구성된 특수한 돔 안에서 수천 개의 질문에 답변하는 인터뷰를 진행하였다. 이러한 방대한 인터뷰 데이터를 통해 생존자들의 표정, 음성, 제스처 등을 고화질로 기록하였다. AI 기반의 자연어 처리(NLP)와 음성 인식 기술을 적용하여, 관람객이 생존자에게 질문을 하면, 시스템이 해당 질문을 이해하고, 사전에 녹화된 인터뷰에서 적절한 답변을 찾아 재생한다. 관람객은 전시 공간에서 터치스크린이나 음성 입력을 통해 생존자에게 다양한 질문을 할 수 있으며, 생존자의 홀로그램 또는 2D 영상이 실시간으로 응답한다. 이러한 상호작용은 관람객들에게 깊은 인상을 주며, 홀로코스트의 역사와 개인적인 이야기에 대한 이해를 돕는다.

NDT 프로젝트는 홀로코스트 생존자들의 증언을 디지털로 영구 보존함으로써, 미래 세대가 직접적인 증언을 통해 역사를 배우고, 그들의 경험을 생생하게 접할 수 있도록 한다. 또한, AI 기술을 활용한 인터랙티브 전시는 교육적 효과를 높이며, 관람객들에게 깊은 감동과 교훈을 전달한다. 이러한 기술의 발전은 홀로코스트뿐만 아니라 다른 역사적 사건의 증언 보존 및 교육에도 적용될 수 있으며, 역사 교육의 새로운 패러다임을 제시하고 있다.

이러한 전시들은 AI 기술을 활용하여 예술과 기술의 경계를 허물고, 관람객들에게 새로운 형태의 예술 경험을 제공하는 대표적인 사례로 평가받고 있다. 이러한 사례들은 AI 기술이 박물관 및 미술관 전시에서 인터랙티브 요소를 강화하여 관람객의 참여를 촉진한다는 점에서 중요한 의의를 가진다.

기존의 수동적인 감상 방식에서 벗어나, 관람객이 AI와 직접 상호작용함으로써 더욱 적극적으로 전시를 경험할 수 있다. AI 기술을 활용한 인터랙티브 전시는 관람객이 단순히 전시물을 관찰하는 것이 아니라, 위의 전시의 예와 같이 직접 대화하고 질문하며 소통하는 방식으로 발전하고 있다. AI 기반 전시는 생존자 또는 예술가의 증언과 예술적 상상력을 생생하게 체험할 수 있도록 돕는다. 관람객들은 홀로그램과 AI 재현 기술을 통해 역사적 사건이나 예술 작품에 보다 깊이 몰입할 수 있게 한다. 그리고 살바도르 달리 박물관의 "꿈의 형태" 전시처럼 AI는 관람객이 제공한 텍스트를 기반으로 예술 작품을 생성하는 등 창의적 학습과 예술적 표현의 기회를 제공한다. 이를 통해 관람객들은 자신의 경험과 감정을 시각적으로 구현하며, 보다 적극적으로 예술 활동에 참여할 수 있다. 또한 NDT 프로젝트나 "Ask: Dalí" 전시와 같이 AI는 사회적 기억, 정치적 해석, 감정적 몰입을 유도하는 교육 도구로 기능할 수 있다. 이는 토니 베넷(Tony Bennett, 1995)과 아이린 후퍼-그린힐(Eilean Hooper-Greenhill, 1999)이 강조한 포스트 미술관의 공적 책무와도 연결된다. 즉, AI는 과거의 억압된 목소리나 소외된 기억을 가시화하여, 박물관이 사회통합과 비판적 공공교육의 장으로 기능하도록 한다.

AI 기반 인터랙티브 전시는 교육적 효과 증대, 관람객 참여 유도, 그리고 몰입형 경험 제공등의 가치를 실현한다. 이러한 기술 발전은 앞으로도 박물관과 미술관이 보다 다층적이고 역동적인 문화 공간으로 변화하는 데 기여할 것이며, 인공지능을 활용한 관람객 중심의 전시 기획이 지속적으로 확대될 것으로 예상된다. AI 기술은 관람객이 단순한 관찰자가 아니라 작품과 환경에 감성적으로 몰입할 수 있도록 돕고, 이러한 변화는 박물관, 역사적 장소, 문화유산 보존 등 다양한 분야에서 장소성을 보다 깊이 경험할 수 있도록 하는 데 기여할 것이다.

(2) AI 기반의 맞춤형 도슨트 및 가이드 시스템

AI 기술은 박물관과 미술관에서 관람객의 학습 경험을 향상시키고, 교육적 접근성을 높이는 데 중요한 도구로 활용되고 있다. AI 기반의 도슨트 시스템은 관람객의 관심과 이해 수준에 따라 개인화된 설명을 제공하고, 인터랙티브 기능을 통해 전시에 능동적으로 참여할 수 있는 환경을 조성한다.

예를 들어, 루브르 박물관은 AI 음성 도슨트와 AR 기능이 결합된 앱을 통해 관람객의 취향에 맞춘 작품 해설을 제공한다. 자연어처리 기술로 관람객의 질문을 실시간 분석하고, 다국어로 큐레이션된 콘텐츠를 안내하여 다양한 문화적 배경을 고려한 전시 경험을 가능하게 한다. AI는 단순한 정보 제공을 넘어, 관람객이 문화유산에 대해 스스로 질문하고 탐색할 수 있는 주체적 학습을 유도한다.

'AskMona'는 루브르와 오르세 미술관이 공동 개발한 AI 챗봇 프로젝트로, 관람객이 작품에 대한 궁금증을 스마트폰으로 질문하면 AI가 즉각 응답하는 시스템이다(Schmite & Dupont, 2025). 이는 디지털 문해력과 미술적 감수성을 동시에 기를 수 있는 창의적 감상 방식으로 확장된다.

국내 사례로, 이화여대 박물관은 딥러닝 기술을 기반으로 한 디지털 휴먼 도슨트를 통해 실제 인물의 음성과 표정을 학습시켜, 21점의 문화재를 한국어와 영어로 설명하는 서비스를 제공하였다. 이는 실제 교사나 큐레이터의 역할을 보완하는 AI 기반 미술교육의 한 형태로 볼 수 있다.

또한 제주도립미술관에서는 시각장애인을 위한 AI 아트 어시스턴트 앱을 도입하여, 작품을 촬영하면 AI가 색상과 형태를 인식해 시각적 데이터를 텍스트로 설명하고 음성으로 전달한다. 이 기술은 박물관·미술관 교육의 포용성과 접근성을 높이는 중요한 사례로, 정보의 평등한 제공이라는 교육적 책무와도 깊이 연결된다.

국립중앙박물관은 AI 챗봇 및 음성 인식 시스템을 활용해 관람객의 연령과 관심사에 따른 맞춤형 해설을 제공하고 있다. AR 기술을 활용하여 유물의 원형이나 역사적 맥락을 입체적으로 재현함으로써, 관람객의 몰입도를 높이고 교육 효과를 강화하고 있다.

이러한 AI 도슨트 시스템은 기존의 일방향적 해설을 넘어서 관람객과의 상호작용을 중심으로 하는 참여 기반 미술관 교육의 형태로 진화하고 있다. 특히, AI의 다국어 번역, 음성 안내, 시각장애인을 위한 TTS(Text-to-Speech) 기능 등은 모든 학습자의 감각과 경험을 고려한 포용적 교육 환경을 구현하는 데 기여한다.

AI 기술은 미술관 교육의 전통적 역할을 보완하며, 관람객에게 보다 깊이 있는 감상과 해석의 기회를 제공한다. 인간의 해석적 사고와 AI의 정보 처리 능력을 융합한 이러한 도슨트 시스템은, 비판적 감상과 주체적 탐구를 지향하는 21세기 미술교육에 중요한 방향성을 제시한다.

다. 디지털 큐레이션과 작품 분석

(1) AI를 활용한 전시 기획 및 콘텐츠 추천

AI 기술은 전통적인 큐레이터의 직관과 경험에 의존하던 전시 기획 방식을 보완하며, 데이터 기반의 디지털 큐레이션이라는 새로운 영역을 열고 있다. AI는 방대한 시각 · 텍스트 데이터를 분석하여 작품 간의 유사성, 시간적 · 지역적 관계, 감성 반응 등을 파악하고, 이를 기반으로 보다 전략적이고 관람객 중심의 전시 구성을 가능하게 한다.

예를 들어, 작품 자동 분류 및 태깅, 관람객 피드백 분석, 전시 동선 최적화 등 반복적이고 구조화된 작업은 AI가 효과적으로 수행함으로써, 큐레이터는 보다 창의적이고 해석 중심의 기획에 집중할 수 있다. 특히 작품 간의 숨겨진 주제적 연결성이나 역사적 맥락을 AI가 탐지해 내면, 큐레이터는 이를 바탕으로 보다 풍부한 내러티브를 구성할 수 있다.

구겐하임 미술관은 AI 기반 큐레이션 시스템을 도입하여 관람객의 이동 경로, 관심 작품, 체류 시간 등을 실시간으로 분석하고, 이를 바탕으로 개인 맞춤형 전시를 구성하고 있다(Thiel & Bernhardt, 2023). 관람객이 특정 작품에 오래 머무르면 관련 작품을 자동 추천하고, 선호도를 기반으로 전시 순서를 조정하거나, 감정 인식 기술을 통해 몰입감을 높이는 큐레이션 전략을 펼친다.

이러한 데이터 기반 큐레이션은 박물관 · 미술관 교육의 관점에서도 새로운 가능성을 연다. 관람객은 자신이 좋아하는 주제나 작가에 대해 AI의 도움을 받아 능동적으로 탐색할 수 있고, 그 과정에서 개인화된 학습 경험이 형성된다. 예를 들어, 학습자는 AI 큐레이션 도구를 통해 유사한 주제나 양식을 가진 작품을 비교 분석하고, 이를 바탕으로 자기 주도적 감상이나 창작 활동으로 확장시킬 수 있다.

또한 AI는 가상 전시나 온라인 큐레이션 콘텐츠 제작에도 활용된다. 디지털 전시는 시간과 공간의 제약을 넘어 학습자가 언제든지 예술작품과 상호작용할 수 있도록 하며, 이는 포스트 팬데믹 시대의 미술교육 환경에 유연한 접근을 제공한다.

결국, AI는 큐레이터의 대체자가 아니라, 해석을 풍부하게 만들고 교육적 상호작용을 확장하는 협력자로 기능한다. 미술관 교육은 AI를 통해 정적인 정보 전달을 넘어, 데이터 해석, 비판적 감상, 연결적 사고를 기르는 장으로 전환될 수 있으며, 이는 21세기 미술교육의 핵심 역량과도 맞닿아 있다.

(2) 예술 작품의 출처 및 소유 역사 추적

Provenance(소장이력)는 예술작품의 출처, 소유 변천, 유통 경로 등을 추적하는 기록으로, 작품의 진위 여부와 문화적 맥락을 이해하는 데 핵심적인 정보를 제공한다. 이는 특히 교육적 맥락에서 학생들이 예술을 단순한 '작품'이 아닌, 시간과 장소, 권력 관계 속에 놓인 '문화적 산물'로 인식하도록 돕는 데 기여한다.

AI는 이러한 소장이력 데이터를 효과적으로 분석하고 시각화할 수 있는 도구로 주목받고 있다. 자연어 처리(NLP)와 기계학습을 활용하면 방대한 역사적 문서와 전시 기록에서 의미 있는 정보를 자동 추출하고, 작품의 진위 여부나 경로를 정밀하게 추적할 수 있다. 예를 들어, AI는 다수의 기록에서 소유자의 이름, 연도, 지역 등의 정보를 결합하여 작품의 흐름을 재구성하거나, 위조 가능성을 분석할 수 있다(Thiel & Bernhardt, 2023).

AI 기반 이미지 분석 기술도 미술품 감정에 활용되고 있다. MIT와 Microsoft Research가 공동 개발한 시스템은 붓터치, 색상 분포, 재료 정보를 기반으로 작품의 진위성을 평가하고, 스위스 스타트업 Art Recognition은 AI를 통해 90% 이상의 정확도로 위작 여부를 판단하는 모델을 구축했다. 세계적인 경매 회사인 소더비(Sotheby's)와 크리스티(Christie's) 역시 이러한 AI 기술을 도입해 출품작의 진위 감별에 활용하고 있다.

특히 블록체인 기술과 결합한 AI 시스템은 미술품의 유통 과정을 투명하게 기록하고, 위조 방지를 위한 디지털 족보를 제공하는 데도 활용된다. 이 기술은 향후 예술 교육에서 '작품의 역사 읽기' 혹은 '디지털 윤리 감식' 등과 같은 프로젝트형 학습에도 접목될 수 있다. 학생들은 AI 도구를 활용해 작품의 출처를 추적하고, 그 과정에서 예술과 정치, 경제의 관계를 비판적으로 탐구하게 된다.

그러나 이러한 기술은 윤리적 문제도 동반한다. 학습 데이터의 불완전성이나 편향, 원 정보의 진위성 여부는 AI의 분석 결과에 직접적인 영향을 미친다. 특히 식민지 수탈이나 전시 중 약탈된 유물의 소유권과 같은 민감한 주제를 다룰 때, AI 분석은 철저한 비판적 검토와 교육적 맥락에서의 해석이 동반되어야 한다.

박물관 · 미술관 교육의 관점에서 소장이력 분석은 작품의 외형적 감상에서 나아가, 그 이면의 역사성과 윤리성에 접근하게 하는 창구가 된다. AI는 이를 지원하는 강력한 도구이며, 학생들이 데이터 기반의 사고력과 비판적 감식력을 기를 수 있도록 돕는다. 작품 한 점이 지나온 여정을 이해하는 과정은 예술이 단순한 미적 대상이 아니라, 시대의 복합적 산물임을 체감하게 한다.

라. AI 기반 창작 교육 프로그램

최근 미술관 박물관 교육 분야에서는 도구로서 AI를 활용하여 다양한 AI 앱과 연계된 활동이 주를 이루고 있다. AI가 만든 음악, 미술을 경험하고, 간단한 코딩과 입력값을 통해 창의적인 과정들을 위한 도구와 지원으로 사용되고 있다.

뉴욕 현대미술관(MoMA)은 AI와 예술의 융합을 탐구하는 다양한 전시와 프로그램을 통해 관람객들에게 새로운 경험을 제공하고 있는데, 2022년 튀르키예 출신의 미디어 아티스트 레픽 아나돌(Refik Anadol)과의 협업으로 AI를 활용한 예술 작품을 선보였다.

2022년 11월 19일부터 2023년 3월 5일까지 MoMA 로비에 설치된 레픽 아나돌의 작품 'Unsupervised'는 MoMA가 200여 년간 수집한 약 13만 8천여 점의 근현대 작품을 AI로 학습시켜 시각화한 대형 디지털 설치 미술이다. 이 작품은 AI가 예술 작품을 어떻게 해석하고 재구성할 수 있는지를 보여주며, 관람객들에게 새로운 시각적 경험을 제공하였다. 이러한 전시를 통해 MoMA는 AI 기술이 예술 창작에 어떻게 적용될 수 있는지에 대한 다양한 관점을 제시하고, 관람객들에게 AI와 예술의 융합이 가져올 수 있는 가능성과 한계를 생각해 볼 수 있는 기회를 제공하였다.

또한, MoMA는 다양한 교육 프로그램과 워크숍을 통해 어린이와 성인 모두에게 AI와 예술의 융합을 체험할 수 있는 기회를 제공하였는데, 이를 통해 참가자들은 AI 기술을 활용한 창작 과정을 직접 경험하고, 기술과 예술의 융합에 대한 이해를 높일 수 있었다.

이러한 프로그램들은 AI와 예술의 융합을 통해 창작의 새로운 가능성을 탐색하고, 예술 교육의 범위를 확장하며, 대중의 참여를 촉진하는 데 기여하고 있다. 이를 통해 예술가와 관람객 모두가 AI 기술을 이해하고 활용하여 더욱 풍부하고 다채로운 예술 경험을 누릴 수 있게 하였다.

국내의 AI를 활용한 박물관 교육 프로그램으로 실학박물관과 경기도어린이박물관에서는 〈자산어보 속으로! AI와 함께하는 시와 그림〉이라는 프로그램이 있다. 이 프로그램은 초등학생을 대상으로 가족을 주제로 한 바다생물 캐릭터를 생성형 AI(Google Gemini)를 활용해 만드는 활동과 AI를 활용한 시 창작 활동으로 구성되어 있다. 이 프로그램은 참가자들이 실학 정신을 이해하고, 현대의 AI 기술을 접목하여 창의적인 작품을 만들어보는 특별한 경험을 제공하였다.

국립일제강제동원역사관은 사도광산의 역사적 의미를 되새기고, AI 기술을 활용한 창작 활동을 통해 청소년들의 창의성과 역사 인식을 높이기 위해 '사도광산 바로알기 AI 웹툰 교실'을 진행하였다. 참가자들이 사도광산의 역사에 대해 올바르게 이해하고, AI를 활용하여 웹툰을 제작함으로써 역사 교육과 디지털 창작 역량을 동시에 강화하는 것을 목표로 하였다.

AI 기반 창작 교육 프로그램은 인터랙티브한 체험, 개인 맞춤형 교육 제공, 접근성과 혁신성, 창의력 증진 측면에서 긍정적 기여를 하고 있다.

우선 인터랙티브한 학습 경험의 측면에서는 사용자가 AI 도구를 활용해 직접 작품을 만들어보고, 피드백을 실시간으로 받는 점이 큰 장점으로 언급되었다. 교육 프로그램 참여자들이 AI 도구를 직접 활용하여 창작에 참여한 직접 체험적 요소와 AI와의 지속적인 상호작용 및 참여형 학습 환경이 긍정적인 반응을 이끌어냈음을 보여준다. AI 기반의 창작 도구와 소프트웨어의 직관적인 인터페이스가 학습 접근성을 높인 요소로 분석된다.

둘째, 개인화된 학습경험적 측면에서는 AI 기술을 활용한 교육은 전통적인 학습 방식을 넘어, 학습자 개개인의 요구에 맞춘 개인화된 학습 경험을 제공하고, 몰입형 학습 환경을 조성하는 데 중요한 역할을 한다. 박물관은 이미 풍부한 역사적, 문화적 자료를 바탕으로 교육적 가치를 제공하고 있으며, 여기에 AI 기술을 접목하면 학습자는 과거, 현재, 그리고 미래를 연결하는 깊이 있는 학습 경험을 할 수 있다. AI 기반 창작 활동과 전시 주제의 결합은 학습자에게 감정적으로 몰입할 수 있는 기회를 제공한다. 예를 들어, 역사적 사건을 AI로 시뮬레이션하거나, AI가 생성한 시각 자료를 활용해 전시 주제를 탐구하는 활동을 진행하면 학습자는 해당 주제를 더욱 생생하게 경험하고, 개인적인 연결을 형성할 수 있다. 이는 학습 동기를 강화하고, 단순한 지식 습득을 넘어 깊이 있는 이해로 이어질 수 있도록 한다.

셋째, 접근성과 혁신성 측면에서는 AI 기술을 활용한 교육 프로그램이 기존의 전통적인 교육 방식보다 접근성이 높고, 혁신적인 경험을 제공한다는 점이 긍정적으로 평가되었다. AI 기반 교육은 학습자의 기술적 역량 강화에도 크게 기여할 수 있다. AI 도구와 디지털 기술을 활용한 교육을 통해 학습자는 21세기 사회에서 필수적인 디지털 리터러시(digital literacy)를 습득하게 된다. 단순히 AI를 활용하는 수준을 넘어, AI와 협업하며 창작하고 문제를 해결하는 과정에서 창의적 문제해결 능력, 비판적 사고, 협력 능력과 같은 중요한 역량을 키울 수 있다.

넷째, AI와의 협업을 통한 창작 활동은 특히 창의적 사고를 확장하는 데 유용하다. 예를 들어, AI를 활용하여 예술 작품을 제작하는 프로그램에서는 학습자가 기존의 틀을 벗어나 새로운 표현 방식을 탐색하고, AI가 제시하는 창의적인 결과물을 분석하면서 비판적 사고 능력을 기를 수 있다. 또한, AI가 제공하는 데이터를 기반으로 주제를 연구하고 토론하는 과정은 논리적 사고와 분석 능력을 높이는 데 기여한다. 미술관 · 박물관의 AI 활용 교육프로그램은 단순한 기술 활용을 넘어, 학습자의 창의적 사고를 자극하고, 문제 해결 역량을 증진하며, 능동적인 학습 태도를 함양하는 데 기여한다. AI 기반 도구가 창의적 아이디어 발상에 도움을 주고, 사용자가 자신의 예술적 가능성을 확장할 수 있도록 유도한다는 점이 큰 호응을 얻었다. AI와 디지털 도구를 효과적으로 접목한 교육 프로그램은 학습자가 역사와 문화를 더욱 깊이 이해하고, 미래 사회에서 요구되는 핵심 역량을 자연스럽게 익힐 수 있도록 돕는다. AI 기술을 활용한 박물관 교육은 앞으로도 지속적으로 발전하며, 더욱 혁신적이고 효과적인 학습 환경을 조성하는 데 중요한 역할을 할 것이다.

3. AI 기술 도입에 따른 문제점과 한계

가. 문화적 편향과 가치 문제

박물관은 다양한 문화와 역사를 보존하고 교육하는 기관으로서, 공정성과 문화적 다양성을 중시한다. 그러나 AI 기술의 도입은 이러한 가치와 충돌할 수 있다. AI는 특정 문화나 관점을 과도하게 부각하거나 소외시키는 편향을 내포하고 있으며, 이는 박물관이 추구하는 교육적 형평성과 포용성에 위협이 될 수 있다. 예를 들어, 작품 추천 알고리즘이 주류 문화의 콘텐츠만을 강조하거나, 소수 문화권의 예술은 간과한다면, 이는 관람객의 시각적 감수성과 다문화 이해를 저해할 수 있다.

AI가 사용하는 데이터는 특정 문화적 배경과 시각에 기반하기 마련이며, 특히 서구 중심의 데이터로 훈련된 AI는 비서구권 문화에 대한 이해도가 낮다. 실제로 머신 비전(machine vision) 기술은 서아프리카 요루바족의 조각을 불교 조각으로, 일본 사무라이 갑옷을 불상으로 오인한 사례처럼, 문화적 문맥을 고려하지 못하는 결과를 낳는다(Ciecko, 2020). 또한 성별에 따라 작품을 분석하는 방식에도 편향이 드러나는데, 남성 초상화에는 '작가', '과학자'와 같은 직업 중심 태그가, 여성 초상화에는 '모델', '아름다움'과 같은 외모 중심 태그가 부여되는 등 성별 고정관념이 재생산된다. 이는 AI가 단순한 도구가 아닌, 사회적 편견을 강화할 수 있는 매개체임을 시사한다.

따라서 박물관은 AI 기술을 활용할 때, 첫째로 다양한 문화와 시각적 표현이 균형 있게 반영된 데이터셋을 구성하고, 둘째로 AI가 생성하는 메타데이터는 전문가와의 협업을 통해 검토해야 하며, 셋째로 문화적 맥락을 고려하는 윤리적 분석 가이드라인을 마련해야 한다(Husain, 2017; Cook, 2019).

AI를 활용한 디지털 전시와 교육 프로그램은 다양한 관람객이 어떻게 그것을 수용하고 해석하는지를 분석함으로써, 문화적 포용성과 접근성을 높이는 데 기여할 수 있다. 미술교육에서는 이러한 AI 기반 콘텐츠에 대한 비판적 이해와 해석 능력을 기르는 교육이 중요하다. 박물관은 AI가 가진 가능성과 위험을 모두 인식하고, 기술과 문화의 균형을 조율하는 중재자로서 기능해야 한다.

나. 정보의 진위성과 신뢰성

AI 기술은 방대한 데이터를 학습해 콘텐츠를 생성하지만, 이 과정에서 편향된 데이터나 오류를 그대로 반영할 위험이 있다. 특히 박물관에서 AI가 전시 설명이나 이미지 자료를 자동 생성할 경우, 정보의 정확성과 진위 여부가 중요한 문제가 된다. 박물관은 단순한 전시 공간이 아니라, 역사와 문화를 교육하는 기관으로서 진실성과 신뢰를 바탕으로 운영되어야 하며, AI가 생산하는 콘텐츠는 그 기준에 부합해야 한다.

2023년 일본 적십자사 도쿄지부의 사례처럼, AI가 생성한 '증언'과 '초상화'가 실제 인물을 반영하지 않았다는 이유로 전시가 취소된 일은, 기술적 창의성과 역사적 사실 간의 경계에 대한 사회적 민감성을 보여준다. 이는 AI가 만든 이미지나 텍스트가 역사적 사실처럼 제시될 때 관람객의 이해를 왜곡할 수 있음을 시사한다. 특히 식민지, 대량학살, 노예제도와 같은 민감한 주제를 다룰 경우, AI가 생성한 잘못된 해석은 역사적 상처를 되살릴 수 있다. 예를 들어, 철제 족쇄를 '보석'이나 '패션 액세서리'로 태그한 머신 비전 오류는 역사적 맥락의 부재가 초래하는 문제를 보여준다(Leonard, 2019).

이러한 사례는 박물관 · 미술관 교육에서도 중요한 함의를 갖는다. 학생들은 이미지나 전시 설명의 출처와 진위를 파악하고, AI가 생성한 콘텐츠와 인간 전문가의 해석을 비교하며 비판적으로 사고하는 능력을 길러야 한다. 박물관은 이러한 역량을 키우는 공간이 되어야 하며, AI 기술은 정보 분석 도구로 활용될 수 있다. 예컨대, 서로 다른 버전의 역사적 서술을 AI가 분석하고, 관람객은 그것을 토대로 신뢰성 여부를 탐색하는 활동은 비판적 미디어 리터러시 교육으로 확장될 수 있다.

궁극적으로, AI는 박물관 교육의 보조 도구일 뿐, 인간의 감성, 해석력, 윤리적 판단을 대체할 수 없다. 특히 포스트-트루스 시대의 박물관은 정보의 진위 여부를 탐색하고, 다층적 해석을 유도하는 교육 공간으로 기능해야 한다. AI의 도움을 받되, 정보의 출처와 맥락을 함께 분석하고 토론하는 과정은 미술교육에서의 핵심적 학습 활동으로 자리 잡을 수 있다. 따라서 박물관은 AI 활용의 이점을 적극 수용하되, 인간 중심의 교육적 판단력을 중심에 두는 접근이 필요하다.

다. 창의성에 대한 논의와 의미 있는 경험

AI가 인간의 창의성과 감성을 대체할 수 있는가에 대한 논의는 예술 교육에서 핵심적인 질문이다. AI는 방대한 데이터를 분석하여 새로운 조합을 만들어낼 수 있지만, 이는 인간처럼 경험과 감정, 문화적 맥락을 반영한 창조 행위와는 본질적으로 다르다. 인간의 창의성은 직관, 감정, 삶의 경험에서 비롯되며, AI가 이를 모방할 수는 있어도 그 깊이를 재현하기는 어렵다.

예를 들어, 미로(Joan Miró)의 작품 〈달을 향해 짖는 개〉에 대해 머신 비전 기술은 색상과 형태 중심의 기술적 설명을 생성하지만, 이는 작품의 초현실주의적 맥락이나 미로의 개인적 서사를 담지 못한다. 반면 큐레이터의 해석은 작품의 상징성과 미로의 예술관, 스페인 역사와의 관련성을 설명하며 정서적이고 철학적인 층위를 드러낸다(Ciecko, 2020).

또한 서도호의 〈Some/One〉에 대한 분석에서도 머신 비전은 재질과 색상 등의 표면적 특성만을 태그로 반환한 반면, 큐레이터는 작품이 군대 경험, 개인과 집단 정체성의 긴장을 다룬다는 해석을 제시한다. 이처럼 AI는 시각 정보를 기반으로 한 분류에는 유용하지만, 문화적 맥락과 작가의 의도를 해석하는 데에는 한계가 있다.

박물관·미술관 교육의 관점에서 이는 중요한 교육적 시사점을 제공한다. 학생들은 작품을 단순히 시각적으로 인식하는 데 그치지 않고, 그 배경과 의도를 파악하며 감정적으로 공감하는 능력을 길러야 한다. AI는 작품의 메타데이터 제공이나 맞춤형 콘텐츠 구성 등에서는 유용할 수 있지만, 해석과 감성 교육은 인간의 역할이 중심이 되어야 한다.

결국 박물관에서 AI는 창의성과 감성을 보완하는 도구로 활용되어야 하며, 인간 큐레이터의 해석과 병행되는 하이브리드 방식이 보다 풍부하고 의미 있는 관람 경험을 제공할 수 있다. 박물관 교육은 AI의 기술적 가능성과 한계를 모두 인식한 가운데, 인간의 창의성과 감성에 기반한 비판적 감상 교육을 지향해야 한다.

라. 박물관 · 미술관 내 AI 활용의 윤리적 책임

AI의 한계를 인식하는 것은 윤리적인 측면에서도 중요하다. AI 기술의 발전은 방대한 양의 데이터 수집과 분석을 기반으로 한다. 박물관은 소장품의 디지털화, 관람객의 행동 패턴 분석, 그리고 방문자 피드백 등을 통해 다양한 데이터를 수집한다. 이러한 데이터는 AI 시스템의 학습과 개선에 필수적이지만, 동시에 개인정보 보호, 데이터 소유권, 그리고 데이터 활용의 투명성 등 여러 윤리적 문제를 야기할 수 있다.

예를 들어, 관람객의 행동 데이터를 수집할 때, 그들의 동의 없이 데이터를 수집하거나, 수집된 데이터를 목적 외의 용도로 활용하는 것은 윤리적으로 문제가 될 수 있으며, 따라서 박물관은 데이터 수집과 활용 과정에서 관람객의 프라이버시를 보호하고, 데이터 사용에 대한 명확한 지침과 투명성을 확보해야 한다.

AI를 활용한 관람객 데이터 수집이 프라이버시 문제를 야기할 수 있으며, AI 알고리즘의 편향성이 전시 내용에 영향을 미칠 수 있다. AI를 통해 관람객의 행동을 모니터링하고 분석하는 것이 윤리적으로 적절한지에 대한 논의가 필요한 시점이다. 또한, AI가 생성한 콘텐츠의 저작권 문제, 그리고 AI 결정의 책임 소재 등에 대한 명확한 가이드라인을 수립해야 한다.

AI 기술의 개발과 활용에 대한 윤리적 지침을 마련하여, 데이터 수집, 활용, 보안, 그리고 프라이버시 보호 등에 대한 명확한 기준을 설정하며, AI 시스템의 의사 결정 과정과 데이터 활용 방식을 공개하여, 관람객과 사회가 이를 이해하고 신뢰할 수 있도록 해야 한다. 박물관 직원과 관람객을 대상으로 AI 기술과 그 윤리적 문제에 대한 교육 프로그램을 제공하여, 모두가 이러한 기술의 영향과 책임을 이해하고 대응할 수 있도록 지원해야 한다.

4. AI와 박물관 · 미술관의 미래 방향성

가. AI와 인간의 협력적 관계 구축

AI는 전시 기획, 교육, 관람객 서비스 등 박물관의 다양한 영역에서 활용되며, 인간과의 협력을 통해 새로운 가능성을 보여주고 있다. 디지털 휴먼 도슨트, 맞춤형 가이드, 생성형 AI 기반 전시 콘텐츠는 관람객의 참여를 높이고 몰입도를 향상시킨다. 그러나 이러한 기술이 정서적 소통이나 예술적 감수성을 충분히 대체할 수 있는지에 대한 고민이 필요하다.

AI는 예술 창작과 연구에서도 인간의 직관과 감성을 보완하는 도구로 기능할 수 있다. 작품 간의 연결성을 분석하거나 창작 아이디어를 제시하는 등 협력적 창작 환경 조성이 가능하다. 특히 어린이 대상 체험형 콘텐츠에서는 VR · AR 기반 AI 기술이 실감형 학습을 지원할 수 있다.

향후 박물관은 AI와 인간의 역할을 명확히 구분하여, AI는 정보 분석과 개인화 서비스를 제공하고, 인간은 해석과 감정적 소통을 담당하는 상호보완적 관계를 설계할 필요가 있다. 기술이 중심이 아닌, 인간 경험 중심의 박물관 환경 조성이 미래 전략의 핵심이 되어야 한다.

나. AI 기술에 대한 비판적 이해

AI 기술의 발전은 미술교육에도 새로운 과제를 제시하고 있다. AI로 생성된 작품을 단순히 감상하는 것을 넘어, 창작의 본질과 창작자의 역할에 대한 비판적 사고가 필요하다. AI와의 협업을 통해 예술의 의미, 가치, 저작권 문제를 탐색하는 교육이 이루어져야 한다.

박물관은 이러한 맥락에서 비판적 시각 문해력을 기를 수 있는 프로그램을 개발할 수 있다. 예를 들어, AI가 설명한 작품과 큐레이터의 해석을 비교하거나, AI가 생성한 이미지의 시각적 편향을 분석하는 활동은 정보 수용 능력을 키우는 데 도움이 된다.

또한, AI가 생산한 콘텐츠의 신뢰성과 데이터 편향 문제는 교육적으로 다뤄야 할 중요한 이슈이다. 역사적 콘텐츠의 진위성, 정보 검증, 미디어 리터러시, 알고리즘 윤리 등의 주제를 통해 어린이와 청소년이 기술과 사회의 관계를 통합적으로 사고할 수 있도록 지원해야 한다.

다. 지속 가능한 박물관 · 미술관을 위한 AI의 역할

박물관은 지속 가능한 개발 목표(SDGs)를 실현하는 문화교육기관으로서, 사회적 포용, 환경적 책임, 문화적 접근성을 실현하는 데 있어 AI 기술을 교육적으로 활용할 수 있다.

AI는 다국어 번역, 시각장애인을 위한 보조 시스템, 맞춤형 학습 콘텐츠 제공 등을 통해 박물관의 접근성과 포용성을 강화한다. 이는 다양한 학습자들이 박물관 교육에 참여할 수 있는 환경을 조성하며, 공존과 배려, 다양성 존중의 가치를 경험적 차원에서 학습할 수 있는 기회를 제공한다.

또한, 지역 커뮤니티와의 연계 측면에서 AI는 구술사, 사진 자료, 민속 예술 등을 디지털화하여 학생들이 지역 문화를 조사 · 기록 · 보존하는 프로젝트 기반 학습으로 확장할 수 있다. 이는 학생의 정체성과 공동체 의식, 문화의 지속 가능성을 연결 짓는 중요한 학습 경험이 될 수 있다.

기후 위기 시대, AI는 전시물의 에너지 관리, 친환경 자재 추천, 지속가능성을 주제로 한 전시 콘텐츠 생성 등에도 활용될 수 있으며, 이는 예술과 생태, 기술과 윤리의 융합적 학습을 실천하는 미술교육과 연결된다. '기술을 통해 지속 가능성을 사고하는 예술 교육'은 앞으로의 박물관 교육이 지향해야 할 핵심 방향이다.

AI 기술은 박물관과 미술관을 보다 역동적인 학습 공간으로 전환시키고 있다. 전시 기획, 예술 교육, 유물 해석, 관람객 참여 등 다양한 영역에서 AI가 활용되면서, 미술교육의 장으로서 박물관이 수행하는 역할 또한 확장되고 있다. 특히 AI는 학습자의 흥미와 수준에 맞춘 맞춤형 콘텐츠 제공, 인터랙티브 전시를 통한 몰입형 학습 환경 조성, 디지털 창작 활동을 통한 창의력 향상 등 교육적 측면에서 중요한 가능성을 제시하고 있다.

그러나 박물관 · 미술관 교육의 관점에서 AI 기술 도입은 몇 가지 중요한 교육적 성찰을 요구한다. 첫째, AI 알고리즘이 특정 문화나 시각에 편향될 경우, 학습자에게 왜곡된 시각 문해력을 형성할 우려가 있다. 둘째, AI가 생성한 이미지나 텍스트를 교육에 활용할 때, 그 진위성과 문화적 맥락에 대한 비판적 이해가 반드시 동반되어야 한다. 셋째, AI 기반 콘텐츠가 인간의 창의성과 감성을 대체할 수 있는지에 대한 교육적 논의가 필요하며, 이는 창작 주체에 대한 재정의와도 연결된다.

이러한 상황에서 박물관 · 미술관 교육은 AI 기술을 도구로서 활용하는 것을 넘어서, 학습자가 AI를 비판적으로 해석하고 적극적으로 활용할 수 있도록 디지털 리터러시 교육을 강화해야 한다. AI는 창작의 도구이자 교육적 파트너가 될 수 있으며, 이를 통해 학습자는 창의적 사고와 문제해결 역량을 함께 기를 수 있다.

또한, 박물관 · 미술관 교육에서 AI를 활용한 프로그램은 단순한 기술 체험을 넘어, 인간과 기술이 협력하는 과정 속에서 새로운 의미를 구성하고 감각적 경험을 확장하는 방향으로 설계되어야 한다. 이는 예술교육이 추구하는 감성, 상상력, 비판적 사고의 본질과도 연결되는 중요한 과제이다.

참고문헌

박물관 3.0 시대(Museum 3.0)와 인공지능 및 빅데이터(2022). 예술경영웹진.

임경화(2023). AI는 피해자를 대신하여 증언할 수 있는가: 일본군 '위안부' 피해생존자 증언 활용 AI 콘텐츠의 의의와 한계. 여성문학연구, 58, 295-323.

Al-Belushi, M. A. K., & Al-Hooti, N. A. (2023). Towards inclusivity: enhancing access to Oman's private heritage house museums for individuals with mobility impairments. *Journal of Law and Sustainable Development, 11*(6), e654.

Anadol, R. (2021). Machine hallucinations and AI-driven art. *AI Art Journal*.

Anadol, R. (2024). Exploring the creative potential of machines: The inception of Dataland. *Journal of AI and Art, 12*(3), 45-59.

Brown, A., & Smith, R. (2023). Optimizing visitor experiences: AI-based museum curation. *London National Gallery Research Report*.

Brown, L., & Smith, J. (2023). AI-driven optimization of exhibition planning at the National Gallery. *Journal of Museum Studies, 45*(3), 221-235.

Ciecko, B. (2020). AI sees what? The good, the bad, and the ugly of machine vision for museum collections. *The Museum Review, 5*(1).

Cook, T. (2019). Biased algorithms are easier to fix than biased people. *New York Times*. https://www.nytimes.com/2019/12/06/business/algorithm-bias-fix.html

Dobrin, S. (2022). AI and creativity: The impact of DeepDream and DeepArt on digital art. *Digital Aesthetics Review, 12*(4), 98-115.

Husain, A. (2017). *The Sentient Machine: The coming age of artificial intelligence*. Scribner.

Johnson, M., Patel, R., & Kim, S. (2021). The Magenta Project: AI-generated music and art. *Computational Creativity Journal, 9*(2), 57-72.

Jones, T. (2022). Refik Anadol's AI-driven aesthetic: Case study on machine hallucinations. *Journal of Digital Media Art*.

Koopman, T., van den Berg, M., & Jansen, L. (2023). The Next Rembrandt: AI-generated Baroque painting. *Art and Artificial Intelligence Review, 15*(2), 190-205.

Leonard, P. (2019). The Yale-Smithsonian Partnership presents: Machine vision for cultural heritage & natural science collections. *Yale Digital Humanities Lab*. https://www.youtube.com/watch?v=6dmV-ocRJUI

Münster, S., Maiwald, F., di Lenardo, I., Henriksson, J., Isaac, A., Graf, M. M., ... & Oomen, J. (2024). Artificial intelligence for digital heritage innovation: Setting up a R&D agenda for Europe. *Heritage, 7*(2), 794-816.

Neudecker, C. (2023). *Digital Curation and AI*.

Pan, J., Li, L., Yamaguchi, H., Hasegawa, K., Thufail, F. I., Brahmantara, ... & Tanaka, S. (2024, October). Reconstructing, Understanding, and Analyzing Relief Type Cultural Heritage from a Single Old Photo. *Proceedings of the 32nd ACM International Conference on Multimedia*, 7724-7733.

Perez, R., Johnson, E., & Thompson, L. (2020). Restoring art with AI: Machine learning techniques in conservation. *Microsoft AI Research Reports*.

Relph, E. (1976). *Place and placelessness*. London: Pion.

Schmite, V., & Dupont, L. (2025). Enhancing museum visitor engagement through AI applications: The AskMona project. *Museum Technology Quarterly, 18*(1), 22-37.

Schmite, P., & Dupont, E. (2025). SHIFT project: AI-driven museum archiving and accessibility. *European Journal of Museum Technology, 14*(1), 33-50.

Smith, J. (2023). AI-generated art at MoMA: The Unsupervised Exhibition. *New York*

Modern Art Review.

Tanaka, H., Lee, K., & Park, M. (2023). Personalized museum experience with AI: A data-driven approach. *International Journal of Cultural AI*.

Thiel, S., & Bernhardt, J. C. (Eds.). (2023). *AI in museums: Reflections, perspectives and applications*. transcript Verlag.

Torruella, M. F., Fernández-Santín, M., & Atenas, J. (2021). Building relationships between museums and schools: Reggio Emilia as a bridge to educate children about heritage. *Sustainability, 13*(7), 3713.

United Nations. (2015). *Transforming our world: the 2030 Agenda for Sustainable Development*. https://sdgs.un.org/2030agenda

제3부

박물관 교육의 실제

제9장 박물관에서 유물 읽기 관점과 발문

박물관 교육은 박물관의 소장 유물을 중심으로 이루어진다. 여기서 '유물'이란 과거 사람들이 남긴 물건 가운데 유적에 비해 규모가 작고 운반이 가능한 것을 일컫는다. 유물은 제작 당시의 원형을 간직한 실물이며 그 시대 살았던 사람들의 삶과 문화가 고스란히 담겨있기 때문에 당시 사람들의 삶과 문화를 추론하는 근거가 된다. 학생들은 유물을 직접 관찰하고 탐구하는 실물 기반 학습을 통해 흥미와 호기심을 느끼며, 동시에 역사적 상상력을 자극받을 수 있다.

그동안의 유물 지도는 주로 유물에 관한 정보를 학생들에게 단순 전달하는 데 그쳤다. 그러나 '유물 읽기' 지도는 단순한 정보 수용을 넘어, 유물을 보고 읽고 해석하는 과정을 통해 역사적 상상력을 확장하는 학습이 되어야 한다. 이때 중요한 요소는 교사와 학생의 상호작용 속에서 이루어지는 발문이다. 유물 읽기 지도에서 발문은 즉흥적으로 만들어 사용하는 것보다, 일정한 관점을 바탕으로 체계적으로 구성하는 것이 필요하다.

1. 유물의 개념

유물은 과거 사람들에 의해 만들어지고 사용된 후 현재까지 남겨진 물체로, 역사, 문화, 과학적 가치를 지니며 인류의 삶과 사회를 이해하는 중요한 증거 자료이다. 단순히 오래된 물건이 아니라, 특정 시대의 과학 · 기술 · 예술 · 신앙 등을 반영하는 역사적 가치를 갖는다.

유물은 탐구활동교육에 활용될 수 있는 좋은 매체이다. 이는 전시유물이 다원적 특성을 가지기 때문이다. 하나의 전시물은 하나의 의미만 지닌 것이 아니라 매우 다양한 의미들로 서로 얽혀 있으면서 또한, 당시의 사회문화성을 복잡하게 담고 있다. 따라서 관람객이 전시 유물을 통해서 자신의 개인적 경험이나 생각에 의거하여 전시유물의 다양한 측면 중 어느 한 면과 조우하게 되면서부터 학습활동이 전개될 수 있다(전보경, 2010).

유물은 먼저 살아간 사람들의 흔적으로 그들이 삶을 영위하기 위해 제작하고 사용된 것으로 문화적 성격을 갖는다. 그러나 박물관의 유물은 유물이 사용되었던 환경과 맥락을 잃어버린 채 전시되어 있다. 유물을 이해하기 위해서는 유물의 갖고 있는 문화적 맥락 속에서 읽고 해석하는 것이 필요하다. 따라서 유물 읽기 이해학습에서의 발문은 문화적 맥락의 관점을 지닌 발문이 요구된다.

효과적인 발문은 학생들로 하여금 적극적으로 응답을 하게 하고 그럼으로써 학습과정에 적극 참여하도록 만들어 준다(Chuska, 1995; Wilen, 1991; Borich, 2000; 이미자 · 조주연 · 최욱 공역, 2002, p. 273 재인용). 발문을 통해서 학생들이 학습과정에 적극적으로 참여하도록 하는 것은 성공적인 수업의 출발점이기 때문에 매우 중요하다. 유물 읽기 학습에서 발문은 학습자에게 유물에 대한 흥미와 관심을 유발하고 지적 호기심을 자극하며 비판적, 반성적 사고를 촉진할 수 있다. 교사와 학습자의 상호작용하는 과정 속에서 발문은 학습자들의 지식의 재구성을 도와주고 역사적 사고력을 자극하고 육성할 수 있다. 따라서 학습자들이 생각하고 추론하며 상상하는 등 사고과정을 통하여 자기 주도적으로 문제를 해결할 수 있도록 효과적인 발문을 해야 한다.

2. 유물 읽기의 관점

가. 유물 읽기의 관점 설정

유물 읽기의 관점을 기호학적 측면, 미학적 측면, 역사적 측면에서 설정하였는데, 그 이유는 다음과 같다.

첫째, 기호학은 문화 현상을 하나의 의미 체계로 보고, 그 의미 체계를 구성하는 기호들을 추출해 내어, 기호들 간의 관계를 규정하고, 전체 의미체계를 설명하기 위한 하나의 학문이다. 기호학은 각각의 기호들의 의미와, 각각의 의미들을 통합하여 범주화시키는 과정이 내포되어 있기 때문에 구조주의적인 틀을 지니고 있다(류재만, 2004, p. 195).

유물이란 제작자의 의도와 생각을 담은 기호체이며, 유물의 이해는 유물에 담긴 의미나 용도를 읽어내는 것으로 기호 해석의 과정으로 볼 수 있다. 기호학은 유물을 하나의 기호로 이해하며 유물에 내재된 의미들을 다양한 해석 방법으로 읽어 낸다. 이처럼 기호학은 유물을 읽고 해석하는 방법으로 활용할 수 있다.

둘째, 미학적 측면은 디자인과 재료 및 기법과 관련을 가지고 있기 때문이다.

디자인은 기능성, 장식성(문양)과 깊은 관련성을 가진다. 유물의 용도에 따라 디자인은 기능성이나 장식성(문양) 등이 달리 제작하게 된다. 기능성은 유물의 실용적인 쓰임과 관련이 깊고, 장식성은 유물의 제작 목적이나 사용자의 지위와도 관련성이 깊으며, 문양은 그 시대의 선호하는 무늬나 정신세계, 종교, 사용자 사회적 지위와도 관계가 깊다.

재료와 기법에 따라 유물의 형태나 디자인에 영향을 미치게 된다. 재료의 물성이 유물을 제작하는 데 영향을 많이 미치기 때문이다. 또 재료와 기법은 그 시대의 자연환경이나 과학기술발달의 수준을 알 수 있는 단서를 제공한다는 것에서 의미가 있다.

셋째, 역사적 측면에서는 시대적 배경과 유물의 가치와 관련을 가지고 있기 때문이다. 유물은 그 시대의 필요에 의해서 제작되고 사용되었기 때문에 우리는 유물을 통해 그 당시의 시대상이나 사회문화적 환경에 대해서 추론할 수가 있다. 또 그 유물이 그 사회에 어떤 영향을 끼쳤는가에 따라 역사적 가치가 달라지게 된다.

나. 유물 읽기의 세 가지 관점

박물관에 전시된 유물을 읽고 해석하는 것을 통해서 우리는 유물이 가지는 문화적 맥락을 이해하게 된다. 앞 절에서 설정한 세 가지 유물 읽기의 관점을 근거로 유물 읽기의 관점을 제시하면 〈표 9-1〉과 같다.

〈표 9-1〉 유물 읽기의 세 가지 관점

관점 \ 내용	영역
기호학적 측면	형태(기표)
기호학적 측면	용도(기의)
미학적 측면	디자인
미학적 측면	재료 및 제작기법
역사적 측면	시대적 배경(지역적 배경)
역사적 측면	역사적 가치

(1) 기호학적 측면

기호학은 유물을 하나의 기호로 보며, 따라서 유물은 해석 대상으로 볼 수 있다. 유물을 해석하려는 시도는 해석하는 사람에 따라 맥락이 만들어지는 수용자 중심의 관점을 제공한다. 기호학 측면에서 보면 유물은 형태(기표)적인 면과 유물의 용도(기의)적인 면으로 구성되어 있다.

(가) 형태(기표)면

옐름슬레우의 기호 이론에 비추어보면 유물은 하나의 텍스트로 보고, 유물의 형상을 객관적으로 읽어내기에 적합하다.

옐름슬로우는 기호를 '형상과 내용 사이의 연결에 의해서 발생되는 실체'라고 본다. 기호 바깥에 있는 의도(purpose)를 기호로 표현하기 위해서 기호를 사용하며, 의도는 내용과 표현이라는 두 가지를 동시에 취함으로써 기호로서 성립된다. 따라서 내용과 형상을 기호의 두 가지 기능이라고 할 수 있다(김경용, 2001, p. 111).

〈표 9-2〉 옐름슬레우의 기호의 구조

기호	표현 (기표)	표현 형식	음소 계열체, 색띠, 물감들의 계열체
		표현 질료	실제 음성, 실제 표현 색
	내용 (기의)	내용 형식	색조 영역(흰색, 회색, 흑색) 시간 영역(과거, 현재, 미래) 음정(8음계, 5음계)
		내용 질료	내용 의도상에 내용 형식을 실제로 투사할 때 나타나는 것

출처: 윤정란, 2003, p. 35.

유물에서 기표는 즉 형태에 해당되며, 형태는 재료와 용구를 사용해서 사람에 의해 물질적으로 형상화하는 것이다. 재료란 넓은 뜻으로는 유물을 제작하는 과정의 결과에 있어서 여러 형상을 산출해 낼 수 있는 모든 전제로서의 소재를 말한다.

(나) 용도(기의)면

바르트(R. Barthes)는 기호의 의미작용을 체계적으로 제시하고 있다. 바르트는 기호란 기표와 기의 이루어진다고 보았다. 기표는 소리, 단어, 이미지 등으로 표시되고 이로부터 파생되는 개념이 기의이다. 바르트는 외시적 의미(denotation)와 내포적 의미(connotation)를 각각 1차적 의미작용과 2차적 의미작용으로 나누어 분석한다. 일차기호(primary sign)인 외시적 의미는 기호의 객관적이면서도 명백하게 드러난 의미로, 그 기호가 나타내고 있는 의미에 대해서 누구나 쉽게 합의할 수 있는 의미 수준을 말한다. 내포적 의미는 기호 사용자의 느낌이나 정서 혹은 사용자의 문화적 가치와 결합해서 발생하는 상호작용으로 주관적이고 문화적인 수준에서 의미작용이 일어난다(Hall, 1996; 손지현, 2009, pp. 145-146 재인용). 이차기호(secondary sign)는 주관적 의미의 수준으로 함축 의미를 가진다. 중요한 것은 일차기호의 기표와 기의가 합쳐져, 이차기호의 새로운 기표가 된다는 점이다. 즉,

이차기호 수준에서 일차기호의 기의는 유명무실한 것이다. 일차기호의 기의와 기표를 빌려 새로 형성된 이차기호의 기표는 새로운 기의를 배태한다. 이 이차기호의 기의는 신화가 되는 것이다(류재만, 2004, p. 198).

〈표 9-3〉의 'Ⅲ. 기호'처럼 새로운 기호가 만들어지기 위해서는 이차기호(함축의미) 기표와 기의 결합이 일어날 때 가능하다. 이때 기표와 기의를 결합시키는 작용을 의미작용이라 하고, 송신자와 수신자 사이에서 의미작용이 일어날 때 의미전달이 이루어지고 소통이 되는 것이다.

〈표 9-3〉 바르트의 의미작용 과정

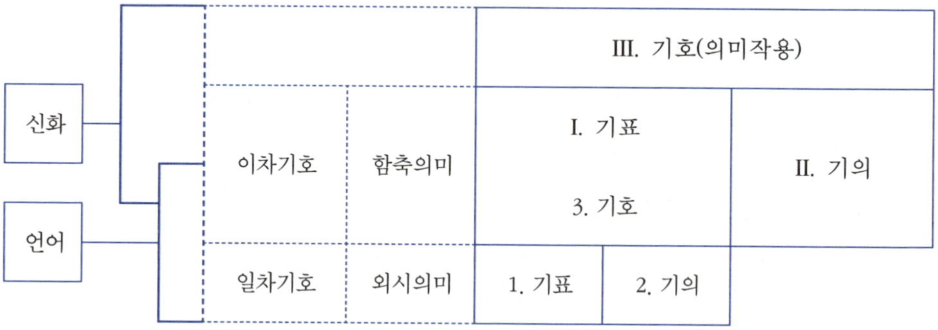

유물의 형태나 디자인, 재질 등의 관찰을 통해서 유물의 용도를 유추하게 된다면 관람자 측면에서 보면 유물의 형태와 용도를 결합시키는 의미작용이 일어나게 된다.

(2) 미학적 측면

유물 관련하여 미학적 측면에서 디자인과 재료 및 기법에 대해서 살펴보면 다음과 같다.

(가) 디자인

디자인인은 그 어떤 것도 물리적으로 갑자기 생겨난 것이 아니며 자연적으로 우연히 생성되는 것도 아니다. 모든 디자인은 시대와 지역과 사회 환경의 가치 기준에 의해 파생된 인위적인 산물이고, 끊임없는 변화와 개선의 결과로 이루어져 문화를 가늠하는 기준이 된다(한국미술연구소, 1998, p. 14).

모든 디자인은 인간을 위해 존재한다. 굿디자인은 그 시대를 살아가는 인간이 요구하고 필요로 하는 여러 조건을 디자인 작업을 통해 충족시켜 주는 것이며, 굿디자인의 조건은 합목적성, 심미성, 경제성, 독창성을 들 수 있다. 이 중 심미성과 독창성은 디자인의 감정적 요소를 결정하며, 합리성과 경제성은 디자인의 지성적 요소를 결정하는 요인이 된다(한국미술연구소, 1998, p. 26).

이처럼 디자인은 사회적 요구나 환경, 경제성, 실용성뿐만 아니라 미적으로도 고려하게 된다. 세상에 존재하는 유물들은 그 시대 사람들의 성향이나 미적 감각에 의해 디자인된 것이다. 따라서 유물들을 통해 그 당시 사람들의 미적 인식이나 디자인의 특징을 발견할 수 가 있다.

(나) 재료 및 기법

인류의 조상들은 자연의 일부로서 자연 속에 파묻혀서 살고 있었고, 그러한 상황에서 인간의 생존문제는 다른 많은 생물과 마찬가지로 전적으로 자연의 법칙에 맡겨져 있었다. 자연을 극복하는 수단으로 인간이 만든 것은 여러 가지 요구에 대응해서 만든 도구였으며 거기에는 발견과 창조를 거친 다양한 재료가 사용되었다. 역사적으로 관찰해 보면 제품을 제작하는 과정에서 사용되는 재료나, 제작상의 기술이 무시된 예는 그렇게 흔하지 않다. 서양의 고대 문명 시대에 사용되던 그릇이나 항아리, 우리 한국의 고대 유물들은 모두 의도된 사용목적에 따라 디자인되었다는 것을 알 수 있으며 동시에 대부분의 것이 재료와, 재료가 갖는 특성에 따라 디자인되었다는 사실을 발견할 수가 있다. 유약이나 색채, 또는 문양들로 표면처리를 했지만 그것이 절대로 실체를 압도하지 않았으며 기본적인 재료와 제조기술이 그대로 노출되어 있다. 좋은 도구들은 금속이나 나무, 또는 새로운 재료들을 바르게 사용함으로써 만들어지는 것이며 그 각각의 특성에 따라 이용되는 것이다(임연웅, 1995, p. 3).

이처럼 유물은 그 당시의 환경에 적응하기 위해서나 사회적 요구에 의해 제작된 것으로 그 시대의 자연 환경이나 기술 수준에 따라 재료를 사용하였을 것이다. 유물에서 재료가 지니는 의미는 그 유물을 제작하는 디자인과 기능을 규정하는 바에 따라 동인(動因), 형태 등과 밀접한 관계를 갖게 되기 때문이다.

(3) 역사적 측면

역사적 측면을 시대적 배경과 역사적 가치에 대해서 살펴보면 다음과 같다.

(가) 시대적 배경

인공물(유물)은 석기, 토기, 금속제 무기 등 인간이 만들거나 변형한 가동 물건들이다. 유물은 그 시대의 기술수준이나 연대, 신앙, 식생활모습 등 다양한 질문에 도움이 될 증거를 제공한다. 단 한 개의 토기 그릇이라도 여러모로 분석을 할 수 있다. 점토를 분석해서 토기의 연대, 그에 따른 토기 발견 지점의 연대를 산출할 수도 있다. 또 마찬가지로 분석으로 점토의 산지를 알아냄으로써 그 토기를 만든 인간집단의 활동범위와 접촉관계에 관한 증거로 삼을 수도 있다. 토기 표면의 그림 장식은 문양양식의 발전 순서를 수립(형식화)하거나 그에 관련짓는 데 도움이 될 수 있으며, 특히 그것이 신앙이나 여타 상을 표현하고 있다면 옛 신앙에 관해 무언가를 말해 줄 수도 있다. 그리고 토기의 기형과 그 안에서 찾아낼 수 있는 음식 찌꺼기나 여타 찌꺼기를 분석함으로써 조리용일 가능성 등 토기의 용도뿐만 아니라 옛 사람들의 식단에 관한 정보까지도 얻어낼 수 있다(콜린 렌프류 · 폴 반; 이희준 옮김, 2008, p. 38).

유물은 소유한 이들과 소유하지 않은 이들 사이의 의미 있는 사회적 거리의 존재를 나타내고 강조하는 역할을 한다. 이러한 물건들은 칼과 도끼나 다른 도구들, 사발들이나 다른 용기들과 같은 일상용품들의 복제품들일 수도 있지만, 보통 이들 물품들의 상징적 또는 장식적 성격은 이들의 제작 재료가 드물거나 값비싼 원자재들의 본질적 가치와 떨어져 위치한 원산지들로부터의 획득의 어려움, 전업 전문 장인들의 기술과 예술성을 시사하는 이들 물품들의 형태나 문양의 정교한 장식적 성격, 또는 이들 모든 인자들의 결합과 조형이 되었던 일상용품들과 이들을 분명하게 구별해 주는 사용 흔적이 없음 등이 분명해질 것이다. 이들은 엘리트들과 이러한 물품들을 소유하거나 사용하지 못한 사람들의 주거 및 행위 영역들을 정확하게 알려줄 것이기 때문에, 유적에서의 이러한 물품들의 위치적 맥락과 분포 패턴들 역시 중요하다(Molly Raymond Mignon, 김경택 역, 2006, p. 163).

이처럼 우리는 유물을 통해서 그 시대의 기술수준이나 연대, 식생활모습, 도구의 변천과정, 집단 활동 범위나 교류 등 당시의 사회문화적 배경을 유추해 볼 수가 있다.

(나) 역사적 가치

유물가운데 역사 연구에 사료로서 가치가 있는 문서나 책도 있지만, 탑, 공예품, 건축물, 벽화나 서화 등 역사적, 예술적 가치가 높은 물건도 있다. 유물 가운데 역사적 가치나 예술적 가치가 높은 것을 국가에서 국보나 보물로 지정하여 보호한다. 국보나 보물의 지정은 문화재 보호법에 근거하여 지정되고 있음을 알 수 있다. 문화재보호법 제23조 2항을 보면 "문화재청장은 제1항의 보물에 해당하는 문화재 중 인류문화의 관점에서 볼 때 그 가치가 크고 유례가 드문 것을 문화재위원회의 심의를 거쳐 국보로 지정할 수 있다."로 규정하고 있기 때문이다.

국보는 특히 "역사적 가치가 큰 것, 제작연대가 오래되고 그 시대를 대표하는 것, 제작 의장과 제작 기법이 우수해 그 유래가 적은 것, 형태 품질 용도가 현저히 특이한 것, 저명한 인물과 관련이 깊거나 그가 제작한 것" 등을 대상으로 한다고 되어 있다. 여기서 흥미로운 것은 얼마나 오래 되었는가의 문제다. 공식적인 규정은 없지만 최소한 50년 이상은 되어야 문화재로서의 가치가 있고 국보의 경우엔 100년 이상은 되어야 한다는 것이 일반적인 통념이다(이광표, 2005, pp. 15-16).

평소에 무심코 보던 유물이었는데 그 유물이 갖고 있는 예술적 가치나 역사적 가치를 알게 된다면, 왜 보물이고 국보인지의 이유를 알게 되고, 이는 유물에 대해 이해를 높일 수 있을 뿐만 아니라 유물을 보는 안목을 기를 수 있을 것이다.

나. 유물 읽기 관점에서 유물 설명 요소 적용

유물 읽기의 관점에서 기존의 박물관에서 유물의 설명하는 요소들을 국립중앙박물관 유물 설명, 국립민속박물관 유물 설명, 루브르박물관 도록 등의 내용을 적용해 보면 다음과 같다.

국립중앙박물관의 '농경문청동기' 유물 설명(국립중앙박물관, 2011, p. 17)을 보면 다음과 같다.

한쪽 면 오른쪽에는 머리 위에 긴 깃털 같은 것을 꽂은 채 따비로 밭을 일구는 남자와 괭이를 치켜든 인물이 있다. 왼쪽에는 항아리에 무언가를 담고 있는 인물이 새겨져 있다. 그 반대 면에는 좌우에 각각 두 갈래로 갈라진 나무 끝에 새가 한

[그림 9-1] 농경문청동기(너비 12.8cm/ 청동기시대)

마리씩 앉아 있다. 이러한 무늬는 모두 오래전부터 내려오는 솟대 신앙을 연상시킨다.

특히 이 유물은 인물, 농기구, 밭 등을 추상적인 선으로 묘사해 청동기 시대의 농경 양상과 농경의례의 실상을 구체적으로 보여줄 뿐만 아니라, 당시 회화 수준을 짐작케 해준다는 점에서 귀중한 유물로 꼽히고 있다.

이 유물은 대전에서 출토되었다고 전해진다. 형태는 대전 괴정동에서 출토된 방패 모양 청동기와 같으나, 괴정동 출토 유물에 비해 상부 좌우 돌출부가 더 길고 뾰족하다. 상면에는 6개의 방형 구멍이 뚫려 있는데 양쪽 가장 자리에 있는 두 개의 구멍에 끈을 묶어 매달았던 것으로 보인다.

농경문 청동기는 제사를 지낼 때 큰 나무에 매달던 의기로 쓰였던 것으로 보인다.

국립민속박물관의 '삼지창' 유물 설명(국립민속박물관 홈페이지)을 보면 다음과 같다.

무당의 방울이 부채와 함께 한 조를 이루는 것처럼 삼지창(三支槍)은 언월도(偃月刀)와 한 조를 이루고 있으며 강신무당들이 사용하는 무구이다. 창끝이 세 가닥으로 벌어져 있으므로 삼지창이라 하였다. 삼지창은 창 부분과 창자루 부분으로 나누어지는데 창은 쇠로 만들고 자루는 단단한 나무로 만든다. 굿에서 사냥거리, 군웅거리, 타살거리, 대감거리, 장군거리 등에서 장군신, 군웅신, 대감신 등을 불러들일 때 삼지창을 들고 춤을 추어서 신을 기쁘게 하거나 위험을 나타낸다. 또한

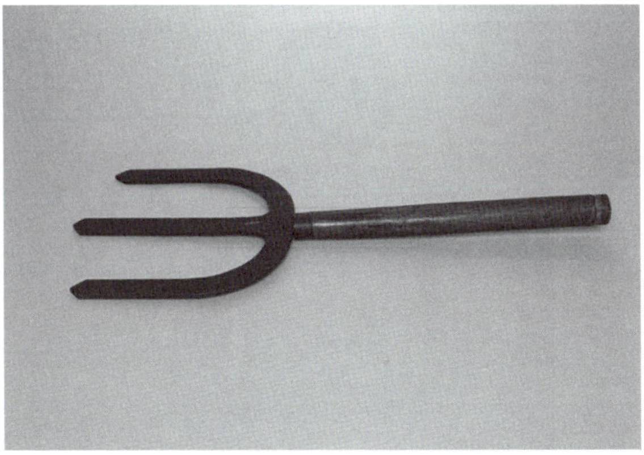

[그림 9-2] 삼지창(길이 110.5cm/ 자루 길이 64cm/ 지름 6cm/ 한국광복이후)

삼지창은 사냥거리에서 무당이 신에게 바칠 돼지나 소를 사냥하러 갈 때 필히 가지고 다니는 무구이다. 삼지창은 무당이 굿을 하면서 소고기, 돼지고기, 닭고기, 떡 등을 신에게 바칠 때 삼지창에다 꽂아서 사실 세우기를 하기 때문에 어떠한 무구보다도 중요하게 사용된다. 사실 세우기는 창 자루 부분을 아래로 하여 일직선으로 세운 뒤 창끝에다 신에게 바치는 음식을 올린다. 바닥에는 소금을 깔아서 창이 흔들리지 않도록 한다. 사진의 삼지창은 황해도 강신무당 고 우옥주가 사용하였던 것이다.

루브르박물관의 '웅크리고 앉아있는 율법학자' 유물 설명(양혜진 역, 2006, p. 70)을 보면 다음과 같다.

바닥에 책상다리로 앉아있는 형상은 가볍게 앞으로 기울어져 있고, 간단한 백색 옷 위에 피피루스가 펼쳐져 있으며 오늘날은 사라진 붓을 손가락으로 꽉 쥐고 있는 이 율법학자는 어떤 고위 관리의 지시에 따라 적을 준비가 다 되어있는 것처럼 보인다. 몸뿐만 아니라 얼굴에서도 나타나는 현실감이 충격을 준다. 코는 약간 매부리 모양에 입술은 가늘고 특히 눈은 수정으로 상감되어 있고 금속을 두들겨 덧붙였다. 살이 약간 찐 상태는 이제 복합적이며 중앙화된 행정 내에서 부유한 사회적 위치를 표현한다. 색상의 신선함(머리의 질흙 같은 검은색은 혈색의 붉은 황토색과 대조된다)은 이 매혹적인 초상의 매력과 활발함에 더해진다. 이 유물은 사카라에서 발굴되었다.

[그림 9-3] 웅크리고 앉아있는 율법학자(높이 53.7cm/ 기원전 2,350-2,000년)

위의 유물들을 설명한 내용에서 설명요소, 즉 형태, 쓰임, 디자인, 재료 및 기법, 시대적 배경(지역적 배경), 유물의 가치를 유물 읽기의 세 가지 관점에서 적용해 보면 〈표 9-4〉와 같다.

〈표 9-4〉 유물 읽기 관점에 따른 유물 설명 요소 적용

읽기 관점	유물 설명요소	농경문청동기	삼지창	웅크리고 앉아있는 율법학자
기호학적 측면	형태	상부 좌우 돌출부가 더 길고 뾰족하다. 상면에는 6개의 방형 구멍이 뚫려 있다.	창끝이 세 가닥으로 벌어져 있으므로 삼지창이라 하였다. 삼지창은 창부분과 창자루 부분으로 나누어지는데	바닥에 책상다리로 앉아있는 흉상은 가볍게 앞으로 기울어져 있고, 간단한 백색 옷 위에 파피루스가 펼쳐져 있으며 오늘날은 사라진 붓을 손가락으로 꽉 쥐고 있다. 코는 약간 매부리 모양에 입술은 가늘다.

기호학적 측면	용도(쓰임)	농경문 청동기는 제사를 지낼 때 큰 나무에 매달던 의기로 쓰였던 것으로 보인다.	강시무당들이 사용하는 무구이다. 굿에서 사냥거리, 군웅거리, 타살거리, 대감거리, 장군거리 등에서 장군신, 군웅신, 대감신 등을 불러들일 때 삼지창을 들고 춤을 추어서 신을 기쁘게 하거나 위험을 나타낸다. 또한 삼지창은 사냥거리에서 무당이 신에게 바칠 돼지나 소를 사냥하러 갈 때 필히 가지고 다니는 무구이다. 삼지창은 무당이 굿을 하면서 쇠고기, 돼지고기, 닭고기, 떡 등을 신에게 바칠 때 삼지창에 꽂아서 세우기를 하기 때문에 어떠한 무구보다도 중요하게 사용된다.	
미학적 측면	기능성	의기로 쓰였던 것	무구이다.	초상
	디자인 - 장식성(문양)	오른쪽에는 머리 위에 긴 깃털 같은 것을 꽂은 채 따비로 밭을 일구는 남자와 괭이를 치켜든 인물, 왼쪽에는 항아리에 무언가를 넣고 있는 인물이 새겨져 있다. 그 반대 면에는 좌우에 각각 두 갈래로 갈라진 나무 끝에 새가 한 마리씩 앉아 있다. 이러한 무늬는 모두 오래전부터 내려오는 솟대 신앙을 연상시킨다.		머리의 진흙 같은 검은색은 혈색의 붉은 황토색과 대조된다.
	디자인 - 재료 및 기법	청동기	창은 쇠로 만들고 자루는 단단한 나무로 만든다.	눈은 수정으로 상감되어 있고 금속을 두들겨 맞붙였다.

역사적 측면	시대적 배경 (지역적 배경)	대전에서 출토되었다고 전해진다.	황해도 강신무당 고 우옥주가 사용하였던 것이다.	사카라에서 발굴, 율법학자로 살이 약간 찐 상태는 이제 복합적이며 중앙화된 행정 내에서 부유한 사회적 위치를 표현한다.
	유물의 가치	이 유물은 인문, 농기구, 말 등을 추상적인 선으로 묘사해 청동기시대의 농경 양상과 농경 의례의 실상을 구체적으로 보여줄 뿐만 아니라, 당시 회화 수준을 짐작케 해준다는 점에서 귀중한 유물로 꼽히고 있다.		

국립중앙박물관의 '농경문청동기' 유물 설명의 경우는 기호학적 측면인 형태, 용도와 미학적 측면인 기능성, 장식성, 재료 및 기법과 역사적 측면인 시대적 배경(지역적 배경), 유물의 가치를 모두 기술하고 있음을 알 수 있다. 유물 읽기의 관점과 유물의 설명 요소들이 일치하고 있는 것을 알 수 있다.

국립민속박물관의 '삼지창' 유물 설명의 경우는 기호학적 측면인 형태, 용도와 미학적 측면인 기능성, 재료 및 기법, 역사적 측면인 시대적 배경을 기술하고 있다. 그러나 미학적 측면에서 디자인적인 요소인 장식성(문양)에 대한 설명과 역사적 측면인 유물의 역사적 가치에 대한 기술은 없다.

루브르박물관의 '웅크리고 앉아있는 율법학자' 유물 설명의 경우는 기호학적 측면인 형태와 미학적 측면인 기능성, 장식성, 재료 및 기법과 역사적 측면인 시대적 배경(지역적 배경)에 대해 기술하고 있다. 그러나 기호학적 측면인 유물의 용도(쓰임)와, 역사적 측면인 유물의 가치에 대한 설명이 없다.

유물의 특성에 따라 유물의 설명의 요소가 다를 수 있다. 유물의 정보를 관람자에게 전달하기 위한 설명도 유물을 잘 이해하는 데 도움을 줄 수 있는 어떤 관점을 가지고 서술하는 것이 요구된다.

3. 유물 읽기 지도에서 발문의 관점과 발문

가. 유물 읽기 지도에서 발문의 관점

유물 읽기 지도 시 발문 관점은 〈표 9-5〉의 유물 읽기의 관점과 요소를 근거로 기호학적 측면, 미학적 측면, 역사적 측면에서 접근할 수 있다. 여기서 제시하는 발문의 관점은 고정된 것이 아니라 유물의 성격에 따라 교사가 가감하여 융통성 있게 적용하는 것이 요구된다.

〈표 9-5〉 유물 읽기의 관점과 요소

관점 \ 내용	영역	요소
기호학적 측면	형태(기표)	외적인 크기, 모양, 특징
	용도(기의)	쓰임, 명칭, 명칭의 의미
미학적 측면	디자인	기능성(실생활용), 장식성(상징물, 의식용), 문양, 문양의 상징
	재료 및 제작기법	재료(자연재료, 인공재료)의 특성, 제작방법, 자연환경, 기술의 발달 정도
역사적 측면	시대적 배경 (지역적 배경)	제작자, 사용자
		발견된 곳, 생산지, 제작시대, 당시 사회의 상황, 지역적 특성, 당시 사회에 미친 영향, 현재의 내 삶과 관련성 찾기
		다른 유물 또는 다른 나라 유물과 관련성
	역사적 가치	유물의 역사적 가치, 예술적 가치

(1) 기호학적 측면

기호학적 측면에서 보면 유물은 하나의 기호이며, 따라서 형태는 해석 대상으로 변한다. 유물은 단순한 물건이 아니라 당시 사람들의 삶과 문화가 담겨있는 일종의 기호이기 때문이다.

형태를 해석하려는, 즉 읽어내려는 시도는 해석자의 이치에 따라 맥락이 형성되는 수용자 중심의 관점을 제공한다. 기호학의 이미지 읽기는 반직관적이다. 그 이미지를 바라보는 특정 순간에 갑자기 탄성을 지르면서 작품을 지각하는 지각론

(perceptualism)적 읽기와는 다르다(노만 브라이슨 외, 1995, p. 10).

기호학적 측면에서 보면 유물은 형태(기표)와 용도(기의)적인 면으로 구성된다. 따라서 유물의 외적인 크기, 모양, 형태의 특징을 살펴본 것을 유추하여 유물의 의미 즉 용도(쓰임)를 추론해 볼 수 있다.

형태와 관련된 발문의 예는 다음과 같다.

- 유물의 크기는 어떠한가요?
- 유물의 모양은 어떠한가요?
- 형태의 특징은 무엇인가요?

용도(쓰임)와 관련된 발문의 예는 다음과 같다.

- 유물의 모양으로 볼 때 혼자서 사용하는 것일까요? 아니면 여러 사람이 함께 사용하는 것일까요?
- 이 유물을 사용하는 사람들의 모습을 떠올려 봅시다. 어떤 곳에서 어떻게 사용하였을까요?
- 유물의 용도는 무엇일까?
- 유물의 이름을 지어봅시다.
- 유물의 원래 이름을 알아봅시다. 왜 이런 이름을 붙였을까요?
- 유물의 이름이 의미하는 것은 무엇일까요?

(2) 미학적 측면

유물에서 디자인적인 요소는 기능성, 장식성(문양)의 관점에서 살펴볼 수 있다. 이는 유물이 장식성에 중점을 두고 디자인된 것인지, 기능성에 중점을 두고 디자인된 것인지, 그리고 유물에 어떤 무늬가 새겨져 있으며 이를 통해 알 수 있는 미적인 요소는 무엇인가를 살펴보는 것이다. 장식성은 보고 즐기기 위한 용도로서의 쓰임새를 강조한 것이고, 기능성은 물건이 가지는 능력이 완벽하여 생활의 활용에 편리성을 추구한 것이다. 장식성의 성격이 강한지, 기능성의 성격이 강한지가 유물의 용도(쓰임)와 밀접한 관계를 가진다. 또한 무늬는 유물의 사용자와 지위나 유물의 용도와 관련될 수 있는 다의적인 의미를 내포하고 있기 때문에 그 시대의 문화를 이해하는 데 도움이 된다.

유물에서 디자인의 경우 재료와 제작방법(기술)은 밀접한 관련성을 가지고 있을 수밖에 없다. 당시 자연환경이나 과학기술의 수준에 따라 자연재료나 인공재료가 결정되고, 또 재료를 다루는 제작 기술에 따라 유물의 기능성, 심미성 등에 큰 영향을 미치기 때문이다. 재료 및 제작 방법은 그 당시의 자연환경이나 과학기술의 발달 정도를 알아볼 수 있는 척도가 된다.

디자인과 재료 및 제작기법과 관련된 발문의 예는 다음과 같다.

- 유물은 기능적(실용적)인가요, 장식적인가요?
- 유물에는 어떤 문양(무늬)가 새겨져 있나요?
- 유물에 새겨진 문양(무늬)을 보며 떠오르는 것을 이야기해 봅시다.
- 문양(무늬)가 상징하는 것은 무엇일까요?
- 유물의 재료는 무엇인가요?
- 어떤 방법으로 제작했을까요?

(3) 역사적 측면

유물은 그 시대의 사람들의 삶과 밀접한 관련을 가지며, 그 시대의 정치 · 경제 · 사회 · 문화적 산물이다. 유물은 단순한 쓰임을 넘어서 그 시대의 문화를 담고 있다. 따라서 유물의 이해하기 위해서는 유물과 관련된 사회 · 문화적 배경에 대한 정보가 요구된다. 또 유물이 그 당시의 사회에 어떤 영향이나 변화를 가져다 주었는지, 어떤 역사적 가치를 가지는지에 대한 이해가 필요하다.

시대적 배경과 유물의 역사적 가치와 관련된 발문의 예는 다음과 같다.

- 누가 사용했을까요?
- 이 유물은 당시 사람들에게 중요하였을까요? 그렇다면 어떤 점에서 중요하였을까요?
- 이 유물을 통해 당시 사회에 어떤 변화가 생겼을까요?
- 어느 지역에서 생산된 것인가요?
- 어느 시대에 만들어졌을까요?

- 어디서 어떻게 발굴되었나요?
- 이 유물의 가치는 무엇일까요?
- 이 유물이 현재 나의 삶과는 어떤 관련성이 있나요?

나. 후퍼 그린힐의 전시 해석과 비교

유물을 해석하는 것으로 널리 알려진 것은 후퍼 그린힐의 통합적 접근의 전시 해석이 있다. 후퍼 그린힐의 통합적 접근의 전시 해석은 7가지 요소로 통합적으로 접근하고 있는데, 구체적으로 살펴보면 제작, 재료, 디자인, 기능, 의미, 연계, 기타 등으로 크게 나눈 후 다음의 질문들로 〈표 9-6〉(백령, 2005, p. 92)처럼 세분하여 제시하고 있다.

〈표 9-6〉 후퍼 그린힐의 통합적 접근의 전시물 해석

제1요소(생산의 관점): 언제, 어디서, 누가, 누구를 위하여, 어떻게 그리고 왜 제작했는가?

제2요소(소재의 관점): 어디로부터 온 어떠한 재료(인공/자연)가 왜 이용되었으며, 대용할 다른 재료는 없었는가?

제3요소(디자인의 관점): 장식과 기능 중 어떤 것이 더 강조되었으며 어떠한 화풍이나 양식인가? 어떠한 재료가 쓰였으며 연관되는 다른 것은 없는가?

제4요소(사용의 관점): 언제 쓰였으며, 누구를 위해 어떤 이유에서 이용되었으며 이로 인해 어떤 변화가 있었는가?

제5요소(의미의 관점): 생산 당시의 소비자와 소유자에게는 어떠한 의미가 있으며 오늘날 우리에게, 이용객에게, 또 다른 문화권에게는 어떤 의미인가?

제6요소(연상의 관점): 개인적 사회적 연계성과 시간의 흐름 속에서, 또 다른 문화 속에서 연관성은 있는가?

제7요소(다른 정보와의 비교적 관점): 관련된 책, 사진, 유물, 비디오와 영상물, 기록 자료와 연구물은 어떤 것이 있는가? 이 또한 종합적으로 관찰하고 해석하는 방법이나 내용이 간단하지 않으며 대상에 따라 꽤 많은 분량이 되기도 한다.

유물을 읽고 해석하는 후퍼 그린힐의 7가지 요소와 III장 1절에서 제시한 '유물 읽기의 관점과 요소(〈표 9-5〉)'와 비교하면 다음과 같다.

두 가지 유물 읽기(해석)의 관점을 비교하면 공통점으로는 첫째, 문화적 맥락을 중요시하는 것을 알 수 있다. 후퍼 그린힐의 제1요소(생산의 관점)와 제4요소(사용의 관점), 제5요소(의미의 관점)와 본 글에서 제시한 유물 읽기의 관점과 요소(〈표 9-5〉)는 역사적 측면의 시대적 배경(지역적 특성)이 다 같이 문화적 맥락을 중시한 유물 읽기를 하고 있음을 알 수 있다.

둘째, 디자인과 재료에 대해서 언급하고 있다. 후퍼 그린힐의 제2요소(소재의 관점)와 제3요소(디자인의 관점)와 유물 읽기의 관점과 요소의 미학적 측면인 디자인과 재료 및 제작기법이 비슷하다.

셋째, 유물의 용도에 대해서 언급하고 있다. 후퍼 그린힐의 제4요소(사용의 관점)와 유물 읽기의 관점과 요소의 기호학적측면의 용도(쓰임, 명칭, 명칭의 의미)와 역사적 측면의 시대적 배경에서 '당시 사회에 미친 영향'이 유사함을 알 수 있다.

넷째, 다른 문화와 연관성을 다루고 있다. 후퍼 그린힐의 제6요소(연상의 관점)에서, 유물 읽기의 관점과 요소의 시대적 배경에서 비슷한 내용을 다루고 있다.

두 가지 유물 읽기(해석)의 관점을 비교하면 차이점으로는 첫째, 후퍼 그린힐은 7가지 요소를 순차적으로 나열하고 있지만, 유물 읽기의 관점과 요소에서는 기호학적 측면, 미학적 측면, 역사적 측면으로 이론적 배경을 체계적으로 제시하고 있다.

둘째, 디자인 내용면에서 약간의 차이가 있다. 후퍼 그린힐은 장식과 기능 중 더 강조된 것과 양식, 재료를 다루고 있는 반면에, 유물 읽기의 관점과 요소에서는 디자인의 기능성과 장식성의 중시 차이에서 실제 일상생활에서 사용된 것인지 상징물(의식용)인지를 구분하고 문양의 상징성까지 다루고 있다.

셋째, 후퍼 그린힐은 제2요소(소재의 관점)에서 재료만 다루었지만, 유물 읽기의 관점과 요소에서는 재료뿐만 아니라 제작방법까지 다루고 있다.

넷째, 유물 읽기의 관점과 요소에서는 후퍼 그린힐에서 제시하지 않은 역사적, 예술적 가치를 다룬다.

다섯째, 후퍼 그린힐에서는 유물 읽기의 관점과 요소에서 다루지 않았던 '유물과 관련된 다양한 자료'를 참고하라는 것이 제시되어 있다. 즉 '유물과 관련된 책, 사진, 유물, 비디오와 영상물, 기록 자료와 연구물은 어떤 것이 있는가?' 등에서 다양한 자료를 참고하도록 하고 있다.

다. 유물 읽기 지도에서 발문의 실례

유물 읽기 지도에서 발문의 실례로 〈기마인물형토기〉와 〈백제금동대향로〉 등에 대해서 제시하면 다음과 같다.

(1) 기마인물형토기

〈기마인물형토기〉에 대해 구체적으로 알아보면 다음과 같다(국립중앙박물관, 2011; 한국민족문화대백과사전, 2012). 이 토기의 형태는 말을 탄 사람의 모습을 하고 있다. 하지만 말의 가슴과 엉덩이 위에 물을 붓고 따를 수 있는 구멍이 뚫려 있는 것으로 보아, 주전자와 같은 용도로 사용되었음을 알 수 있다.

[그림 9-4] 기마인물형토기(높이 24.0cm, 길이 29.5cm/ 높이 21.0cm, 26.3cm/ 신라 6세기)

말을 탄 사람은 차림새나 크기, 말갖춤 등에 차이가 있는 것으로 보아 서로 신분이 다르다는 것을 알 수 있다. 주인으로 추정되는 인물은 장식된 삼각형 형태의 모자와 갑옷을 입고, 왼쪽 허리에 칼을 찬 늠름한 모습을 취하고 있다. 말갖춤도 말띠드리개, 말띠꾸미개, 안장, 발걸이, 다래 등을 완전하게 갖추고 있다. 특히 말 이마에 뿔과 같은 것이 붙어있는 점으로 미루어 의례용으로 특별히 제작된 것으로 보인다.

하인으로 보이는 인물은 상투를 틀어 올리고 윗옷을 입지 않고 있다. 오른손에는 방울을 흔들며 주인의 영혼을 안내하는 듯하며, 등에는 봇짐을 메고 있다. 말갖춤의 장식 역시 주인에 비해 간략하고 발걸이가 표현되어 있지 않다. 이처럼

1924년 경주 금령총에서 출토된 말 탄 사람 토기는 인물 묘사, 옷차림새, 말갖춤에 대한 상세한 정보를 제공해 주는 중요한 자료이다.

기마인물형토기([그림 9-4])로 유물 읽기 지도에서 발문을 할 경우 다음과 같은 발문들을 할 수가 있다.

◈ 형태 관련

- 눈길이 가장 먼저 가 닿는 곳은 어디인가?
- 유물의 모양을 보며 생각나는 단어는 무엇인가요?
- 두 유물의 모양 중 특이한 것이 있나요?
- 말 탄 두 사람의 형태의 차이점은 무엇인가요?

◈ 디자인 관련

- 우리가 알고 있는 말과는 어떤 차이가 있나요?
- 말 탄 두 사람의 차림새와 크기는 어떠한가요?
- 두 말의 장식은 어떤 차이가 있나요?
- 말의 가슴에 붙어있는 긴 관과 엉덩이 위에 둥근 그릇모양이 붙어있다. 이것들은 왜 이렇게 디자인했을까요?

◈ 재료 및 제작기법 관련

- 인물과 말은 무엇으로 만들었을까요?
- 어떤 방법으로 제작했을까요?

◈ 용도(쓰임) 관련

- 왼쪽 사람은 오른손에 무엇을 들고 있나요? 그 이유는 무엇일까요?
- 유물은 눈으로 보고 즐기기 위한 것이었을까요? 아니면 직접 사람들이 사용하는 물건이었을까요?
- 유물의 이름을 지어봅시다. 왜 그렇게 지었나요?
- 유물의 원래 이름을 알아봅시다.

- 유물의 이름이 의미하는 것은 무엇일까요?
- 이 유물의 용도는 무엇일까요?

◈ 시대적 배경 관련

- 이와 비슷한 유물을 본 적이 있나요?
- 누가 사용했을까?
- 말 탄 두 사람의 옷차림이나 말장신구 등의 차이는 무엇을 의미할까요?
- 어느 시대에 만들어졌을까요?
- 이 유물이 현재 나의 삶과는 어떤 관련성이 있나요?

◈ 유물의 가치 관련

- 이 유물은 당시 사람들에게 왜 제작하였을까요?
- 이 유물이 당시 사람들에게 어떤 영향을 끼쳤을까요?
- 이 유물의 역사적 가치는 무엇인가요?

(2) 백제금동대향로

〈백제금동대향로〉에 대해 구체적으로 살펴보면 다음과 같다(국립부여박물관, 2010; 문화재청 홈페이지). 백제금동대향로는 백제 나성과 능산리 무덤들 사이 절터 서쪽의 한 구덩이에서 450여 점의 유물과 함께 발견된 백제의 대형 향로이다. 크게 몸체와 뚜껑으로 구분되며 위에 부착한 봉황과 받침대를 포함하면 4부분으로 구성된다.

뚜껑에는 23개의 산들이 4~5겹으로 첩첩산중을 이루는 풍경을 보여주고 있다. 피리와 소비파, 현금, 북들을 연주하는 5인의 악사와 각종 무인상, 기마수렵상 등 16인의 인물상과 봉황, 용을 비롯한 상상의 날짐승, 호랑이, 사슴 등 39마리의 현실 세계 동물들이 표현되어 있다. 이 밖에 6개의 나무와 12개의 바위, 산 중턱에 있는 산길, 산 사이로 흐르는 시냇물, 폭포, 호수 등이 변화무쌍하게 표현되어 있다.

뚜껑 꼭대기에는 별도로 부착된 봉황이 목과 부리로 여의주를 품고 날개를 편 채 힘 있게 서 있는데, 길게 약간 치켜 올라간 꼬리의 부드러움은 백제적 특징이

[그림 9-5] 금동대향로(높이 61.8cm 무게 11.8kg/ 백제)

라 하겠다. 봉황 앞가슴과 악사상 앞뒤에는 5개의 구멍이 뚫려 있어 몸체에서 향 연기를 자연스럽게 피어오를 수 있게 하였다.

몸체는 3층의 연꽃잎을 중첩하여 반원형의 대접모양을 하고 있으며, 활짝 피어난 연꽃을 연상시킨다. 연잎의 표면에는 불사조와 물고기, 사슴, 학 등 26마리의 동물이 배치되어 있다. 받침대는 몸체의 연꽃 밑 부분을 입으로 문 채 하늘로 치솟듯 고개를 쳐들어 떠받고 있는 한 마리의 용으로 되어 있다. 용은 금방이라도 승천할 듯한 태세로 꿈틀거리며 입을 크게 벌린 채 입 속 간주로 향로의 몸체를 받치고 있다. 용은 자신의 위엄을 보이듯 한쪽 발은 치켜들고 나머지 발과 꼬리는 둥근 원을 형성하여 안정감을 더하고 있다.

이 향로는 백제 전성기의 백제 예술과 문화를 그대로 투사해 주는 작품으로 사비 시기 능산리 절에서 죽은 왕들을 위로하기 위한 향로로 사용된 것으로 보인다.

이 향로는 중국 한나라에서 유행한 박산향로의 영향을 받은 듯하지만, 중국과 달리 산들이 독립적 · 입체적이며 사실적으로 표현되었다. 창의성과 조형성이 뛰어나고 불교와 도교가 혼합된 종교와 사상적 복합성까지 보이고 있어 백제시대의 공예와 미술문화, 종교와 사상, 제조기술까지도 파악하게 해 주는 귀중한 작품이다.

◈ 형태 관련

- 유물의 모양을 보면 무엇이 생각나나요?
- 유물 모양의 특이한 점은 무엇인가요?
- 유물의 크기는 어떠한가요?
- 유물은 크게 몇 부분으로 되어 있나요?

◈ 디자인 관련

- 유물의 윗부분(뚜껑)에는 무엇이 새겨져 있나요?
- 유물에는 새겨진 동물들을 찾아봅시다.
- 5인의 악사들을 찾아봅시다.
- 유물의 꼭대기에는 무엇이 서 있나요?
- 몸체의 아랫부분에 무엇이 새겨져 있으며, 모양은 어떠한가요?
- 가장 아랫부분(밑받침)은 무슨 동물로 보이나요?

◈ 재료 및 제작기법 관련

- 유물은 어떤 재료로 만들었을까요?
- 유물은 어떤 방법으로 제작했을까요?

◈ 용도(쓰임) 관련

- 뚜껑에 왜 구멍이 있을까요?
- 유물의 모양과 뚜껑을 볼 때 용도는 무엇일까요?
- 유물의 이름을 지어봅시다. 왜 그렇게 지었나요?
- 유물의 원래 이름을 알아봅시다.
- 유물의 이름이 의미하는 것은 무엇일까요?
- 이 유물을 사용하는 사람들의 모습을 떠올려 봅시다. 어떤 곳에서 어떻게 사용하였을까요?

◈ 시대적 배경 관련

- 발견된 곳은 어디인가요?

- 어느 시대에 만들어졌을까요?
- 누가 사용했을까요?

◈ 유물의 가치 관련

- 이 유물은 당시 사람들에게 왜 중요하였을까요? 그렇다면 어떤 점에서 중요하였을까요?
- 중국의 박산향로와 비교하여 차이점을 무엇인가요?
- 이 유물을 통해 당시 사회에 어떤 변화가 생겼을까요?
- 이 유물의 가치는 무엇일까요?

유물 읽기 지도는 교사에 의한 일방적인 설명식 수업보다는 발문을 통해 상호작용 과정 속에서 학생들이 유물에 대해 다양한 관점에서 사고할 수 있는 기회를 제공하는 것이 요구된다. 유물 읽기 지도에서 교사들이 발문을 어려워하는 것은 어떤 관점에서 발문을 해야 할지 모르기 때문이다. 유물 읽기를 위한 발문의 관점 없이, 구체적인 계획이나 아이디어 없이 즉흥적으로 이루어지는 발문을 하다보면 유물이 바뀌면 무슨 발문을 해야 할지 막막하게 된다. 유물에 따라 발문을 즉흥적으로 구성하는 것이 아니라, 교재를 연구할 때 발문의 관점을 가지고 유물에 대한 조사를 하면 유물의 다원적인 특성을 분석하고 해석하는 것이 용이하기 때문이다.

박물관에 전시된 유물은 그 유물이 사용되었던 환경과 맥락과 동떨어져 전시되어 있기 때문에 학생들이 유물에 대해 이해하기가 쉽지 않다. 따라서 유물 읽기 이해학습을 위한 발문을 유물의 갖고 있는 문화적 맥락 속에서 읽고 해석하는 것이 필요하기 때문에, 본 글에서 제시하는 발문은 문화적 맥락의 관점에 중점을 두고 제시하였다.

본 글에서는 유물 읽기 지도 시 발문의 관점을 기호학적 측면, 미학적 측면, 역사적 측면에서 제시하였다. 기호학적 측면에서는 유물의 형태(기표)와 용도(기의)를 다루며, 유물의 외적인 형태를 살펴본 것을 유추하여 유물의 용도를 추론한다. 미학적 측면은 디자인과 재료와 제작기법을 다루며, 디자인에서는 기능성과 장식성(문양)을 중심으로, 역사적 측면에서는 시대적 배경과 유물의 가치에 대해서 제시하였다.

유물 읽기 지도에서 교사의 발문의 역할은 단편적인 지식의 전달이 아니라 상호작용을 통한 의미구성이 이루어지도록 해야 한다. 발문은 교사만 하는 것이 아니라 학생들도 적극적으로 질문에 참여하도록 해야 한다. 발문의 관점은 고정된 것이 아니라 유물에 따라 교사가 가감하여 적용하는 것이 요구된다. 유물 읽기 학습에서 적절한 발문을 하지 못한다면 내실 있는 학습을 기대하기 어렵기 때문에 유물에 대한 발문관점이나 방법에 관한 많은 연구가 이루어져야 하고 또 현장에 적용되어야 한다.

참고문헌

국립부여박물관(2010). 백제 중흥을 꿈꾸다 능산리사지. 서울: 예맥.

국립중앙박물관(2011). 국립중앙박물관 100선. 서울: 안그라픽스.

김경용(2001). 기호학의 즐거움. 서울: 민음사.

김경인(2012). 다문화 이해를 위한 유물 활용 방안 연구. 서울교육대학교 대학원 석사학위논문.

김현애(2010). 박물관 유물 대여 프로그램 활성화 방안: 효과적인 초등 역사 수업을 위하여. 한신대학교 교육대학원 석사학위논문.

나선화(1999). 박물관 교육의 특성과 역할. 교육철학, 19집, 241-252.

류재만(2004). 미술 감상 · 비평학습에서 발문에 관한연구. 미술교육논총, 제18권 1호. 193-226.

문윤금(2008). 고고학적 유물 탐구 방법을 통한 초등학생 역사적 사고력 신장 방안. 부산교육대학교 대학원 석사학위논문.

문화재 보호법[시행 2012.7.27] [법률 제11228호, 2012.1.26. 일부개정].

민홍철 외(1994). 디자인 사전. 서울: 안그라픽스.

박민정(2012). 사회과, 미술과 통합을 위한 유물이해학습프로그램 개발: 초등학교 5학년을 중심으로. 서울교육대학교 대학원 석사학위논문.

손지현(2009). 기호학과 패러디를 통한 광고의 접근. 미술교육연구논총, 제26집, 141-162.

신언모(2004). 커뮤니케이션디자인론. 파주: 태학원.

양은숙(2007). 초등사회과 역사학습에서의 생활 유물 활용방안. 한국교원대학교 대학원 석사학위논문.

양혜진 역(2006). 루브르박물관 가이드북. 루브르박물관.

윤정란(2003). 기호학적 관점에 의한 어린이 미술활동 지도 방안 연구. 서울교육대학교 대학원 석사학위논문.

이광표(2005). 국보이야기. 서울: 랜덤하우스중앙.

이록희(2011). 유물 연계 역사현장교육프로그램의 효과와 발전 방안 연구: 국립고궁박물관의 궁궐교육프로그램 운영사례를 중심으로. 중앙대학교 대학원 석사학위논문.

임연웅(1995). 디자인 재료학. 서울: 미진사.

전보경(2010). 박물관 교육에 있어서 전시연계 프로그램에 관한 연구: 전시물 기반학습이론을 중심으로. 중앙대학교 교육대학원 석사학위논문.

전형근(2012). 박물관유물과 중등한국사 내용을 연계한 수업연구: 〈고려시대관〉 수업사례. 서강대학교 대학원 석사학위논문.

한국미술연구소(1998). 디자인?디자인!. 서울: 시공사.

노만 브라이스 외, 김융희 · 양은희 역(1998). 기호학과 시각예술. 서울: 시각과 언어.

Borich, G., 이미자, 조주연, 최욱 옮김(2002). 효과적인 교수법. 서울: 피어슨 에듀케이션 코리아.

Colin Renfrew & Paul Bahn, 이희준 옮김(2008). 현대 고고학 강의. 서울: 사회평론.

Molly Raymond Mignon, 김경택 번역(2006). 考古學의 理論과 方法論. 서울: 주류성출판사.

Borich, G. (2000). *Effective Teaching Methods* (4rd ed). New Jersey: Prentice hall Press.

Chuska, K. (1995). *Improving classroom questions: A teacher's guide to increasing student motivation, participation and higher-level thinking*. Bloomington, IN: Phi Delta Kappa Educational Foundation.

Colin Renfrew & Paul Bahn. (2007). *Archaeology Essentials: Theories, Methods and Practice*. London: Thames & Hudson Ltd.

Molly Raymond Mignon. (1993). *Dictionary of Concepts in Archaeology*. Westport: Greenwood Press.

Wilen, W. (1991). *Questioning skills for teachers* (3rd ed). Washington, DC: National Education Association.

국립민속박물관 홈페이지. http://www.nfm.go.kr (2012년 3월 19일 검색)

문화재청 홈페이지. http://www.cha.go.kr/korea (2012년 3월 25일 검색)

한국민족대백과사전. http://encykorea.aks.ac.kr/ (2012년 3월 25일 검색)

제10장 유물 리터러시 교육

유물은 과거에 살았던 사람들이 남긴 물건이나 작품들이다. 유물은 과거의 사람들의 삶의 흔적이 담긴 타임캡슐로, 그 당시의 사회상이나 문화, 정신세계 등을 유추해 볼 수 있는 단서를 제공해 준다. 박물관에서 만나는 유물은 제작된 시대, 장소, 당시 주변 상황과 괴리된 채 탈맥락적으로 전시되어 있기 때문에 유물을 보고 그 당시의 유물과 관련된 이야기나 용도를 이해하기란 쉽지 않다.

박물관에서 학생들이 교사가 설명하는 것을 받아쓰거나, 과제를 하기 위해 전시 유물 밑에 붙어있는 간난한 설명을 보고 베끼는 것을 볼 수 있다. 그동안 유물 학습은 교사가 유물에 관한 정보를 학습자에게 전달하고, 학습자는 그 정보를 수용하는 것으로 이루어져 왔다. 창의 융합 능력과 문제 해결력이 요구되는 제4차 산업혁명 시대에 유물 학습은 학습자가 유물에 대해 스스로 생각하고 추론하며 상상하는 등 자기주도적으로 문제를 해결할 수 있는 기회를 제공하는 방향으로 전환되어야 한다. 따라서 교사는 학습자와의 상호작용을 통해서 학습자들의 지적 호기심과 역사적 상상력을 자극하고, 유물과 관련된 지식을 재구성할 수 있도록 도와주는 역할을 해야 한다.

박물관에 있는 유물 혹은 자료들은 그 자체로서는 문화가 될 수 없다. 다만 그것이 놓여 있는 문화적 상황 속에서, 다른 문화적 요소들과 맺는 관계를 통해 물건이 설명해 주는 인간 생활의 의미를 해석해 낼 수 있는 것이다(윤현호, 2007, p. 236).

유물학습이 유물에 대한 나열된 정보를 외우고 수용하는 중심의 학습이 아니라, 유물과 관련된 당시의 문화를 이해하는 학습이 되기 위해서는 유물 리터러시를 통한 접근이 요구된다. 탈맥락적으로 전시되어 있는 유물을 맥락적으로 연결시키는 과정에서 내러티브의 활용이 유용한 수단이 될 수 있다. 내러티브는 학습자가 스스로 학습을 구성하는 경험을 제공하고 '의미 만들기(meaning-making)'를 촉진하는 역할을 할 수 있기 때문이다.

1. 유물 리터러시의 개념과 교육적 의의

가. 유물 리터러시의 개념

국내에서 '리터러시(literacy)'는 오랫동안 글을 읽고 이해하는 능력을 뜻하는 문해력으로 번역되어 사용되어 왔다. 그러나 정보기술이 빌달하고 읽기의 대상이 되는 텍스트의 범위가 문자 이상의 영상, 이미지, 기호 등으로 확대되면서, 2000년대 이후 언어학 분야를 중심으로 문식성이라는 용어가 문해력을 대체하고 있는 양상이다. 문해력이 아닌 문식성으로의 용어의 변화는 리터러시가 하나의 통일된 개념으로 정의되기 어렵고, 사회문화적 맥락에 따라 그 개념이 다르게 사용되어 왔다는 사실에 대한 인식을 반영하는 것이라고도 볼 수 있다(송경진, 2014, p. 17). 즉, 리터러시가 단순히 '모어로 읽고 쓸 수 있는 능력'에서 '텍스트를 이해, 해석, 창조함과 동시에 산출, 사용하는 일종의 의사소통 능력'으로 개념상, 사용상의 변화를 겪게 되었다(오지혜, 2012, p. 125).

그러나 시대의 변화에 따라 리터러시의 개념도 점차 확장되는 추세를 보이고 있다. 바로 문화 리터러시, 미디어 리터러시, 컴퓨터 리터러시, 정보 리터러시 등의 개념에서 알 수 있듯이, 리터러시는 어떤 목적 또는 분야와 관계되는 '기본 능력'이라는 원형적 의미를 지니고 있다고 할 수 있다(김염, 2010, p. 61).

유물이란 앞 시대에 살고 간 사람들의 제작 의도와 생각을 담은 기호체이며, 유물은 그 시대의 자연환경이나 사회문화 환경, 시대정신, 삶의 방식이나 태도 등이 담긴 유형의 물건으로 내러티브(narrative)를 가지고 있다. 유물을 기호학적 관점에서 보면 유물은 하나의 기호이며 해석 대상이 된다. 유물 리터러시는 유물을 하나의 기호로서의 텍스트로 보고 읽고, 추론하고, 설명하고 쓰는(표현) 능력으로 정의할 수 있다.

나. 유물의 가치

유물은 단순한 과거의 물체가 아니라, 그 시대의 삶과 문화를 이해하는 중요한 창이다. 유물 가운데 역사적 사료로서 가치가 있는 책이나 문서, 예술적 가치가 높은 탑, 공예품, 그림, 벽화, 글씨 등은 국가의 중요한 문화유산으로 지정되어 보호한다. 이러한 유물들은 우리에게 그 시대의 숨결을 전하고, 그 문화의 정수를 체험하게 해준다. 유물의 가치를 구체적으로 살펴보면 다음과 같다.

유물의 가치는 다음과 같다. 첫째, 그 시대의 문화적 정체성을 이해할 수 있다. 유물은 과거에 제작된 실물이며 그 시대에 살았던 사람들의 삶과 문화가 고스란히 담겨있기 때문에 당시 사람들의 삶과 문화를 추론하는 근거가 된다(류재만, 2103, p. 75). 유물은 특정 문화나 민족의 정체성을 형성하는 중요한 요소이다. 유물은 단순히 물건에 그치지 않고, 그 시대 사람들의 가치관과 생활 방식을 엿볼 수 있는 중요한 단서가 된다. 예를 들어, 한국의 고대 청동기 유물, 이집트의 미라와 피라미드, 로마의 콜로세움과 같은 유물들은 각 민족과 국가의 고유한 문화를 대표하며, 우리가 그들의 역사와 신념, 문화적 특성을 이해하는 데 중요한 역할을 한다. 이를 통해 우리는 과거의 사람들의 삶을 살아있는 듯 상상할 수 있다.

둘째, 그 시대의 정신세계, 종교 등을 읽을 수 있다. 토기 그릇 하나도 다양한 관점에서 해석할 수 있다. 토기 표면의 장식 문양 양식의 변천 순서를 수립(형식화)하거나 그에 관련짓는 데 도움이 될 수 있으며, 특히 그것이 신상이나 여타 상을 표현하고 있다면 옛 신앙에 관해 무언가를 말해 줄 수도 있다(Colin Renfrew & Paul Bahn, 2008, p. 38). 유물은 종교적인 신념이나 가치관을 전달하는 중요한 매개체로 작용한다. 예를 들어, 고대 이집트의 신전 유물이나 그리스의 신상은 종교와 신앙의 중요성을 강조하며, 당시 사람들의 세계관을 이해할 수 있게 해준다.

이처럼 유물의 형태나 문양, 크기 등에서 그 당시의 사람들의 정신세계나 종교 등에 대해 유추할 수 있다.

셋째, 그 시대의 과학기술 수준을 이해할 수 있다. 유물은 당시의 자연환경과 사회적 필요를 반영하여 제작되었으며, 그 시대의 기술적 발전 수준을 엿볼 수 있는 중요한 자료이다. 예를 들어, 고대의 농업 도구나 의학 기기, 건축 기법은 당시 사람들이 직면한 문제를 해결하기 위해 얼마나 뛰어난 기술을 발휘했는지를 보여준다. 유물은 그 시대 사람들이 자연과 어떻게 상호작용했으며, 기술적 문제를 어떻게 해결했는지에 대한 중요한 정보를 제공한다.

넷째, 다른 문화와의 차이를 이해하고, 문화를 비교할 수 있다. 우리와 다른 문화를 이해할 수 있다. 유물의 연구는 형식 분류, 과학적 분석 등을 통해 각각의 기능과 성격이 파악하며 이를 다른 지역과 비교함으로써 각 지역별 문화적 특성을 알 수 있다(최성락, 2005, p. 91). 유물은 우리가 다른 문화를 이해하고, 그 문화의 특성을 비교하는 데 도움을 준다. 예를 들어, 우리나라의 유물과 다른 나라의 유물을 비교하면, 각 문화가 어떻게 다른 방식으로 발전해 왔는지, 그리고 각 지역의 독특한 특성을 알 수 있다. 이러한 비교 연구는 우리가 자신을 이해하고, 동시에 다른 문화와의 차이를 존중하는 데 중요한 기회를 제공한다.

다섯째, 문화 간의 상호작용과 교류를 이해할 수 있다. 유물은 서로 다른 문화 간의 상호작용과 교류를 나타내는 중요한 증거물이기도 하다. 국보 193호인 경주 황남대총(98호) 남분에서 발굴된 유리잔과 봉수병의 표면을 장식하고 있는 띠는 색유리를 녹여 가늘고 길게 늘린 다음 용기 표면에 붙인 것이다. 이처럼 띠를 덧대거나 입구부분을 둥글게 말아 기물을 장식하는 방법은 초기 비잔틴 시기의 특징이다. 이와 같은 유리잔과 봉수병은 지중해 동부 연안과 북쪽의 시리아 지역에서 많이 볼 수 있다. 유리그릇의 형태와 제작 기법을 고려하면 문화 교류에 따른 전래품으로 추정된다(한국민족대백과사전, 2018.9.26. 검색). 이 유리병과 유리잔은 5세기 서역의 어느 한 지점에서 제작돼, 중앙아시아 유목민들의 이동경로인 스텝로드(steppe road)를 따라 신라에 건너온 것으로 보인다(최형철, 2007, p. 102). 이러한 유물들은 우리가 문화적 교류의 양상과 그 영향을 어떻게 이해할 수 있는지를 보여주는 중요한 사례이다. 유물의 제작 방식이나 장식이 다른 지역과 어떻게 연결되어 있는지를 분석함으로써, 우리는 다양한 문화가 어떻게 영향을 주고받았는지 추적할 수 있다.

여섯째, 유물은 단순한 과거의 유물이 아니라, 우리가 과거를 배우고, 역사와 문화를 이해하는 중요한 교육적 도구이다. 박물관에서 유물을 직접 접하는 경험은 글이나 기록으로만 배우는 것과는 다른 깊이를 제공한다. 유물을 통해 관람자들은 과거의 사람들의 생활 방식을 상상하고, 그들의 삶의 질서를 이해하며, 그들이 남긴 흔적을 체험할 수 있다. 예를 들어, 고대의 도구나 일상용품, 도자기를 통해 당시 사람들의 생활 방식을 배우고, 그들의 가치관과 문화를 직관적으로 이해할 수 있다. 이런 경험은 학문적 가치뿐만 아니라 감동적이고 심리적으로도 큰 의미를 가진다.

다. 유물 리터러시의 교육적 의의

유물은 과거 사람들의 생각과 문화를 담고 있는 기호 체계이다. 유물 리터러시는 이러한 유물에 담긴 의미와 용도, 역사적 가치를 읽어내는 능력으로, 그 교육적 의의는 매우 크다. 유물 리터러시 교육을 통해 학생들은 과거와 현재를 연결하는 중요한 역량을 기를 수 있다. 그 교육적 의의를 구체적으로 살펴보면 다음과 같다.

첫째, 실물자료로서의 가치이다. 유물은 그 자체로 실물 형태로 존재하기 때문에, 학생들이 눈으로 직접 확인하고 경험할 수 있다는 점에서 큰 학습적 가치를 가진다. 유물을 통해 학생들은 교과서 속에서 볼 수 없었던 시대적 현실을 직관적으로 이해할 수 있다. 예를 들어, 고대 유물이나 고대 문서의 실물을 접함으로써, 그 유물이 제작된 시대적 배경과 상황을 보다 깊이 있게 파악할 수 있다. 실물 자료를 통해 학습하면 이론적으로만 접근할 수 없는 감각적인 이해를 돕고, 학생들의 흥미를 유발하는 데 효과적이다

둘째, 자기 주도적으로 유물 해석능력을 기른다. 기존의 교육에서는 유물에 대한 정보가 교과서 속 사진과 설명으로 제시되어, 학생들은 유물을 수동적으로 수용하는 방식에 익숙했다. 그러나 유물 리터러시 교육을 통해 학생들은 유물을 직접 보고, 그 속에 담긴 의미와 용도를 스스로 해석하는 능력을 기를 수 있다. 이 과정에서 학생들은 능동적으로 유물을 탐구하고, 자신의 생각을 정리하며, 비판

적 사고 능력을 키울 수 있다. 또한, 유물을 "읽고 쓰는" 경험을 통해 자신만의 해석을 만들어 가는 과정은 자기 주도적인 학습을 촉진할 수 있다.

셋째, 역사적 상상력을 증진시킬 수 있다. 유물은 단순한 물리적 객체에 그치지 않고, 그 속에 담긴 이야기와 맥락을 이해하는 데 중요한 역할을 한다. 유물을 통해 학생들은 과거 사람들의 삶과 사고 방식을 상상하며, 역사적 내러티브를 구성할 수 있다. 예를 들어, 특정 유물을 보고 그것이 어떻게 사용되었는지, 그 시대 사람들이 어떤 환경에서 살아갔는지를 상상하면서 역사적 사건들을 보다 입체적으로 이해하게 된다. 유물을 해석하는 과정은 학생들에게 창의적인 사고와 문제 해결 능력을 키울 수 있게 해준다.

넷째, 상호 문화 이해 능력을 기를 수 있다. 정보화 사회가 되면서 세계는 점점 가까워지고 글로벌화와 다문화사회로 바뀌고 있다. 다문화 사회는 여러 문화가 갖는 다양한 가치를 인정하고 존중하며, 나와 다른 다양한 문화가 있음을 이해하고 세계적 문제에 함께 해결하기 위해 노력하는 상호 의존성에 대한 이해를 필요로 한다(류재만, 2018, pp. 112-113). 유물 리터러시 교육은 학생들에게 자신과 다른 문화에 대한 이해를 높이는 중요한 도구가 된다. 다양한 문화권의 유물을 비교하고 분석함으로써, 학생들은 자문화와 타 문화를 비교하고, 그 차이점과 유사점을 이해할 수 있다. 특히, 유물은 문화적 차이를 넘어서서 각 사회가 공유하는 보편적인 가치를 발견할 수 있는 기회를 제공한다. 다문화 사회에서 상호 존중과 협력을 위해 필요한 이해력을 기르는 데 유물 리터러시 교육은 중요한 역할을 한다. 이를 통해 학생들은 다른 문화의 다양성을 인정하고, 상호 의존적인 세계 시민으로서의 자질을 갖추게 된다.

2. 유물 리터러시 교육 전략

가. 유물 읽기

유물 읽기 전략으로 해석 전략, 학습자 질문 생성 전략으로 접근할 수가 있다. 구체적으로 살펴보면 다음과 같다.

(1) 해석 전략

유물 읽기는 유물 해석을 통해서 가능하다. 유물 해석의 관점과 요소(〈표 10-1〉)는 기호학적 관점, 미학적 관점, 역사적 관점에서 접근할 수 있다. 유물 해석의 관점과 요소는 고정된 것이 아니므로 유물에 따라 융통성 있게 가감하는 것이 요구된다. 유물 해석의 관점과 요소(류재만, 2013, pp. 86-87)를 구체적으로 살펴보면 다음과 같다.

〈표 10-1〉 유물 해석의 관점과 요소

관점 \ 내용	영역	요소
기호학적 관점	형태(기표)	외적인 크기, 모양, 특징
	용도(기의)	쓰임(용도), 명칭, 명칭의 의미
미학적 관점	디자인	기능성(실생활용), 장식성(상징물, 의식용), 문양, 문양의 상징
	재료 및 제작 기법	재료(자연재료, 인공재료)의 특성, 제작방법, 자연환경, 과학기술의 발달 정도
역사적 관점	시대적 배경 (지역적 배경)	발견된 곳, 생산지, 제작시대, 지역적 특성, 당시 사회의 상황, 당시 사회에 미친 영향
		제작자, 사용자
		다른 유물 또는 타 문화 유물과의 관련성
		현재의 내 삶과 관련성 찾기
	역사적 가치	유물의 역사적 가치와 의미, 예술적 가치

출처: 류재만, 2013, p. 86.

(가) 기호학적 관점

기호학적 관점에서 보면 유물은 하나의 기호이며 해석 대상이 된다. 유물은 단순한 물건이 아니라 그 시대 사람들의 생활모습과 문화가 담겨있는 일종의 기호로 볼 수 있다. 형태를 해석하여 읽어내려는 시도는 맥락이 형성되는 수용자 중심의 유물 읽기 관점을 제공한다. 기호학의 이미지 읽기는 반직관적이다. 그 이미지를 바라보는 특정 순간에 갑자기 탄성을 지르면서 작품을 지각하는 지각론(perceptualism)적 읽기와는 다르다(노만 브라이슨 외, 1995, p. 10).

기호학적 관점에서 보면 유물은 형태(기표)와 용도(기의)로 구성된다. 따라서 유물의 크기, 모양, 특징 등의 관찰을 통해서 유물의 용도를 유추해 볼 수 있다.

(나) 미학적 관점

유물을 미학적 관점에서 디자인과 재료 및 제작기법 측면에서 살펴볼 수 있다. 디자인과 관련해서는 기능성(실용성), 장식성(상징물, 의식용), 문양, 문양의 상징성 등을 알아보는 것이다. 이는 유물이 장식성에 중점을 두고 디자인된 것인지, 기능성에 중점을 두고 디자인된 것인지, 그리고 유물에 어떤 문양이 새겨져 있으며 이를 통해 알 수 있는 미적인 요소는 무엇인가를 살펴보는 것이다(류재만, 2013, pp. 87-88). 장식성은 실용성보다 보고 즐기기 위한 용도로서의 쓰임새를 강조한 것이고, 기능성은 실생활에 활용하기 위한 용도로 편리성을 추구한 것이다. 유물이 장식성의 성격인지, 기능성의 성격인지는 유물의 용도(쓰임)와 밀접한 관련성을 가진다. 또한 문양은 유물을 사용했던 사람의 지위나 권위 등의 용도와 관련될 수 있기 때문에 그 당시의 문화를 이해하고 유추하는 데 도움이 된다.

재료와 제작 방법(기술)은 유물의 디자인과 밀접한 관련성을 가진다. 그 당시의 자연환경이나 과학기술의 수준에 따라 재료 선택이 달라지고, 또 재료를 가공하는 기술 수준에 따라 실용성, 심미성 등에 큰 영향을 미치게 된다. 재료 및 제작 방법은 당시의 자연환경이나 과학기술의 발달 수준을 추론해 볼 수 있는 척도가 된다.

(다) 역사적 관점

유물의 역사적 관점은 시대적 배경(지역적 배경)과 역사적 가치 측면에서 살펴볼 수 있다. 시대적 배경은 유물이 그 당시 사람들의 생활과 깊은 관련을 가지며, 그 당시 사회 · 문화적 필요에 의해서 제작된 산물이다. 유물은 단순한 용도를 넘어서 그 시대의 삶과 문화를 담고 있다. 따라서 유물을 깊이 있게 이해하기 위해서는 유물과 관련된 그 당시의 상황에 대한 이해가 요구된다. 시대적 배경의 측면에서는 유물이 발견된 장소, 제작 시대, 생산지, 지역적 특성, 당시 사회의 상황, 그 당시 사회에 미친 영향, 제작자(생산자), 사용자, 타 문화 유물과의 관련성, 현재의 내 삶과의 관련성을 알아보는 것이다. 역사적 가치 측면은 유물의 역사적 가치와 의미, 예술적 가치 요소를 알아보는 것이다.

(2) 학습자 질문생성전략

(가) 질문생성전략의 개념과 특성

질문은 모르는 것을 알기 위해 아는 사람에게 물어보는 것이다. "학습자 질문생성전략은 학습자 스스로 질문을 생성하고 답을 구하는 것으로 학습 자료에 대한 학습자의 이해와 추론, 통합과정을 거쳐 학습 자료에 대한 정교화를 자극하기 위해 설계된 하나의 학습 전략이다(King, 1992; 강재희, 1996, p. 12)." "질문을 창출하기 위한 의도적 노력은 자신의 교정의 기제가 되고, 선택과 집중을 수반한 지적 긴장을 통해 지속적인 재구조화를 촉진하며, 나아가 주체적 · 능동적 탐구의 원동력 역할을 한다"(양미경, 2007, p. 1). 학습자는 질문을 생성하는 과정에서 자신이 기존에 알고 있던 오개념을 확인하고 수정 · 보완하기 위해 보다 비판적이고 이성적인 사고를 촉진할 수 있다.

King(1992)은 학습자 질문생성전략을 학습자가 학습의 주체가 되어 질문을 스스로 생성하고 그 질문의 답을 찾는 것으로, 학습 자료에 대한 학습자의 능동적인 이해를 촉진하고 정교화를 자극하기 위한 학습전략이다. 이 학습전략은 학습자의 선지식을 활성화시키고 학습 내용에 대한 이해를 촉진하고 사고력 신장을 도모할 수 있다.

Chin & Brown(2002)은 학습자 생성 질문의 역할을 다음과 같다(류지현, 조형성, 윤수정, 2007). 첫째, 자신의 지적 상태를 스스로 알려주는 역할을 한다. 학생은 스스로 지적 상태의 불균형을 인지하고 이에 대한 해소를 위해 질문을 하게 된다. 그러나 때로는 학생이 모른다는 느낌만 가진 뿐 정확히 자신이 무엇을 모르는지 몰라 질문하는 경우도 있다. 따라서 학생의 질문은 교사에게 학생이 질문을 하지 않았다면 알지 못했을 중요한 단서를 제공하며, 이를 통해 교사는 학생이 중요하다고 생각하는 것에 대한 것의 실마리를 통해 학생들의 생각을 들여다볼 수 있는 통찰력을 제공받을 수 있다. 둘째, 학생의 수업에 대한 관심을 드러내주는 역할을 한다. 이러한 학생의 질문은 학생이 수업내용에 관심을 가지고 수업에 참여할 때 자연스럽게 생성되는 질문들을 제기하면서 교사가 제시한 개념에 대해 학생이 어떻게 생각하고 있으며, 이미 알고 있는 것과 어떻게 연관시키고 확장시켜 나가는지를 알려주는 촉진제 역할을 한다. 셋째, 학생의 생성 질문은 수업의 안내가 된다. 학생의 질문은 여러 가지 개념에 대해 어떤 혼란을 느끼는지 학생이 어떻게 추론하는지, 무엇을 알고 싶어 하는지에 대한 단서들을 알려준다. 넷째, 학습자의 사고 수준을 알 수 있다. 학생들이 스스로 질문을 만들어내는 활동은 학습자가 적극적으로 생각하게 만들기 때문에, 질문은 학생의 사고 수준을 드러낸다. 학습 과정에서 학생에게 질문을 생성하게 하는 것은 질문의 횟수나 수준에 따라 학습자의 이해와 파지가 촉진되고 심층적인 이해를 도모할 수 있다(Robinson, 1961; 박수자, 임미경, 2018, p. 43). 이처럼 질문 생성 전략은 학습자 주도 학습에서 유용한 역할을 할 수 있다.

(나) 유물 리터러시에서 질문생성전략의 의의

유물 리터러시에서 질문 생성 전략은 학습자에게 깊이 있는 사고와 능동적인 학습을 촉진하는 중요한 방법이다. 이 전략은 학습자들이 유물을 적극적으로 탐구하며 자신만의 해석을 발전시킬 수 있도록 돕는 과정으로, 그 의의는 다음과 같다.

첫째, 학습자 주도의 유물 읽기 학습이 가능하다. 학습자들이 박물관에서 유물을 관찰하고 유물에 대해 이해하고 해석하는 데 어려움을 느낀다. 이는 유물이 탈맥락적으로 전시되어 있기 때문이다. 질문 생성 전략은 학습자들이 주도적으로 유물을 탐구할 수 있게 해준다. 유물을 관찰하면서 학습자들은 스스로 질문을 만들고 그에 대한 답을 찾으려는 과정을 통해 유물에 대한 이해를 심화시킬 수 있다. 이는 교사의 일방적인 설명을 듣거나, 교사의 질문에 답하는 방식에서 벗어나, 학습자가 학습의 주체가 되는 중요한 전환점을 제공한다.

둘째, 자기 주도적 유물학습이 가능하다. 질문 생성 전략은 학습자가 유물에 대한 용도, 가치 등을 스스로 탐구하도록 자극한다. 기존의 교육 방식에서는 유물에 대한 정보를 수동적으로 받아들이기 쉽지만, 질문 생성 전략을 활용하면 학습자들은 자발적으로 유물에 대해 깊이 있는 질문을 던지고, 그 답을 찾기 위한 탐색을 시작하게 된다. 이러한 과정에서 학습자들은 자기 주도적으로 유물을 이해하고 학습할 수 있는 능력을 기르게 된다. 또한, 학습자들은 박물관에서 또래 친구들과 함께 질문을 주고받으며 상호작용을 통해 더 많은 인사이트를 얻고, 유물에 대한 새로운 발견을 할 수 있다.

셋째, 상호작용을 통해 유물에 대한 새로운 발견을 촉진한다. 질문 생성 전략은 유물과 학습자 간의 상호작용뿐만 아니라, 학생들 간, 학생과 교사 간의 상호작용을 통해 더욱 풍성한 학습을 이끌어낸다. 학습자가 생성한 질문은 친구들과의 대화나 교사와의 의견 나눔을 통해 다양한 시각에서 재조명될 수 있다. 이러한 상호작용을 통해 학습자들은 자신이 놓쳤던 부분을 발견하거나, 다른 관점에서 유물의 의미를 새롭게 해석할 수 있게 된다. 이 과정에서 지식은 단순한 정보의 축적을 넘어, 새로운 이해와 연결을 통해 재구조화가 이루어진다.

넷째, 유물 학습과정을 조절할 수 있다. 질문을 생성하는 과정은 메타인지적인 활동을 포함한다. 학습자는 질문을 만들면서 자신이 이미 알고 있는 것과 모르는 것에 대해 생각하게 되며, 그 과정에서 학습의 방향을 스스로 조절할 수 있다. 유물에 대해 질문을 던지고, 그에 대한 답을 찾는 과정에서 학습자는 자신의 이해를 점검하고, 필요한 추가 정보를 스스로 탐색하며, 학습 목표를 설정하는 능력을 키울 수 있다. 이처럼 질문 생성 전략은 학습자에게 유물 학습의 전반적인 과정을 조절할 수 있는 기회를 제공한다.

나. 유물 쓰기

유물 쓰기(표현)는 유물 해석과 질문생성전략으로 학습자가 알게 된 지식을 활용하여 내러티브를 만들거나 만든 내러티브를 시각적으로 표현하는 것을 말한다.

(1) 내러티브의 의미와 유형

내러티브의 어원은 'narrare'(라틴어)로 '말하다', '이야기하다'의 의미인데, 학자에 따라 다양하게 정의되고 있다.

Polkinghorne(1988)은 내러티브를 다음과 같은 세 가지 의미를 포함한 개념으로 정의하였다(박남정, 2013; 류재만, 2014). 첫째, 내러티브는 이야기(stories)가 만들어지는 과정을 포함한다. 이것은 인간 상호 간에 형성되는 이야기의 과정이나 역사를 의미한다. 둘째, 내러티브는 인간관계에서 일어나는 삶 속의 이야기를 도식화하는 의미를 포함한다. 셋째, 내러티브는 단편적 인간관계에 의한 일회적 성격이 아닌 연속성을 지닌 시간 이해에 따른 역사(histories)를 포함한다.

Clandinin & Connelly(1992)는 이야기는 구체적인 상황에 대한 일화이고, 내러티브는 긴 시간에 걸쳐 있는 삶에 대한 사건들을 뜻한다. 단일한 현상을 언급하기 위해 '이야기'를 사용하고 탐구의 방법(inquiry)을 언급하기 위해 '내러티브'를 사용한다. 삶의 경험들을 이야기하고(story telling), 다시 이야기하는(story telling) 과정을 통하여 경험의 의미는 끊임없이 재구성된다는 점을 강조하면서 내러티브를 구성하는 것은 일련의 경험적 사건들을 특정한 방식으로 구조화하면서 해석하는 활동을 의미한다고 하였다(추갑식, 2012, p. 35; 류재만, 2014, p. 126). 내러티브의 정의는 스토리가 있는 모든 이야기, 시간적으로 일어난 일련의 사건들, 시공간 속에 엮어 가는 이야기 등 학자들마다 다양하게 정의하고 있다. 결국 내러티브는 넓은 의미로는 사람이 만들어낸 모든 이야기로 볼 수 있다.

'내러티브'의 유형은 '있는 내러티브(원형 내러티브)'와 '만든 내러티브(창작 내러티브)'로 제시할 수 있다. 첫째, '있는 내러티브'는 박물관의 유물이나 미술관에 전시된 작품과 관련된 사실적인 내러티브로 이미 존재하고 있는 내러티브를 말한다. 즉 전시된 유물이나 작품과 관련된 역사적 사실이나 일화, 사건, 작가의 생애 등으로, 서적이나 자료를 통해서 조사할 수 있는 원형 내러티브를 말한다. 둘째, '만든 내러티브'는 유물이나 작품을 감상하면서 관람자가 상상력을 발휘하여 '있는 내러티브'와 상관없이 학습자가 창작한 내러티브를 말한다. '만든 내러티브'는 관람자 개인의 선지식이나 경험을 바탕으로 유물이나 작품과 상호작용하는 과정을 통해서 만들어진다. '있는 내러티브'는 존재하는 정보로서의 내러티브라면 '만든 내러티브'는 관람자가 유물이나 작품에 대한 '의미 구성하기'를 통한 결과로 산출된 개별화된 창작 내러티브이다.

〈표 10-2〉 내러티브 전략

유형		단계 1		단계 2		단계 3
유형 1	→	유물 읽기	→	'있는 내러티브' 알아보기		
유형 2	→	유물 읽기	→	내러티브 만들기		
유형 3	→	1차 내러티브 만들기	→	유물 읽기	→	2차 내러티브 만들기

(2) 내러티브 활용 전략

내러티브 만들기의 유형은 3가지로 제시할 수 있다. 〈유형 1〉은 유물에 대한 정보를 알아보는 것으로 끝내는 것이 아니라 '있는 내러티브'를 알아봄으로써 유물을 이해하고 내면화하는 데 도움이 된다. 〈유형 2〉는 유물 읽기를 하고 끝나는 것이 아니라 유물 읽기에서 알게 된 정보를 맥락적으로 연결하기 위해 내러티브를 만들어 보는 것이다. 〈유형 3〉의 경우는 '1차 내러티브 만들기', '유물 읽기', '2차 내러티브 만들기' 단계로 이루어진다. '1차 내러티브 만들기'는 유물 읽기를 하기 전에 내러티브를 만들어보는 것이다. 이는 학생들이 유물이 가지고 있는 정보나 내러티브를 모르는 상태에서 학생들의 상상력을 동원하여 내러티브를 만드는 과정으로 학생들의 상상력을 자극할 수 있다. '1차 내러티브'를 만들고 난 후 유물 읽기를 통해서 유물과 관련된 내용을 학습한다. 그리고 '유물읽기' 단계에서 알게 된 지식을 이용하여 '2차 내러티브 만들기'를 한다. 이런 활동을 통해서 학생들은 유물에 대해 오래도록 기억하고 탈맥락적으로 전시된 유물을 맥락적으로 연결할 수 있게 된다. 학습자들의 수준이나 유물의 특성에 따라서 〈유형 2〉와 〈유형 3〉의 마지막 단계 다음에 '있는 내러티브'를 알아보고 '만든 내러티브'와 비교하는 것도 유용하다.

(3) 유물을 활용한 표현하기

유물을 활용한 표현하기는 유물 해석과 질문생성전략으로 알게 된 지식을 활용하여 내러티브를 만들고 난 후에 시각적으로 표현하는 활동을 말한다. 유물 자체를 보고 단순히 그리고 만들어보는 것도 필요하지만 한 걸음 더 나아가 유물을 포함한 내러티브의 한 장면을 그리거나 제작하는 것이 요구된다. 유물을 단순히 그대로 그리고 만들어보는 활동은 유물에 대한 단편적인 표현이다. 유물의 내러티브의 한 장면을 그리거나 제작하는 것은 유물과 관련된 문화를 맥락적으로 연결시켜 시각적 이미지로 표현하는 활동이다.

3. 유물 리터러시 수업 사례

① 학습 제재: 금동대향로의 용도와 가치 알아보기

② 학습 목표:

- 금동대향로를 관찰하고 토론을 통해 금동대향로의 용도와 가치를 이야기할 수 있다.
- 금동대향로를 관찰하고 이야기를 만들 수 있다.

③ 학습 과정:

1차 내러티브 만들기 - 금동대향로 읽기 - 2차 내러티브 만들기

〈1차시〉 1차 내러티브 만들기

◈ 동기유발

- 작품에 대한 첫인상을 말해봅시다.
- 무엇이 표현되어 있나요?
- 무엇이 궁금하나요?
- 자세히 관찰해 보세요.

◈ 내러티브 만들기

- 유물을 보고 이야기를 만든 예를 봅시다.
  - 이 유물은 칠지도라는 것이다.
  - 이 유물을 보면 어떤 것이 떠오르나요?
  - 다른 친구가 이 유물을 보고 상상하여 만든 이야기를 함께 읽어봅시다.

"돌쇠는 전쟁에 나가야 했다. 전쟁에 나가려면 보다 강력한 무기가 필요했다. 그래서 용광로에 찾아가서 가장 단단한 철을 사용해서 칼을 만들어달라고 했다. 완성된 칼은 선인장 같이 생겼다. 그 칼의 이름은 청룡검이라고 했다. 그리하여 돌쇠는 전쟁에 나가게 되었다. 좋은 철을 쓴 칼이었기 때문에 전쟁에서 돌쇠는 큰

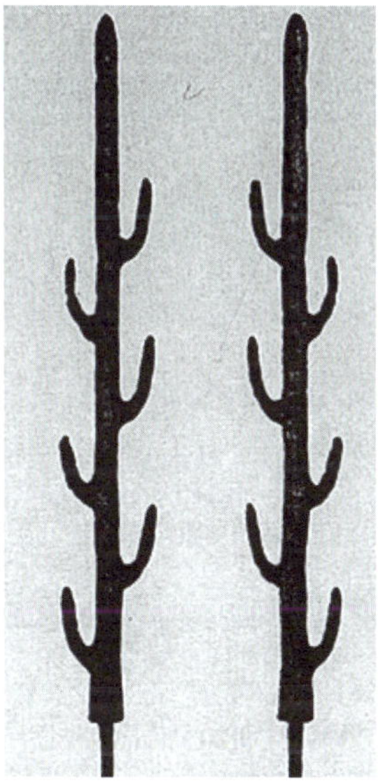

[그림 10-1] 칠지도

고대/삼국, 전체 길이 74.9㎝, 도신(刀身) 66.5㎝, 이소노카미 신궁

[그림 10-2] 금동대향로

백제, 전체 높이 62.5㎝, 최대 직경 19㎝, 무게 11.8㎏, 국립부여박물관 소장

성과를 내어 장군이 되었다. 돌쇠는 모든 병사에게 청룡검을 나누어주었고 이를 기념하기 위해 칼에 '나가는 전쟁마다 이기게 된다'라는 의미의 한자를 칼에 적어 넣었다."(6학년, 김○아)

- 나는 친구가 만든 칠지도 이야기를 읽고 느낀 점을 말해보세요.
- 여러분이 관찰한 금동대향로 작품을 보고 상상하여 이야기를 만들어보세요.
- 누가 만든 이야기를 발표해 볼까요?
  - 제가 발표하겠습니다.

"나는 떠돌이 신세인 사람이었다. 여느 때와 같이 빵을 훔치고 먹고 있는데 어떤 아름다운 여자가 도망치는 모습이 보였다. 그 여자는 나에게 도와달라고 하였고 나는 여자의 모습이 다급해 보여서 도와주었다. 여자를 도와주고 난 뒤 여자는 집으로 돌아간다고 어디론가 갔는데 그 곳은 궁전이었다. 사실은 공주가 지겨움을 달래려고 궁전에서 나왔다가 다시 집으로 돌아간 것이었다. 시간이 지난 어느

날 어떤 높은 직위의 사람이 나에게 동굴 속에서 램프를 가져오라고 했다. 어릴 때 길거리에서 주워 나의 파트너이자 친구가 된 원숭이와 함께 램프를 가지러 떠나는 모험을 하였다. 마침내 동굴 속에서 램프를 훔치자 갑자기 동굴이 무너지기 시작하였다. 간신히 동굴에서 빠져 나왔는데 동굴 앞에 있던 높은 직위의 사람은 나에게서 램프를 빼앗아갔다. 그런데 원숭이가 뛰쳐나와 그 사람에게서 램프를 빼앗았고 나는 발을 헛디뎌 원숭이와 함께 구덩이에 빠지게 되었다. 나는 구덩이에서 램프를 보면서 손으로 쓰다듬었는데 갑자기 램프에서 봉황이 나와서 나에게 3가지 소원을 들어준다고 하였다. 나는 그날 이후 마음에 공주를 담아두고 있었기 때문에 왕자가 되어 날아다니는 양탄자와 갖가지 보물들을 갖게 해달라고 하였고, 내 2가지 소원은 이루어졌다. 나는 공주에게 구애를 하다 공주가 궁전에서 나왔을 때 만났던 나를 좋아한다는 사실을 알았고, 공주에게 내가 그 청년이라고 말하여 공주는 청혼을 허락하였다. 그리고 나는 하나 남은 마지막 소원을 '자유를 갖게 해달라'고 빌었다. 그렇게 나는 공주와 함께 행복한 삶을 살게 되었다."(6학년, 이○지)

〈2차시〉 금동대향로 읽기

◈ 동기유발

- 이 유물을 본 적이 있나요?
- 이 유물을 보면 떠오르는 단어는?
- 이 유물이 주어진다면 어디에다 놓을 건가요?
- 이 유물에 대해 궁금한 점은 무엇인가요?

◈ 기호학적 관점

- 이 유물의 크기는 어떠한가요?
- 이 유물의 모양은 어떠한가요?
- 이 유물의 형태의 특징은 무엇인가요?
- 이 유물의의 뚜껑에 표현된 산은 무슨 산일까요?
- 이 유물의 용도는 무엇일까요?

- 이 유물의 이름을 지어보세요.
- 이 유물의 본래 이름은 무엇일까요?

◈ 미학적 관점

- 이 유물은 장식품일까요? 실용품일까요?
  - 그렇게 생각한 이유를 말해보세요.
- 이 유물에는 어떤 무늬가 새겨져 있나요?
- 이 유물의 재료는 무엇일까요?
- 이 유물을 제작할 정도면 기술수준은 어땠을까요?

◈ 역시적 관점

- 어디에서 발견되었을까요?
- 어느 시대 유물일까요?
- 발견 장소로 봤을 때 어느 나라 유물일까요?
- 누가 사용했을까요?
  - 왜 그렇게 생각하나요?
- 이 용도와 같은 중국의 유물을 봅시다.

[그림 10-3] 박산향로

원시대, 전체 높이 18.4cm, 입지름 8.3cm, 국립중앙박물관

- 우리나라 금동향로와 중국 한나라 때 박산향로와 차이점은 무엇인가요? 유사점은 무엇인가요?
- 금동대향로의 역사적 가치는 무엇일까요?

〈3차시〉 2차 내러티브 만들기

◈ 내러티브 만들기

- 금동대향로 읽기를 통해 알게 된 내용을 활용하여 이야기를 만들어 봅시다.
- 누가 만든 이야기를 발표해 볼까요?
  - 제가 발표하겠습니다.

"요즘은 할 일이 많다. 왜냐하면 어떤 승려님이 나에게 왕을 위한 큰 향로를 만드는 것을 부탁하셨기 때문이다. 승려님은 원하는 디자인을 대충 말씀해 주셨는데 엄청 복잡해서 만드는 데 시간이 꽤 걸릴 것 같다. 게다가 금으로 도금도 해야 한다. 나는 지금 백제의 가장 훌륭한 공예가이니까 좀 더 섬세하게 작품을 만들 것이다! 받침의 복잡한 용모양은 어느 정도 완성이 되었으니까 이제 뚜껑과 몸체 부분만 남았다. 불로장생의 신선들이 살고 있다는 삼신산을 상징적으로 표현한 향로의 뚜껑 장식. 5명의 악사, 5마리의 새, 24개의 산봉우리와 나무, 바위, 폭포, 시냇물이 세밀하게 배치되어 화려하게 보이도록 하였다. 산만 있으면 밋밋하여 윗부분에 봉황을 만들었다. 봉황의 몸속을 비우고 구멍을 뚫었고 또한 악사의 앞뒤에도 구멍을 뚫어 향 연기가 자연스럽게 피어오를 수 있도록 하였다. 몸체에는 두 마리의 새를 중첩 표현한 연판 상단의 여백을 포함하여 도합 24마리의 동물과 2구의 인물상을 배치하였다. 결국 향로의 모양은 용이 입에 문 연꽃 위에 솟아난 산꼭대기에 봉황 한 마리가 날개를 활짝 편 모습이 되었다. 승려에게 갖다주니 중국의 박산향로보다 더 멋지다며 너무나 잘 만들었다고 기뻐하니 기분이 좋았다"(6학년, 박○진).

참고문헌

강재희(1996). 질문 생성 전략이 독해학습과 읽기 메타인지에 미치는 효과 분석. 충남대학교 대학원 박사학위논문.

김염(2010). TV뉴스를 활용한 문화적 리터러시 교육 연구. 한국언어문화학, 7(1), 59-80.

노만 브라이스 외, 김융희·양은희 역(1995). 기호학과 시각예술. 서울: 시각과 언어.

류재만(2013) 박물관 유물 읽기 지도를 위한 발문의 관점 모색. 문화예술교육연구, 8(3), 75-98.

류재만(2014) 초등예비교사의 창의・인성교육 교수역량 강화를 위한 디자인 공예교육의 인식 제고 방안. 조형교육, 52집, 121-140.

류재만(2018). 상호문화교육에 근거한 미술감상 교육 방안 모색. 조형교육, 66집, 105-123.

류지현, 조형성, 윤수정(2007). 학습자 질문 생성에 영향을 주는 요인탐색. 교육연구, 30, 109-129.

박남정(2013). 미술비평교육의 실천적 변화 모색을 위한 교사의 내러티브 탐구: 자전적(自轉的) 이해로서 내러티브 중심으로. 한국교원대학교 대학원 박사학위논문.

박수자, 임미경(2018). 질문생성전략 강화 국어 수업이 초등학생 독해력과 질문에 미치는 효과. 한국초등국어교육, 64, 39-63.

송경진(2014). 공공도서관에서의 리터러시 가치인식과 영향요인에 관한 연구. 이화여자대학교 대학원 박사학위논문.

양미경(1995). 질문의 생성을 촉진하는 교육적 조건 연구. 교육학연구, 33(1), 95-116.

오지혜(2012). 한국어 학습자의 문화 리터러시를 위한 언어문화교육 방안 -광고 텍스트를 중심으로. 국제한국언어문화학회 제13차 학술대회 발표 자료집, 125-136.

윤현호(2007). 생활사 박물관 소장품의 문화적 해석과 운영. 박물관학보, 12・13호, 223-254.

최성락(2005). 고고학 입문. 서울: 학연문화사

최형철(2007). 박물관 속의 한국사. 서울: 휴머니스트.

추갑식(2012). 교사와 학생이 내러티브를 통한 수업비평의 탐구. 경북대학교 대학원 박사학위논문.

한국고고학사전(2001). 국립문화재연구소.

Chin, C., & Brown, D. E. (2002) Student-generated question: a meaningful aspect of learning in science. *International Journal of Science Education, 24*(5), 521-549.

Colin Renfrew & Paul Bahn. Archaeology Essentials Theories, Methods, and Practice. 이희준 옮김(2008). 현대 고고학 강의. 서울: (주)사회평론.

King, A. (1991). Comparison of self-questioning, summarizing, and notetaking-review as strategies for learning from lectures. *American Educational Research Journal,*

29(2), 303-323.

Polkinghorne, D. E. (1998). *Narrative knowing and human science*. Albany, NY: State University of New York Press.

Raphael, T. E. (1982). Question-answering strategies for children. *Reading Teachers, 36*, 186-190.

Robinson, F. P. (1961). *Effective study*. New York: Harper and Row.

한국민족대백과사전. http://encykorea.aks.ac.kr/Contents/Item/E0041392 (2018.9.26. 검색)

제11장 어린이 박물관 교육의 특성

어린이 박물관 교육은 어린이들이 직접 참여하고 체험할 수 있는 학습 환경을 제공하여, 다양한 주제를 실제적인 체험이나 놀이 방식을 통해 경험하도록 한다. 박물관은 단순한 전시 공간이 아니라, 어린이들이 능동적으로 학습하고 소통할 수 있는 교육의 장이다. 어린이 박물관 교육은 지식과 경험을 전달하는 것을 넘어, 어린이들이 자아존중감을 형성하고 문화적 감수성을 기르며 이를 적극적으로 향유하도록 돕는 중요한 역할을 한다. 이러한 교육적 접근은 평생학습의 기초를 확립하는 데 기여한다.

최근 들어 어린이박물관에 대한 국내외의 관심이 점차 커지고 있다. 특히 2000년대 이후 박물관의 부속 기관 형태로 어린이박물관이 급격히 늘어나면서 이용자 수도 지속적으로 증가하였다. 이에 따라 어린이박물관은 어린이와 가족을 대상으로 역사, 과학, 예술 등 다양한 분야에서 전시와 교육 프로그램을 확대 · 세분화하며 발전해 가고 있다.

1. 어린이박물관의 개념

Association of Children's Museum에서는 어린이박물관을 "어린이박물관은 호기심을 자극하고 학습 동기를 부여하는 전시물과 프로그램을 제공하여 어린이들의 필요와 관심을 충족시키는 데 전념하는 비영리 교육 및 문화 기관"(ACM, 2023.6.5. 검색)으로 정의한다. 정의에서 알 수 있듯 어린이박물관은 본질적으로 교육을 목적으로 한다.

어린이박물관은 일반 박물관과 비교해 보았을 때 제 특징이 더욱 명확히 드러난다. 일반 박물관의 관계자는 소장품과 주제에 관심을 두고, 전시를 기획하고 교육하는 데 관람자들이 전시품을 관찰하게 하는 등의 정적이고 시각적 방식을 이끄는 감상형 전시를 기획하는 경우가 많다. 이에 비해 어린이박물관의 관계자는 관람자와 학습자에 관심을 두고, 전시와 교육을 기획하는 데 주요 관람자인 어린이들의 내적 흥미와 호기심을 유발하여 이들이 능동적으로 즐기고 배울 수 있도록 체험식 전시를 기획하는 경우가 많다.

어린이박물관은 어린이들이 전시된 대상을 단순히 보는 것을 뛰어넘어 직접 체험하고, 상상력과 창의력을 키울 수 있도록 설계된 특별한 교육 및 문화 공간으로 어린이의 호기심과 발달 단계를 고려하여 설계된 시설이다. 이 공간은 어린이들의 호기심과 창의성을 자극하기 위해, 일반적인 박물관과 달리 어린이들이 직접 만지고, 조작하고, 실험하고, 참여할 수 있는 전시로 구성되어 있다. 이처럼 어린이박물관은 참여와 놀이 중심의 체험형 플랫폼으로, 아이들이 즐겁게 체험하면서 스스로 질문하고 문제를 창의적으로 해결하는 과정에서 성취감을 느끼고 성장할 수 있도록 돕는 중요한 역할을 한다.

2. 어린이박물관에서 핸즈온(Hans-on)

가. 핸즈온 개념과 활동 유형

어린이박물관에서 핸즈온(Hans-on)은 어린이들이 직접 손으로 만지고 조작하며 경험을 통해 배우는 체험형 활동을 의미한다. 이 활동은 어린이들이 단순히 보는 것에 그치지 않고, 실제로 손으로 만지거나 조작하면서 배울 수 있도록 구성하고 있다. 핸즈온 활동은 어린이들이 호기심을 가지고 실험하고, 창의력을 발휘하며, 문제 해결 능력을 기를 수 있는 기회를 제공한다. 다양한 재료와 도구를 사용해 배우고 체험하는 과정에서, 아이들은 재미와 학습을 동시에 경험할 수 있다.

어린이박물관에서 핸즈오프(Hands-off)와 핸즈온(Hands-on)에 대해서 Tim Hulton(1998)은 핸즈오프는 유리진열관에 전시된 소장품, 만지면 안 되는 모형과 기기 등으로 정의된다. 그리고 핸즈온은 관람객이 직접 손을 이용해 인터랙션을 진행하거나 손으로 직접 전시품을 만져 조작할 수 있는 것으로 정의하고 있다.

어린이박물관에서 제공하는 다양한 핸즈온 활동의 유형을 구체적으로 설명하면 다음과 같다.

(1) 역사 체험활동

역사적인 유물이나 옛날의 도구를 실제로 만지거나 재현하는 활동을 통해 과거의 생활 방식과 문화를 이해하는 데 도움이 된다. 예를 들면 선사시대, 신석기시대 등 다양한 문명의 유물을 실제로 만지고, 당시의 생활 방식을 재현하는 활동이다. 예를 들어, 암각화 그리기, 만들기, 빗살무늬토기 만들기 등을 할 수 있다.

(2) 감각 놀이 활동

촉각, 미각, 시각 등 다양한 감각을 활용한 활동으로, 아이들이 재료를 손으로 만지거나 촉감 놀이를 통해 다양한 감각을 자극하는 활동이다. 예를 들어, 모래놀이나 물놀이, 점토를 만지는 활동이 있다. 감각적 경험은 어린이들의 인지 발달과 문제 해결 능력을 촉진하는 중요한 요소이다.

(3) 구성 블록과 건축 활동

어린이들이 레고나 자석 블록, 나무 블록, 폼 보드 등 다양한 재료를 사용하여 구조물을 만들 수 있다. 이를 통해 공간 감각, 균형 및 창의력을 기를 수 있으며, 기초적인 건축 원리를 배우게 된다. 예를 들어, 아이들이 다리를 만들고 그것이 하중을 견딜 수 있는지 실험하는 활동은 건축과 공학적 사고를 촉진한다.

(4) 과학 실험 활동

과학의 기초 원리를 배우기 위해 아이들이 화학 반응, 물리 실험 등을 직접 진행하는 활동이다. 예를 들어, 베이킹 소다와 식초를 이용한 화학 반응 실험이나, 자석을 이용한 실험을 통해 과학적 원리를 직관적으로 이해할 수 있다. 빛의 굴절, 소리의 전달, 중력에 관한 실험은 아이들이 실험 장비나 재료를 손으로 다루며 과학적 개념을 쉽게 배울 수 있도록 돕는다.

(5) 미술 및 창작 활동

페인팅, 조각, 공예 등의 예술 활동에서 아이들이 손으로 직접 재료를 다루며 창의적인 작품을 만들어 보는 활동이다. 예를 들어, 점토로 조각을 만들거나 스텐실 기법을 활용하여 그림을 그리는 활동을 통해 미술적 표현력을 키울 수 있다. 공예 활동은 아이들이 직접 손으로 만들고 조작하면서 창의력뿐만 아니라 집중력, 소근육 발달 등을 향상시킬 수 있다.

(6) 게임과 퍼즐 활동

두뇌 퀴즈나 퍼즐, 보드게임 등과 같은 활동도 핸즈온 활동에 포함된다. 예를 들어, 3D 퍼즐을 맞추거나, 보드게임을 통해 팀워크, 문제 해결 능력을 기를 수 있다. 조작 게임은 어린이들이 직접 손으로 조작하면서 논리적 사고와 전략적 사고를 발달시킬 수 있다.

(7) 음악과 소리 활동

아이들이 악기를 직접 연주하거나 소리를 조작하는 활동이다. 예를 들어, 드럼, 실로폰 등의 악기를 다루거나 음향 기기를 이용해 소리를 조절하는 활동을 통해 청각적 발달을 도울 수 있다. 또한, 소리의 원리나 음파의 개념을 실험을 통해 체험할 수 있는 활동도 핸즈온으로 제공된다.

(8) 자연 탐험 및 생물학 활동

아이들이 식물이나 동물을 관찰하고 직접 다루는 활동이다. 예를 들어, 식물의 씨앗을 심고 그 과정을 관찰하는 활동이나, 곤충을 관찰하고 서식지에 대해 배우는 활동을 통해 자연과 생태계에 대한 이해를 돕는다. 아이들이 현미경을 사용해 세포나 미생물을 직접 관찰하는 경험도 핸즈온 활동의 일환으로 제공될 수 있다.

(9) 체험형 기술 활동

로봇 만들기, 프로그래밍 등의 기술 활동도 어린이박물관에서 흔히 접할 수 있는 핸즈온 활동이다. 예를 들어, 아이들은 로봇 키트를 이용해 로봇을 조립하고 간단한 프로그래밍을 통해 로봇이 움직이게 만들 수 있다. 이러한 활동은 아이들이 논리적 사고와 문제 해결 능력을 기를 수 있으며, 기술적 이해와 창의성을 발달시킬 수 있다.

(10) 시뮬레이션 활동

가상 환경이나 시뮬레이션을 통해 다양한 상황을 체험하는 활동이다. 예를 들어, 가상 현실(VR)을 이용해 우주를 탐험하거나, 가상 실험실에서 다양한 실험을 해보는 활동이 이에 해당한다. 아이들은 이를 통해 직접적인 체험과 몰입형 학습을 경험할 수 있다

나. 핸즈온 활동의 교육적 의의

(1) 직접 체험을 통한 학습 효과 극대화

직접 보고, 만지고, 조작하면서 경험중심의 교육 방법으로 어린이들은 지식이나 정보를 더욱 효과적으로 습득할 수 있다. 이는 기존의 지식 전달식 교육이 아니라, 오감을 활용한 다양한 감각을 통해 배우기 때문에 개념을 보다 쉽게 이해하고 기억을 더 오래할 수 있다.

(2) 지속적인 학습 동기 유발

놀이와 학습의 경계를 허물고 즐거운 경험을 제공함으로써, 어린이들은 학습에 대한 긍정적인 태도를 형성하게 된다. 이러한 태도는 평생 학습의 기초가 된다.

(3) 탐구심과 문제 해결 능력 향상

다양한 실험 및 활동을 통해 어린이들의 자연스러운 호기심을 자극하고, 아이들이 스스로 질문을 던지고 해결책을 찾도록 유도한다. 이러한 탐구 과정에서 창의적 사고와 논리적 사고가 함께 발달한다.

(4) 흥미와 몰입도 증가

아이들이 주도적으로 참여함으로써 학습에 대한 흥미와 자신감을 얻을 수 있다. 직접 참여하는 활동은 아이들의 흥미를 끌고, 학습에 대한 동기를 강화시키고, 놀이처럼 즐기면서 배우기 때문에 지루함을 느끼지 않고 적극적으로 참여할 수 있다.

(5) 협력과 사회성 발달

친구들과 함께 협력하며 미션을 수행하거나 문제를 해결하는 과정에서 협동심과 사회성이 발달하고, 서로의 의견을 공유하고 토론하는 경험을 통해 의사소통 능력도 자연스럽게 향상된다.

(6) 추상적인 개념을 구체적으로 이해

예를 들어, 중력의 원리를 배울 때 단순한 설명보다 직접 공을 굴려보거나 점프해 보는 활동이 훨씬 효과적이다. 수학, 과학, 역사 등 다양한 분야에서 이론적 개념을 실제 경험으로 연결할 수 있다.

3. 어린이박물관 놀이 체험의 이해

가. 놀이 체험의 성격

놀이는 인간이 지니는 가장 기본적인 특질 중의 하나로, 고대부터 철학자들은 놀이의 의미를 규명하고자 하였다. 인류를 '호모 루덴스'라고 부르기도 하는데, 호모 루덴스란 '놀이하는 사람'이라는 의미이다. 이렇듯 놀이는 인간의 기본적인 특질 중의 하나이다. 그러므로 플라톤, 칸트, 니체 등 저명한 철학자들이 놀이에 대해 규명하고자 한 것은 지극히 당연하다. 플라톤은 놀이를 파이디아(Paidia)라고 보았다. 파이디아는 유아적이고 어린아이의 놀이를 뜻한다(김효정, 2019, p. 70). 플라톤은 놀이를 고차원적이지 않은 것으로 보며 놀이를 미메시스(mimesis)로 이해, 이데아로부터 떨어져 있는 것으로 보았다. 그에 비해 칸트는 "모든 행위는 목적을 가진 일이거나 여흥에 이바지하여, 의도나 목적이 없는 놀이이다. 놀이에서 행위는 그 어떤 목적도 없고, 그 자체가 운동의 원인이다"(정낙림, 2010, p. 202)라고 하였다. 칸트는 놀이가 무목적적, 무의도적, 무강제적, 우연적, 특수하고, 법칙에 종속되지 않는다고 보았다. 그리고 상상력과 지성, 상상력과 이성, 훈육과 노동 사이를 오간다고 보았다(김효정, 2019, p. 70). 한편 니체는 『비극의 탄생』에서 미의 세계는 아폴론적 세계와 디오니소스적 세계로 구성되는데 아폴론적 세계는 완벽성과 질서를 추구하므로 조형적 완벽함과 정확성을 추구하고 디오니소스적 세계는 무목적적이라고 보았다. 니체는 "나는 위대한 과제를 대하는 방법으로 놀이보다 더 좋은 것을 알지 못한다"라고 말한 바 있는데(김효정, 2019, p. 72), 이는 현대적인 개념의 놀이 의미를 정초하게 하는 데 공헌했음을 보여준다.

한편 근대 이후 요한 하위징아(Johan Huizinga, 1921-1945)나 로제 카이와(Roger

Caillois, 1913-1978)는 놀이를 학문적으로 체계화하였다. 하위징아는 1938년에 『호모 루벤스(Homo Ludens)』를 집필하면서 놀이를 이론적으로 정립하였다. 그는 놀이를 다음과 같이 정의했다.

> 놀이는 일상의 바깥에 존재하는 진지하지 않은 성격을 가진 독립되어 있는 자유로운 행위이며, 놀이하는 사람을 완벽하게 몰두하도록 만들고, 아무런 이득도 제공하지 않는다. 고정된 규칙에 따라서 시간과 공간성을 가지고 수행된다(김효정, 2019, p. 74).

그리고 고등 형태의 놀이는 경쟁과 재현의 측면을 가져서 경쟁의 재현이나 재현을 위한 경쟁을 한다고 보았다.

카이와는 놀이를 파이디아(Paidia)와 루두스(Ludus)로 나누었다. 파이디아(Paidia)는 기분전환, 소란, 자유로운, 즉흥적이고 무질서한 상태에서 일시적으로 기분이 표출되는 즐거움을 말한다. 루두스(Ludus)는 계획적이고 질서에 따르는 의도적인 목표 달성을 할 때 성취하는 즐거움을 말한다. 루두스는 뛰어놀며 즐기고 싶은 원초적인 욕망에 끝없이 새로운 임의의 장애물을 제공하여 쉬고 싶은 욕망을 만족시키는 동시에, 인간이 벗어날 수 없다고 생각되는 욕구-고통, 피로, 공포나 도취에 저항하는 능력과 자제력 이외에도 그가 지닌 지식, 노력, 기량, 지능을 완전히 헛되게 쓰고 싶은 욕구도 만족시키는 기회와 구조를 많이 만들어낸다. 이런 이유로 루두스는 놀이 중에서 가장 인상적인 문화적 의의와 창조성을 지닌 요소이다(Caillois, R., 2023, pp. 38-39, 66).

〈표 11-1〉 놀이의 본질

본질	내용
자유로운 활동	놀이하는 자가 강요당하지 않음. 강요당한다면 유쾌한 즐거움을 잃음
분리된 활동	처음부터 정해진 명확한 공간과 시간의 범위 내에 한정됨
확정되어 있지 않은 활동	게임의 전개가 결정되어 있지 않으며, 결과가 미리 주어져 있지도 않음
비생산적 활동	재화와 부도 어떠한 새로운 요소도 만들어내지 않음 놀이하는 자들 간의 소유권 이동을 제외하면, 게임 시작 때와 똑같은 상태에 이름

규칙이 있는 활동	약속을 따르는 활동임. 일상의 법규를 정지시키고, 일시적으로 새로운 법을 확립하며, 이 법만이 통용됨
허구의 활동	현실 생활에 비하면, 이차적인 현실 또는 명백히 비현실이라는 특수한 의식을 수반함

출처: Caillois, R., 2023, p.34; 최원아 외, 2020, p.39.

한편, 카이와는 놀이의 개념과 유형을 밝혔다. 카이와는 놀이란 자유로운 활동이고 분리된 활동이며 불확정 활동이고 비생산적 활동이며 규칙이 있는 활동이고 허구의 활동이라고 보았다.

카이와는 하위징아가 모든 놀이가 같은 심리 태도를 표출하는 것으로 가정했다고 보고, 놀이를 놀이의 규칙과 놀이 행위자의 의지에 따라 〈표 11-1〉(Caillois, R., 2023, p. 34; 최원아 외, 2020, p. 39)처럼 카이와가 범주화한 것을 재구성하였다.

카이와가 분류한 놀이의 유형은 아곤(agon), 알레아(alea), 미미크리(mimicry), 일링크스(ilinx)로, 각각 경쟁, 운, 모방/모의, 현기증/새로운 자극을 뜻한다. 각 놀이유형의 개념, 놀이 예시, 성격은 〈표 11-2〉(Caillois, R., 2023, p. 69)와 같다.

〈표 11-2〉 놀이의 분류

	아곤(경쟁)	알레아(운)	미미크리(모의)	일링크스(현기증)
파이디아	규칙 없는 경주 격투기 등등	술래 결정을 위한 셈노래 앞이냐 뒤냐 놀이	어린이의 흉내 공상 놀이 인형, 장난감의 무구	어린이의 〈뱅뱅돌기〉 회전목마 그네 왈츠
야단법석 소란 폭소	육상경기		가면 가장복	
연날리기 솔리테르	권투 펜싱 축구 스포츠	내기 룰렛		볼라도레스 장터에서
카드로 점치기 크로스워드 퍼즐	당구 체커 체스 경기	단식복권 복식복권 이월식복권	연극 공연예술	스키 등산
루두스	전반		전반	공중곡예

세로로 들어간 각 단의 배열은, 위에서 아래로 파이디아 요소가 감소하고, 루두스 요소가 증가해 가는 순서에 따른다.

교육계에서도 프뢰벨, 비고츠키, 듀이, 보빗 등이 놀이에 관심을 가지기 시작하였다. 놀이학자 하위징아와 카이와와 더불어 이들이 본 놀이의 정의, 목적, 특성, 유형, 의의, 가치를 권미진(2019)이 정리한 것을 재구성한 것이 아래 〈표 11-3〉(권미진, 2019, pp. 27-28)과 같다.

〈표 11-3〉 교육학자들이 보는 놀이의 의미

	Huizinga	Froebel	Caillois	Vygotsky	Dewey	Bobbitt
정의	사회에서 이루어지는 모든 것을 포용한다.	자기 안에 있는 것을 능동적으로 표현하는 것이다.	비생산적이며 현실 생활에 비해 허구적인 활동이다.	비현실적인 (모르는) 상황을 놀이로 접한다.	즐거움을 느낄 수 있는 활동이다.	학교 교육에 기반이 되는 활동이다.
목적	즐거움	내적 표현	자유 정신, 규칙의 준수, 사회성 획득	발달	일과 놀이의 조화	학교 교육의 기반
특성	자유와 규칙성을 통해 삶에 영향을 줌	자연스러운 활동 속에서 내재된 능력을 뽑어냄	경쟁, 우연, 모의, 현기증을 통해 문명을 형성함	현실세계와 가상세계의 차이를 실감시켜 줌	내재적인 만족과 자유로움으로 발달을 도모함	놀이를 통해 흥미와 탐구심을 갖게 됨
유형	자유놀이	개인놀이 집단놀이	경쟁놀이, 모의놀이, 우연놀이, 몰입놀이	상징놀이	경험놀이	자유놀이
의의	삶의 모습을 배우고 문화를 만듦	다른 사람과 상호작용하며 이해 능력 발달	모둠활동과 집단 생활을 가능하게 함	근접발달영역 발달	총체적으로 성장으로 이어짐	즐기면서 학습이 이루어짐
가치	신체적, 정서적 도덕적, 문화적	신체적, 정서적 사회적, 창의적 언어적, 인지적	신체적, 정서적 도덕적, 사회적 창의적, 문화적	정서적, 도덕적 사회적, 창의적 언어적, 인지적	신체적, 정서적 도덕적, 인지적	신체적, 정서적 사회적, 인지적 문화적

최미옥은 놀이의 특성(최미옥, 2016, p. 10)은 내적 동기화, 자유로운 활동과 선택, 비생산적인 활동, 즐거움과 긍정적 정서, 고도의 상상력을 활용할 수 있는 허구적 활동 및 실제와 분리된 활동, 규칙이 있는 활동, 적극적인 활동으로 정리하여 제시하고 있다.

하위징아, 프뢰벨, 카이와, 비고츠키, 듀이, 보빗의 견해를 바탕으로 놀이의 교육적 가치를 정리해 보면 아래 〈표 11-4〉(최원아 외, 2020: 340쪽 재구성)과 같다.

〈표 11-4〉 놀이의 교육적 가치

신체적 가치	신체적 움직임을 통해 놀이함
정서적 가치	감정을 표현할 수 있는 놀이 혹은 안정감을 느낄 수 있는 놀이
도덕적 가치	도덕적 규범이나 가치, 덕목을 생각할 수 있는 놀이
사회적 가치	타인과 협력하는 놀이, 혹은 사회적 구성원으로서 역할 및 소속감을 느낄 수 있는 놀이
창의적 가치	다양한 아이디어를 포용하는 분위기에서 자유롭게 표현할 수 있고, 상상력을 자극할 수 있는 놀이
언어적 가치	활발한 의사소통과 언어적 자극을 통한 언어 발달이 일어날 수 있는 놀이
인지적 가치	놀면서 재미있게 어떤 개념이나 지식을 자연스럽게 익힐 수 있는 놀이, 혹은 호기심이나 탐구심 등 인지 구조를 자극할 수 있는 놀이
문화적 가치	자신이 속한 문화적 정체성을 깨닫고, 다른 문화를 체험할 수 있는 놀이

놀이는 계속해서 그 종류와 범위가 다양하고 넓어지는 경향이 있다. 그 이유는 전술한 놀이의 유형들이 놀이의 상황과 형태에 따라 서로 결합해 나가기 때문이다. 예를 들어 아곤과 미미크리가 결합하여 가상 콩쿠르, 스포츠 경기가 탄생하기도 하고 아곤과 알레아가 결합하여 도미노 게임 등이 나오기도 한다. 그리고 놀이에 참여하는 행위자들의 태도인 파이디아(Paidia)와 루두스(Ludus)가 반영되어가는 것도 놀이가 계속 다양해지는 원인이 된다. 파이디아는 표출, 장난기, 충동적 활기를 뜻하고, 루두스는 목표를 향한 노력, 인내 등 어려움을 극복하고 기술을 쌓아가는 엄격함의 질서화를 뜻한다(김효정, 2019, p. 154). 파이디아에 가까울수록 원초적, 본능적, 소란스러운 특성이 나타난다면, 루두스에 가까울수록 통제적, 극기적, 예술성과 탁월성을 비롯한 문화적 특성이 나타난다(최원아, 2020, p. 75). 어린이박물관에서 어린이들은 놀이 체험을 통해 오감으로 소장품을 만난다. 그리고 위의 〈표 11-3〉에서 다룬 것처럼 신체적, 정서적, 도덕적, 사회적, 창의적, 언어적, 인지적, 문화적 성장을 경험하게 된다.

나. 어린이박물관 놀이 체험과 몰입의 경험

(1) 어린이박물관의 놀이 체험과 몰입의 유형

어린이박물관 놀이 체험은 어린이들이 '몰입'을 하게 만드는 교육적 효과를 낳고 있다. 어린이박물관의 놀이를 기반으로 하는 전시물의 체험은 특유의 성격을 통해 어린이 관람자들의 몰입을 이끌게 된다. 다시 말해 어린이들은 어린이박물관에서 놀이기반 전시물을 만나 최적이며 최고의 상태, 곧 Csikszentmihalyi(2009)가 말하는 "시간성 차원에서 몰입은 절정 경험(peak experience)을 가지며 즐겁고 흥분된 순간"을 경험하고 "정서적 차원에서 몰입은 즐거움과 재미, 행복감을 유발하고, 행동적 차원에서 몰입은 내재적 동기에 바탕을 두기 때문에 과제 수행과정에서 만족이나 즐거움을 가정한 상태에서 몰입 경험을 추구한다(탁정화, 2019, p. 518).

체험전시를 경험하는 관람객은 호기심과 흥미를 느끼고, 전시물을 체험하는 관람은 다양한 학습 경험을 한다. 이러한 경험은 관람객과 전시물 간의 커뮤니케이션과정을 거친 후 그러한 상호작용으로 전시물에 대한 과제 집착력과 학습 경험을 하게 되어 전시물을 관람 후 관람자는 전시물로 인한 학습의 기쁨을 느끼고, 그로 인한 재이용 의도를 유발하게 된다. 관람객과 전시물 간의 커뮤니케이션 과정과 상호작용으로 관람객은 다양한 감각적 사고가 생성되는데 운동감각과 촉각이 요구되는 체험전시물이야말로 전시물에 대한 과제 집착력과 학습 플로우(flow)가 높아진다(오선애, 2011, p. 49).

이론적으로도 놀이와 몰입은 밀접한 상관성을 가진다. Huizinga(1955)는 놀이가 인간의 마음을 사로잡고 무언가에 몰두하게 만든다고 말했다. 놀이를 통해 재미를 느끼게 되고, 무언가에 대해 몰두하게 되고, 열광하게 되는 것이 바로 놀이의 본질이라고 본 것이다(박채형, 정광순, 2015, p. 36). 한편, 칙센트미하이(2009)는 몰입을 "주변이 전혀 의식되지 않을 만큼 깊이 빠져들어, 자신의 능력을 최대한 발휘할 수 있는 상태이다."라고 하였다. 하위징아가 놀이의 의미에 사용한 '몰두'와 '열광'은 칙센트미하이의 몰입 개념을 염두에 둘 때, 몰입의 다른 표현이다. 그러므로 놀이에서 몰입의 기원을 찾을 수 있고, 몰입 개념의 이론적 근원에는 놀이가 있음을 알 수 있다. 이처럼 놀이와 몰입은 서로 유사한 특성을 보이고 있고, 서로 연관되어 있다.

어린이박물관에서 몰입을 이끌 수 있는 요건으로 발생할 수 있는 몰입의 유형에는 감각적 몰입, 지적 몰입, 운동적 몰입, 현실적 몰입, 사고적 몰입, 인식적 몰입, 감성적 몰입이 있다(오선애, 2011, p. 46). 감각적 몰입은 신체를 활용한 외적 감각(시각, 청각, 후각, 촉각, 미각, 온도 감각) 및 내적 감각(생명 감각, 운동 감각, 평형 감각)과 인식 감각(언어 감각, 사고 감각, 자아 감각) 등을 활용해서 몰입할 수 있다. 지적 몰입은 학습 시 일어나는 몰입을 말한다. 운동적 몰입은 신체적 움직임을 통해 도전 과제를 해결할 때 일어나는 몰입을 말한다. 현실적 몰입은 현실 상황 그 자체, 혹은 현실로 재현된 상황에 참여해 느낄 수 있는 사실적인 감각과 현상에 대한 몰입을 말한다. 사고적 몰입은 주어진 문제, 실험, 게임 등에 참여해서 해결해 나가면서 느낄 수 있는 몰입을 말한다. 인식적 몰입은 자신의 연속적인 행태가 상대방 혹은 사물과의 상호작용에 반영됨을 계속해서 관찰하며 느낄 수 있는 몰입을 말한다. 감성적 몰입은 감성을 자극하는 특별한 경험을 통해 몰입하는 것을 말한다.

(2) 어린이박물관 놀이 체험의 의의

어린이박물관 놀이 체험이란 어린이들이 일방적으로 전시(물)의 의미를 전달받는 데서 벗어나 오감을 통해 소장품을 직접 접촉하고 느끼는 것을 말한다. 어린이박물관 놀이 체험은 어린이들이 다양한 정보를 능동적이고 적극적으로 얻고 의미를 구축하도록 하는 성격을 띤다. 어린이박물관 놀이 체험이 지니는 의의는 다음과 같다.

첫째, 어린이박물관에서의 놀이 체험은 어린이들에게 자기 주도적으로 학습을 하도록 유인한다. 노울스(Knowles, 1975)는 자기 주도적 학습은 학습자가 스스로 학습 계획을 세우고, 무엇을 배워야 할지 판단하며, 학습에 필요한 자원을 찾고, 학습 과정을 평가하는 전반적인 과정에서 주도권을 가지는 것을 말한다.

Guglielmino(1977)에 의하면, 자기 주도적 학습자는 다음 여덟 가지의 특징을 지닌다. 학습 기회에 대해 높은 관심을 가지고 탐구심과 인내심을 갖는 개방성, 자기 주도적 학습에 대해 확신을 하고 학습 시간을 조직하는 등 독립적인 학습자로서의 자아개념, 학습에 대한 솔선수범과 독립심, 자신의 학습에 대한 책임감,

학습에 대한 애정과 열성, 미래지향적인 자기 이해, 창의성, 기본 학습 기능과 문제 해결 기능을 사용하는 능력. 어린이박물관 놀이 체험은 물리적, 심리적 교육 환경을 조성하여 어린이들이 자기 주도적으로 학습하도록 끌어낸다. 이를테면 어린이들은 어린이 박물관에서 놀이기반 전시물을 접할 때 높은 관심을 가지고 '어떻게 해 볼까?', '조금만 더 해 볼까?', '어느 것을 먼저 해 볼까?', '내가 먼저 해 볼까?', '어떻게 하면 마칠 수 있을까?', '어떻게 하면 남들과 다르게 할 수 있을까?', '무엇을 이용해야 할까?', '친구들과 함께해 볼까?' 등을 생각하게 되기 때문이다. 이러한 자기 의사 결정을 바탕으로 어린이들은 놀이에 참여하게 되는데, 이때 수반되는 자발성은 자기 주도적 학습의 출발점이 된다. 자발적으로 전시물에 대하여 놀이 욕구를 가지고 참여하면서 어린이들은 자신만의 놀이를 만들어내며, 전시와 관련된 지식을 자기 주도적으로 학습하게 된다. 자기 주도적 학습 경험은 어린이들의 평생에 걸친 주체적 학습의 태도와 동기를 진작시키게 된다.

둘째, 어린이박물관에서의 놀이 체험은 어린이들이 몰입하게 하여 스스로 내적 동기를 일으킴으로써 어린이가 학습자가 되도록 자극하게 된다. 놀이는 어린이를 놀이에 자발적으로 참여하도록 만들고, 자신을 잊는 무아지경의 상태 속에서 시간 가는 줄 모르고 몰입하게 만든다. 그리고 놀이 안에 내재된 여러 가지 변수로 인해 어린이들이 우연적이고 즉흥적인 판단과 행동들을 끊임없이 수행하게 한다. 덧붙여, 규칙에 자신을 맞추거나 승리를 쟁취하기 위해 자신을 조절하는 측면도 수행하게 한다(김남희, 2019, pp. 52, 259). 그리고 자신들의 지적, 감각적, 정서적인 발달 수준에 부합하는 뮤지엄의 오브제나 프로그램을 만나 참여기회를 얻는 과정에서 다양한 놀이 체험을 통해서 정보를 능동적이고 적극적으로 얻고 의미를 구축하도록 하는 방법을 터득하게 한다. 이러한 과정을 거쳐 종국에 어린이들은 스스로 새로운 지식을 형성할 수 있도록 하는데 이 모든 과정의 핵심에는 바로 몰입이 있다. 취센트미하이(2003)는 몰입은 "자신의 능력을 최대로 발휘할 수 있는 상태"로, 몰입한 사람이 과제를 수행할 때 그 과정 자체에서 즐거움과 만족감을 얻을 수 있다.

어린이들은 어린이박물관에서 놀이 체험을 통해 몰입의 경험 속에서 자연스럽게 스스로 즐겁게 배울 수 있도록 하는 조건들을 충족해 가게 된다.

셋째, 어린이박물관에서의 놀이 체험은 어린이들이 배움을 경험하도록 이끈다.

놀이는 사회적으로 최고도의 문화 활동을 발전시키는 원동력의 하나일 뿐만 아니라 개인적으로 정신교육과 지적발달의 주요 원동력의 하나이다(Caillois, 2023, p. 10). 들뢰즈에 따르면 배움은 세상을 인식하고 이해하는 새로운 방식을 획득하는 것을 말한다(김재춘, 배지현, 2016). 배움은 습관적으로 행해지는 방식을 벗어나 실재를 새롭게 해석하는 것으로서 우리를 둘러싼 기호들을 만나고 관계 맺으며 해석하는 것이고 진정으로 사유하게 되는 것을 말한다. 놀이 과정에서 학습자는 자기가 무엇을 알고 싶은지 등에 대해 사유하게 된다. 놀이 체험을 통한 배움은 나이를 초월한다. 심지어 유아들조차도 세계와 만나 상호작용을 하면서 스스로 배우게 되는 것이 가능하다(이현정, 정대현, 2020; 정선아, 2016). 어린이박물관에서의 놀이 체험은 어린이들이 놀이 속에서 배움의 목표를 설정하고 적절한 배움의 전략을 선택하고 몰입함으로써 결국 어린이들을 정신적으로나 지적으로 성장할 수 있도록 끌어내게 된다.

넷째, 어린이박물관에서의 놀이 체험은 어린이들이 내적보상을 경험하게 한다. 어린이들은 적절한 수준으로 세팅된 놀이 체험 과제를 만나게 되면 도전 정신을 가지고 놀이에 적극적으로 참여하고자 하는 의지를 다잡게 되며 성취감 및 자신감 등의 내적 기쁨을 맛보게 된다. 예를 들어 유아의 가게 놀이 과정을 다룬 질적 연구를 보자(이진희, 허정민, 장은정, 2019). 어린이들은 자신이 팔고 싶은 물건을 가지고 와 누구나 주인이 될 수도 있고 손님이 될 수도 있는 가게 놀이의 과정을 수행하였는데, 그 속에서 개인 가게를 차리게 된 어떤 어린이는 판매율이 저조해지고, 판매한 제품들로 인하여 새로이 팔 제품들이 소진됨에 따라 어려움을 느끼게 되며 난관에 부딪히게 되는 경험을 하였다. 하지만, 놀이 과정에서 이 어린이는 어린이 손님이 좋아할 새로운 아이템을 고심해 본다거나 늘어난 손님 수에 맞추어 제품을 다량으로 마련해 놓으며 놀이 과정에서 느끼는 좌절감에도 불구하고 다시 새롭게 놀이를 시도하고 또 도전해 보는 자세를 갖게 됨을 볼 수 있다. 놀이는 이렇게 어린이 스스로 좌절감을 극복하고 또다시 도전하게 만들며 그 속에서 성취감을 느끼게 한다. 그리고 이에 덧붙여 평소 소극적이었던 어린이조차도 적극적이고 능동적으로 변화되도록 이끈다. Sellers(2013)의 지적처럼 어린이는 단순히 미성숙한 존재가 아니라, 자신만의 권한과 힘을 점차 만들어 나갈 수 있는 존재이다. 이 과정에서 놀이가 중요한 역할을 한다는 점을 알 수 있다. 어린이들은 놀이를 통해 박물관을 체험하며 도전의 기회를 얻고, 성취의 기쁨을 맛보게 된다. 그 결과, "나도 할 수 있다"는 자신감을 느끼며 내적인 보상을 경험하게 된다.

다섯째, 어린이박물관에서의 놀이 체험 과정에서 친구들과 상호작용을 하게 되고 이 과정에서 관계 맺기와 의사소통 능력을 기를 수 있게 한다. 놀이 체험 과정에서 어린이는 어린이 간, 어린이와 교사 간, 어린이와 부모님 간, 어린이와 전시물 간에 상호작용을 통한 관계 맺기와 의사소통을 경험하게 된다. 어린이박물관에서 어린이들은 여러 친구와 함께 공간을 사용하며 혼자 놀지 않고 여럿이 함께 노는 경험을 한다. 어린이들은 여러 사람과 함께 사용하는 체험공간에서 규칙과 약속을 지키면서 또래 친구들과 어울리며 관계 맺기를 경험하게 된다. 또 친구들과 어울려 놀이 체험을 함께하기 위해서는 친구들의 생각을 이해하고, 자기 생각을 전달해야 하므로 의사소통 능력을 함양하게 된다. 의사소통 능력은 학습 능력의 함양을 불러온다. 예를 들어 Beharry(2021)는 과학을 흥미롭게 학습하게 하는 요인 중 하나로 사회적 상호작용을 들고 있다. 김홍정, 임성민(2012)도 학습자들이 다른 학습자들과 함께 협업하는 과정에서 나누게 되는 대화나 행동 속에서 중요한 정보를 얻을 수 있게 되고 또 학습에 흥미도 느끼게 된다고 하였다. Perry(2012)도 박물관 전시에서 학생들에게 협업하게 하고 의사소통을 하도록 유도할 때 학습자들의 흥미를 돋울 수 있다고 한 바 있다. 어린이박물관에서의 놀이 체험은 어린이들이 자신을 둘러싼 사람들과 관계를 맺고 의사소통하는 상호작용 속에서 잠재적으로 학습 능력의 함양을 불러오게 한다.

4. 박물관에서 동반 보호자와의 상호작용

박물관에서 동반 보호자와의 상호작용은 어린이들이 박물관을 방문하는 동안 학습과 경험을 더욱 풍부하고 의미 있게 만드는 중요한 요소이다. 어린이박물관은 단순히 아이들만을 위한 공간이 아니라, 동반 보호자(부모, 교사 등)와 함께 참여하고 소통할 수 있는 활동을 제공하여, 부모와 자녀 간의 유대감을 강화하고, 부모가 자녀의 학습 과정을 지원할 수 있도록 돕는다.

존 포크와 린 디어킹은 박물관 내에서 관찰되는 가족 간 대화에 의한 전시물과의 상호작용에 대하여, 가족 구성원들은 이전에 쌓아온 지식에 비추어 전시품과 프로그램에 대해 논의하고, 이런 논의들은 선행경험과 가족 구성원들 사이에서 공유된 이해, 즉 루이스 몰(Luis Moll), 제임스(James), 그린버그(Greenburg)에 의해 기술된 '지식의 축적(funds of knowledge)'을 발전시킬 기회를 제공한다고 하였다 (존 포크 · 린 디어킹, 노용 외 역, 2007, p. 119).

박물관에서의 동반보호자와의 상호작용은 자녀의 학습뿐만 아니라 가족 간의 관계를 더욱 풍성하고 의미 있게 만드는 중요한 기회를 제공한다. 부모와 자녀가 함께 협력하고, 대화하며, 문제를 해결하는 과정은 자녀에게 큰 학습적 혜택을 제공하고, 부모에게는 자녀의 성장과 발달을 더욱 가까이에서 느낄 수 있는 기회를 만들어 준다.

가. 박물관에서의 동반보호자와의 상호작용 형태

박물관에서의 동반보호자와의 상호작용 형태를 구체적으로 소개하면 다음과 같다.

(1) 공동 활동 참여

어린이박물관은 부모와 자녀가 함께 참여할 수 있는 다양한 핸즈온 활동을 제공한다. 예를 들어, 블록을 쌓거나 미술 작품을 만드는 활동, 과학 실험 등을 부모와 자녀가 함께 수행하면서 자연스럽게 대화하고 협력할 수 있다.

부모는 자녀가 어려워하는 부분을 도와주기나 아이의 창의적인 아이디어를 격려해 주며, 자녀는 부모와 함께 문제를 해결하고, 성취감을 느낄 수 있다. 부모와 자녀 간의 협동과 의사소통이 중요한 학습의 기회를 제공한다.

(2) 대화와 피드백 제공

박물관의 각 전시물이나 활동에 대해 부모는 아이와 함께 이야기를 나누면서 설명을 듣고, 자녀가 직접 관찰한 것에 대해 질문을 던질 수 있다. 예를 들어, 특정 전시물을 보고 그 전시물의 특징에 대해 물어보거나, 실험 결과에 대해 토론하는 방식이다.

부모는 자녀가 전시물을 보고 느낀 점이나 생각을 물어보고, 그에 대해 피드백을 주거나 새로운 정보를 제공하여 아이의 사고를 자극할 수 있다. 이 과정에서 부모는 자녀의 인지 발달을 지원할 수 있으며, 자녀는 자신이 배운 내용을 정리하고 자신감을 얻는다.

(3) 모델링을 통한 학습

박물관에서는 부모가 아이에게 학습 과정을 모델링하는 기회를 제공한다. 예를 들어, 부모가 먼저 과학 실험을 시도하거나, 미술 활동에서 색칠을 하는 방법을 시범 보이는 것이다. 그런 후 아이가 이를 따라 하며 학습할 수 있다.

부모는 자녀에게 실험의 순서나 작업을 어떻게 수행할지에 대해 자연스럽게 보여주면서 아이는 이를 모방하고 배우게 된다. 부모가 먼저 행동을 보이는 것은 아이에게 중요한 학습 기회를 제공하고, 부모는 자녀가 이 과정을 잘 이해할 수 있도록 돕는다.

(4) 자기주도적 학습 지원

많은 박물관은 아이들이 독립적으로 활동할 수 있도록 돕기 위한 환경을 제공한다. 그러나 때때로 부모는 자녀가 스스로 문제를 해결하거나 선택을 할 수 있도록 도와주는 역할을 한다. 예를 들어, 아이가 어떤 활동을 선택할지 고민할 때, 부모는 다양한 선택지를 제시하고 아이가 스스로 결정을 내리도록 격려할 수 있다.

부모는 아이가 스스로 선택할 수 있도록 도와주고, 그 선택에 대한 책임감을 느끼게 한다. 부모의 역할은 아이가 독립적으로 사고할 수 있도록 지지하는 것이다. 자녀가 활동 중에 어려움을 겪을 때, 부모는 적절한 타이밍에 도움을 주어 자녀가 스스로 해결책을 찾을 수 있도록 유도할 수 있다.

(5) 공동 문제 해결

박물관의 활동 중에는 종종 부모와 자녀가 함께 문제를 해결해야 하는 과제가 있다. 예를 들어, 미로 탈출 게임, 건축 활동, 과학 실험 등의 활동에서는 협력하여 문제를 해결하는 것이 필요하다.

부모와 자녀는 함께 아이디어를 나누고, 서로의 의견을 듣고, 팀워크를 발휘하여 문제를 해결한다. 이 과정에서 부모는 자녀의 의견을 존중하고, 자녀는 부모와 함께 협력하며 다양한 방법을 시도할 수 있다. 부모와 자녀가 함께 문제를 해결하는 경험은 가족 간의 유대감을 강화시킨다.

(6) 학습 결과 공유

박물관에서의 활동이 끝난 후, 부모와 자녀는 경험한 것들에 대해 서로 공유하는 시간을 가질 수 있다. 자녀는 박물관에서 배운 것들을 부모에게 설명하거나, 만든 작품을 자랑하는 시간이다.

부모는 자녀의 경험을 진지하게 듣고, 자녀가 배운 점에 대해 칭찬하거나 추가적인 질문을 던져 대화를 이어가는 것이 중요하다. 이 과정에서 자녀는 자신이 배운 내용을 다시 한번 정리하고, 부모는 자녀의 학습을 긍정적으로 강화하는 기회가 된다.

나. 박물관에서 동반 보호자와의 상호작용의 의의

박물관에서 동반 보호자와의 상호작용은 아이들의 학습과 정서적 성장에 매우 중요한 요소이다. 부모나 보호자가 함께 참여하면서 아이들에게 정서적 안정감을 제공하고, 학습 효과를 높이며, 사회적 기술을 발달시킬 수 있도록 돕는다.

어린이박물관에서의 보호자와의 상호작용은 단순한 동반을 넘어, 아이의 학습을 돕고 정서적, 사회성 발달을 지원하는 중요한 역할을 한다. 이러한 활동을 통해 아이와 보호자가 함께 성장하는 의미 있는 경험을 할 수 있다.

(1) 정서적 안정감과 학습 동기 부여

부모나 보호자가 함께 있을 때, 아이들은 심리적으로 안전하다고 느끼고, 새로운 것을 탐색하는 데 더 적극적이게 된다. 보호자의 긍정적인 반응과 칭찬은 아이의 자신감을 높이고, 지속적인 학습 동기를 부여한다. 새로운 경험을 할 때 보호자가 곁에서 격려해 주면 아이들은 실패를 두려워하지 않고 도전하는 태도를 기르게 된다.

(2) 언어 및 의사소통 능력 발달

보호자는 아이의 경험을 언어로 확장해 줄 수 있다. 예를 들어, "이것은 어떤 색깔일까?", "이 장치는 어떻게 작동할까?" 등의 질문을 통해 사고력을 자극할 수 있다. 아이가 경험한 것을 말로 표현하도록 유도하면 어휘력과 표현력이 향상된다. 함께 대화하며 아이의 의견을 존중하는 태도를 보이면, 아이도 타인의 의견을 듣고 존중하는 법을 배울 수 있다.

(3) 문제 해결력과 탐구심 증진

아이가 전시물을 탐색하는 과정에서 궁금한 점을 질문하면 보호자는 아이와 함께 답을 찾아가는 탐구적 태도를 길러줄 수 있다. 예를 들어, 과학 전시에서 물이 흘러가는 원리를 이해하려고 할 때, 보호자가 아이와 함께 실험해 보고 토론하는 과정이 학습 효과를 극대화할 수 있다. 아이가 문제를 해결하려고 할 때 보호자가 바로 답을 주기보다, 아이 스스로 생각해 볼 수 있도록 유도하면 사고력과 문제 해결 능력이 길러진다.

(4) 사회성 및 협력 능력 향상

박물관에서의 경험을 함께 공유하면서 아이는 보호자와의 유대감을 강화할 수 있다. 형제자매나 친구와 함께 온 경우, 보호자가 중재자가 되어 협력하고 타인을 배려하는 법을 가르칠 수 있다. 놀이와 체험 활동에서 차례를 기다리거나 역할을 나누는 과정에서 사회적 규칙을 배우게 된다.

(5) 보호자의 교육적 역할 강화

보호자도 박물관 체험을 통해 아이의 관심사를 발견하고, 이후 가정에서 관련된 놀이와 학습을 확장할 수 있다. 예를 들어, 공룡 전시를 본 후 보호자가 도서관에서 관련 책을 빌려주거나, 집에서 간단한 화석 만들기 활동을 하며 배운 내용을 강화할 수 있다. 아이가 체험한 내용을 일상생활과 연결해 주면 학습의 지속성과 실생활 적용력이 높아진다.

적용 예를 제시하면 다음과 같다.

- 과학 체험존에서 함께 실험하기 → 보호자가 실험 방법을 설명하고, 아이가 결과를 예측하도록 유도
- 역사 체험존에서 역할극하기 → 보호자가 아이와 함께 역할을 맡아 보며 역사적 사건을 생생하게 경험
- 미술 체험존에서 공동 작품 제작하기 → 함께 그림을 그리거나 조형물을 만들어보며 창의력 향상

참고문헌

곽신숙(2017). 어린이박물관의 체험전시와 유인력 전시물의 특징: 서울상상 나라를 중심으로. 어린이와 박물관 연구, 13, 65-99.

권미진(2019). 즐거운 생활과 교과서에 실린 놀이의 교육적 의미 연구. 한국교원대학교 교육대학원 석사학위논문.

김남희(2019). 놀이의 특징과 교육적 가치. 윤리교육 연구, 52, 253-276.

김재춘, 배지현(2016). 들뢰즈와 교육: 차이생성의 배움론. 고양: 학이시습.

김홍일(2010). 경험표집법(ESM)을 이용한 여가와 일의 플로우 이론 연구. 경기대학교 대학원 박사학위논문.

김홍정, 임성민(2012). 비형식 과학교육환경에서 초등학생들의 과학 학습에 대한 흥미 분석. 초등과학교육, 31(1), 125-134.

김효정(2019). 어린이미술관 체험식 전시 콘텐츠의 놀이유형 연구. 이화여자대학교 대학원 박사학위논문.

목진혁, 최익서(2018). 과학관 전시에 있어서 몰입환경 최적화 연출방안에 관한 연구 -MR 매체를 중심으로-. 한국공간디자인학회 논문집, 13(6), 251-262.

박채형, 정광순(2015). 호이징아와 카이와의 놀이이론에 함의된 '즐거운 생활'의 성격과 영역. 통합교육과정연구, 9(3), 32-53.

서자현(2008). Sykes의 박물관 학습이론에 의한 어린이박물관의 공간 계획에 관한 연구. 건국대학교 대학원 석사학위논문.

심소연, 문정민(2014). 박물관의 효과적인 커뮤니케이션을 위한 몰입요소 연구. 한국과학예술포럼, 18, 367-376.

오선애(2011). 어린이박물관의 몰입하는 체험전시 요건 및 유형 분석. 디자인지식저널, 19, 41-50.

오선애, 공지연(2011). 박물관의 몰입 이론을 적용한 전시연출 환경 요건에 관한 연구 - 관람자 중심의 체험전시 위주로. 디지털디자인학연구, 11(3), 143-152.

이진희, 허정민, 장은정(2019). 놀이-배움 과정에서 드러나는 어린이의 배움에의 성향. 한국열린유아교육학회 추계학술대회, 543-567.

이현정, 정대현(2020). 유아들의 삶으로 현시된 놀이와 교육에 대한 현상학적 해석학 연구. 한국교육학연구, 26(3), 187-210.

존포크 · 린디어킹, 노용 외 역(2007). 박물관 교육의 기본. 서울: 미진사.

정낙림(2010). 인식과 놀이: 칸트의 놀이 개념을 중심으로. 대동철학회지, 53, 201-225.

정선아(2016). '어린이는 놀이로 세상을 배운다'에 대한 비판적 성찰 세계-내-존재와 세계-의-존재 관점에서. 어린이교육비평, 6(1), 1-19.

최미옥(2016). 유희개념으로 접근한 박물관 전시디자인- 전시 관람형태와 지원성을 중심으로-. 전시디자인연구, 25(0), 5-12.

최원아(2020). 놀이 개념으로 분석한 어린이뮤지엄 전시물의 몰입 요인 분석. 서울교육대학교 교육전문대학원 석사학위논문.

최원아, 류재만, 곽신숙(2020). 어린이 뮤지엄 놀이 중심 전시물의 놀이 개념과 몰입 요인 분석 방안 및 적용. 박물관학보, 39, 331-354.

탁정화(2019). 몰입이론에서 본 유아놀이-배움에대한 소고. 유아교육연구, 39(2), 509-536.

황농문(2007). 몰입-인생을 바꾸는 자기 혁명. 서울: 랜덤하우스코리아.

Beharry, A. (2021). *7 Interesting facts about the science of learning*. https://skyprep.com/2021/06/01/7-interesting-facts-about-the-science-of-learning/

Caillois, R. (2023). 놀이와 인간(이상률 역). 서울: 문예출판사.

Csikszentmihalyi, M. (1990). *Flow: The psychology of optimal Experience, Harper Perennial Modern Classics*. 최인수 역(2004). 몰입 Flow: 미치도록 행복한 나를 만난다. 서울: 한올림.

Csikszentmihalyi, M. (1996). Creativity: Flow and the Psychology of Discovery and Invention, Perennial. 노혜숙 역(2003). 창의성의 즐거움. 서울: 북로드.

Guglielmino, L. M. (1977). *Development of the self-directed learning readnessscale*. Doctoral dissertation. University of Georgia.

Huizinga, J. (1955). *Homo Ludens: A study of the play-element in culture*. Boston: Beacon Press. 김윤수 역(1993). 호모 루덴스. 서울: 까치.

Knowles, M. S. (1975). *Self-directed learning; a guide for learners and teachers*. Illinois: Follett Publishing Co.

Perry, D. L. (2012). *What makes learning fun?: principles for the design of intrinsically motivating museum exhibits*. Maryland: Rowman Altamira.

Sellers, M. (2013). *Young children becoming curriculum: Deleuze, Te Whāriki and curricular understandings*. London: Routledge.

Tim Hulton. (1998). *Hands-On Exhibitions: Managing Interactive Museums and Science Centres* London: Routledge.

ACM 홈페이지. https://childrensmuseums.org (2023.6.5. 검색)

위키백과. https://ko.wikipedia.org/wiki/%EB%AA%B0%EC%9E%85 (2023.12.13. 검색)

제12장 박물관에서의 질문 생성 전략

박물관에서 질문 생성 전략은 관람객의 경험을 깊이 있게 만들고, 단순한 정보 전달을 넘어 의미 있는 학습이 이루어지도록 돕는 중요한 도구이다. 박물관은 전통적으로 유물이나 예술품을 감상하는 장소로 여겨졌지만, 현대 박물관은 더 이상 '보는 공간'에 머물지 않고, '참여하고 배우는 공간'으로 변화하고 있다. 이 과정에서 질문은 관람객이 전시물과 적극적으로 상호작용하게 만드는 핵심 매개체로 작용한다.

무엇보다 질문은 관람객의 수동적인 관람 태도를 능동적인 참여로 전환시킨다. 전시물을 마주한 관람객이 단순히 정보를 수용하는 데 그치지 않고, 스스로 생각하고 해석하게 하여 더욱 깊은 이해와 몰입을 유도한다. 이러한 참여는 연령, 배경, 인지 수준이 다양한 관람객 모두에게 적용 가능하다는 점에서 교육적 효과가 크다. 특히 질문을 통해 어린이는 호기심을 갖고 탐구하며, 성인은 자신의 삶과 전시 내용을 연결 지어 더 폭넓은 시각을 형성할 수 있다.

또한, 질문은 비판적 사고와 창의력을 키우는 데 유용하다. 정답을 묻는 폐쇄형 질문보다는 다양한 해석이 가능한 개방형 질문을 통해 관람객은 하나의 유물을 다양한 관점에서 바라보고, 스스로의 의견을 구성할 수 있다. 이는 단순 지식 암기에서 벗어나 전시 주제와 관련된 사회적, 역사적, 문화적 맥락을 종합적으로 사고하게 만든다.

질문 생성 전략은 관람객 간의 소통도 촉진한다. 함께 관람하는 가족이나 친구, 해설사와 질문을 주고받으며 전시에 대한 대화를 나누고, 이를 통해 서로 다른 관점을 공유하며 이해를 확장하게 된다. 나아가 질문을 통해 얻게 된 정보는 단순히 보는 것보다 기억에 오래 남고, 관람 후에도 지속적인 탐구와 관심으로 이어질 가능성이 높다.

결론적으로 박물관에서의 질문 생성 전략은 관람객의 몰입, 이해, 탐구, 소통을 유도하며, 박물관을 살아 있는 학습의 공간으로 전환시키는 데 기여한다. 박물관이 더 많은 사람에게 열린 지식의 장이 되기 위해서는, 잘 설계된 질문을 통해 관람객 스스로 사고하고 연결 짓는 경험을 할 수 있도록 도와야 할 것이다.

1. 감상교육의 이론적 기초와 배경

가. 박물관 감상교육의 의의와 현대적 쟁점

(1) 박물관 감상교육

박물관 감상교육은 유물이나 전시물을 매개로 관람객의 시각적 경험을 확장하고, 전시물-자신-사회 간의 관계를 새롭게 인식하는 교육활동이다. 전통적으로 박물관 감상은 사실적 정보나 역사적 지식의 전달에 초점을 두었으나, 현대에 들어서는 관람자가 전시물의 의미를 능동적으로 구성하는 과정이 중심이 되고 있다. 박물관 감상은 '무엇을 보는가'에서 출발해, '왜 그렇게 보이는가', '그것이 나와 사회에 어떤 의미를 가지는가'까지 복합적이고 다층적인 사고를 요구한다.

(2) 박물관 감상의 목적

감상교육의 변화는 박물관 감상교육의 목적을 크게 확장시켰다. 첫째, 박물관 감상교육은 관람객의 시각적 문해력(visual literacy)을 신장시킨다. 이는 유물이나 전시물에 담긴 시각적 정보를 해독하고, 맥락 속에서 비판적으로 해석하며, 자신의 경험과 연결하여 의미를 구성하는 능력을 포함한다. 둘째, 감상교육은 관람객의 비판적 사고력과 창의적 사고력을 동시에 신장시킨다. 전시물을 다양한 관점에서 해석하고, 자신의 의견을 논리적으로 표현하며, 타인의 해석과 비교·토론하는 과정에서 사고의 폭과 깊이가 확장된다. 셋째, 감상교육은 문화적 소양과 공동체 의식을 함양하는 데 기여한다. 박물관 전시물은 특정 시대와 사회, 문화의 산물로서, 감상을 통해 관람객은 자신이 속한 사회와 타 문화를 이해하는 안목을 기른다.

20세기 후반 이후 박물관 교육에서는 '관람자 중심' 패러다임이 부상하였다. 이는 관람자가 전시물의 의미를 수동적으로 받아들이는 존재가 아니라, 자신의 경험, 지식, 가치관을 바탕으로 능동적으로 해석하고 의미를 구성하는 주체임을 전제한다. 이러한 변화는 박물관 감상교육의 교수·학습 방법에도 큰 영향을 미쳤다. 감상교육의 내용이 전시물에 대한 정보 전달에서 벗어나, 전시물과 관람자, 사회와의 상호작용에 초점을 맞추게 되었으며, 교육자의 역할도 지식 전달자에서 촉진자(facilitator)로 변화하였다. 감상교육의 방법도 소그룹 토의, 질문 기반 활동, 프로젝트 학습, 디지털 미디어 활용 등으로 다양화되었다.

현대 박물관 감상교육의 주요 쟁점으로는 '열린 해석'의 문제, 감상과 사회적 맥락의 연계, 디지털 시대의 감상교육, 평가의 문제 등이 있다. 현대 전시는 다양한 해석을 허용하며, '정답 없는 감상'이 강조된다. 박물관 감상교육은 관람객이 전시물을 통해 사회적 쟁점을 비판적으로 성찰하고, 자신의 생각을 사회와 연결 짓는 능력을 기르는 데 중점을 두어야 한다. 디지털 기술의 발전은 감상교육의 공간과 방법을 확장시켰지만, 정보 과잉과 피상적 감상 등의 한계도 존재한다. 평가는 관람객의 감상 과정, 질문, 토론, 감상 저널, 포트폴리오 등 다양한 방식으로 시도되고 있으나, 평가 기준의 명확성, 공정성, 실천 가능성 등에 대한 지속적인 논의가 필요하다.

이러한 쟁점 속에서 현대 박물관 감상교육은 관람자 주체적 감상활동의 강화, 통합적·융합적 감상교육의 확대, 디지털 감상교육의 체계화, 평가의 다변화와 과정 중심 평가의 강화 등으로 나아가고 있다.

나. 박물관 감상교육 주요 이론과 질문생성전략(QFT)의 연계

(1) 관련 주요 이론

박물관 감상교육의 이론적 기반은 인지주의, 구성주의, 반응 중심 교육, 대화 중심 감상법(VTS), 사회문화적 접근 등으로 구성된다. 인지주의는 관람자가 감상 과정에서 지각, 기억, 해석, 평가 등의 인지적 과정을 수행한다고 본다. 구성주의는 관람객이 자신의 경험과 맥락을 바탕으로 의미를 구성하도록 강조하며, 교육자는 안내자 역할을 수행한다. 반응 중심 및 대화 중심 감상법은 관람객의 자발적 반응과 대화를 통해 전시물의 의미를 확장하는 방식이다. 사회문화적 접근은 전시물과 관람자가 속한 사회, 문화, 역사적 맥락을 중요하게 본다.

(2) 질문생성전략(QFT: Question Formulation Technique)과의 연계

질문생성전략은 관람자가 스스로 질문을 생성하고, 이를 분류하고 개선하며, 탐구와 토론, 창작 활동에 활용하는 구조화된 전략이다. 이는 관람자의 호기심, 비판적 사고, 창의성을 촉진하고, 감상 과정에서 관람자의 주체적 역할을 강화한다. 구성주의적 관점에서 질문생성전략은 관람자가 질문을 통해 지식을 재구성하고, 사회문화적 맥락을 탐구하며, 대화를 통해 의미를 확장하는 데 효과적이다.

박물관 감상교육에서 질문생성전략은 다음과 같은 역할을 한다. 첫째, 관람객이 전시물을 관찰하면서 스스로 질문을 만들고, 이를 바탕으로 해석과 비평을 확장한다. 둘째, 관람객이 자신의 경험과 배경지식을 기반으로 질문을 생성하고 이를 공유하며 다양한 해석을 시도한다. 셋째, 교육자는 관람객의 질문을 촉진하고 토론을 이끌며, 다양한 의견을 존중하는 역할을 수행한다. 넷째, 질문생성전략은 감상교육의 평가에서도 질문, 토론, 감상 저널, 창의적 산출물 등을 통해 관람자의 사고와 감상 과정을 종합적으로 평가하는 데 활용된다.

이처럼 질문생성전략은 박물관 교육에서 질문 중심 감상의 실천적 도구로서, 관람객의 사고를 확장하고 의미 있는 감상을 가능하게 하는 이론적 기초와 실제적 전략을 모두 제공한다.

(3) 질문과 배움: 교육심리학적 및 인지과학적 배경

질문은 학습의 본질적인 동력이자, 관람객의 학습의욕과 자기주도성을 보여주는 외적 증거이다. 질문을 할 수 있다는 것은 자신이 모르는 것이 무엇인지 인식하고, 이를 채우기 위한 탐구와 사고의 출발점이 된다. 인지과학적으로도 질문은 배경지식과 경험을 활성화시키고, 새로운 정보를 기존 지식과 연결하는 데 필수적이다.

교육심리학적으로 질문은 관람객의 호기심, 동기, 참여를 촉진한다. 관람객은 질문을 통해 자신의 생각을 표현하고, 타인의 의견을 듣고, 새로운 관점을 배우며, 자신의 이해를 확장한다. 질문은 대화의 과정에서 자연스럽게 생성될 때 효과적이며, 관람자의 경험과 맥락에 기반할 때 학습의 질이 높아진다. 교육자는 관람자의 질문 능력과 의욕을 파악하여 각자의 수준에 맞는 질문 활동을 설계하고, 질문을 통한 학습 전략 개발을 지원해야 한다.

질문은 관람자의 자기주도적 학습, 비판적 사고, 창의적 문제해결력 신장에 핵심적인 역할을 한다. 질문생성전략은 이러한 질문의 교육적 효과를 극대화하는 구조화된 방법으로, 박물관 교육 현장에서 매우 유용하게 활용된다.

(4) 질문생성전략(QFT)의 개념과 원리

관람객이 스스로 질문을 만들고, 이를 분류하고, 개선하며, 탐구나 토론, 창작 활동으로 확장하는 구조화된 절차이다. 질문생성전략은 질문을 수동적으로 수용하는 것이 아니라, 질문 자체를 생성하고 다듬는 능력을 함양함으로써 감상자의 주체적 사고를 촉진한다. 이는 박물관 교육에서 감상자가 유물이나 전시물을 단순히 해석하는 수준을 넘어, 의미를 구성하고 확장하는 데 핵심적인 역할을 한다.

일반적으로 질문생성전략은 다음과 같은 6~7단계로 구성된다. 첫째, 질문초점(Qfocus)을 설정한다. 이는 관람객의 사고를 자극할 수 있는 자극물(예: 전시 이미지, 문장, 인용문, 사회적 이슈 등)을 제공하는 단계로, 박물관에서는 유물, 전시물, 키워드, 작가의 발언 등을 활용할 수 있다. 둘째, 질문 생성 단계에서는 참여자가 평가나 토론 없이 자유롭게 질문을 만든다. 이때 관람자는 자신의 호기심과 배경지식을 바탕으로 다양한 질문을 산출하게 된다. 셋째, 생성된 질문을 폐쇄형과 개방형으로 분류함으로써 질문의 탐구 방향을 확인한다. 넷째, 질문 개선 단계에서는 질문을 명료하고 깊이 있는 방향으로 재구성한다. 다섯째, 가장 중요한 질문을 선정하고, 그 이유를 논의하는 우선순위 선정 단계가 이루어진다. 여섯째, 선정된 질문을 바탕으로 실제 감상활동, 토론, 리서치, 창작활동 등으로 확장하는 질문 활용 단계가 뒤따른다. 마지막으로, 질문 생성 및 감상활동 전반을 되돌아보는 반성(reflection) 단계가 이루어질 수 있다.

(5) 질문생성전략 활용방법

박물관 교육에서 다양한 방식으로 활용 가능하다. 예를 들어 전시 관람 전 질문 생성 활동을 통해 전시의 주제를 예측하거나, 감상 후 자신의 질문에 대한 탐구 과정을 감상 저널로 남길 수 있다. 나아가 전시 내용을 토대로 한 창작 활동이나 사회적 이슈와 연계한 토론, 프로젝트형 학습에도 질문생성전략은 유용하게 적용된다. 이와 같이 질문생성전략은 관람자의 자기주도적 감상, 비판적 사고, 창의적 해석을 지원하며, 박물관 감상교육의 질을 향상시키는 전략적 도구로 기능한다.

2. 질문생성전략의 실제와 설계

가. 질문생성전략 단계별 구조와 절차

(1) 질문생성전략(QFT) 단계별 전략

- 질문초점(QFocus) 제시: 관람객의 사고를 자극할 수 있는 자극물을 제공한다. 박물관에서는 작품 이미지, 전시 주제, 사회적 이슈, 작가의 발언 등 다양한 형태로 제시할 수 있다.
- 질문 생성: 관람객은 모든 질문을 자유롭게 생성하며, 이 과정에서는 논의나 평가 없이 자신이 가진 호기심, 경험, 배경지식을 바탕으로 다양한 질문을 만들어낸다.
- 질문 유형 분류: 생성된 질문을 폐쇄형(정답이 명확한 질문)과 개방형(다양한 해석이 가능한 질문)으로 구분하여, 질문의 성격과 탐구 방향을 명확히 한다.
- 질문 개선: 폐쇄형을 개방형으로, 또는 그 반대로 전환하거나, 질문의 명확

성, 탐구성, 창의성을 높이도록 개선한다.

- 우선순위 선정: 가장 중요한 질문을 선정하고 그 이유를 논의하며, 자기주도적 학습과 책임감을 강화한다.
- 질문 활용: 선정된 질문은 토론, 감상, 창작, 리서치 등 실제 활동으로 확장되며, 감상 저널, 모둠 토론, 창작 활동 등으로 다양하게 활용된다.
- 반성 및 피드백: 질문과 학습 과정을 되돌아보며 다음 단계로의 발전을 모색한다.

각 단계는 학습자의 자기주도적 학습, 비판적 사고, 창의적 문제해결력 신장에 효과적이다. 질문생성전략은 박물관, 미술관, 교실 등 다양한 환경에서 적용 가능하며, 특히 전시에 대한 호기심, 비판적 사고, 창의성을 촉진할 수 있다.

나. 질문초점(QFocus) 설정 방법과 사례

질문초점은 질문을 유도하는 자극으로, 박물관 감상교육에서 매우 중요한 출발점이자 사고를 유도하는 도구로 작용한다. 이는 단순히 주제를 제시하는 것을 넘어, 관람객이 전시물과 주체적으로 상호작용하도록 이끄는 관찰의 방향을 제시하며, 비판적 사고를 유도하는 기반이 된다. 질문초점은 유물 이미지, 전시 주제, 사회적 이슈, 작가의 인터뷰나 작품 속 문장 등 다양한 형태로 제시될 수 있으며, 그 자체가 하나의 해석적 출발점이 된다.

예를 들어, "이 유물은 왜 이런 형태로 제작되었을까?", "이 장면이 지금 우리 사회에 던지는 메시지는 무엇일까?"와 같은 질문은 감상자가 자신의 배경지식과 경험을 바탕으로 다양한 해석을 시도하게 만든다. 혹은 단어 하나(예: '공존', '기억', '경계')만으로도 감상자의 시선을 특정 방향으로 유도하면서 사고를 유연하게 확장시킬 수 있다.

효과적인 질문초점은 다음과 같은 조건을 갖추어야 한다. 첫째, 명확성과 개방성을 동시에 지녀야 하며, 둘째, 관람객의 경험과 배경지식에 연결될 수 있어야 한다. 셋째, 감정적 또는 사회적 반응을 자극할 수 있는 맥락을 포함해야 한다. 또한 질문초점은 관람객이 질문을 만들도록 돕는 장치이므로, 지나치게 폐쇄적이거나 정답 지향적인 형식은 피하고, 다양한 관점을 가능케 하는 표현이어야 한다.

결국 질문초점은 단지 질문을 시작하게 하는 장치가 아니라, 박물관 감상교육에서 감상자의 주체적 탐색과 해석을 촉진하는 핵심적인 교육 도구로 작용한다.

다. 질문 유형 분류, 개선 및 심화 전략

질문은 크게 폐쇄형과 개방형으로 나뉘며, 박물관 감상에서는 다양한 관찰, 해석, 비평 질문을 포함해야 한다. 폐쇄형 질문은 객관적인 사실이나 명확한 정보를 요구하는 질문으로, 감상의 기초 정보를 파악하는 데 유용하다. 예를 들어, “이 유물은 어떤 재료로 만들어졌는가?”, “작가는 어떤 시대의 인물인가?”와 같은 질문이 있다. 반면 개방형 질문은 다양한 해석과 관점을 유도하며, 비판적 사고와 창의적 사고를 자극한다. 예를 들어, “이 작품이 당신에게 어떤 감정을 불러일으키는가?”, “이 유물이 오늘날 우리 사회에 주는 메시지는 무엇인가?”와 같은 질문이 이에 해당한다.

(1) 예시 질문

- 관찰 중심 질문: “이 유물에는 어떤 문양이 보이나요?”, “어떤 재료가 사용되었나요?”
- 해석 중심 질문: “이 장면은 어떤 역사적 사건을 암시하나요?”, “작가가 이 구성을 선택한 이유는 무엇일까요?”
- 비평 중심 질문: “당신은 이 전시가 오늘날 사회에 어떤 의미를 갖는다고 생각하나요?”, “이 작품이 전하는 메시지에 공감하나요?”

(2) 질문 개선 전략

질문 개선은 단순히 표현을 바꾸는 것을 넘어, 질문의 명확성, 탐구성, 창의성, 적절성을 점검하고 향상시키는 과정이다. 폐쇄형 질문을 개방형 질문으로 바꾸면 감상의 깊이가 확장될 수 있으며, 반대로 복잡한 개방형 질문을 폐쇄형으로 전환하면 기초적 이해를 강화할 수 있다. 예를 들어, “이 유물은 무엇으로 만들어졌나요?”(폐쇄형)를 “이 재료는 어떤 의미를 지닐까요?”(개방형)로 바꾸는 것이 대표적이다. 이러한 질문 개선 활동은 관람객이 질문을 구조적으로 분석하고, 스스로 감상 방향을 조정하며, 더 풍부한 감상 경험을 가능하게 한다. 나아가 관람객이 서로의 질문을 비교하고 토론하면서 질문의 다양성과 깊이를 인식하는 과정도 학습 효과를 높인다.

라. 학습자 인지 수준과 특성에 따른 질문 설계

질문 설계는 단순히 나이 또는 학년을 기준으로 구분하기보다는, 학습자의 인지적 발달 수준, 배경지식, 감상 경험, 문화적 맥락, 언어 능력 등 다양한 요소를 종합적으로 고려해야 한다. Bloom의 인지적 분류 체계에 따라 기억, 이해, 적용, 분석, 평가, 창조의 여섯 단계로 구성되며, 질문은 이 각각의 사고 수준을 자극할 수 있도록 설계되어야 한다. 관람객이 단순히 정보를 인지하는 데 그치지 않고, 해석하고 비판하며 새로운 의미를 생성할 수 있도록 돕는 것이 핵심이다.

- 저학년 아동이나 박물관 감상 경험이 적은 일반 관람객에게는 시각적 정보에 기반한 관찰 중심 질문과 이해 수준의 질문이 적합하다. 예를 들어, “이 유물에는 어떤 색이 보이나요?”, “어떤 동물이 보이나요?”와 같은 질문은 유물과의 시각적 상호작용을 유도하면서 감상의 기초를 다지는 데 도움이 된다. 그러나 이들도 단순한 사실 확인에 머물지 않고, 점차 ‘왜 그렇다고 생각하나요?’, ‘다르게 표현할 수 있다면 어떻게 하겠나요?’와 같은 질문으로 확장할 수 있다. 관찰과 이해 수준에서 출발하되, 적용 및 분석으로 이어지는 사고 전환을 유도하는 것이 중요하다.
- 고학년이나 성인 관람객은 비교적 풍부한 배경지식과 자기 경험을 기반으로, 분석, 평가, 창조 수준의 질문에도 능동적으로 반응할 수 있다. “이 유물은 당시 사회에 어떤 영향을 주었을까요?”, “당신이라면 이 장면을 어떻게 재해석하겠습니까?”와 같은 고차적 질문은 비판적 사고와 창의성을 자극하며, 박물관 감상을 단순한 정보 수용이 아니라 의미 생성의 장으로 확장시킨다.
- 특수학습자 및 다문화 배경의 관람객은 각자의 문화적 배경, 언어 능력, 인지 특성을 고려한 맞춤형 질문이 필요하다. 이들에게는 시각 자료와 짧고 명확

한 문장을 활용한 질문이 효과적이며, 감정 표현, 이야기 나누기, 유사한 경험 찾기와 같은 활동을 기반으로 질문을 설계할 수 있다. 또한, 자신이 속한 문화와 비교하거나 자신의 정체성을 반영한 해석을 유도하는 질문은 문화 간 감상의 확장성과 감정적 몰입을 높이는 데 유리하다. 예를 들어, "이 장면은 당신의 문화에서는 어떤 의미를 갖나요?", "당신이 경험한 유사한 상황이 있나요?"와 같은 질문은 참여와 공감, 자기 표현의 기회를 제공한다.

이처럼 학습자 중심의 질문 설계는 박물관 감상을 보다 깊고 풍부한 학습 경험으로 전환시키는 핵심 전략으로 작용한다. 교육자는 대상자의 특성과 맥락을 섬세하게 분석하고, 이에 부합하는 질문을 의도적으로 설계함으로써 관람자의 주체적 감상과 비판적 사고를 적극적으로 촉진해야 한다.

마. 질문 우선순위 정하기 및 활용 계획 수립

질문 우선순위 정하기는 단순히 질문 목록을 정리하는 데 그치지 않고, 학습자 스스로 탐구 목적과 감상의 방향성을 명확히 설정하는 교육적 과정이다. 박물관 감상 상황에서는 전시물의 양과 정보량이 많기 때문에, 관람객이 자신의 관심, 호기심, 사회적 맥락 등을 바탕으로 질문을 선별하고 우선순위를 설정하는 능력이 감상의 질을 결정짓는다. 이는 자기주도적 학습 역량을 키우는 동시에, 감상의 깊이를 더하는 전략으로 작용한다.

우선순위 결정은 질문의 주제, 해석 가능성, 사회적 또는 정서적 관련성, 확장 가능성 등을 기준으로 설정할 수 있다. 이렇게 선정된 질문은 이후 감상 저널, 모둠 토론, 창작 활동, 리서치 과제 등으로 연결되어 보다 심화된 학습으로 이어진다. 예를 들어, "이 유물은 오늘날 어떤 사회적 가치로 재해석될 수 있을까?", "이 전시가 개인의 기억에 어떤 영향을 줄 수 있을까?"와 같은 질문은 더 높은 탐구 가치를 지닌다.

바. 질문기반 평가 도구 및 루브릭 개발

질문생성전략을 포함한 질문기반 활동의 평가는 단순히 정답의 유무가 아닌, 사고의 과정, 감상의 깊이, 표현의 나양성을 종합적으로 반영해야 한다. 루브릭은 질문의 명확성, 탐구성, 창의성, 감상의 맥락화 정도 등을 세부 항목으로 설정하고, 각 항목별로 수준을 구체화하여 설계한다.

예시 평가 항목은 다음과 같다.

〈표 12–1〉 박물관 감상활동을 위한 루브릭 항목

평가항목	우수(3)	보통(2)	미흡(1)
질문의 창의성	참신하고 다양한 관점 제시	일반적인 질문이나 접근	익숙하고 반복적인 질문
탐구의 깊이	질문을 통해 유물의 사회문화적 의미 분석	사실 확인 수준에 머무름	단순묘사 수준
자기주도성	주도적으로 질문을 설정하고 확장함	유도에 따라 일부 수행	수동적 참여
감상의 연결성	질문과 감상이 개인적 경험 혹은 사회적 이슈와 연결됨	일부 연결시도	연결부족

사. 사고 확장을 위한 평가 설계 전략

1) 과정 중심 평가 강조: 질문 생성의 논리적 흐름, 질문의 진화, 감상 중 사고의 흐름을 평가에 반영한다.

2) 선택과 자기설명 기회 제공: 학습자가 스스로 중요한 질문을 선택하고 그 이유를 기술하도록 한다.

3) 다중 관점과 사회적 의미 반영: 질문이 사회문화적 맥락과 연결되는지를 평가 항목에 포함한다.

4) 창의적 산출물 유도: 질문을 기반으로 한 감상 에세이, 시각적 표현, 디지털 콘텐츠 등을 평가 대상으로 포함시킨다.

5) 감정적 몰입과 개인적 의미의 반영: 감상이 정체성과 가치관에 어떻게 연결되는지 평가한다.

아. 루브릭 평가 결과에 따른 교육적 지원 전략

루브릭 평가 결과 중 미흡한 관람객을 위한 교육적 실제 지원 전략은 다음과 같다.

1) 구체적 피드백 제공: 평가 항목별 부족한 점을 명확히 설명한다.
2) 자기 성찰 프레임 제공: 루브릭 항목을 기반으로 학습자가 스스로 질문을 돌아보도록 유도한다.
3) 모범 사례 비교: 우수 사례와 자신의 질문을 비교 분석하게 한다.
4) 질문 재작성 활동 제공: 질문 바꾸기, 개방/폐쇄형 전환 카드 등을 활용해 질문을 개선한다.
5) 감정적 지지 제공: 부정적인 평가 대신 긍정적 가능성을 강조하여 동기를 북돋는다.

3. 질문으로 여는 감상: 세계 교육 흐름과 박물관 · 미술관의 실천 사례

오늘날 전 세계적으로 교육 패러다임은 '지식 전달'에서 '질문을 통한 탐구'로 전환되고 있다. 이는 단지 교수법의 변화가 아니라, 학습자가 스스로 사고하고 문제를 해결하며, 사회와 능동적으로 관계 맺는 역량을 기르는 방향으로의 전환이다. OECD의 미래 교육 보고서(2020)는 미래 사회가 요구하는 핵심 역량으로 '창의성', '비판적 사고', '자기주도적 학습'을 강조하며, 이러한 역량은 모두 양질의 질문을 생성하고 탐구하는 능력과 밀접하게 관련되어 있다고 명시하고 있다. 교육 철학자 마이클 애플(Michael Apple)은 질문 중심 교육이 학습자의 권한 부여(empowerment)와 교육의 민주화를 가능케 한다고 강조하고 있다.

국내 교육 현장에서도 이러한 흐름이 반영되고 있다. 2022 개정 교육과정은 '학생 참여 중심', '자기 주도성 강화', '탐구 기반 수업'을 핵심 방향으로 설정하고 있으며, 교사의 역할을 '질문을 통한 탐색과 소통의 촉진자'로 재정의하고 있다. 서울특별시교육청과 세종특별자치시교육청 등은 교사 직무연수와 교수학습 자료에서 '좋은 질문 만들기', '학생 주도 토의'를 강조하며, 질문을 수업의 중심 구조로 설정하고 있다. 이러한 변화는 학교 교육의 철학과 방향을 반영하는 동시에, 감상자 중심의 박물관 · 미술관 교육으로도 이어지고 있다.

이러한 세계 및 국내 교육 흐름은 박물관과 미술관 교육에도 반영되고 있다. 최근 박물관 · 미술관은 감상자의 자발성과 사고력을 중시하는 질문 기반 감상 프로그램을 활발히 운영하고 있으며, 감상의 주체를 '작품 해설을 듣는 수동적 관람자'에서 '질문을 통해 의미를 구성하는 탐구자'로 전환하고 있다. 다음은 대표적인 실천 사례이다.

가. 서울시립미술관, '전시실의 사적인 대화'(2022.4.20–6.12)

서울시립미술관(SeMA)에서 운영된 "전시실의 사적인 대화"는 질문을 중심으로 감상 활동을 구성한 대표적인 대화형 프로그램이다. 이 프로그램은 청소년과 학급 단체(중 · 고등학생)를 대상으로 2022년 3월 26일부터 4월 6일까지 약 5회기의 워크숍이 진행되었으며, 이후 4월 20일부터 6월 12일까지 전시로 확장되었다.

참여 학생들은 전시작품 앞에서 개방형 질문을 만들고, 소그룹으로 토론하며 자신의 경험, 감정, 관점을 표현하고 있다. 특히, 질문 카드 활용을 통해 감정이나 삶의 경험과 연결되는 질문을 유도하고, 참가자 간 질문을 주고받으며 서로의 해석을 확장하도록 설계되고 있다. 학생들은 '사적인 해설'이라는 이름으로 질문과 해석을 담은 콘텐츠를 제작하여 전시에 함께 전시하고 있으며, 이 과정은 녹음과 영상으로 기록되어 팟캐스트나 전시 영상으로 재구성된다.

예를 들어, 한 학생은 작품 속 어두운 배경을 보며 "왜 작가는 배경을 이렇게 어둡게 했을까? 나의 우울한 시절과 연결된다면?"이라는 질문을 던졌고, 또 다른 학생은 "이 장면은 나의 가족과 보낸 기억과 닮아 있다"며 개인적인 경험을 바탕으로 작품을 재해석하였다. 이처럼 감상자는 질문을 통해 작품을 능동적으로 해석하고 감정적 · 사회적 상호작용을 경험하게 되며, 이는 감상 참여와 자기 표현 능력을 높이는 계기가 되고 있다.

나. 국립중앙박물관, '마나 모아나: 태평양의 항해자들'(2025.4.30–9.14)

2025년 국립중앙박물관에서 열리고 있는 특별전「마나 모아나: 태평양의 항해자들」에서도 질문은 감상과 학습의 중심 도구로 활용되고 있다. 이 전시는 태평양 섬 문화와 항해 전통을 소개하며, 관람객이 단순한 정보를 수용하는 데서 나아가 전시에 참여하고 의미를 구성할 수 있도록 설계되어 있다.

전시장 곳곳에는 "이 물건은 당신에게 어떤 이야기를 들려주나요?", "이 배에 타고 있다면 당신은 어디로 가고 있을까요?"와 같은 질문이 배치되어 있으며, 관람객은 이러한 질문에 엽서나 메모지에 답변을 남기고 공유할 수 있다. 질문은 어린이, 청소년, 성인 관람객의 연령과 관심사를 고려해 구성되어 있으며, 그 결과 감상자는 단순한 전시 해설이 아닌 자신의 경험과 감정을 바탕으로 전시물과 교감하고 있다.

이러한 구성은 전시를 수동적으로 관람하는 방식에서 벗어나, 관람객이 의미 구성의 주체로 참여하도록 독려하는 시도로 작동하고 있으며, 전시의 사회문화적 함의에 대한 자발적 해석을 촉진하고 있다. 특히 다문화, 항해, 자연과 인간의 관계 같은 주제에 대해 열린 질문을 제시함으로써, 전시는 단순한 관람을 넘어 성찰과 탐구의 장으로 기능하고 있다.

다. 국립현대미술관, '사이의 질문'(2024.10.25.–2025.3.23)

국립현대미술관(서울관)은「올해의 작가상 2024」전시와 연계하여 '사이의 질문(Questions Between Us)'이라는 질문 기반 워크숍을 2024년 10월 25일부터 2025년 3월 23일까지 운영하였다.

이 프로그램은 작가가 관람객에게 던진 질문에 답하고, 관람객 역시 자신의 질문을 작가에게 남길 수 있는 엽서 형식의 상호 질문 구조로 설계되어 있다. 현장에서는 작가로부터 던져진 질문이 게시되며, 관람객은 이를 참고하여 답하거나 자신만의 질문을 써서 보드에 붙인다. 이후 일부 질문은 작가의 답변과 함께 미술관 아카이브, 교육 공간, SNS 등 온라인 채널에 공유된다. 윤지영 작가는 관람객에게 "기분이 안 좋을 때 좋은 방향으로 전환하는 방법이 있으신가요? 보통 무엇을 할 때 행복감을 느끼시는지 궁금한다."라는 질문을 던진다.

이 프로그램의 주요 목적은 감상을 관람 중심에서 상호 질문을 통한 교감과 경험 나눔 중심으로 전환시키는 것이다. 관람객은 작가의 시선과 철학에 직접 참여하고, 자신의 의문을 던지며 작품과 작가 사이에 의미 있는 대화를 구성하게 된다.

이처럼 '사이의 질문'은 질문을 통해 관람객을 작품과 작가의 공동 질문자로 초청하며, 감상의 주체성을 확장하는 교육적 시도로 평가된다. 질문은 단순한 감상 태도를 넘어, 예술 공간 내에서 경험 기반 해석과 교류를 심화시키는 장치를 제공하고 있다.

위 사례들은 관람객이 자발적으로 질문을 생성하는 형태와는 다소 차이가 있지만, 감상 과정에서 다양한 질문에 반복적으로 노출되는 경험은 사고를 자극하고 의미 형성을 돕는 데 효과적이다. 이러한 프로그램들은 질문을 통한 감상의 폭 확장과 사고 촉진을 위한 과도기적 실천 사례로 기능하며, 궁극적으로는 관람객이 스스로 질문을 생성하고 감상의 주체로 성장해 나가기 위한 매개체로 작용하고 있다.

4. 감상에서 질문으로, 질문에서 학습으로

박물관 감상교육에서 질문생성전략(QFT)은 단순히 활동 기법이 아닌, 관람객을 전시의 수동적 수용자가 아닌 능동적 탐구자이자 해석자로 전환시키는 핵심 전략이다. 질문은 감상의 출발점이자 확장 지점이며, 그 생성과정을 통해 관람자는 전시물과 자기 경험, 사회적 맥락을 연결하는 사고의 여정을 경험하게 된다. 질문생성전략은 이러한 과정을 구조화된 절차로 제시하여, 모든 관람자가 질문의 주체로 설 수 있도록 돕는다.

또한, 질문 기반의 감상은 학습자의 수준과 특성에 맞는 개별화된 교육 설계를 가능하게 하며, 사고의 깊이를 진단하고 확장하는 평가 도구로도 기능할 수 있다. 특히 루브릭, 포트폴리오, 자기 평가와 같은 방식은 관람자의 메타인지 능력을 기르고, 질문을 통해 감상적 성찰과 표현을 이끌어내는 데 효과적이다.

오늘날 박물관과 미술관은 전시물 중심의 전달에서 벗어나 관람자의 경험, 질문, 사고를 중심에 두는 교육 패러다임으로 전환되고 있다. 질문생성전략은 이러한 변화의 중심에서, 질문을 통해 감상의 경계를 넓히고, 학습과 창의적 사고의 촉진자로서 박물관 교육의 가능성을 확장시킨다. 궁극적으로 질문은 박물관 감상이 단절된 정보 전달이 아니라, 연결되고 해석되며 재창조되는 경험이 되도록 이끄는 가장 효과적인 매개체이다.

참고문헌

Andrade, H. G. (2005). Teaching with rubrics: The good, the bad, and the ugly. *College Teaching, 53*(1), 27–30.

Apple, M. W. (2000). *Official knowledge: Democratic education in a conservative age* (2nd ed.). New York, NY: Routledge.

Berger, W. (2014). *A more beautiful question: The power of inquiry to spark breakthrough ideas* (정지현 역). 어떻게 질문해야 할까. 파주: 21세기북스. (원저 출판 2014)

Chin, C., & Osborne, J. (2008). Students' questions: A potential resource for teaching and learning science. *Studies in Science Education, 44*(1), 1–39.

Lindauer, M. (2006). What to ask and how to ask it: A comparison of interviewing methods. *The Journal of Museum Education, 31*(1), 9–17.

OECD. (2020). *Future of education and skills 2030: OECD learning compass 2030*. Paris: OECD Publishing.

Rothstein, D., & Santana, L. (2011). *Make just one change: Teach students to ask their own questions* (정혜승 & 정선영 역). 한 가지만 바꾸기: 학생이 자신의 질문을 하도록 가르쳐라. 서울: 사회평론아카데미. (원저 출판 2011)

Wiggins, G. (1998). *Educative assessment: Designing assessments to inform and improve student performance*. San Francisco, CA: Jossey-Bass.

Yenawine, P. (2013). *Visual thinking strategies: Using art to deepen learning across school disciplines* (손지현, 배진희, 신지혜, 정현정 역). 이미지로 키우는 사고력, VTS - 새로운 시대가 원하는 융합형 인재교육법. 서울: 미술문화. (원저 출판 2013)

국립중앙박물관(2025). 마나 모아나: 태평양의 항해자들 전시자료. Retrieved from https://www.museum.go.kr

국립현대미술관(2024). 올해의 작가상 2024 '사이의 질문' 운영자료. Retrieved from https://www.mmca.go.kr

서울시립미술관(2022). 전시실의 사적인 대화. SeMA 러닝 스테이션 전시자료. Retrieved from https://sema.seoul.go.kr

Artlecture. (2022). SeMA '전시실의 사적인 대화' 리뷰. Retrieved from https://artlecture.com

제13장 미술관 교육에서 감상교육

우리가 미술관에서 마주하는 것은 미술 작품이다. 전통적으로 미술 작품 감상은 단순히 '보고 느끼는 것'으로 이해되어 왔다. 그러나 포스트모더니스트들에게는 미술 작품을 하나의 텍스트로 보기 때문에, 감상은 단순히 시각적 경험에 머무는 것이 아니라 '보고, 읽고, 느끼는' 과정이 되어야 한다. 즉, '보고 느끼는 감상'에서 나아가 '보고 읽고 해석하며 느끼는 감상'으로의 전환이 요구되는 것이다.

지적 호기심을 자극할 뿐만 아니라 비판적, 반성적, 합리적 미적 사고 등을 촉신할 수 있다. 또한 발문 과정을 통해 학습자는 미적 지식을 재구성하고, 미적 감수성을 자극하며 함양할 수 있다.

이 장에서는 미술 작품 감상의 관점과 LCI교육(류재만, 2004)을 구체적으로 살펴보고자 한다.

1. 미술 작품 감상의 관점

미술관에서는 작품과 마주치게 되고, 작품을 어떻게 보고 느낄 것인지가 중요하다. 작품 감상은 보고 느끼는 것으로 이해되어 왔다. 그러나 포스트모더니스트들에게는 작품도 텍스트로 보기 때문에 미술 감상·비평은 보고 느끼는 데 그칠 것이 아니라 보고 읽고 느끼는 것이 되어야 한다. 즉 보고 느끼는 감상에서 보고 읽고 해석하며 느끼는 감상으로의 전환이 요구된다. 작품을 읽는다는 것은 작품을 하나의 텍스트로 본다는 것이고 작품을 해석해야 함을 의미한다. 이때 텍스트를 읽는 것은 닫힌 해석이 아니라 차이와 다양성을 인정하는 개방적인 것이어야 한다.

가. 작품 감상의 관점

미술관에서 작품 감상의 관점을 기호학적 측면, 미학적 측면, 사회·문화적 측면에서 살펴보면 다음과 같다.

첫째, 기호학은 문화 현상들을 새롭게 보는 담론이다. 기호학은 모든 문화 현상을 하나의 의미 체계로 보고, 그 의미 체계를 구성하는 기호들을 추출해 내어, 기호들 간의 관계를 규정하고, 전체 의미체계를 설명하기 위한 하나의 학문이다. 기호학은 각각의 기호들의 의미와, 각각의 의미들을 통합하여 범주화시키는 과정이 내포되어 있기 때문에 구조주의적인 틀을 지니고 있다. 초기에는 문학 작품 속에서의 단편적인 소재의 틀로서 사용되던 것이 이제는 영화, 연극, 건축, 음악, 미술 등과 같은 다양한 분야에 도입되어, 전반적인 문화 현상으로 그 의미를 확장시켜 나가고 있다.

사람들은 문자를 포함한 상징(symbol)과 도상(icon), 지표(index)로써 자기의 생각을 표현하고, 다른 사람의 생각을 읽으며, 서로 의사를 소통한다. 여기서 자기 생각을 표현하거나 다른 사람의 생각을 읽어 내는 행위를 의미작용(signification)이라 하고, 의미 작용과 기호를 통해 서로 메시지를 주고받는 행위를 커뮤니케이션이라 하며, 이 둘을 합하여 기호 작용이라 한다.

미술 작품은 조형 언어를 통하여 시각적으로 전달하는 것이며, 미술활동은 이러한 조형언어를 만들어 자신의 생각이나 의도를 시 · 공간에 표현하는 활동이다. 기호학적인 측면에서 보면 작품은 하나의 기호로 이해된다. 작품이란 제작자의 의도와 생각을 담은 기호체이며, 미술 감상은 작품에 표현된 기호를 읽어내는 기호해석의 과정으로 볼 수 있다. 기호학은 미술 작품을 하나의 기호로 이해하며 여러 이미지들을 읽어 내는 방법을 제시해 주고, 그림 속에 내재된 의미들을 다양한 해석 방법으로 읽어 낸다. 이처럼 기호학은 미술을 이해하는 방법의 하나로 새로운 관점으로서 그 필요성이 인정되고 있다.

둘째, 미학적 측면은 작품 감상이 미적 직관과 미적 가치판단과 밀접한 관련을 가지고 있기 때문이다. 직관은 판단, 추리 등의 아무런 사고 과정을 거치지 않고 대상을 직접적으로 파악하는 정신작용으로, 미술 작품을 감상하는 데 있어서 직관이 미적 체험에 있어 본질적인 계기가 된다는 점에서 의미를 지닌다.

미적 직관은 초기 반응 단계로 감상자가 자신의 지식과 경험을 바탕으로 작품의 의미와 내용을 파악하기 위한 활동으로 작품에 대한 최초의 반응을 말한다(Dewey, 1933; 김창식, 안현주, 1999, p. 148). 즉 감상자가 작품을 대하면서 받은 감동이나 충격 등으로부터 일어나는 첫인상이나 느낌 등을 체험하는 과정으로 감상활동에서 중요한 과정의 하나이다.

가치판단은 미학적 의미에서 결국 미적 판단과 직결되기 때문이다. 미적 판단은 감상에서 작품의 가치를 판단하고 정당화하는 과정으로 핵심적인 과정이다. 칸트는 미적 판단을 인식 판단과 달리 개념과 대상의 존재로 규정하는 것이 아니라 쾌 · 불쾌의 감정에 직접 결부된 미적 가치의 주관 판단이며 그 규정 근거는 주관의 인식력들의 움직임에 있는 단지 형식적 합목적성에 있다(안영길 외, 1989, p. 240)고 보고 있다. 미적 판단이 주관적 판단이긴 하지만 작품을 감상하고 다른 사람의 가치판단을 그대로 받아들이는 것이 아니라, 자신의 생각과 관점에서 미적 가치를 판단하는 것에 중요한 의의를 지닌다.

셋째, 사회 · 문화적 측면은 작품을 깊이 있게 이해할 수 있기 때문이다. 작품의 형식적 조형 요소들 중심으로 작품을 분석하다 보면 작품의 깊은 이해가 어렵다. 작품 감상은 작품 분석뿐만 아니라 작가와 관련된 사회 · 문화적 배경에 대한 이해가 필요하다.

미술은 미술이 만들어진 역사적 · 사회적 체계의 반영물이다(Berk ed., 1989, p. 17). 구체화된 미술형태 속에는 개인과 사회에 대한 다양한 정서적 · 인지적 정보와 함께 그 사회의 현실이 압축 · 합성 · 변형되어서 상징화 · 추상화되어 있다. 따라서 미술을 통해서 그 민족의 정치 · 경제 · 사회 · 문화 · 철학 · 종교 · 심리와 개성 등을 종종 읽을 수 있다. 미술가들은 자신이 의식하든 않든 간에 사회가 직면한 최고의 문제들을 미술적인 상징을 통해서 직 · 간접적 경로로 전달하는 것이다(정정숙, 2003, p. 55).

작품은 작가의 삶과 밀접한 관련을 가지며, 작가의 삶은 작가를 둘러싸고 있는 사회 · 문화적 영향을 받지 않을 수 없기 때문이다. 따라서 작품 감상을 위해서 작품의 분석뿐만 아니라 작가의 삶이나 작가를 둘러싸고 있는 사회 · 문화적 배경에 대한 정보가 요구된다.

(1) 기호학적 측면

기호학은 미술작품을 하나의 기호로 보며, 따라서 이미지는 해석 대상으로 변한다. 이미지를 해석하려는, 즉 읽어내려는 시도는 해석자의 이치에 따라 맥락이 형성되는 수용자 중심의 관점을 제공한다. 기호학의 이미지 읽기는 반직관적이다. 그 이미지를 바라보는 특정 순간에 갑자기 탄성을 지르면서 작품을 지각하는 지각론(perceptualism)적 읽기와는 다르다(노만 브라이슨 외, 1995, p. 10).

기호학 측면에서 보면 미술 작품은 표현(기표)적인 면과 작품의 내용(기의)적인 면으로 구성되어 있다. 따라서, 그림을 읽는 방법은 그림의 외적인 표현적인 면을 기준에 의해서 객관적인 분석을 한 후, 그림의 내적인 내용을 주관적인 견해로 읽어내는 것이다.

(가) 작품의 표현(기표)면

옐름슬레우의 기호 이론은 미술작품을 하나의 텍스트로 보고, 작품에서 외형상의 '표현'을 객관적으로 읽어내기에 적합하다. 옐름슬로우에 따르면 기호는 '표현과 내용 사이의 연결에 의해서 발생되는 실체'라고 본다. 기호 바깥에 있는 의도(purport)를 기호로 표현하기 위해서 기호를 사용하며, 의도는 내용과 표현이라는 두 가지를 동시에 취함으로써 기호로서 성립된다. 따라서 내용과 표현을 기호의 두 가지 기능이라고 할 수 있다(김경용, 2001, p. 111).

〈표 13-1〉 옐름슬레우의 기호의 구조

기호	표현 (기표)	표현 형식	음소 계열체, 색띠, 물감들의 계열체
		표현 질료	실제 음성, 실제 표현 색
	내용 (기의)	내용 형식	색조 영역(흰색, 회색, 흑색) 시간 영역(과거, 현재, 미래) 음정(8음계, 5음계)
		내용 질료	내용 의도상에 내용 형식을 실제로 투사할 때 나타나는 것

출처: 윤정란, 2003, p. 35.

미술에서 기표는 즉 표현에 해당되며, 표현은 재료와 용구를 사용해서 정신적인 것을 시각적으로 나타내는 것이다.

재료란 넓은 뜻으로는 창조 과정의 결과에 있어서 예술적인 여러 형상을 산출해 낼 모든 전제로서의 소재를 말한다. 좁은 뜻으로는 표현의 제재를 가리키며 흔히 물감, 목재, 철재 등 예술의 물질적 원료를 말한다. 예술작품에서 재료가 지니는 효과는 그 작품을 창작하는 미적 이념이 규정하는 바에 따라 동인(動因, motiv), 형태, 표현 및 정서적 기증 등과 밀접한 연관을 갖고 있다. 특히 근대 예술에서는 작품 존재의 바탕을 담당하면서 직접 감정 표출과 결합되는 것으로서 그 의의가 중요시되었다(하원사 편, 1970, p. 946). 재료의 종류는 분류하는 방법에 따라 여러 가지로 분류할 수 있다. 여러 가지 재료를 형태에 따라 분류하면 입재(粒材), 점재(點材), 분재(粉材), 선재(線材), 면재(面材), 양재(量材), 잡재(雜材)로 나눌 수가 있다. 또, 재료를 자연재, 가공재, 인공재로 분류하기도 한다.

미술 표현 과정에서 구체적인 형태나 이미지를 구성하는 기본 요소를 조형요소라 하며 이를 조형의 문법적 구조와 형태나 이미지를 재료를 통해 재구성하는 것을 조형원리라 할 수 있다(이성도 외, 2003, p. 199). 조형요소에는 점, 선, 면, 형, 색, 공간, 명암, 양감, 운동, 질감, 빛 등이 있고, 조형원리에는 통일, 변화, 비례, 율동, 균형, 조화, 대비, 대조 등이 있다.

(나) 작품의 내용(기의)면

바르트(R. Barthes, 1972)에 의하면 기호는 기표와 기의 두 가지의 결합으로 이루어지는 것이 아니라 세 가지로 이루어진다. 일차기호(primary sign)는 기표와 기의가 연합해서 만드는 기호는 모호성이 없는 외시적 의미를 품은 기호로 직접적이고 명확한 자연적 의미를 가진다. 즉 외시의미는 객관적이고 구체적이어서 모호한 데가 없는 사전적 의미로 객관적 의미의 수준이다. 이차기호(secondary sign)는 주관적 의미의 수준으로 함축 의미를 가진다. 중요한 것은 일차기호의 기표와 기의가 합쳐서, 이차기호의 새로운 기표가 된다는 점이다. 즉, 이차기호 수준에서 일차기호의 기의는 유명무실한 것이다. 일차기호의 기의와 기표를 빌려 새로 형성된 이차기호의 기표는 새로운 기의를 배태한다. 이 이차기호의 기의는 신화가 되는 것이다.

기표는 기호의 이미지로 음성 이미지와 시각 이미지가 있고, 기의는 마음속에서 일어나는 정신적 추상적 개념이다. 하나의 새로운 기호를 만들어 내기 위해서 기표와 기의를 결합시키는 작용을 의미 작용 또는 의미화라고 한다. 이른 의미 작용이 송신자와 수신자 사이에서 일어날 때 커뮤니케이션이 이루어진다.

〈표 13-2〉 바르트의 기호 모형

의미 작용은 코드화 작용이다. 코드화라 함은 기의와 기표 간의 관계를 정립하고 정립된 관계를 약속에 의해서 기호 사용자에게 수용(또는 납득)시키는 기호학적 조작을 말한다. 코드화가 되고 나면 이해 대상이 되는 기호가 자연의 기호처럼 변화된다. 코드화가 자의적 조작이기 때문에 커뮤니케이션이 제대로 되려면 기호 사용자들에게 코드화된 것을 관습화시킬 필요가 있다. 관습화되지 않은 코드화는

종잡을 수 없이 수많은 해석을 낳게 할 우려가 있다. 커뮤니케이션은 코드화를 필요로 하지만, 의미 작용은 코드화와 동시에 탈코드화를 허용한다. 탈코드화는 예술에서 매우 중요하다. 예술에서 코드화가 상습화된 것을 매너리즘이라고 부른다. 예술에 생명을 주는 것은 탈코드화이다(김경용, 2003, p. 86).

탈코드화는 통상적인 기호(raw sign)가 갖는 기표와 기의의 관계를 해체시키고, 기표와 기의의 관계를 새로운 질서 위에서 재구성하는 것이다. 탈코드화는 같은 미술 작품을 보고도 서로 다르게 느끼고 다르게 해석할 수 있음을 의미한다고 볼 수 있다.

데리다는 소쉬르가 기호를 지시대상으로부터 분리하였지만 기표와 기의의 일대일의 대응 관계로 생각한 것은 음성주의에 빠져있다고 비판하면서, 기표는 지시대상에게서 자유롭고 또한 계속 형성해 간다는 것이다. 이때 각 기표들간의 관계맺음에 의해서 의미를 계속 형성해 간다는 것이다. 이때 각 기표들은 다른 기표들의 흔적과 관계를 계속 맺게 되며 이때의 의미는 고정된 것이 아니다. 또한 한 기표와 다른 기표와의 차이에 의해서 생성되는 의미는 그 차이가 확정적이지 않으며 끝없이 연기되어 그 기의의 완성됨은 계속해서 연기된다. 이러한 현상을 데리다는 의미와 연기가 서로 복합된 용어인 차연(difference)이라는 용어로 나타낸다(이옥선, 1999, p. 30).

텍스트가 지니는 의미는 그것 자체에 내재되어 있는 고정된 것이 아니라 텍스트와 수용자가 대화하는 과정이다. 그러므로 미술작품에 대한 해석은 단순한 수용이 아니라, 텍스트와 수용자의 의미 재창조의 과정이다(장영수 역, 1998). 따라서 텍스트의 의미가 고정된 것이 아니라 수용자에 의해서 창조되기 때문에 의미는 각기 다를 수가 있다. 즉 그림에 대한 것은 사람마다 다르게 해석할 수 있다는 의미인 것이다. 이는 탈코화의 의미와 상통하는 것이다.

(2) 미학적 측면

미술 감상과 비평에 관련하여 미학적 측면에서 직관과 미적 가치에 대해서 살펴보면 다음과 같다.

(가) 직관

원래 직관(直觀)은 판단, 추리 등의 사고 작용을 거치지 않고 대상을 직접적으로 파악하는 정신작용이다. 어원은 'Inture'로 '응시하다'에서 왔다. 크로체(Croce, B)는 미적 표현의 특성을 직관으로 설명한다(김춘일, 1976, p. 72). 직관이란 생각한다는 의미와 상반되는 '본다'는 뜻을 가지고 있다. 즉 어떤 숙고적인 사고 과정이나 논리적, 분석적 사고과정을 거치지 않고 직접적, 즉각적으로 사상(事象)의 본질을 파악해 내는 정신력인 것이다.

직관은 철학상 한 인식능력(cognitive faculty) 또는 요소로서, 사유(thinking)와 상반되는 작용을 말하는데, 미학상의 의미로는 미적 대상의 전모와 본질을 개념(concept)의 매개 없이 직접적으로 파악하는 관조 내지 인식의 작용을 의미하는 것이다(백기수, 1997, p. 41).

미적 직관은 판단, 추리 등의 아무런 사고 작용을 거치지 않고 미적 대상을 직접적으로 파악하는 정신작용이다. 즉, 미적 직관은 개념에 의한 매개 없이 직접적으로 미적 대상을 파악하는 미적 체험으로 작품을 직접 대면하는 순간의 첫인상은 미적 체험에 있어서 미적 직관이 본질적인 계기가 된다는 점에서 의의를 지닌다.

미적 직관은 감성 직관, 지적 직관, 상상적 직관, 창작적 직관으로 구별할 수 있다(이종후 · 권희경, 1990, pp. 83-85).

첫째, 감성적 직관은 시각과 청각을 포함한 개개의 요소적인 감각직관의 의미와 이것들에 대한 감각적 요소들을 통합하는 형식으로서 시간 공간이란 형식직관의 의미도 포함하고 있다.

둘째, 지적 직관은 단순한 대상적 의미에 대한 직관, 즉 본질직관과 복잡한 의미에 대한 직관을 포함하고 있다. 지적직관은 우리가 대상에 접해서 그 시각적 인상과 동시에 그 사물적 의미를 직접적으로 간취하는 작용을 가리킨다. 미학적인 입자에서 말하는 지적 직관은 철학에서 말하는 지적 직관과 달리 사고나 추리의 과정을 거치지 않고 미적 이념을 직접 파악하는 작용으로 예술적 직관의 작용이나 천재의 창조적 직관 등이 이에 해당한다.

셋째, 상상적 직관은 우리가 상상력을 통해서 마음으로 사물을 보는 직관작용이다. 이것을 좁은 의미로는 시각심상의 재현이며, 보다 넓은 의미로는 시각적인 것, 즉 눈으로 본 것만이 아니라 감정과 기분이 시적 체험으로써 충분히 구체화되는 경우의 관조성 내지 직관성을 의미한다.

넷째, 창작적 직관은 일종의 환시(幻視)라는 의미로서의 직관이다. 심리학적인 입장에서 환시란 일정의 병적 심리로서 유령이라든가 요괴 등의 출현을 보는 것을 말하지만 미적 직관으로서의 환시란 예술적 천재의 생득적 내적 직관력을 의미한다. 기억 심상의 특별한 것을 새롭게 형성하는 창조성이라고도 할 수 있겠다.

(나) 가치 판단

가치에는 두 가지 측면, 즉 가치주체(the subject of valuation)와 가치객체(the object of value)가 있다. 즉 가치객체는 가치주체에 의해 소유함으로써 가치가 있게 되고, 또한 가치주체는 가치객체를 소유함으로써 가치가 있게 되는 것이니, 이런 의미에서 가치란 것은 이 양자의 주=객 상관관계에서 생기게 되는 것이다. 이러한 가치체계와 가치객체는 우리의 판단형식에서 성립된다. 이를테면 "이 꽃이 빨갛다"는 판단과 "이 꽃은 아름답다"는 판단은 문법적 형식으로는 동일하지만, 그 판단형식에 있어서는 실질적으로 의식을 달리한다.

전자는 특수를 보편 밑에 포함하는 규정적 판단으로서, 거기에 주관적 관계가 존재하지 않고, 오직 사실을 사적으로 판단하는 사실판단(factual judgement)의 형식이다. 그러나 후자의 경우에는 특수만이 주어져 있고 판단이 이에 대해 보편을 찾으려는 반성적 판단으로서, 거기에 주관적 관계가 존재하며, 본래 구유(具有)되어 있지 않은 성질을 주관적으로 새로이 성립게 하는 가치판단(valuative judgement)의 형식이다(백기수, 1997, pp. 117-118).

미학적 의미에서 미의 가치(미적인 것의 가치)는 주체나 객체 그 어느 일면에만 귀속될 수가 없다. 한편으로는 미적 가치는 객체의 성상(性狀)이나 형태에 의거하기도 하고, 다른 한편으로는 주체의 태도나 활동에 의존하기도 한다. 이와 같이 주 · 객 양면의 조건이 상관됨으로써 내상(객체)과 자아(주체) 사이의 긴장관계에서 성립되는 것이 미적 가치라 할 수 있다(하재창, 1986, p. 222). 미적 가치는 미적 평가 대상인 미적 대상과 이에 대한 주체의 미적 태도나 미의식과 상관관계인 주체와 객체 사이에서 이루어진다.

미학적 의미에서 가치판단은 결국 미적 판단과 직결된다. 맥피는 미적 판단

(aesthetic judgement)이란 것은 개인적인 감상자와 미술작품 사이의 상호작용이라고 정의하고 있다. 그러므로 교사는 감상자와 그 작품에 대한 어떤 기호(taste)를 제공해서는 안 된다. 왜냐하면 각 감상자들의 미술품에 대한 준비도가 모두 독특하기 때문이다(McFee, 1970). 여기서 준비도란 각 감상자의 유전적인 잠재력과 문화적, 경제적 배경의 차이 등을 말한다. 그러므로 교사들은 학습자들의 문화적 · 경제적 배경의 차이를 먼저 이해하고, 사회 속에서 모든 학습자들이 동등하게 지낼 수 있도록 도와줄 수 있는 교육방법을 실행해야 한다. 또한 다양한 문화와 미술에 대한 이해를 위해서 인간의 삶에서 미술이 어떠한 기능을 해왔는지를 이해하고, 다양한 미술의 뒤에 있는 문화에 대한 지식을 갖추어야 한다(McFee, 1991; 이옥선, 1999, p. 76 재인용).

미적 가치판단은 각 감상자의 준비도에 의해서 달라질 수 있다. 모더니즘시대에는 한 가지 잣대에 의해 작품을 평가해 왔지만 포스트모던시대에는 문화상대주의적 가치관으로 각자의 기준에 의해 가치 판단할 것을 요구하고 있는 것이다.

(3) 사회문화적 측면

유전적 특질과 형질유전의 법칙, 식이요법과 기후의 법칙이 개개의 어린아이의 개성에 영향을 미치는 것과 똑같이 갖가지 사회적 요인들이 예술작품의 성격에 영향을 미친다(허버트 리드, 김기주 옮김, 1998, p. 85)는 것이다. 예술작품들은 경험들의 침전물이며 다른 모든 문화 업적처럼 실천적 목표들을 추구한다. 예술을 그것이 뿌리박은 삶의 연관성으로부터 뽑아내고, 그것과 하나가 되어버린 일상생활과 인식으로부터 분리시켜 고유한 법칙과 가치를 지닌 독립적 활동으로 추구하고 판단하려면 특별한 노력이 필요하고 역사적-사회적 조건들이 필요하다(Hauser, A., 이진우 역, 2002, p. 10).

예술을 창작하는 사람이 그 사회에서 함께 살고 있기 때문에 그 사회 · 문화적 요인들을 영향을 받을 수밖에 없다. 어느 시대든지 간에 새로운 예술 운동이나 문화 현상은 그 이전의 예술이나 문화에 대한 반발에서 비롯됨과 동시에 당대 사회의 정치 · 경제 · 문화와 밀접한 상관성을 가진다. 이처럼 예술 양식이 시대성을 밝혀주는 여러 사회적 현상과 긴밀한 관계를 맺게 되고, 그 시대의 가치관이 바뀌면 예술 양식도 변화하게 되는 것이다.

미술은 개인의 삶을 보다 큰 사회적 삶으로 확대하거나 융합하는 과정에서 사회적 공감을 느낄 수 있으므로, 본질적으로 사회적인 것이며, 미적 정서를 통하여 사회적 연대성을 강화할 수 있다. 따라서, 미술은 개인의 미적 의식에 기초한 개성화의 원리 내지 선천적 재능에 의할 뿐 아니라, 개인을 초월한 인간 공동체로서의 사회적 현상과 환경적 요인에 의해서도 제약되는 것으로 본래부터 사회적 기능을 가지게 되는 것이다. 미술 작품들은 그것들이 나타난 시대의 사회적 조건들에 의해 결정되거나, 아니면 사회적 조건들의 영향으로 설명될 수 있으며, 그것들이 제작된 사회적 상황을 반영하거나 표현하기도 한다. 또한, 일반적으로 어떠한 주제의 유사성에 의하여 문학적으로, 또는 철학적으로, 그리고 종교적, 경제적 사상들과 직접적으로 연결되기도 한다(김동의, 2004). 실제적으로 미술 작품은 사회의 이슈나 현상들을 묘사하거나, 아니면 사회를 위한 공공성을 띠게 된다. 이러한 관점에서 미술과 사회 · 문화적 상황 사이의 관계는 밀접해지고 각각의 작품의 경우에 있어서 사회적 현상이나 문화의 영향을 받게 되며, 개별 작품의 이해도 작품의 사회 · 문화적 배경을 통해서 잘 이해할 수 있다. 이처럼 미술 작품의 특성상 작가 개인의 개성을 잘 드러낸다고 하더라도 그가 처해있는 사회적 · 역사적 상황을 반영하고 있기 때문에 미술 작품의 이해를 위해서는 그 작품의 배경이 되는 사회 · 문화적 현상과 환경적 요인 등에 대해서 이해하는 것이 필요하다.

나. 미술관 교육에서 발문의 관점

미술관 교육에서 단편적인 지식이해로 치우치지 않노록 해야 하고 교사만 발문하는 것이 아니라 학생들도 적극적으로 질문에 참여하도록 해야 한다. 이는 학생들의 궁금한 점이나 생각을 자유롭게 할 수 있는 심리적인 분위기가 조성되어야 한다. 교사의 발문은 그때그때의 즉흥식이 아니라 어떤 관점을 가지고 작품에 따라 융통성 있게 적용하면 된다. 미술관 감상교육 과정에서 발문의 관점은 〈표 13-3〉과 같이 기호학적 측면, 미학적 측면, 사회 · 문화적 측면에서 접근할 수가 있다.

〈표 13-3〉 발문의 관점

기호학적 측면	표현 형식	조형요소와 원리
	표현 내용	작품 주제
미학적 측면	직관	미적 직관
	가치 판단	미적 가치 판단
사회 · 문화적 측면	작품 배경	사회 · 문화적 배경

(1) 기호학적 측면

기호학적 접근은 미술작품을 보고 느끼는 미술에서 보고 읽는 미술로의 전환을 의미한다. 지금까지 작품을 보고 느낄 것을 요구해 왔으나 기호학적 관점에서는 작품을 읽어야 함을 의미한다.

기호이론을 적용하여 그림을 읽어내는 것의 핵심적인 방법은, 그림의 외적인 표현 면을 기준에 의해서 객관적으로 분석한 후에 그림의 내적인 내용을 주관적인 견해로 읽어 내는 것이며, 이때 표현 면의 분석은 내용적인 요소를 읽어내기 위한 방법적인 측면으로 이해될 수 있다(윤정란, 2003, p. 33).

기호학적 측면에서 발문은 표현 형식과 관련된 조형요소와 원리를, 표현 내용과 관련된 작품 주제에 관한 발문으로 나누어 제시하였지만, 조형요소와 원리는 주제와 밀접한 연관성을 가지고 있으므로 이러한 면을 발문 시에 고려해야 한다. 조형요소와 원리에 관련된 발문의 예는 다음과 같다.

- 어떤 재료를 사용했나요?
- 어떤 방법으로 표현했나요?
- 실물처럼 닮았나요, 닮지 않았나요?
- 제일 크고 눈에 먼저 들어오는 것은 무엇인가요?
- 형태들이 비슷한 것이 있나요?
- 형태들 사이에 어떻게 연관되어 있나요?
- 형태들은 주제와 어떤 관련이 있나요?
- 시선을 끄는 색은 무엇인가요?
- 특별히 눈에 띄는 밝은 색 또는 어두운 색은 무엇인가요?

- 가장 많이 사용한 색은 무엇인가요?
- 한 가지 색으로 넓게 칠한 곳은 어디인가요?
- 색을 복잡하게 칠한 부분은 어디인가요?
- 색은 이 그림의 주제에 어떻게 작용할까요?
- 굵은 선, 가는 선, 날카로운 선, 부드러운 선은 어디에 있나요? 또 그것은 분명하게 드러나는가요? 흐릿하게 보이나요?
- 강한 선과 약한 선의 관련성이 있나요?
- 표면의 질감이 매끄러운 부분, 거친 부분은 어디인가요?
- 관련된 형태들의 질감 표현이 다른 형태들과 유사한가요, 대조를 이루나요?
- 질감의 처리가 실제적인가요, 표현적인가요?
- 반복된 것, 겹쳐진 것은 무엇인가요?
- 그림 속의 공간이 어떻게 나누어져 있나요?
- 움직임이나 운동감이 느껴지나요?

표현 내용인 작품 주제와 관련된 발문의 예는 다음과 같다.

- 이 작품을 보면 어떤 단어가 떠오르나요?
- 이 작품에는 무엇이 표현되어 있나요?
- 이 작품에는 어떤 일이 일어나고 있나요?
- 이 작품에는 어떤 이야기가 담겨 있나요?
- 이 작품에서 어떤 감정이 느껴지나요?
- 이 작품을 보면 어떤 느낌이 드나요?
- 배경처리는 주제와 잘 어울리나요?
- 전체적인 색채는 주제 표현에 어울리나요?
- 작가가 말하려는 것은 무엇인가요?
- 작가가 표현하고자 하는 주제는 뭘까요?
- 이 그림의 제목을 붙여 보세요.

(2) 미학적 측면

미학적 측면에서는 미적 직관과 관련된 첫인상과 가치 판단과 관련된 미적 가치 판단에 관한 발문으로 제시할 수 있다.

미적 직관은 감상자가 작품과 대면하면서 최초의 반응이나 느낌을 말하는 것으로 학생이 자신의 반응을 충분히 체험할 수 있도록 교사는 발문을 해야 한다. 어떤 작품을 보자마자 그 작품에 대해 설명하거나 이해하는 것은 어려운 일이다. 작품을 대면하면 그 작품이 주는 첫인상이나 느낌 등을 지각하게 된다. 따라서 교사의 학생들이 작품에 처음 대면하면서 직관적인 체험에 새겨진 인상이나 느낌이 무엇인지 발문을 함으로써 학생들이 작품에 대한 자신들의 반응을 충분히 체험할 수 있도록 도와주어야 한다.

또 어떤 점이 궁금한지에 대해 발문을 함으로써 학생들이 작품에 갖는 의문사항이나 궁금한 점에 대해 생각해 볼 수 있는 기회를 제공해 주어야 한다. 이런 과정 속에서 학생 나름대로 문제를 설정하거나 질문을 할 수 있도록 도와주어야 한다. 작품과의 첫 대면에서 학생들이 어떤 인상이나 느낌을 받았는지, 어떤 의문점이나 궁금증을 가졌는지에 대해 학생들이 스스로 질문을 할 수 있도록 유도해야 한다.

미적 가치판단은 작품의 가치를 판단하고 정당화하는 것으로, 이 과정에서는 아동이 나름대로 작품에 대한 가치판단, 즉 평가를 내리는 과정이다. 작품에서 나름대로 근거에 의해서 잘된 점이나 아쉬운 부분을 지적하고 종합적인 평가를 내리는 과정이다. 미적 가치 판단 시 비평적 어휘를 구사할 수 있어야 한다.

미학적 측면에서 발문은 직관과 관련된 미적 직관, 가치판단과 관련된 미적 가치 판단과 관련된 발문으로 제시할 수 있다.

미적 직관과 관련된 발문의 예는 다음과 같다.

- 무엇이 눈에 먼저 들어오나요?
- 이 작품에 대한 첫인상에 대해서 말해보세요.
- 이 작품을 보면 무엇이 생각나게 하나요?
- 이 작품에서 특이한 느낌을 받을 수 있나요?
- 이 작품에서 친근감을 느낄 수 있나요?
- 이 작품에서 궁금한 점은 무엇인가요?

미적 가치 판단과 관련된 발문의 예는 다음과 같다.

- 작가는 자신의 의도를 표현하는 데 성공했다고 생각하나요?
- 주제 표현이 잘되었다고 생각하나요?
- 표현이 독창적이라고 생각되는 점은 무엇이며, 부족한 점은 어떤 것인가요?
- 작품이 감동을 줍니까?
- 이 작품을 갖고 싶은가요?
- 작품이 마음에 들지 않는다면 그 이유는 무엇인가요?
- 내가 이 작품을 다시 제작한다면 어떤 부분을 고치고 싶은가요?

(3) 사회 · 문화적 측면

맥피(J. Mcfee)는 맥락의 중요성을 '미술과 문화는 분리되어 논의될 수 없으며, 우리가 만일 문화에 대한 미술의 영향을 무시한다면 문화를 전하고 조직하고 학습하기 위한 핵심적인 수단을 잃게 될 것'(1986, p. 14)이라 하였다.

미술작품을 의미를 파악하는 데 있어서 미술 그 자체 속에서 의미를 파악하는 것이 아니라, 텍스트 속에서 다원적으로 파악하게 한다. 예술 작품은 하나의 기호체계로서 텍스트를 구성하는 기호들은 주변 사회와 문화 속에서 다른 기호들의 체계와 결합될 때 작품의 시각적 이미지와 언어적 지시내용 그리고 내연적 의미(connotative meaning)가 변환된다. 이것은 기호체계가 가진 의미는 사회와 문화에 의해서 결정된다는 것을 의미한다(김명구, 1998).

작가는 역사나 그 시대의 사회로부터 독립된 개체로서 미적 세계를 가지는 것이 아니라, 그의 작품 세계는 그 사회의 정치, 종교, 경제, 문화 등에 영향을 받을 수밖에 없다. 결국 작품은 사회 · 문화적 산물이고 작가는 그 사회 · 문화의 관련 속에서 작품을 제작하게 되는 것이다. 따라서 작품을 깊이 이해하기 위해서는 그 작가의 성장 배경이나 그 시대의 사회 · 문화적 배경을 이해하는 것이 필요하다.

사회 · 문화적 측면에서 발문은 작품의 배경과 관련된 사회 · 문화적 배경과 관련된 발문으로 제시할 수 있다.

사회 · 문화적 배경과 관련된 발문의 예를 보면 다음과 같다.

- 이 작품과 관련된 일화는 무엇일까요?
- 이 작품과 관련된 사건 무엇일까요?
- 어느 시대 작품일까요?
- 이 작품의 원제목은 무엇일까요?
- 이 작품은 누구의 작품일까요?
- 이 작가는 어느 시대의 사람일까요?
- 이 작가의 생애에 대해서 알아봅시다.
- 이 그림 외에 이 작가의 작품에는 어떤 것이 있을까요?
- 이런 류의 작품을 무어라고 할까요? 〈작품이 종류나 사조와 관련〉
- 이 시대에 왜 이런 풍의 그림이 유행했을까요?

2. LCI교육과 미술 감상

링컨센터 교육기관의 심미적 교육(LCI)은 학생들이 예술 작품을 깊이 있게 경험하고, 이를 통해 자신의 감각과 사고를 확장하도록 돕는다. 이러한 접근 방식은 단순히 예술을 감상하는 것을 넘어, 학생들이 예술 작품을 통해 다양한 관점을 탐색하고, 자신의 경험과 연결하여 새로운 의미를 발견하도록 유도한다.

이러한 교육은 학생들이 예술 작품을 통해 다양한 질문을 던지고, 이를 통해 자신의 사고를 확장하며, 창의적이고 비판적인 사고 능력을 기르는 데 중점을 두고 있다

가. 심미적 교육과 상상력 교육

미국 뉴욕의 공연예술센터인 LCI는 1975년 당시 증가하는 미학적 자각(aesthetic awareness)을 반영하여 학생들의 심미적 교육을 위한 교육 철학을 정립하게 된다(Denaway, 2013). 이러한 교육 목표와 체제의 정립에는 그린의 교육 철학이 중심

이 되는데, 이를 바탕으로 LCI는 심미적 교육과 상상력 고취를 위한 수업 설계 과정과 주요 역량을 제시하고 있다. 본 연구에서는 LCI에서 제안하는 심미적 교육의 핵심(core)인 심미적 탐구과정, 상상력을 위한 역량, 그리고 감상 활동 설계의 과정을 중심으로 살펴보면 다음과 같다.

(1) 심미적 교육의 핵심

심미적 교육의 의미, 그리고 심미적 경험에서 감상의 대상이 순수 예술에 국한되느냐 아니면 일상 생활 속에서 광범위하게 적용될 수 있느냐에 대해서는 학자들에 따라 이견이 있다(Broudy, 1994; Smith, 2013). 하지만 심미적 교육이 감상자의 고유한 해석과 가치 판단을 필요로 하며 예술에 대한 인식과 미적인 풍부함을 높여주고 깊이 있는 개인적 변화를 불러일으킬 수 있어야 한다는 점에서는 공통점을 찾을 수 있다. 심미적 교육에 대한 논의는 미학, 철학, 예술적 경험 등 깊이 있는 학문적 고찰을 필요로 하는데, 본 연구에서는 LCI심미적 교육의 핵심적인 특징이라 할 수 있는 탐구과정을 중심으로 이와 관련된 논의를 요약하고자 한다.

LCI에서는 심미적 교육의 핵심(aesthetic education core)을 곧 탐구과정(inquiry process)이라 보는데, 이들이 제안하는 탐구는 일반적인 사회학이나 순수과학에서의 탐구나 철학적 탐구과정과는 다르며 기본적으로 예술가들이 작품을 창작하는 과정에서 사용하는 미적인 탐구과정에 해당된다. 탐구과정은 네 개의 활동으로 구성되는데 〈표 13-4〉와 같다. 이 네 가지 탐구과정을 통해 학생들은 예술 작품의 창작에 기여하는 예술적 선택에 대한 깊이 있는 이해를 발전시키고 그들만의 고유한 상상력을 증진할 수 있다(LCI, 2008).

〈표 13-4〉 심미적 교육의 핵심 - 탐구과정

탐구과정(an Inquiry process)
작품 창작하기(art making)
질문하기(questioning)
반성하기(reflection)
맥락적 정보와 연구(contextual information and research)

출처: LCI, 2008, p. 4.

(가) 작품 창작하기

〈표 13-4〉의 네 가지 활동은 심미적 교육의 전반에 걸쳐 주요하게 다뤄져야 하는데, LCI에서는 네 가지 활동 중에서도 '작품 창작하기(art making)'를 학습 활동 중 반드시 포함시키도록 하며 중점 예술 작품을 감상하기 전의 주요 활동으로 제안한다. '중점 예술 작품(focus work of art)'을 감상하기 전에 작품 창작의 과정을 중시하는 것은 심미적 교육에서 의미 있는 경험을 강조하는 그린의 교육 철학이 반영된 것으로, 그린은 예술 작품을 감상하기 이전에 학생들이 예술가의 방식으로 사고하면서 다양한 재료와 방식을 접하고 이를 탐구할 수 있는 기회를 제공하는 것은 결과적으로 그들의 고유한 심미적 경험을 쌓기 위한 기반이 된다고 보았다(Greene, 2001).

심미적 경험, 심미적 교육 등은 주로 표현(expression)보다는 감상(appreciation)에 더 중심이 있지만, LCI에서 창작의 과정 역시 주요하게 다루는 것은 창작과 감상의 유기적인 관계를 중시하기 때문이다. 그린의 교육 철학에는 존 듀이(John Dewey)의 심미적 철학이 영향을 미쳤는데, 듀이 역시 창작에 가까운 '예술적인(artistic)'과 감상에 가까운 '심미적인(esthetic)'이라는 두 단어의 유기적 관계성을 드러내는 용어가 없는 점을 아쉬워하며, 창작과 감상은 완전히 분리되는 것이 아니라 심미적 행위에 있어서 둘 다 중요한 관계에 있다고 보았다(Dewey, 2005).

작품 창작하기 단계에서 '창작'은 중점 예술 작품을 이해하기 위한 사전 활동으로서 감상 수업과 직접적으로 연계되는 활동이어야 하며, 학생들은 작가의 제작 과정과 유사한 방식으로 작품 제작을 경험함으로써 작품에 대한 보다 깊이 있는 감상을 할 수 있게 된다(김수진, 2013).

(나) 질문하기

LCI에서는 질문하기도 매우 주요한 전략으로 보고 있는데, 질문 및 질문하기는 교사와 학생의 입장 모두에서 강조되는 것으로 학생들은 교사가 제시하는 질문뿐만 아니라 스스로 만들어낸 질문을 통해서도 중점 예술 작품을 감상하게 된다. LCI에서는 질문하기를 "예술 창작의 과정에서 이루어지는 선택을 고려하기 위해, 방금 경험한 예술 작품에 대한 보다 깊이 있는 이해를 위해, 맥락 관련 연구를 촉진하기 위해, 학습자의 학습을 되돌아보고 평가하기 위해, 학생들이 그들 스스로의 질문을 개발하는 것을 돕기 위해(LCI, 2009, p. 6: Denaway, 2013, p. 22에서 재인용)" 사용될 수 있다고 제안한다.

(다) 반성하기

LCI에서는 작품 감상 이후는 물론 수업 전반에 걸쳐서 반성의 과정을 중시하는데, 학생들이 활동 과정에서의 기록, 그림, 질문, 연구 및 교실 벽면에 게시된 작품에 이르기까지 다양한 요소를 통하여 반성의 기회를 가지도록 한다(LCI, 2008). 이 활동은 학생들이 학습에 대한 주체 의식을 가지도록 하며 탐구의 과정을 돕기 위해 설계될 수 있고, 개인적인 기록의 활용뿐만 아니라 교사의 발문을 활용하여 그룹 단위의 활동으로도 이루어질 수 있다(김수진, 2013). 반성하기는 상상력을 위한 역량에도 포함되어 있으며 이와 유사한 활동으로 볼 수 있다.

(라) 맥락적 정보와 연구

맥락적 정보와 연구는 예술 작품을 구성하는 전체적인 맥락에 관한 것으로 작가의 삶과 특징, 사회문화적 배경, 역사적 배경 등 작품에 대한 예술적 경험에 필요한 정보들을 탐구하는 것을 의미한다. 이 단계의 활동에 대해 LCI에서는 "through multimedia and multidisciplinary resources(LCI, 2008, p. 4)"라고 부제를 달고 있는데, 다양한 멀티미디어를 활용하며 간학문적 정보들을 탐색하도록 한다. 맥락적 정보와 연구는 심미적 교육 과정의 전 단계에서 활용될 수 있으며, 작품에 대한 전체적인 맥락을 이해하는 데 주요한 과정이다.

(2) 상상력 교육

LCI에서는 지난 35년간 그들의 심미적 교육을 연구, 실행, 발전시켜 온 결과 상상력을 새로운 가능성을 실현시킬 수 있는 인지적 능력 및 기술이자 가르쳐야 하는 역량으로 보고(Denaway, 2013), 이를 위하여 상상력 학습을 위한 구체적인 역량(〈표 13-5〉)을 제안하였다. LCI는 심미적 교육의 과정을 상상력 교육과 연계되는 것으로 보았는데 현재 상상력 학습을 위한 역량은 초기 '심미적 학습을 위한 역량(capacities for aesthetic learining)'이었으나 시간이 지날수록 이러한 역량과 상상력과의 연계성이 명확해짐에 따라 세부 항목은 유지하되 역량의 명칭을 '상상력 학습을 위한 역량(capacities for imaginative learning)'으로 변경하였다(LCI, 2008). 이 역량들은 교육이 진행됨에 따라 필요한 역량들이 추가되고 있다.

〈표 13-5〉 상상력 학습을 위한 역량

역량	설명
깊게 보기 noticing deeply	예술작품과의 지속적인 상호 작용을 반복함으로써 예술 작품의 지니는 여러 개의 층위를 파악하고 식별하는 것
구현하기 embodying	예술 작품을 정서적이며 감각적으로 경험하고, 경험을 신체적으로 표현하는 것
질문하기 questioning	탐구과정 전반에 걸쳐서 기존의 지식을 더 발전시킬 수 있도록 질문(what if?)하는 것
관계 짓기 making connections	작품에서 본 것과 발견한 패턴을 자신의 선행 지식과 경험은 물론 텍스트와 멀티미디어 자료를 포함하는 타인의 지식 및 경험과 연계시키는 것
패턴 만들기 identifying patterns	작품에서 발견한 세부 사항들의 관계를 찾고, 유목화하여 패턴을 인식하는 것
공감 표현하기 exhibiting empathy	공동체 내의 다양한 관점을 존중하기 위하여 사고 방식은 물론 감정적으로도 다른 사람들의 경험을 이해하기
living with ambiguity 모호함 인정하기	쟁점들은 하나 이상의 해결책을 가지고 있다는 것을 이해하고, 모든 문제는 즉각적이거나 명확한 해결책이 있는 것이 아니라 해결책이 명확해질 때까지 참고 인내할 수 있어야 함을 아는 것
의미 만들기 creating meaning	위의 역량들을 바탕으로 자신만의 고유한 해석의 창을 창조하기 위하여, 공동체의 다른 관점을 보고 종합하여 자신만의 목소리로 표현하는 것
행동하기 taking action	탐구과정에서 배운 것의 종합(synthesis)을 바탕으로 행동하는 것으로, 예술이나 그 외 영역에서의 다양한 프로젝트가 포함될 수 있음(연극 만들기 / 춤추기 / 과학 및 봉사학습이 통합된 지역 사회 정원 만들기, 인간애 및 봉사활동이 결합된 집 없는 이웃들을 위한 의류 모으기 등)
반성/평가하기 reflecting/assessing	학습을 되돌아보고, 배운 내용을 지속적으로 평가하여, 어떠한 도전들이 더 남아있는지 평가/확인하고 나아가 어떤 학습이 더 필요한지 파악하는 것. 이는 학습 경험의 완료 시뿐만 아니라 경험의 전체적인 과정을 통해서 일어날 수 있음. 또한 이는 학습의 종료가 아니라 또 다른 학습의 시작이 될 수 있음.

출처: LCI, 2008, pp. 6-7; Denaway, 2013, pp. 21-22.

나. LCI의 감상 활동 설계의 과정

LCI에서는 학생들의 심미적 교육과 상상력 증진을 위한 감상 활동 설계 과정을 제안하고 있다. 의미 있는 학습 경험을 위해서 먼저 교사들이 작품을 조사하고, 학생들에게 어떠한 역량을 기르고자 할 것인가를 바탕으로 예술 작품을 선택 및 학습을 구상하며, 수업 후 학습과 경험에 대해 반성하는 세 가지 과정으로 전체적인 틀을 제시한다(LCI, 2008).

LCI의 감상 활동 과정은 크게 교사가 수업을 설계하기 전에 준비하는 과정인 '수업 설계 사전 단계'와 학생들이 예술 작품을 탐구하는 과정을 기획하는 '실제 수업 계획 단계'로 구성된다. 수업 설계 과정을 구조화하면 〈표 13-6〉과 같다.

〈표 13-6〉 감상 활동 설계의 과정

브레인스토밍 전	브레인스토밍	브레인스토밍 후
작품 선택하기 실물 작품 감상 또는 작품 이미지 등 감상하고 작품에 대한 정보 찾기	브레인스토밍 카테고리에 따라 브레인스토밍하기	심미적 교육의 핵심을 포함한 수업안 계획하기
감상 활동 설계 사전 단계		실제 감상 활동 계획 단계

(1) 브레인스토밍 전

첫 번째 단계에서 교사들은 심미적 교육을 통해 상상력 학습을 진행할 수 있는 예술 작품을 선택한다. 이 단계에서는 교사들이 직접 작품을 볼 것을 강조하는데 교사들은 작품의 실물을 보거나 실물을 대체할 수 있는 작품을 보면서 작품에 대해 대략적인 탐색을 하고 맥락적 정보들을 연구하게 된다. 감상하게 될 예술 작품은 수업의 목적에 따라 다양한 장르가 될 수 있다(LCI, 2008).

(2) 브레인스토밍

두 번째 단계인 브레인스토밍 단계에 대해 LCI에서는 선형적인 과정이 아니며 집단의 토론 속에서 얼마든지 전후로 이동할 수 있고, 다른 장르에 대해서도 접근이 가능하다고 보았다. 브레인스토밍 과정에서의 다양하고 풍부한 아이디어들은 탐구의 질문(line of inquiry)을 구성하고 심미적 교육 프로그램을 구성하는 데 주요한 자원이 된다. 그러나 브레인스토밍 과정이라고 하여 산발적으로 무의미한 아이디어들을 생산하는 것은 아니며, 감상 작품에 대한 탐구의 질문을 구성하기 위한 체계가 있는데 LCI에서는 교사들의 브레인스토밍을 돕기 위한 카테고리 〈표 13-7〉을 제안한다. 이 카테고리의 순서는 정해진 것은 아니나 가능하다면 첫 번째 카테고리인 '예술 작품(the work of art)'으로부터 시작할 것을 권장한다(LCI, 2008).

〈표 13-7〉 브레인스토밍 카테고리

카테고리	브레인스토밍을 위한 질문
예술 작품	• 작품에서 알아차린(notice) 것은 무엇인가? • 무엇을 보고 무엇을 들었는가? (이 단계에서는 명백히 작품 그 자체에서 볼 수 있는 것을 묘사한다.)
질문	• 작품을 보고 떠오르는 질문은 무엇인가? • 작품에서 궁금한 점은 무엇인가? (작품을 보거나 듣기만 하는 것으로 답하기 힘든 질문들은 무엇이며, 이 질문들에 대한 대답을 찾을 수 있는가?)
맥락적 정보	• 작품을 둘러싼 사회적, 문화적, 역사적 배경은 무엇인가? (작품이나 예술가의 사회적, 문화적, 역사적, 그리고 생애사적 배경에 대해 궁금한 점은 무엇인지 생각하고 이에 대해 연구할 수 있다.)
개인적/교육과정 연계	• 작품이 불러일으키는 개인적 그리고 교육과정의 연계된 부분은 무엇인가?
활동 아이디어	• 하고자 하는 경험적 활동은 무엇인가? (구상한 활동들은 예술 기반 또는 교육과정 기반의 아이디어들일 수 있다. 이 아이디어들을 브레인스토밍 과정에서 모아둔다. 하지만 탐구의 질문이 결정되기 전에는 이 활동 아이디어들이 실제 수업에 포함될지는 아직 결정되지 않았다.)
가능한 질문 리스트	• 브레인스토밍에서 떠오른 가능한 탐구의 질문들은 무엇인가? (질문들은 아직 결정되지는 않았지만 기록해 둔다.)
핵심 아이디어와 상상력 학습을 위한 역량	• 브레인스토밍 과정에서의 모든 반응들을 돌아보고, 가장 관심 있는 핵심요소와 개념을 중심으로 리스트를 선별하라. 이 요소들이 핵심 아이디어다. • 이러한 핵심 아이디어를 바탕으로 학생들의 어떠한 역량이 발전될 수 있는지 밝힌다.
	⬇
탐구의 질문	• 핵심 아이디어들을 뽑아서 탐구의 질문으로 만든다. 핵심 아이디어, 작품 제목 및 작가를 포함하는 질문들을 만든다.

출처: LCI, 2008, p. 12; 김수진, 2013, p. 34.

(3) 브레인스토밍 후

이 단계는 위의 두 단계를 거쳐서 실제 수업을 계획하는 단계이다. 이 단계에서는 탐구의 질문을 토대로 탐구과정을 포함한 수업을 구상한다. 수업은 학생들의 경험을 구성하는 몇 가지 활동들로 구성되는데 모든 활동들은 탐구의 질문을 고려하여야 한다. 수업은 예술 작품을 보기 전후로 모두 이루어지며 보통 중점 예술 작품을 체험하기 전에 2-4번 정도의 수업을 진행한다(김수진, 2013).

다. LCI에서 미술 감상 활동

(1) 감상활동 설계 사전 모형

이 단계는 LCI에서 브레인스토밍을 중심으로 교사가 중점 예술 작품을 담색하고 수업을 위한 핵심 아이디어들을 찾아냄으로써 탐구의 질문을 만들어가는 과정에 중점이 있다. 본 연구에서 제안하는 수업 설계 사전 모형을 구조화하면 〈표 13-8〉과 같다.

〈표 13-8〉 감상 활동 설계 사전 모형

<table>
<tr><th>순서</th><th colspan="5">핵심 내용</th><th>참고 사항</th></tr>
<tr><td rowspan="4">교수학습 형식 확인</td><td colspan="5">교수학습의 체제 확인</td><td rowspan="4">상황에 따라 활용 가능한 수업 체제 확인</td></tr>
<tr><td colspan="2">비대면</td><td colspan="3">비대면 + 대면</td></tr>
<tr><td rowspan="2">쌍방향
*</td><td rowspan="2">단방향
**</td><td colspan="2">비대면 형식</td><td>대면</td></tr>
<tr><td>쌍방향</td><td>단방향</td><td>출석
수업</td></tr>
</table>

⬇

<table>
<tr><td>작가 및 작품 선정</td><td>교수학습의 체제를 참고하여 작가 및 작품 선정
- 심미적 교육을 통한 상상력 학습 고려
- 미술과 교육과정 및 관련 교과 교육과정 확인
- 작가 및 작품에 대한 정보 탐색 및 접근성 확인
- 작가 및 작품 선정</td><td>브레인스토밍 이전 단계</td></tr>
</table>

⬇

중점 예술 작품 연구	중점 예술 작품 연구 - LCI에서 제안하는 카테고리에 따라 진행 - 수업 단계에서의 상상력을 위한 주요 역량 선택 - 온라인 수업 체제를 고려하여 주요 활동 구상	브레인스토밍 단계

⬇

감상활동 설계를 위한 탐구의 질문 확인	미술 감상 활동을 위한 탐구의 질문 설정	

* 쌍방향은 실시간 쌍방향이 가능한 프로그램을 활용한 수업을 의미한다.

** 단방향 수업은 교사가 온라인 학습 사이트에 수업 콘텐츠를 올리고 학생들이 이를 개별적으로 활용하는 수업을 의미한다.

감상활동 설계 사전 모형의 첫 번째 단계는 교수 학습의 형식을 선택하는 것이다. 학교 현장에서 활용되고 있는 수업의 형태는 매우 다양한데, 비대면으로 진행되는 상황과 비대면과 대면이 혼합되는 상황으로 구분하였다. 전적으로 비대면 수업의 경우 교사가 실물 자료나 필요한 학습 자료를 학생들에게 배부하는 데 어려움이 있는 점을 고려하여 수업이 구성되어야 하며, 대면 수업과 혼합된 상태라면 총 차시 중 일부 차시에서는 학생들 간의 단체 활동이나 실물 확인, 그 외 교사가 즉각적으로 제공할 수 있는 실물 자료들이 적용될 수 있다.

두 번째 단계는 작가와 작품을 선택하는 단계로 LCI에서 제안하듯이 작품을 선정하고 이와 관련된 정보를 수집하는 정도로 진행된다. 학교 미술 수업을 위한 과정이기에 심미적 교육을 통한 상상력 증진의 목적과 함께 교육과정을 고려한 선택과 정보 조사가 이루어지도록 한다. 본 연구에서는 LCI에서 제안한 중점 예술 작품 선정 기준(김수진, 2013) 및 본 연구의 특성을 반영하여 다음과 같이 선정 기준을 재구성(〈표 13-9〉) 하였다.

〈표 13-9〉 작가 및 작품 선정 기준

• LCI의 상상력 학습을 위한 역량과 연계되는가?
• 학생들의 개인적 경험을 고려할 때 의미 있는 예술 작품인가?
• 미술과 교육과정 및 관련 교과 교육과정을 고려할 때 연관시킬 수 있는가?
• 다양한 질문을 가능하게 하고 호기심을 불러일으킬 수 있는 작품인가?

• 외부 전문가의 도움 없이 교사 스스로 탐색의 과정을 거쳐 적용할 수 있는 작품인가?
• 기능적이거나 장식적인 요소만 강조되는 작품, 정보 전달만을 위한 작품, 특정 집단만을 위한 작품은 아닌가?(가능한 피하는 것이 좋다)
• 학생들에게 많은 선택과 다양한 해석을 가능하게 하는 작품인가?
• 작가에 대한 정보나 작품 이미지들에 쉽게 접근 가능한가?

세 번째 단계는 브레인스토밍 단계로 교사가 수업 구성을 위해 작품을 탐구하는 과정이다. 이 과정은 작품에 대한 깊이 있는 이해를 통해 탐구의 질문을 완성하는 것뿐만 아니라, 온라인 수업 체제에서 어떠한 콘텐츠를 활용하고 어떠한 활동을 구성할 것인지에 대한 구체적인 방향성이 완성되는 단계이기도 하다. 본 연구에서는 〈표 13-7〉의 브레인스토밍 카테고리를 바탕으로 재구성하였다(〈표 13-10〉).

〈표 13-10〉 미술 감상 활동을 위한 브레인스토밍 질문의 예

카테고리	브레인스토밍을 위한 질문
예술 작품	• 작품에서 알아차린(notice) 것은 무엇인가? • 무엇을 보고 무엇을 들었는가?
질문	• 작품을 보고 떠오르는 질문은 무엇인가? • 작품에서 궁금한 점은 무엇인가?
맥락적 정보	• 작품을 둘러싼 사회적, 문화적, 역사적 배경은 무엇인가?
개인적/교육과정 연계	• 작품이 불러일으키는 개인적 그리고 교육과정과 연계된 부분은 무엇인가?
활동 아이디어	• 하고자 하는 경험적 활동은 무엇인가? • 온라인 수업 체제에서 가능한 활동인가? • 온라인 사이트를 활용한 활동에는 무엇이 있는가? • 학생들이 개인적으로 수행할 수 있는 활동에는 무엇이 있는가?
가능한 질문 리스트	• 브레인스토밍에서 떠오른 가능한 탐구의 질문들은 무엇인가?
핵심 아이디어와 상상력 학습을 위한 역량	• 핵심 아이디어들은 무엇인가? • 이 작품과 관련된 상상력 학습을 위한 역량들은 무엇인가?

⬇

탐구의 질문	• 핵심적인 탐구의 질문은 무엇인가?

마지막 단계는 수업을 위한 탐구의 질문을 최종적으로 확인하고 선정하는 단계이다. 브레인스토밍 단계에서 도출된 탐구의 질문은 학생 수업을 설계하는 데 토대가 되는 것이다. 이 단계에서 교사는 도출된 탐구의 질문이 온라인 수업 체제, 교육과정, 심미적 교육을 통한 상상력 증진 등에 적합한지 전체적으로 다시 점검한 다음 수업 설계에 들어가도록 한다.

(2) 감상 활동 설계 모형

이 단계는 학생들에게 적용되는 감상 활동의 설계 단계이다. 이전 단계에서 도출된 탐구의 질문을 토대로 전체 교수 학습이 계획되는데, LCI에서는 교수 학습 설계를 위하여 다음 사항 〈표 13-11〉을 참고하도록 하고 있다.

〈표 13-11〉 교수 학습 설계를 위한 참고 사항

• 탐구의 질문과 직접적으로 연결되는 경험적이고, 조작적인 활동으로 구성하고, 작품 창작, 질문하기, 반성하기, 맥락적 정보와 연구의 네 가지 핵심 활동이 포함될 수 있도록 한다.
• 탐구와 발견을 가능하게 하는 학생 중심의 활동을 구성한다.
• 학생들을 심미적 경험으로 들어서게 하고, 개방형 질문을 활용한다.
• 묘사, 분석, 해석 등의 질문 과정을 포함하는 다양한 전략으로 학생들의 관찰 기술과 통찰력을 증진시킬 수 있도록 한다.
• 학생들의 상상력을 증진시킬 수 있는 문제 해결 활동들을 구성한다.
• 학생들이 예술 작품의 특징적인 개념이나 요소에 대한 깊이 있는 이해를 할 수 있는 다양한 학습 방법을 탐색한다.
• 실제 작품을 경험하는 활동을 포함하여 교수 학습 전반에 걸쳐서 그룹 또는 개별적으로 반성(reflection)할 수 있는 시간을 가진다.

출처: LCI, 2008, p. 16의 요약.

〈표 13-11〉의 첫 번째 항목과 관련하여 LCI에서는 작품 창작하기, 질문하기, 반성하기, 맥락적 정보와 연구의 네 가지 활동 중 작품 창작은 반드시 수업에 포함시켜야 하지만, 나머지 세 가지 활동은 포함은 시키되 특정한 활동으로 계획하지는 않아도 되며, 수업에 따라 자연스럽게 이루어질 수 있는 과정으로 보고 있다(임은미, 2017). 또한 상상력 학습을 위한 역량 역시 수업을 통해 특별히 강조될 수 있는 역량을 1개 또는 2~3가지 정도 엮을 수 있다고 제시하였으며, 선정된 예술

작품의 감상을 위해 수업의 횟수를 정하는 것은 탐구의 질문을 통해 도출된 목표를 고려하여 적절하게 조절할 수 있다고 보았다(임은미, 2017).

LCI에서는 자신들의 교육 철학을 실현할 수 있는 더 나은 방법이 있다면 이들이 제시하는 수업 설계 과정이 재구성될 수 있음을 밝히고 있다. 본 연구에서는 온라인 미술 감상 수업 과정을 크게 감상 전 활동, 감상 활동, 감상 후 활동으로 구분하여 제시하고자 한다. 각 단계는 심미적 교육의 핵심인 탐구과정을 중심으로 하였으며, 각 탐구과정과 연계되는 상상력 학습을 위한 역량을 제안하였다. 감상 전 작품 창작하기를 제외한 탐구과정 및 상상력 학습을 위한 역량은 수업의 제재와 특성에 따라 재구성될 수 있다. 교수학습 과정은 〈표 13-12〉와 같다.

〈표 13-12〉의 첫 번째 항목과 관련하여 LCI에서는 작품 창작하기, 질문하기, 반성하기, 맥락적 정보와 연구의 네 가지 활동 중 작품 창작은 반드시 수업에 포함시켜야 하지만, 나머지 세 가지 활동은 포함은 시키되 특정한 활동으로 계획하지는 않아도 되며, 수업에 따라 자연스럽게 이루어질 수 있는 과정으로 보고 있다(임은미, 2017). 또한 상상력 학습을 위한 역량 역시 수업을 통해 특별히 강조될 수 있는 역량을 1개 또는 2~3가지 정도 엮을 수 있다고 제시하였으며, 선정된 예술작품의 감상을 위해 수업의 횟수를 정하는 것은 탐구의 질문을 통해 도출된 목표를 고려하여 적절하게 조절할 수 있다고 보았다(임은미, 2017).

LCI에서는 자신들의 교육 철학을 실현할 수 있는 더 나은 방법이 있다면 이들이 제시하는 수업 설계 과정이 재구성될 수 있음을 밝히고 있다. 본 연구에서는 온라인 미술 감상 수업 과정을 크게 감상 전 활동, 감상 활동, 감상 후 활동으로 구분하여 제시하고자 한다. 각 단계는 심미적 교육의 핵심인 탐구과정을 중심으로 하였으며, 각 탐구과정과 연계되는 상상력 학습을 위한 역량을 제안하였다. 감상 전 작품 창작하기를 제외한 탐구과정 및 상상력 학습을 위한 역량은 수업의 제재와 특성에 따라 재구성될 수 있다. 본 연구의 수업 과정은 〈표 13-12〉와 같다.

〈표 13-12〉 미술 감상 활동 과정

상상력 증진을 위한 심미적 교육 활동				
감상 전 활동		감상 활동		감상 후 활동
- 작가 탐색하기 - 맥락 정보 탐색하기* - 작품 창작하기(art making)	➡	- 중점 예술 작품 감상하기 : 탐구의 질문을 중심으로 제작된 워크시트 작성 - 질문하기** - 작품 관련 맥락 정보 탐색하기 - 탐구의 질문을 중심으로 생각 나누기	➡	- 창작*** 및 상호 감상하기 - 반성하기**
구현하기 패턴 만들기		관계 짓기 질문하기 깊게 보기 의미 만들기		공감하기 행동하기 반성/평가하기

* 감상 전 활동에서의 맥락 정보 탐색하기는 작품 세계 이해를 위한 인지적 활동과 다양한 작품을 탐색하고 감상하는 심미적 활동을 포함한다.

** 질문하기와 반성하기는 감상 활동과 감상 후 활동에 집중되기는 하지만, 수업 전반에 걸쳐서 반영될 수 있다.

*** 이 단계에서의 창작은 작품 감상 후 활동으로서 작품 표현, 작품 재구성, 전시회 구성, 기타 작품 감상과 연계된 활동(신체적 표현, 음악적 표현) 등 다양한 창작 활동을 의미한다.

참고문헌

강대현(2000). 원격교육을 통한 수학 교육 model에 관한 연구. 홍익대학교 대학원 석사학위논문.

고현정(2010). 인터넷 미술관의 교육적 활용과 미술감상 수업에 대한 연구. 전남대학교 대학원 석사학위논문.

김경용(1994). 기호학이란 무엇인가. 서울: 민음사.

김경용(2001). 기호학의 즐거움. 서울: 민음사.

김수진(2013). 뮤지엄에서의 심미적 교육 모형 개발 및 적용. 서울교육대학교 대학원 석사학위논문.

김창식, 안현주(1999). 비평을 통한 감상 교육의 방안 연구. 대구교육대학교 초등교육연구 논총,

제14집.

김춘일(1976). 미적표현의 본질. 새교육, 6.

김혜진(2002). 원격수업과 교실수업의 수학수업 비교를 통한 상호보완에 관한 연구. 경남대학교 대학원 석사학위논문.

류재만(1995). 어린이 감상 교육에 관한 연구. 서울교육대학교 미술교육연구회. 사향미술교육논총, 제2집. 161-186.

류재만(1999). 아동미술비평 지도 방안 연구. 한국미술교과교육학회. 사향미술교육논총. 제6집, 145-168.

류재만(2000). 미술감상학습에서 교수-학습 모형에 관한 연구. 미술교육논총, 제9집, 101-119.

류재만(2003). 박물관 미술학습을 통한 전통미술지도에 관한 연구. 미술교육연구논총, 제14집, 2호, 37-61.

류정수(1990). 감상교육이 아동의 창의성 발달에 미치는 영향에 관한 연구. 건국대학교 대학원 석사학위논문.

박동수(1992). 미술과 교육에 있어서 감상지도의 문제. 한국교육논총, 제4집, 149-170.

백기수(1997). 미학. 서울: 서울대학교출판부.

변홍규(1996). 질문제시의 기법. 서울: 교육과학사.

서강식(2001). 도덕과 교육론. 서울: 양서원.

서정철(1998). 기호에서 텍스트로. 서울: 민음사.

서희정(2000). 미술작품에 대한 시각기호학적 접근 방법의 연구. 홍익대학교 대학원 석사학위논문.

손현준(2001). 인터넷이 미술 교육에 미치는 영향에 관한 연구. 경성대학교 대학원 석사학위논문.

윤경란(2003). 기호학적 관점에 의한 어린이 미술활동 지도 방안 연구. 서울교육대학교 교육대학원 석사학위논문.

이규선, 류재만(2001). 패러다임의 변화와 미술교육 방법 탐구-구성주의 관점에서-. 미술교육연구논총, 제12집, 1호, 157-181.

이규선, 류재만, 백중열(2001). 제7차 교육과정 적용을 위한 초등미술과 교수-학습 모형 개발에 관한 연구. 한국미술교과교육학회. 사향미술교육논총, 제9집, 185-218.

이성호(1999). 교수방법론. 서울: 학지사.

이옥선(1999). 맥피의 미술교육에 대한 접근 연구. 한국교원대학교 대학원 석사학위논문.

이중석(1998). 교육심리학. 청주: 협신사.

이옥선(1999). 맥피의 미술교육에 대한 접근 연구. 한국교원대학교 대학원 석사학위논문.

이중석(1998). 교육심리학. 청주: 협신사.

이종후 · 권희경(1990). 미학입문. 서울: 송원문화사.

임성택(2011). 디지털 시대 초현실주의 사진의 환상과 미래. 커뮤니케이션디자인학회, 35,

110-119.
임영방(1979). 현대미술의 이해. 서울: 서울대학교출판부.
임은미(2017). 맥신 그린의 심미적 교육 철학과 링컨센터 예술교육원 음악교육 프로그램. 한국교원대학교 대학원 석사학위논문.
전상범(1991). 미술감상. 대구: 형설출판사.
정정숙(2003). 다문화 미술교육. 미술교육 이론의 탐색. 서울: 예경.
학원사 편(1970). 철학대사전. 서울: 학원사.
노만 브라이스 외, 김융희 · 양은희 역(1998). 기호학과 시각예술. 서울: 시각과 언어.
제롬 스톨니쯔 지음, 오병남 옮김(1994). 미학과 비평철학. 서울: 이론과 실천.
다케우찌 도시오 저, 안영길 외 역(1989). 미학사전. 서울: 미진사.

김동의(2004). http://members.tripod.lycos.co.kr/ angtar/ gllery_fine.htm Barthes, Roland (1967). *Elements of Semiology* (trans. Annette Lavers & Colin Smith). New York: The Noonday Press.
Barthes & Roland. (1967). *Elements of Semiology* (trans. Annette Lavers & Colin Smith). New York: The Noonday Press.
Barthes & Roland. (1972). *Mythologies* (trans. Annette Lavers). New York: Hill and wang.
Barthes & Roland. (1985). *The Grain of the Voice: Interview 1962-1980* (trans. Linda Coverdale). New York: Hill and wang.
Berk, E. ed (1989). *A framework for multicultural arts education* (Vol.1), New York: National Art education Research Cenrer.
Broudy, H. S. (1994). *Enlightened Cherishing: An Essay on Aesthetic Education*. Urbana, IL: University of Illinois Press.
Denaway, J. (2013). *Inquiry Based Curriculum in a Public School Art Room: Aesthetic Education and Lincoln Center Institute*. The degree of Master, Western Michigan University.
Dewey, J. (2005). *Arts as Experience*. New York: Perigee.
Eco, Umberto. (1976). *A Theeory of Semiotics*. Bloomington: Indiana University Press.
Greene, M. (2001). *Variations on a Blue Guitar: The Lincoln Center Institute Lectures on Aesthetic Education*. New York: Teachers College Press.
Hauser, A., 이진우 역(2002). 예술과 사회. 대구: 계명대학교출판부.
Hyman, R. T., 곽병선 · 김홍원 · 서혜경 옮김(1986). 좋은 수업을 위한 질문법. 서울: 교학사.
John Berger, 강명구 역(1998). 영상커뮤니케이션과 사회. 서울: 나남 출판.
Lincoln Center Institute. (2008). *Entering the world of the Work of Art: A Guide for Designing an Aesthetic Education Instructional Unit*. New York: Lincoln Center for the Performing Arts, Inc.

McFee, J. K. (1986). Cross-culture inquiry into the social meaning of art: implication for art education. *Journal of Multicultural and Cross-culture research in Art Education, 4*(1), 6-15.

McFee, J. K. (1991). *Briefing paper: Multicultural art education*. The Getty Center for the Arts. 750 Chorro No. 9. San Luis Obispo California. 93401. Unplibulished Manuscripted.

Sebeok, Thomas. (1991). *A Sign Is Just A Sign*. Bloomington & Indianapolis: Indiana University Press.

Smith, R. A. (2013). *The Sense of Art: A Study in Aesthetic Education*. Oxfordshire: Taylor & Francis. https://www.erikjo.com/ (2020.9.20. 검색)

제14장 질문과 탐구 기반 미술관 교육

미술관 교육에서 '질문'은 궁금한 점을 제시하여 감상이나 탐구 활동의 대상인 작품을 자세히 살펴보는 데 길잡이 역할을 한다. 작품 감상 과정에서 질문을 제시하는 주체는 예술가, 미술관 교육자, 감상자 세 축에서 제시될 수 있다. 예술가의 질문은 예술가가 자신의 작업 과정에서 작품이나 작업 세계를 통해 제기하는 예술 및 사회에 관한 철학적 질문으로 작품을 통해 감상자에게 전해지고 감상자에 의해 탐구되는 질문이다. 이러한 질문들은 '심미적 질문'으로, 널리 깨어있고 새롭게 주변을 발견하여 이전에 생각해 보지 않았던 것들을 생각해 보도록 한다(Greene, 2001/2011). 미술관 교육자의 질문은 구성주의적 관점에서 교육 프로그램이나 교구재 설정 과정을 통해 예술가의 질문과 감상자의 감상 행위를 잇기 위한 비계 설정(scaffolding)(Vygotsky, 1934/1986)에 해당한다. 감상자의 질문은 주로 작품의 의미나 작가의 의도 및 작품을 이해하기 위한 정보와 관련한 경우가 많다(김수진, 2023).

미술관에서의 작품을 매개로 한 소통에 있어 가장 중요한 질문은 양측을 다 고려하는 미술관 에듀케이터의 질문일 수 있다. 이는 예술가의 질문과 감상자의 질문을 소통하도록 연결해 주는 질문이기 때문이다. 이 장에서는 미술관 에듀케이터가 예술가와 감상자를 잇는 과정에서 질문과 탐구를 활용하여 작품과 관련한 소통을 돕는 방식(inquiry-based art museum education)의 여러 예시를 살펴보고자 한다. 구체적으로, 미술관 에듀케이터가 작품을 앞에 두고 여러 감상자와 일대다(1:N) 구성으로 '말'로 소통하는 형식의 대화 중심 미술관 교육 프로그램에서 널리 사용되고 있는 시각적 사고 전략(VTS), 오딥(ODIP), 사고 루틴(Thinking Routines) 세 가지 질문 전략을 대표 미술관의 적용 방식과 연관하여 제시한다.

1. 시각적 사고 전략(VTS, Visual Thinking Strategies)

가. VTS의 배경과 개요

VTS는 인지심리학자 하우젠(Abigail Housen)과 1983년부터 1993년까지 MoMA의 미술관 에듀케이터(Director of Education)였던 예나윈(Philip Yenawine)에 의해 개발된 질문 기반 교수법이다. 당시 유행하던 발달 단계 이론에 근거하여, 하우젠은 1983년 개발한 ADI(Aesthetic Development Interview)를 바탕으로 인간의 미적 발달 단계를 다섯 개로 나누었다. VTS는 미적 발달 1-2단계에 해당하는 감상 초보자의 발달 단계를 상승시키기 위해 사용되는 방법으로, 예나윈이 설명 중심의 교육 프로그램의 효과성을 조사했을 때, 설명 종료 후 감상자들이 그 내용을 잘 기억하지 못하는 것에 기인해 작품 자체의 정보 제공형의 교육이 아니라, 감상자들로 하여금 스스로 작품을 감상하는 능력을 기를 수 있는, 즉 구성주의적인 작품 감상 방식을 고안하기 위해 개발되었다(Yenawine, 2013/2019/2024).

〈표 14-1〉 Housen의 미적 발달 단계

단계	특성
1. 설명 (Accountive)	• 구체적인 관찰, 개인적 연상, 감각 등을 활용하여 하나의 서사를 만듦 • 자신이 좋아하는 것과 예술에 대해 알고 있다고 생각하는 것을 바탕으로 가치 평가 • 마치 작품 속에 들어간 것과 같은 감성적 표현
2. 구성 (Constructive)	• 예술 작품을 바라보는 자신만의 틀을 구성 • '원래 그래야 하는' 방식과 다르게 보이면 이상하거나 가치 없는 것으로 판단 • 감성적 표현은 사라지고 예술가의 의도에 집중하면서 작품에서 거리를 둠

3. 분류 (Classifying)	• 미술사 전공자처럼 분석적이고 비평적 용어로 작품 설명 • 장소, 학파, 양식, 시대, 출처 등으로 작품을 분류함 • 작품의 의미와 메시지를 설명하거나 논리화하려고 함
4. 해석 (Interpre-tive)	• 다양한 해석을 시도하고자 하며, 한 해석은 시간에 따라 달라질 수 있음을 인지함 • 감정과 직관을 비평적 기술보다 우선시함 • 작품과의 새로운 만남마다 새로운 통찰과 경험이 생겨남
5. 재창조 (Re-Cre-ative)	• 작품에 대한 믿음을 보류함. 익숙한 작품은 직관적으로 알지만 놀라움으로 가득 참 • 작품의 생태를 알고 있으며, 개인적 역사, 전반적 감상 경험을 바탕으로 개인적 성찰과 보편적 관심사를 융합함

출처: Housen, 1992, pp. 2-3.

1989-90년에 MoMA에서 행한 초창기 연구 결과에 따르면 대부분의 초보 감상자들은 1단계와 2단계의 사이에 해당하였으며, 미술관 직원들은 3, 4단계에 해당되거나 더 높은 것으로 밝혀졌다(Housen & Duke, 1998). ADI는 2차원적인 작품을 보고 약 10-20분간 "무엇이 보이나요(What do you see)?"와 "무엇을 보고 있나요(What are you looking at)?"라는 두 질문에 의식의 흐름대로 대답하는 형식의 인터뷰였으며, 질문자는 간혹 "또 다른 것이 있나요(Is there anything more?)"라는 질문도 하였다(Housen, 1992, pp. 4-5). 1989-90년에 MoMA에서 행한 초창기 연구에서 하우젠은 ADI를 진행하였고, 1991년에 VTC라는 이름으로 VTS가 탄생하게 되었다. VTS의 전신이 되는 VTC는, 하우젠과 예나윈이 MoMA의 강사(Museum Lecturer)였던 아레나스(Amelia Arenas)와 함께 개발한 것을 확인할 수 있다(Housen & Duke, 1998). VTS라는 이름은 예나윈이 MoMA를 떠나 연구 개발에 몰두한 후 생겨난 명칭이다(Yenawine, 2024). 〈표 14-2〉는 ADI 질문이 VTC, VTS로 변화하면서 초점 질문이 변화된 과정을 드러내고 있다. 우리나라에 '아레나스의 대화 중심 감상법'으로 소개된 방법은 VTC-PZ와 가까운 형태로 추정할 수 있다. 세 질문 중 두 질문은 1992년에 확정되었으며, 세 번째 질문은 2011년 즈음 생겨나 지금까지 VTS의 세 질문은 유지되어 오고 있다.

〈표 14-2〉 VTS 질문의 변천 과정

ADI (Housen, 1992)		VTC Pilot (Lyon, 1992)	VTC-PZ (Tishman et al., 1999)	VTS (VTS, 2011)
• 무엇이 보이나요?	→	• 이 작품에서 무슨 일이 일어나고 있나요?(#3-1)		
• 무엇을 보고 있나요?	→	• 무엇을 보고 그렇게 말했나요?(#3-2)		
• 또 다른 것이 있나요?	→	• 그 외에 더 무엇을 말해줄 수 있나요? • 그것이 작품에서 보이는 것인가요, 아니면 작품에서 보인다고 생각되는 것인가요?	→	• 우리는 무엇을 더 발견할 수 있을까요?(#3-3)

나. VTS의 실제

VTS의 필수적 여섯 요소와 세 질문은 다음과 같다.

〈표 14-3〉 VTS의 여섯 요소와 세 질문

6 요소		
작품(#1)		이 작품에서 무슨 일이 일어나고 있나요?(#3-1)
1분간의 조용한 감상(#2)		
3 질문(#3-1, #3-2, #3-3)	→	무엇을 보고 ____라고 말했나요?(#3-2)
가리키기(#4)		
다른 말로 되풀이하기(#5)		우리는 무엇을 더 발견할 수 있을까요?(#3-3)
감사하기(#6)		

첫 번째 요소는 '작품'으로 보통 '이미지'라는 용어로 표현된다. 효과적인 VTS를 위해서는 작품 선정이 중요한데, 이는 VTS 방식이 모든 작품에 적합한 '만병통치약' 같은 기법이 아니기 때문이다. 따라서 상대적으로 VTS를 활용했을 때 효과가 있는 작품이 있고, 그렇지 않은 작품이 있다. 〈표 14-4〉는 효과적인 학습을 위한 작품 선정 기준을 제시하는 표이다. 예나원은 역사적이거나 종교적인 특정 이미지들은 그것을 "옳게" 읽는 방법이 존재하기 때문에 감상에 입문하는 학생들이

"틀리게" 그 이미지를 해석할 수 있으므로 적합하지 않을 수 있다고 언급한 바 있다(Yenawine, 2003, pp. 10-11). 보도 사진, 만화, 광고 등도 해석할 수 있는 방법이 제한되어 있기 때문에 좋은 선택이 되지 못할 수 있다고 한다. 추상적인 이미지, 정물화, 장식 미술, 건축 또한 이야기를 발견하기 어렵기 때문에 입문자에게는 적합하지 않을 수 있다고 주장한다. 그러나 VTS를 충분히 경험하고 학생들의 미적 단계가 발달하면 다른 장르의 작품을 도입하는 것도 가능하다고 본다. 이 때문에 미술관 에듀케이터의 신중한 작품 선택이 VTS에 있어서 굉장히 중요하다. 따라서 작품 자체가 이미 여러 해석의 가능성을 지닌 작품을 선택하는 것이 어떤 맥락적 지식을 반드시 활용하여 해석해야 더 잘 해석할 수 있는 작품보다 VTS를 위해서는 더 나은 선택일 수 있다.

〈표 14-4〉 VTS를 위한 작품 선정 기준

기준	판단 기준
접근가능성 (Accessbility)	• 감상자들이 관찰한 것을 인식할 가능성이 있는가? • 감상자들이 기존 지식을 바탕으로 이미지와 합리적 연관을 지을 수 있는가?
흥미성 (Captivation)	• 감상자들이 해당 작품을 흥미로워할 것인가? • 각 유형별 감상자들에 따라 다른 지식과 관심사를 가지고 있음을 인지하는가?
표현적 내용 (Expressive Content)	• 여러 유효한 해석과 다양한 의미 수준이 존재하는가? • 감상자로 하여금 도전 의식을 느끼게 할 수 있는가? • 감상자의 주관적, 직관적 반응이 해석의 타당한 범위 안에 있을 수 있는가? • 감상자의 자신감과 탐구력이 향상했을 경우, 더 모호한 이미지를 제시
서사성 (Narrative)	• 작가가 의도적으로 이야기를 담은 작품인가? • 감상자가 자신의 능력을 충분히 발휘할 수 있는가? • 정지된 동작, 대화 장면, 임박한 순간, 가족/놀이/노동을 표현한 이미지 등
다양성 (Diversity)	• 다양한 주제와 양식을 제시하여 감상자로 하여금 자신의 편견이나 경험을 넘어설 수 있는 기회를 제공하는가? • 더 많은 사람들이 자신의 관심, 선호, 배경이 반영된 작품을 마주하도록 하는가? • 기존 지식을 활용하여 새로운 것을 추론할 수 있되 오해를 불러일으키지 않는가?
사실성 (Realism)	• 다양한 형태의 사실주의는 초보 감상자가 접근하기 좋음 • 자연주의, 낭만주의, 표현주의, 포토리얼리즘, 초현실주의 등의 장르

매체 (Media)	• 매체의 다양성은 향후 감상자의 유연성을 기를 수 있음 • 친숙한 사진은 초보 감상자가 접근하기 쉬운 매체이며, 예술가의 시선에서 작품을 이해하거나 결정 과정을 상상하기가 상대적으로 수월함
주제 (Subjects)	• 초보 감상자들에게는 장르 장면이나 서사적 이미지가 주된 이미지로 작용함 • 추후 풍경화, 인물화, 자화상도 적용할 가치가 있음
순서 (Sequences)	• 간단한 것에서 복잡한 순서로 제시함 • 간단한 이미지란 가능한 의미와 세부 사항이 적고 내용 밀도가 낮은 것임 • 복잡한 이미지란 의미의 모호성이 크고 중요한 세부 요소 파악에 시간이 소요됨
연작과 주제 (Series and Themes)	• 초보 감상자들에게는 명확한 연결고리를 제공하는 것이 좋음 • 미묘하고 추상적인 주제는 잘 인식하기 어려울 수 있음

출처: Yenawine, 2003, pp. 8-10.

두 번째 요소는 VTS 시작 시점에 진행하는 '1분간의 조용한 감상'이다. 이 시간은 자신의 생각을 다른 사람과 공유하기 전에 천천히 작품을 보면서 진지하게 생각하는 과정이다(Yenawine, 2013/2019). 미술관 상황에서 이 활동을 진행할 때는 작품의 제목이나 작가의 이름이 적힌 레이블을 가리고 감상자들로 하여금 이미지 자체에 집중할 수 있도록 한다.

세 번째 요소는 '세 질문'으로 다음과 같은 특징이 있다. 1번 질문인 '이 작품에서 무슨 일이 일어나고 있나요(What's going on in this picture)?(#3-1)'라는 질문은 '무엇이 보이나요?'라는 초창기 질문이 변형된 것으로 원 질문의 대답이 목록에만 그칠 가능성이 있다면, 변화된 질문은 관찰한 것과 해석한 것을 합해서 대답할 수 있어 정교한 사고를 촉진한다는 특징이 있다(Yenawine, 2013/2019). 3번 질문인 '우리는 무엇을 더 발견할 수 있을까요(What more can we find)?(#3-3)'는 일대다 대화 상황에서 다른 사람의 의견이나 이미 참여한 사람의 다른 의견을 듣도록 하는 역할을 담당하면서 동시에 단어의 형태로도 대답할 수 있는 가능성을 제시한다. 또한, 더 오래 작품을 보게 함으로써 의미 만들기 과정이 심화된다. 따라서 처음에 스스로 내렸던 해석에 머무르지 않고 그 해석을 발전시키거나 변화시킬 수 있는 기회를 제공한다(Yenawine, 2013/2019). 1번 질문이 VTS 대화 과정의 처음에만 제시된다면, 2번과 3번 질문은 대화 과정 내에 반복적으로 제시된다. 2번 질문 '무엇을 보고 ___라고 말했나요(What do you see that makes you say ___)?(#3-

2)'는 감상자가 답변으로 제시한 해석에 작품에서 보이는 근거를 중심으로 자신의 해석을 뒷받침하도록 하는 질문으로, 감상자가 자연스럽게 추론 과정을 겪도록 돕는다. 이 2번 질문은 '무엇을 보고 그렇게 말했나요?'라고 제시하는 것도 가능하지만, 감상자의 발화 중 특정 요소에 집중하여, 예를 들어 "무엇을 보고 작품의 시간적 배경이 밤일 것이라고 말했나요?"라고 제시하면 감상자로 하여금 더 정교한 추론을 할 수 있도록 도울 수 있다.

네 번째 요소는 '가리키기'로 감상자가 자신의 의견을 제시할 때와 진행자가 감상자의 말을 다른 말로 되풀이해서 이야기할 때 진행자가 하는 행동이다. 감상자가 말하는 것을 진행자가 경청하고 있음을 알려주면서 서로의 소통을 원활하게 하는 과정이다. 또한, 말하지 않고 작품을 보고 있는 다른 감상자에게도 경청하거나 다른 사람이 봤던 작품의 부분을 더 주의 깊게 볼 수 있도록 하는 효과가 있다. 미술관에서 실물 작품 앞에서 진행할 때에는 작품에 해를 가하지 않는 거리에서 작품의 부분을 손으로 가리키면서 진행할 수 있다.

다섯 번째 요소는 '다른 말로 되풀이하기(paraphrasing)'으로 감상자의 말을 이해했고 그 생각을 존중함을 보여주는 방식이다. 또한 모범을 보여서 생각을 정리하거나 미술사와 관련한 용어들을 도입하여 그 생각을 더 심화시킬 수 있다. 이 과정에서는 중립적인 태도를 유지하면서 어느 특정 감상자의 의견이 다른 사람의 의견보다 더 나음을 내포하기보다 모두의 의견이 다 중요하다는 인상을 보여주어 더 많은 감상자들이 대화에 참여할 수 있는 분위기를 형성하는 것이 중요하다. 그러나 흔히 진행자로서 VTS를 처음 시도할 때 중립적인 태도 유지를 힘들어하는데, 이는 교육자로서 무언가 더 많이 알고 있는 것을 전달하려고 하는 의지가 있기 때문이다. 예나윈(Yenawine, 1999)은 중립적인 태도를 유지하면서 VTS 대화를 이끄는 것을 본인 스스로에게 기존에 알고 있던 신념을 의식적으로 벗어나는 '언러닝(un-learning) 과정'이었음을 회고하면서, 예술보다 사람을 더 앞에 두고 관람자 중심의 접근 방식을 선택하는 것이라고 한 바 있다. 이러한 점을 염두에 두고 감상자의 해석을 다른 말로 되풀이하는 과정에서는 열린, 수용적 자세로 감상자가 제시하는 모든 아이디어가 정확하게 되풀이되었는지, 판단하지 않고 다른 말로 바꾸었는지 점검하면서 진행하게 된다. 대화 과정에서 여러 사람들의 의견이 나왔을 때 비슷하거나 반대되는 의견이 제시되었을 때, 혹은 한 사람의 해석이 바뀌거나 발전되었을 때는 각각의 발언들을 연결(linking)하면서 사람들이 여러 의견들에 대해 종합적으로 생각해 볼 수 있도록 도우면서, 모든 해석이 하나의 가능성임을 제시하는 '조건부의 언어(conditional language)'를 사용하여 다른 말로 되풀이하게 된다. 조건부의 언어의 예시로는 "아마도 생일을 맞이했을 것이라고 추측했군요."와 같이 '아마도', '추측' 등의 용어가 있다.

여섯 번째 요소는 '감사하기'로 대화 과정을 요약하거나 작품의 어떤 특정한 해석을 제시하기보다 감상자의 의견 제시나 진지한 태도로 그 과정에 임하거나, 타인의 의견을 경청하는 태도에 감사를 표하고 대화를 마무리한다. 위 여섯 요소와 세 질문을 바탕으로 VTS의 흐름을 살펴보면 다음과 같다.

〈표 14-5〉 VTS의 일반적 흐름

단계	발화	흐름
1	모두	1분간의 조용(#2)한 작품(#1) 감상
2	진행자	질문1: 이 작품에서 무슨 일이 일어나고 있나요?(#3-1)
3	감상자A	대답
	진행자	감상자A의 대답을 들으면서 지칭하는 작품의 부분을 동시에 손으로 가리키기(#4)
4	진행자	감상자A의 대답을 다른 말로 되풀이(#5)하면서 지칭하는 작품의 부분을 손으로 가리키기(#4)
5	진행자	질문2: 무엇을 보고 _____라고 말했나요?(#3-2)
6	감상자A	대답
	진행자	감상자A의 대답을 들으면서 지칭하는 작품의 부분을 동시에 손으로 가리키기(#4)
7	진행자	감상자A의 대답을 다른 말로 되풀이(#5)하면서 지칭하는 작품의 부분을 손으로 가리키기(#4)
8	진행자	질문3: 우리는 무엇을 더 발견할 수 있을까요?(#3-3)
9	감상자B	대답
	진행자	감상자B의 대답을 들으면서 지칭하는 작품의 부분을 동시에 손으로 가리키기(#4)
10	진행자	감상자B의 대답을 다른 말로 되풀이(#5)하면서 지칭하는 작품의 부분을 손으로 가리키기(#4)

<table>
<tr><td>11</td><td>진행자</td><td>질문2: 무엇을 보고 ____라고 말했나요?(#3-2)</td></tr>
<tr><td rowspan="2">12</td><td>감상자B</td><td>대답</td></tr>
<tr><td>진행자</td><td>감상자B의 대답을 들으면서 지칭하는 작품의 부분을 동시에 손으로 가리키기(#4)</td></tr>
<tr><td>13</td><td>진행자</td><td>감상자B의 대답을 다른 말로 되풀이(#5)하면서
지칭하는 작품의 부분을 손으로 가리키기(#4)</td></tr>
<tr><td>14</td><td>진행자</td><td>질문3: 우리는 무엇을 더 발견할 수 있을까요?(#3-3)</td></tr>
<tr><td rowspan="2">15</td><td>감상자C</td><td>대답</td></tr>
<tr><td>진행자</td><td>감상자C의 대답을 들으면서 지칭하는 작품의 부분을 동시에 손으로 가리키기(#4)</td></tr>
<tr><td>…</td><td></td><td>13 이후 8-13의 과정을 반복하면서 여러 감상자와 대화하고
이미 대답한 감상자와도 다른 이야기를 진행함
(* 경우에 따라 8-13을 진행하고 11-13을 한 번 더 진행하거나,
근거를 충분히 들면서 자신의 해석을 이야기한 경우, 11-13을 생략해도 됨)</td></tr>
<tr><td>마지막</td><td>진행자</td><td>감사하기(#6): 요약하지 않고 참여에 감사를 표하기
(예시 멘트: 발견한 것과 해석한 것에 대해 말로 공유해 주시고, 공유해 주시지 않더라도 경청의 방식으로 참여해 주셔서 감사한다.)</td></tr>
</table>

다. VTS의 적용: Isabella Stewart Gardner Museum

미국 보스턴에 위치한 이자벨라 스튜어트 가드너 미술관(Isabella Stewart Gardner Museum)에서 1992년부터 2025년 현재까지 30년 이상 이어져 오는 Thinking Through Art 교육 프로그램은 VTS를 주요 전략으로 사용해 오고 있다. 이 프로그램은 교사를 위한 전문성 개발, 시각 예술 커리큘럼 자료, 학생들과 교사들의 미술관 접근성 확대를 핵심으로 삼고 2017년 이후 보스턴 전체 학교의 75% 이상인 300명 이상의 교사와 18,000 이상의 학생이 참여해 왔다. 가장 최근 2024년에 시행한 연구(Egan et al., 2024)에 따르면 시각 예술을 함께 감상하고 VTS를 활용하여 토론하는 기회가 학습자에게 지속적으로 주어질 경우, 참여한 감상자들이 배움에 흥미를 가지고, 자신이 학습 공동체에 기여할 수 있는 존재임을 느끼게 하는 등의 긍정적인 효과가 나타날 수 있음이 제시되었다.

최근 연구(Egan et al., 2024)에서는 자신감과 협업 능력과 연관하여 학생들의 사회정서학습(SEL: Social-Emotional Leaning), 교사들의 학생 중심 및 문화 반응 교수(Culturally Responsive Instruction)와의 관계성에 주목하면서 VTS의 접근 방식과 활용 방안을 확대해 나가고 있다.

[그림 14-1] 미술관에서의 VTS

출처: Egan et al., 2024, p. 25.

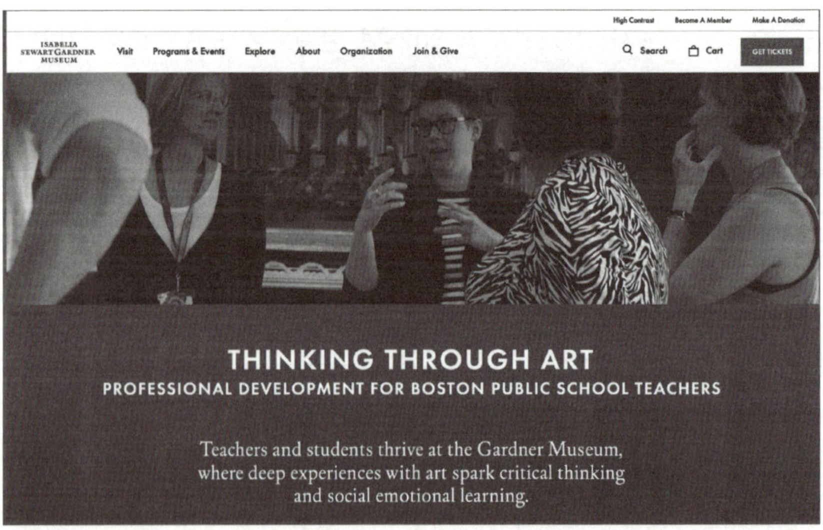

[그림 14-2] Thinking Through Art 웹페이지

2. 오딥(ODIP, Observe, Describe, Interpret, Point to Evidence)

가. ODIP의 배경과 개요

ODIP은 미국 오하이오주에 위치한 콜럼버스 미술관(Columbus Museum of Art, CMA)에서 관람객들이 대화를 하고 작품을 깊게 바라보도록 촉진하기 위해 개발한 전략이다(Trinkley, 2014). 이는 관찰(Observe), 묘사(Describe), 해석(Interpret), 근거 제시(Point to Evidence)의 첫 알파벳을 따서 생성한 제목이며, [오딥]이라고 읽는다. 감상자로 하여금 성급한 판단을 피하고, 주의 깊게 관찰하며, 구체적으로 묘사하고, 다양한 해석을 시도하며, 해석에 대한 여러 가지 근거를 들어 정당화하는 과정을 겪는 것을 전략 사용의 목표로 한다. 전략 개발 당시, 콜럼버스 미술관 직원들은 샤리 티쉬먼(Shari Tishman)의 연구, 하버드대학교의 프로젝트 제로(Project Zero, PZ), 시각적 사고 전략(Visual Thinking Strategies), 그리고 당시 오하이오 주립대학교 미술교육과 교수였던 테리 바렛(Terry Barrett)의 연구(Barrett, 2003)에 영향을 받았다(Trinkley, 2014). 원래 P는 입증(Prove)을 뜻하는 단어였는데 최근 근거 제시(Point to Evidence)라는 단어로 바뀌었다(Columbus Museum of Art, n.d.). 따라서 이 전략은 기본적으로 미술 비평 교육에서 다루는 펠드먼(Feldman, 1973)의 기술-분석-해석-판단 단계를 구성주의적인 방식으로 변화한 방식으로, 구성주의적 방식 적용에 있어서는 본고에서 다루는 VTS와 Thinking Routines 모두에 영향을 받은 전략임을 알 수 있다.

콜럼버스 미술관에서는 2006년부터 지금까지 관람객의 경험과 학습을 중요하게 생각하면서 '창의성(creativity)'을 기관의 주요 의제로 가져오고 있다. 콜럼버스 미술관에서는 창의성을 '상상력과 비판적 사고를 활용하여 가치 있는 새로운 아이디어를 창출하는 과정'으로 정의(Columbus Museum of Art, n.d.)하였다. 그리고 2018년부터 국가 기관인 IMLS(Institute of Museum and Library Services)의 지원금을 받아 교육에서 창의성을 어떻게 보이게 '기록(documentation)'할 것인지(Making Creativity Visible)에 관한 연구를 수행하고, 그 결과로 '예술가처럼 사고

Thinking Like an Artist: An Evolving Rubric for Educators CMOA Columbus Museum of Art

	Early Phase	Implementation Phase	Innovation Phase
Tolerance for Ambiguity	Lessons are developed that allow room for more than one answer. Teachers resist demonstrating a single, "correct" approach.	Teacher encourages students to explore and respectfully debate challenging issues. Many different perspectives and approaches are presented and explored. Teacher and students both develop a comfort level with not having one definite answer, outcome, or path to follow.	Teacher and students value "figuring out" possibilities over "being told what to do." They recognize ambiguity as a given, and see it as an opportunity to explore difficult questions and ideas. Teachers and students understand that ambiguity can be uncomfortable, but that openly and reflectively engaging in uncertain situations can result in important discoveries.
Play as Process	Teacher makes space and time for "messing around" or open-ended play.	Teacher facilitates intentional and purposeful play to pursue questions, to explore content, to try out ideas, and make discoveries. Teacher allows for some spaces to get "messy."	Students engage in play with an intense focus, and teacher take seriously the resulting creative processes and products. Teacher is willing to let go of intended outcomes when necessary to pursue deep student learning. Teacher can articulate why play is important, and makes the case for play in learning by documenting and displaying the thinking involved.
Experimental Execution	Teacher expands choices of media that are offered for projects, and allows for some choice in executing projects.	Teacher allows students to demonstrate understanding in multiple ways, and encourages them to try approaches they might not ordinarily use. Teacher recognizes when transdisciplinary needs arise and helps students employ other teachers, classmates and experts to inform execution.	Teacher and students both explore and challenge ways to fulfill educational outcomes. Teacher and students value demonstrating understanding through various media, and experiment with a variety of media when pursuing a project. Student drives his/her own exploration of new media, seeking out mentors and guidance for technical support.
Idea Generation and Imagination	Teacher values and makes space for students' ideas. Teacher encourages students to generate multiple ideas, and to adapt them, rather than settling on the first.	Teacher supports a classroom culture in which is it expected that students generate many ideas, elaborate on those ideas, be flexible in changing and moving on from ideas, and seek out original solutions. Teachers encourage students to "borrow and improvise" ideas from other sources as well as generate original ones. Teacher uses friendly critique to support idea development. Both divergent and convergent thinking are encouraged.	Teachers and students consistently use the language of idea generation and development, including conditional language and "what if..." to spark imagination and refine ideas. Students apply critical thinking skills to evaluate their ideas, and are flexible in choosing and adapting them. Students remind themselves and one another about the intrinsic value of idea fluency, flexibility, originality, and elaboration to thinking and creativity, and to developing and realizing their vision. Friendly critique is used in the spirit of individual and group learning, and is ingrained in classroom culture.
Curiosity	Teacher organizes time flexibly in order to pursue emergent learning. Teacher incorporates space for idea triggers, collections, or objects of interest. Teacher asks students about their interests as they pertain to classroom content.	Teacher encourages students to notice, make connections, and wonder. Teacher values questioning over answering. Assignments require research beyond the textbook. Teacher allows and supports students to pursue interests and questions, even across different disciplines. Teacher encourages students to bring in and display objects that spark interest.	Curiosity is fully embraced in classroom culture. Lessons are developed to investigate an interest, idea, or question, and largely driven by the student. Transdisciplinary research—in which the question drives exploration across domains—is part of the student experience and valued as integral to all disciplines.
Questioning Over Answering	Teacher encourages questions relevant to curricular content. Teacher language values correct answers as the result of learning.	Students are encouraged to formulate and explore their own questions, even when they challenge classroom content or go beyond the content area. Teachers encourage students to question assumptions. Teacher language values question generation as evidence of thinking.	Teacher encourages students to question and debate, to pursue their puzzles, and bring new knowledge back to the class. Teachers and students consider learning to be not only the pursuit of knowledge, but the ability and inclination to engage in inquiry and experimentation.
Valuing Influence and Collaboration	Teacher allows some incorporation of others' ideas, and some individuality in the development of students' own thinking. Teacher distinguishes between "copying" that is wrong, and the sharing and learning from one another that is the basis of growth.	Classroom is flexible and designed with spaces for individual and group work. Works in progress are displayed and discussed. Teacher uses his/her knowledge of content and students to bring in inspiring objects. Teacher makes space and time for students to share their ideas and feedback with one another. Students begin to value feedback and collaboration.	Students see one another as "critical friends," each helping the other to refine ideas and execute work of high quality. Students soak up disparate ideas from other people and from the world, and integrate inspiration and feedback in ways that are their own. Students are aware of how their ideas have evolved in response to feedback and others' work, and are encouraged to articulate it.
Persistence through Failure	Teacher recognizes that students need to take risks and may fail sometimes, and uses this language with students.	Teacher actively encourages students to take on challenges and supports students when they fail. Teacher prompts students to reflect on why something failed and what steps they can take to move toward success. Teacher language highlights the value of risk-taking and persistence.	Teacher and students both value "smart" risk taking as a necessary aspect of creative thinking. Students develop a comfort with acknowledging their failures and the fortitude to move past them. Challenges are valued as opportunities for growth. Teacher models taking risks, working through obstacles, and learning from failure, and these become part of the students' mindset.
Reflection and Revision	Teacher makes time and space for student to reflect on what they have learned and how they learn. Teachers value revision and make time for students to make multiple drafts in response to feedback.	Reflection time and revision in response to self-, peer-, and teacher feedback are part of the classroom culture. Teacher uses language that emphasizes the importance of reflection and revision in learning and life.	Teacher and students value time, reflection, and revision as necessary aspects of deep learning. Students develop a mindset for in-depth, evolving exploration of a topic. The processes, not only products, of learning and creativity are showcased and discussed in order to deepen learning.

Draft revised July 6, 2016

Behaviors
Occasional actions by teachers and/or students, which support creativity and the development of a culture of creativity

What can I start doing, stop doing, or do differently to spark these behaviors of creativity *(left column)*, **and encourage myself and my students to value and internalize them as dispositions** *(right column)*?

Dispositions
Predictable behaviors motivated by the values of teachers and/or students, and reinforced by norms of classroom culture

[그림 14-3] 콜럼버스 미술관의 '예술가처럼 생각하기' 루브릭

https://makingcreativityvisible.edublogs.org/thinkinglikeanartist/

하기(Thinking Like and Artist)' 프레임워크([그림 14-3])를 개발하였다. 이 프레임워크는 학습 환경, 창의성, 예술 실천과 관련한 문헌 연구 및 실제 활동 중인 예술가와의 대화를 통해가 개발되었으며, 계속 변화하는 과정에 있다. 연구에서 도출된 9개의 '성향(Disposition)'은 모호함에 대한 관용(Tolerance for Ambiguity), 과정으로서의 놀이(Play as Process), 실험적 실행(Experimental Execution), 아이디어 생성과 상상력(Idea Generation and Imagination), 호기심(Curiosity), 정답보다 질문하기(Questioning over Answering), 영향과 협업의 가치 존중(Valuing Influence and Collaboration), 실패를 통한 끈기(Persistence through Failure), 성찰과 수정(Reflection and Revision)이다.

ODIP은 이 프레임워크의 일부 요소들과 연관성을 지닌다(Columbus Museum of Art, n.d.). 작품은 해석해야 하는 대상으로 모호함을 지니는 요소이기 때문에 답을 찾으려기보다 해석에 있어서 여러 가능성을 탐색하게 된다. 함께 대화하는 과정에서 다른 사람들의 영향이나 협업에 영감을 받아 자신의 해석을 수정하고, 여러 다른 해석을 제시하면서 해석을 수정해나간다. ODIP은 원래 도슨트 교육에 도입되어 '작품 해설'이 아닌 방식으로 대화적 감상을 시도하고자 했으나, 해설 형식에 익숙한 도슨트들이 감상자 중심 기법을 행하는 방식으로 문화를 정착시키는데 기관이 어려움을 겪기도 하였다. 반면, 상대적으로 콜럼버스 시의 미술이나 초등 교사들은 작품 감상에 있어서 속도를 늦추고, 지식을 구성하며 다양한 해석을 허용하는 것에 가치를 부여하기 시작하였다(Trinkley, 2014). ODIP 진행 시 학생들이 단계를 사용하여 충분히 작품을 탐색할 시간을 가지기 전까지는 작품에 대한 정보를 제공하지 않는 것을 중요하게 여기는데, 작품에 대한 정보나 전문가의 해석은 학생들의 호기심과 스스로 알아내고자 하는 의지와 흥미를 제한하기 때문이다(Columbus Museum of Art, n.d.). 실제 적용 상황에서 일부 도슨트는 작품 해설이라는 본연의 일과 ODIP 수행 방식을 결합하기 위해 ODIP을 진행하면서 중간중간 작품에서 발견할 수 없는 맥락적 정보를 제공하면서 감상자들이 그들의 해석을 심화하도록 돕기도 하였다.

나. ODIP의 실제

10명 이하의 숫자로 구성된 관람객으로 하여금 짧은 시간 동안 조용히 작품을 관찰하도록 한다. 작품을 선정할 때에는 감상자들이 잘 알지 못하는 작품을 선정하여 호기심을 자극할 수 있도록 하고, 사전에 대상에 대한 설명이나 전문가의 해석을 제공하지 않아 감상자로 하여금 스스로 탐색하고 추론하는 능력을 기르도록 한다(Columbus Museum of Art, n.d.). VTS가 정해진 세 가지 질문을 비교적 정확하게 발화할 것을 권장하는 구조화된 전략인 반면, ODIP에서는 단계만 반영한다면 감상자의 관심사나 수준에 따라 미술관 에듀케이터가 유동적으로 발화를 바꾸어 표현할 수 있다는 특징이 있다. 지금까지 나왔던 ODIP의 활용 예시(Columbus Museum of Art, n.d.; Jacques et al., 2012; Trinkley, 2014)를 정리해서 〈표 14-6〉처럼 제시하였다.

〈표 14-6〉 ODIP의 흐름

단계	활동	미술관 에듀케이터의 발문	팁
관찰 (Observe)	30초-1분 동안 조용히 자세히 살펴보기	• 무엇이 보이나요? • 어떤 점을 발견할 수 있나요?	• 손으로 가리킬 수 있는 것, 물리적으로 확인 가능한 것만 발화 • 단순히 흘려보지 않고 자세히 주목하는 훈련 • 조용히 보이는 것 손으로 세기
묘사 (Describe)	관찰한 것을 구체적으로 설명하고 아직 추측하지 않기	• 전화로 이 작품을 설명해야 한다면, 어떻게 말할 수 있을까요? • 봤다고 생각한 것이 아니라 실제로 보이는 것을 묘사해 볼까요? • 이 작품을 가장 잘 묘사하는 단어는 무엇인가요?	• 가능한 한 많은 것을 빠짐없이 묘사 • 이 단계에서 해석하려고 할 경우, "무슨 일이 벌어지는 데에 대한 이론을 세우고 있네요. 그 아이디어는 나중에 이야기하고 먼저 관찰한 요소들을 충분히 묘사해 봅시다."라고 이야기하기
해석 (Interpret)	관찰한 것과 묘사한 것을 상상력을 활용하여 연결하고 이야기, 내러티브 제시	• 무슨 일이 일어나고 있나요? • 작가의 의도는 무엇이라고 생각하나요? • 어떤 이야기가 떠오르나요? • 누가 왜 이 오브제를 사용할 것 같은가요?	• 다양한 가능성, 여러 가지 해석이 가능함을 강조하기 • '묘사' 단계와 연결하여 생각하는 것이 중요함을 언급하기
근거 제시 (Point to Evidence)	해석에 구체적 시각적 근거 제시	• 무엇을 보고 그렇게 말했나요? • 그 말을 한 이유는 무엇인가요?	• "내가 그렇게 생각하는 이유는 ____ 때문이다"와 같은 발화 템플릿 제공 • 많은 단서를 주의 깊게 살펴보고 연결 짓고 가설을 세우고 추론하는 과정이 전문가들이 새로운 것을 발견할 때 사용하는 과정임을 안내

다. ODIP의 적용: Columbus Museum of Art

ODIP은 콜럼버스 미술관에서 여러 방식으로 활용되었는데, 도슨트 양성 및 재교육, 학교와의 협업 과정에서 공립 교사 재교육 연수, 그리고 병원과의 협업에서 의과대학 예비과정 학생들의 교육에 도입되었다. 도슨트 양성 과정에서는 관람자 중심의 구성주의적 대화가 가능해지도록 하는 방향에서 제시되었다. 공립 교사 재교육 연수에서는 다 함께 창의성이 무엇이며 교육에서 어떻게 하면 학습자가 창의적인 사람으로 자라날 수 있을지 고민하면서 적용할 수 있는 전략 중 하나로 제시되어 이 전략을 학교에서 활용할 수 있도록 [그림 14-4]처럼 문서로 제시되어 홈페이지에 게시하였다.

AN EDUCATOR'S GUIDE TO LOOKING AT ART (OR ANYTHING!)

OBSERVE, DESCRIBE, INTERPRET, POINT TO EVIDENCE

Careful noticing is a foundation of critical thinking. This document outlines a process to help learners of all ages slow down, closely observe, resist initial assumptions, develop theories based on multiple points of evidence, and justify interpretations. These habits characterize "thinking like an artist," and are foundations of depth, complexity, empathy, and innovation in any field.

To use this critical thinking protocol, you will need an object students are likely unfamiliar with. This could be a work of art, a poem, a historical document, a scientific photograph, an item from nature, or anything that might pique student curiosity. It is important to withhold any identifying information about the object until students have had ample time to investigate using the protocol. Facts or expert interpretations limit student curiosity and interest in "figuring out."

ODIP WITH STUDENTS

ODIP is a critical thinking routine developed by the Columbus Museum of Art. ODIP is used with visitors of all ages, and teachers have adapted it for everything from looking at student art in early elementary to studying ancient Greek literature in high school. ODIP provides a routine for resisting assumptions, noticing carefully, describing thoroughly, making connections, and reasoning with evidence.

ODIP stands for observe, describe, interpret, point to evidence.

1) OBSERVE: Ask students to SILENTLY observe for one minute.
What do you see?
What information is there?

HINT: Tell students these should be things you would be able to "put your finger on."

CMOA
Columbus Museum of Art

AN EDUCATOR'S GUIDE TO LOOKING AT ART (OR ANYTHING!)

2) DESCRIBE: Ask students to share what they see—not yet what they think is happening. Students should elaborate and describe observations.
How might you explain this work of art or object to someone on the phone?
What descriptive words come to mind?
What details could you provide?
What do you notice that no one else might have noticed?

HINT: People tend to immediately interpret what they are seeing. It is very important that at this step, learners only describe only what they see, not what they think is happening. If students share interpretations at this stage, you can tell them, "I see that you are theorizing about what might be happening. Let's save those ideas for later, once we've noticed and described lots of elements."

3) INTERPRET: Ask student to consider their observations, descriptions, connections, and imagine a story or narrative based on the identified details.
What do you think might be happening in this work of art? (Or, what function might this object serve?)
What might the creator's intentions be?
What might the story be?
Who might use this object and why?

HINT: Using conditional language here (i.e. "What might…") reinforces that there are many valid interpretations, and that it is important to share many, diverse possibilities – and to consider those interpretation in relation to the descriptions given in the previous stage. Be transparent with students that you are not looking for a singular answer, by many possibilities that emerge from the details they have noticed.

4) POINT TO EVIDENCE: Ask students to back up their ideas or interpretation using details from the work.
What makes you say that?
What clues did you use to come to that theory?

HINT: Remind students of the observations that led to their interpretations. Ask them to really consider what specifics led them to those conclusions. Explain to students that this process of looking closely for as many clues as possible, making connections, theorizing, and reasoning, is how experts make discoveries in any field.

CMOA
Columbus Museum of Art

[그림 14-4] 콜럼버스 미술관에서 제작한 교육자를 위한 ODIP 가이드

의과대학 예비과정 학생들의 교육 과정에서는 Art of Analysis라는 프로그램(Jacques et al., 2012)을 통해 도입되었는데, 임상 실무에서 필수적 능력을 개발하기 위해 팀워크, 대안적 아이디어에 대한 관용, 공감 능력, 비판적 사고 능력을 기르는 것을 목표로 하였다. Art of Analysis는 총 2시간이 소요되는 프로그램으로, 첫 번째 단계에서 미술관 에듀케이터와 함께 하나의 작품을 20-30분간 바라보면서 ODIP의 방식을 익힌 후, 두 번째 단계에서 90분 동안 자유롭게 미술관을 돌아다니면서 미술관 에듀케이터가 제시한 질문 〈표 14-7〉에 ODIP 방식을 활용하여 쓰기 활동을 진행하고 단체 토론을 진행한다. 단체 토론 상황에서 학생들은 자신들이 여러 질문을 미술관의 특정 작품과 연결하여 생각한 것을 공유하고, 다른 학생들은 그에 대해 자신의 분석과 의견을 덧붙이게 된다. 이 형식을 통해 학생들은 자신의 이론을 제시하고 근거를 덧붙이는 역량을 기를 수 있다. 특히 한 연구에 참여한 학생들(Jacques et al., 2012)은 6번 질문에 대해 대답하면서 자신의 편견을 더 잘 인식하고 작품을 다양한 관점에서 바라보는 방식을 배우게 되었다.

이 프로그램에서는 예술 작품이 모호성을 내포하고 있음을 강조하고, 작품 해석에 있어서 다양한 가능성이 있음을 인식하고, 타인의 해석에 공감하는 작품 감상 행위를 의사의 임상적 진단 행위와 연결하였다. 의대생들은 환자 면담에서 시각적 단서와 비언어적 의사소통을 주의 깊게 관찰해야 하고 이를 진단으로 내리기 전까지 팀 단위로 토론을 진행하며 진단과 치료법을 결정하게 된다. 따라서 이 프로그램에서 ODIP을 활용하는 것은 미래의 의사들이 추후 환자의 통찰을 존중하고, 새로운 관점에서 의학적 문제를 해결하는 독창적 사고를 계발하는 데 도움이 된다(Jacques et al., 2012). 의사에게 필요한 기술인 위험 감수, 문제 해결, 세심하고 주의 깊은 관찰, 해석과 분석, 타인에 대한 공감, 다양한 관점에서 문제를 바라보는 능력은 모두 콜럼버스 미술관에서 '예술가처럼 생각하기' 루브릭에 제시된 요소들과 연관이 된다.

〈표 14-7〉 Art of Analysis 프로그램에서 ODIP과 연계하여 제공된 질문 목록

1. 동정심(compassion)/공감(empathy)은 어떻게 생겼나요? 미술관 안에서 동정심을 가장 잘 표현한 작품을 찾아 왜 그 작품이 동정심을 표현하는지 서술해 보세요.
2. 잔인함(cruelty)은 어떻게 생겼나요? 미술관 안에서 동정심을 가장 잘 표현한 작품을 찾아 왜 그 작품이 그것을 표현하는지 서술해 보세요.
3. 인도적인(humane) 행위는 어떻게 생겼나요? 미술관 안에서 인도적인 행위의 가장 좋은 예를 찾아 왜 그 작품이 그것을 표현하는지 서술해 보세요.
4. 이기심은 어떻게 생겼나요? 미술관 안에서 이기심을 가장 잘 표현한 작품을 찾아 왜 그 작품이 이기심을 표현하는지 서술해 보세요.
5. 좋은 선생님의 모습은 어떤가요? 미술관 안에서 가장 잘 표현한 작품을 찾아 왜 그 작품이 그것을 표현하는지 서술해 보세요.
6. 가장 끌리지 않는 작품을 골라보세요. 우선, 왜 그러한지 적어보세요. 그 다음, ODIP을 사용하여 시각적 증거를 활용하여 작품을 다시 해석해 보세요.
7. 서로 나란히 설치되어 있는 것이 의외인 두 작품을 선택하고 그 두 작품이 왜 나란히 놓여있는지 논의하세요.

출처: Jacques et al., 2012.

3. 하버드 프로젝트 제로의 사고 루틴

가. Thinking Routines의 배경과 개요

'사고 루틴(Thinking Routines)'이란 감상자로 하여금 예술 작품과 상호작용하여 관찰, 해석, 질문이라는 핵심 기술을 기를 수 있도록 돕는 것이다. 이는 반복적으로 사용되는 단순한 패턴 혹은 구조로, 특정한 사고 방식이나 행동을 지원하고 발달시키는 것이다. 미술관 에듀케이터는 감상자들로 하여금 문제나 질문을 제시하고 생각할 시간을 부여하고, 짝을 지어 논의하게 하고, 또 전체 구성원과 그 논의를 공유하는 구조로 대화하게 된다. 이러한 사고 루틴은 감상자로 하여금 집단적, 개별적으로 사고를 시작하고, 탐색하고, 토론하고, 기록하며 자신의 과정을 기록할 수 있는 구조로 되어있다(Ritchhart et al., 2016/2023). 특히 성향(disposition) 발달의 문화화(enculturation)를 목표로 하고 있어 감상자로 하여금 다양한 상황에서 해당 루틴을 반복적으로 사용하여 사고 과정 자체를 내재화하기를 기대한다.

미술관에서 작품 감상을 위한 사고 루틴은 하버드 교육대학원에서 진행한 프로젝트 제로(Project Zero)의 한 세부 연구 프로젝트로 2004-2006년에 진행되었던 Artful Thinking에 의해 개발되었다(Tishman & Palmer, 2006). 처음 작품 감상 측면에서 개발된 것은 18개 루틴 정도였으나, Artful Thinking 외에도 프로젝트 제로 내 여러 프로젝트가 지속적으로 진행됨에 따라 2025년 5월 기준으로 Project Zero 홈페이지상에 예술 작품 감상과 관련하여 제시된 루틴은 [그림 14-5]와 같이 24개 정도로 수록되어 있다. 그러나 이 목록도 변화할 수 있으며, 작품 감상 외의 다른 것에 목표를 둔 사고 루틴의 카테고리가 9개가 더 있으며, 다른 카테고리에 있는 사고 루틴도 상황에 따라 작품 감상에 활용할 수 있는 가능성이 있다. 예를 들어, Circle of Viewpoints는 [그림 14-5]에는 없지만 작품 속 등장인물의 입장에서 생각해 보는 공감적 활동을 하는 경우에 사용될 수 있다.

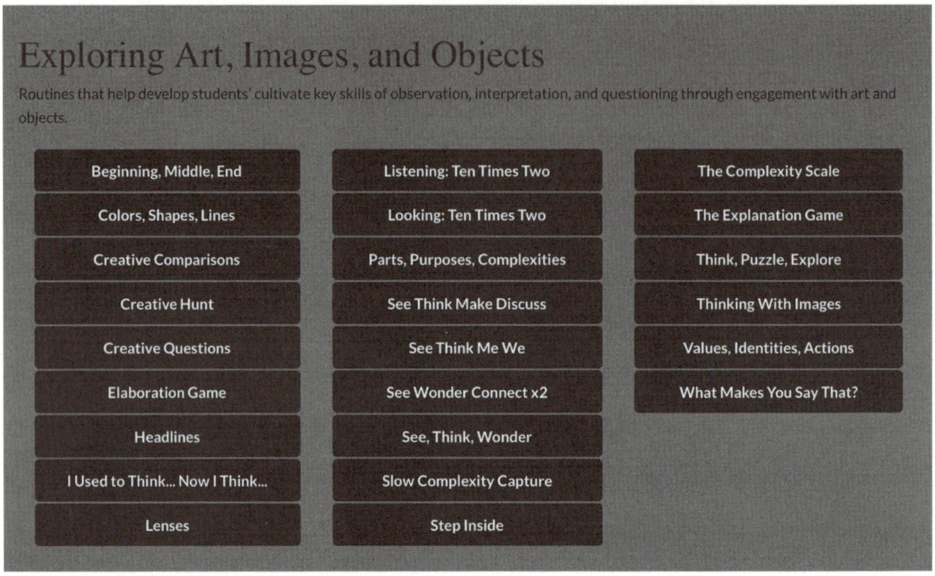

[그림 14-5] 작품 감상과 관련한 사고 루틴 목록

출처: Project Zero 홈페이지https://pz.harvard.edu/

앞에서 살펴본 VTS에 비해 ODIP이 단계만 다 적용하면 상황에 따라 질문을 변형하는 등 더 유연하게 적용될 가능성을 보였다면, 사고 루틴은 단계 자체는 간단하지만 취사선택할 수 있는 종류는 많으며, 상황이나 작품에 따라 루틴 자체를 유연하게 활용할 수 있는, 즉 특정 단계를 추가하거나 생략하거나 다른 루틴과 결합하여 활용하는 등 그 활용성 측면에서는 가장 자유롭다. 그래서 '툴박스(toolbox)'라는 용어를 사용하여 미술관 에듀케이터가 취사선택하는 도구로서의 역할을 강조하고 있다. 대부분의 사고 루틴은 감상자가 자신의 의견을 제시하는 것으로부터 시작하는데, 따라서 감상자는 작품에 대한 정보를 외부로부터 주입받는 것이 아니라 스스로의 머릿속에서 사고를 시작하며 감상자 스스로 질문을 제기하고 이를 검토하고, 깊이 생각하며 복잡성을 다루는 과정을 수반하고 있다. 또한, 각 단계에서 보통 미술관 에듀케이터가 감상자에게 질문을 제시할 수 있지만, 어떤 단계는 질문을 제시하기보다 활동만으로 이어지는 경우도 존재한다.

작품 감상에 있어서 사고 루틴을 사용하는 것은 감상자로 하여금 다음과 같은 메시지를 전달할 수 있다(Ritchhart et al., 2016/2023). 첫째, 작품을 감상하는 과정은 능동적, 자기주도적, 사회적, 탐구 중심적이다. 둘째, 작품의 의미는 역동적이고, 개인적이며, 다양한 관점을 수용할 수 있으며 복잡성을 지닌다. 그러나 단순히 루틴을 사용하는 것만으로는 충분하지 않으며, 그 루틴이 잘 작동하기 위해 제공하는 미술관 에듀케이터의 해석, 지도, 모델링이 '비계'를 제시한다는 지점에서 중요하다. 또한, 감상 활동 상황에서 작품과 감상자에 따라 어떤 루틴을 선택할지 결정하는 데에도 전문성이 필요하며, 지속적으로 만나는 감상자들과 함께 루틴을 활용할 경우, 그들과 함께 루틴의 적용 방식에 대해 논의해 가면서 만들어가는 감상 활동을 진행할 수 있다.

나. Thinking Routines의 실제

몇 가지 사고 루틴을 선택하여 미술관에서 진행하는 방법의 예시를 제공하고자 한다. VTS와 ODIP이 작품 감상에 있어서 정보 제공 및 전문가의 해석을 가능하면 배제하는 것을 권장했다면, 이와는 다르게 사고 루틴에서는 상황이나 감상자에 따라서 필요한 경우 정보를 제공하거나 감상자들이 스스로 필요한 내용을 탐구할 수 있도록 자료를 제공할 수 있다. 따라서 맥락적 정보를 제공하는 시점과 관련지어 루틴의 사용 방식을 제시하고자 한다.

미술관에서의 사고 루틴 적용에 있어서 정보의 사용 방식에 대해 안내한 가이드(National Gallery of Art, 2024)에 따르면 작품에 대한 의미 구성 과정에서 미술사적 정보는 중요한 요소로 작용할 수 있으며 기억에 남는 학습 경험에 영향을 미칠 수 있다. 미술관 에듀케이터는 학습 목표에 따라 어떤 정보가 필요한지, 또는 정보 자체가 필요한지 여부를 결정할 수 있는데, 정보는 최종적 해답으로 여겨질 필요는 없으며 더 깊은 이해로 나아가기 위한 도약판으로 활용될 수 있다. 실제로 사고 루틴 단계 자체에 정보에 대한 탐구가 제시되어 있는 경우도 있고, 루틴을 미술사적 정보 탐구에 활용할 수도 있으며, 상황에 따라 각 루틴 단계를 더 잘 진행하기 위해 정보를 추가할 수 있다.

작품에 대한 탐구 과정에 정보를 포함하기 위해 미술관 에듀케이터는 세 가지 질문을 고려해 봐야 하는데 이는 다음과 같다(National Gallery of Art, 2024). 첫째, 왜 정보를 공유해야 하는가? 둘째, 어떤 종류의 정보를 공유해야 하는가? 셋째, 어느 시점에 정보를 공유해야 하는가? 핵심적인 순간에 전략적으로 정보를 공유하는 것은 감상자의 사고를 활성화시키고 예술에 대한 호기심과 연결을 확장하고 심화시킬 수 있다. 정보 공유의 이유를 명확히 하는 것은 어떤 종류의 정보를 언제 공유할지 결정하는 데 도움이 된다. 〈표 14-8〉에서는 감상자와 공유될 수 있는 정보의 목록을 구체적으로 나열하였다. 그러나 현실적으로 이 모든 정보를 다 다룰 시간이나 감상자의 주의력을 기대하기는 어렵다. 따라서 어떤 정보를 제시할지 신중하게 선택해야 한다. 이때는 작품, 교육 프로그램의 목표, 감상자의 관심도와 수준을 고려하여 결정해야 한다. 실제 활동 과정에서 관련 그림책을 사용하는 경우도 있다.

〈표 14-8〉 사고 루틴 과정에서 공유될 수 있는 정보의 목록

• 작품과 관련한 역사적 사건 등 작품 탐구에 있어서 맥락을 형성해 주는 사실적 정보	
• 예술가의 사진이나 작업 과정을 보여주는 사진 등 관련된 1차 자료	
• 작가의 목소리를 직접 전달해 주는 인용문	
• 학생의 관심을 끌 수 있는 짧은 이야기	▷예술가의 전기와 창작 과정 ▷작품과 관련한 역사적 사건이나 문화적 참고 요소 ▷작품 주제(작품이 무엇에 관한 것인지, 어떤 이야기를 담고 있는지) ▷작품에 사용된 은유나 상징의 의미

일반적으로는 사실이나 배경 정보를 제공하기 전에 천천히 관찰하고 묘사하는 활동부터 시작하는 것이 좋으며, 정보를 너무 일찍 공개하면 학생들의 자연스러운 호기심을 억제하고 대화를 단절시킬 수 있으므로 처음부터 제시하지는 않는 것이 좋다. 정보는 프로그램의 여러 시점에서 제시될 수 있으며 언제 어떤 방식으로 정보를 제공할지 전략적으로 결정할 필요가 있다.

정보를 공유한 후에는 항상 감상자들이 그 정보를 바탕으로 사고하고 행동하도록 유도해야 한다. 정보를 염두에 두고 작품을 다시 봤을 때 새롭게 발견된 지점에 대해서 이야기하거나, 어떤 새로운 생각, 연결점, 관점, 복잡성이 드러났는지를 다룰 수 있다. 정보를 통해 학생의 사고를 활성화하고 심화시키는 도구로 사용하는 접근법은 학습의 질을 높인다. 그러나 정보 공유가 목표가 아닌 수단으로 여겨져야 한다는 점을 염두에 두는 것이다.

〈표 14-9〉 정보 제공 시점에 따라 사고 루틴 적용 방식의 예

<table>
<tr><th>정보 제공 시점</th><th>사고 루틴</th><th>단계</th><th>비계 설정 방식의 예</th><th>미술관 에듀케이터의 발문 예시</th></tr>
<tr><td rowspan="4">루틴 시작 전[1]</td><td rowspan="4">Step Inside

(Per-ceive–Know/Believe–Care)</td><td>정보 제공</td><td>• 갤러리 워크: 전시실을 돌아다니면서 파트너와 함께 이야기하고 전체가 모여서 공유
• 작가 인용문을 감상자들이 뽑아서 읽도록 하여 작품 감상 맥락을 제공</td><td>• 연작에서 각 사진은 무엇이 비슷하거나 다른가요?
• 각 사진 간의 연관성은 무엇인가요?</td></tr>
<tr><td>몸(Body)</td><td rowspan="3">• 작품 속 한 인물이 되어보기
• 몸: 보고 듣고 냄새 맡고 맛을 보고
• 마음: 이해하거나 믿고
• 감정: 느끼고 가치롭게 생각하고 원하거나 무서워하고
• 파트너와 의견을 비교하기
• 그 인물이 되어 내면의 목소리를 상상해 적은 후 하나의 사진을 골라 포즈를 취하고 소리내어 말해보기</td><td>• 이 사람은 무엇을 인식할 수 있나요?</td></tr>
<tr><td>마음(Mind)</td><td>• 이 사람은 무엇을 알거나 믿을까요?</td></tr>
<tr><td>감정
(Heart)</td><td>• 이 사람은 무엇을 중요하게 생각하거나 믿을까요?</td></tr>
<tr><td rowspan="4">루틴 중간[2]</td><td rowspan="4">STW

(see–think–wonder)</td><td>보기</td><td>• 조용히 보는 동안 어떻게 봐야할지 자세히 안내(예: 전체 표면, 바닥 부분, 배경의 깊이, 두드러지는 주요한 것, 조금 더 봐야 하는 세부 사항)
• 함께 관찰한 것에 대해 요약</td><td>• 이 관찰과 관련하여 덧붙이고 싶은 사항이 있을까요?
• 방금 말한 것에 대해 조금 더 세부적으로 묘사해 주시겠어요?</td></tr>
<tr><td>정보 제공</td><td>• 작품과 관련 있는 역사적 사건에 대한 설명 제공</td><td>• 이 역사적 사건과 작품을 연결해서 생각해 볼까요?</td></tr>
<tr><td>생각하기</td><td>• 생각한 것을 먼저 적어보게 한 후 파트너와 함께 대화하도록 함
• 순회하면서 무엇을 보고 그렇게 생각했는지 개별적으로 질문하기</td><td>• 이 조각에 대해서 어떻게 생각하나요?</td></tr>
<tr><td>궁금해하기</td><td>• 하나 이상 질문을 적어보도록 촉구
• 학생들의 질문 기록 및 요약 정리
• 진행자의 질문 공유: 오늘 집에 돌아가면 이 조각이나 오늘 대화에 대해 무엇을 기억할지</td><td>• 이 조각을 보면서 어떤 점이 궁금해지나요?</td></tr>
</table>

루틴 전 과정에서[3]	3/2/1/ Bridge	관찰 3개	• 작품이 사회적 이슈와 관련 있음을 안내 • 조각의 사방에서 감상하도록 함 • 작품의 선, 질감, 재료, 크기 등을 관찰하도록 함	• 이 작품에서 눈에 띄는 3가지는 무엇인가요?
		정보 제공	• 작품 제목 제공 • 작가에 대한 정보 제공(이름, 복잡한 국적, 주로 어떤 작업을 하는지) • 작가 사진 제공	• 질문 생략
		질문 2개	• 진행자는 생겨난 질문들에 대해 모든 답을 알고 있지 않음을 안내 • 파트너와 이야기한 후 전체 그룹과 공유하고 싶은 질문 결정하여 적기 • 적은 질문들을 앞에 두고 공통점 찾기	• 이 조각에 대해 궁금한 점 두 가지는 무엇인가요?
		정보 제공	• 생성된 질문과 관련하여 작가의 재료 선택 이유에 대해 설명 • 그 재료와 관련한 역사적 배경 설명 • 작가 인용문 제공	• 질문 생략 • 딱 이 단계라기보다 전체 과정에 걸쳐 등장
		메타포 1개	• 작가가 감상자에게 전달하고자 하는 중요한 아이디어나 메타포와 관련한 작품의 부분 스케치를 제작하기 • 스케치에 한 단어를 적기 • 그린 메타포들을 앞에 두고 함께 감상하기	• 질문 생략
		다리	• 이 루틴은 작품의 복잡성을 탐구하는 것임을 안내함 • 작품에 대한 처음의 생각과 지금의 생각 비교하기 • 오늘 전 과정에서 놀라웠던 것이 무엇인지 공유하기	• 처음 생각과 지금의 생각은 어떤 관련성이 있나요? • 작품에 대한 탐구와 다른 사람들의 의견을 듣고 어떤 새로운 생각을 하게 되었나요?

1) https://youtu.be/ELgkTVSlqeg
2) https://youtu.be/OFkMEGHR2Ek
3) https://youtu.be/Km1A_CBfSzM

다. Thinking Routines의 적용: National Gallery of Art

미국 National Gallery of Art는 2019년과 2024년에 각각 사고 루틴을 바탕으로 두 온라인 강좌를 개설하였다. 이 온라인 강좌는 작품을 감상하는 방법을 사고 루틴과 연계하여 안내하고 싶은 전 세계 교육자를 대상으로 한다. 동일 수업을 두 가지 방식으로 제공하는데, 수강료를 지불하고 언제든지 들을 수 있으며 수료증을 수여하는 정규 수강 과정과 수강료를 내지 않고 일정 기간 안에만 들을 수 있는 청강 과정으로 나뉜다.

기본적으로는 연구자들의 학습 이론을 설명하는 가이드 영상과 각 루틴을 실천하는 미술관 에듀케이터와 학교 교사들의 수업 장면을 요약한 영상, 그리고 수업을 진행한 교육자들의 성찰과 관련한 인디뷰 영상이 제공된다. 그리고 학습을 도와주는 인터랙티브 도구로 고해상도 확대 가능한 미술 이미지, 작품 감상을 위한 가이드 영상, 아이디어와 작품을 공유하는 Padlet 보드, 시각적으로 아이디어를 정리하는 워드클라우드, 피드백을 위한 설문, 이해도를 확인하는 퀴즈 등이 제시된다. 이에 더해 다운로드 가능한 교수 자료로 사고 루틴 설명서, 템플릿, 수업 지도안, 학생 친화적 오디오/텍스트 버전의 작품 관련 정보, 학생들과 함께 사용할 수 있는 작품 슬라이드, 각 주제와 관련한 심화 학습용 기사가 제시된다.

[그림 14-6] 미술관 홈페이지 안내

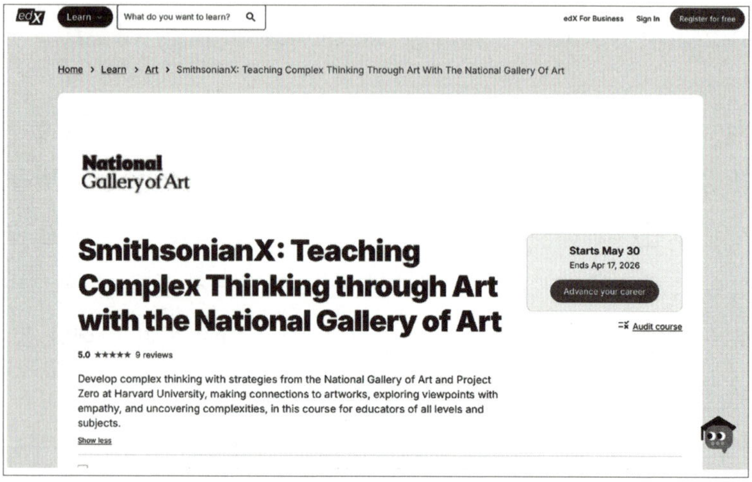

[그림 14-7] edx 사이트에서의 안내

2019년에 개설된 Teaching Critical Thinking Through Art 강좌는 사고 루틴 중 관찰하고 묘사하기, 증거를 가지고 추론하기, 질문하고 탐구하기의 세 사고성향을 다루고 있다. 구체적으로 다루고 있는 사고 루틴으로는 시작하는 기본 루틴으로 See/Think/Wonder, 관찰하고 묘사하기로 Looking with Nouns/Adjectives/Verbs, Elaboration Game, Looking 5×2, 증거를 가지고 추론하기로 What Makes You Say That, What's Going on with Math in this Painting?, Beginning/Middle/End, 질문하고 탐구하기로 Creative Questions와 Creative Questions Game을 다룬다.

2024년에 개설된 Teaching Complex Thinking Through Art 강좌는 사고 루틴 중 비교하고 연결하기, 관점 탐색하기, 복잡성 발견하기의 세 사고성향을 다루고 있다. 구체적으로 다루고 있는 사고 루틴으로는 비교하고 연결하기로 See/Wonder/Connect와 See/Think/We/Me, 관점 탐색하기로 Step Inside와 Circle of Viewpoints, 복잡성 발견하기로 Parts/Purposes/Complexities와 3/2/1/Bridge이다.

본 장에서는 시각적 사고 전략(VTS), 오딥(ODIP), 사고 루틴(Thinking Routines)의 세 가지 질문 전략을 배경과 개요, 실제, 적용으로 나누어서 살펴보았다. 특히 적용 부분에서는 지금까지도 각 전략을 활발히 활용하여 그 활용의 폭을 넓혀 가며 실증적인 연구를 진행하고 실천 범위와 대상을 확대해 나가고 있는 미국의 세 대표 미술관인 이자벨라 스튜어트 가드너 미술관, 콜럼버스 미술관, 내셔널 갤러리의 사례와 연계하여 제시하였다.

세 전략 모두 현재 다양한 기관에서 여러 방식으로 사용되어 가고 있기 때문에 이 전략들은 어떤 특정한 형태로 고정되어 있는 것이 아니라 점점 변화하고 발전해 가는 과정에 있다. 세 전략이 언뜻 보면 상이해 보이지만, 이 전략들이 지향하는 미술관에서의 작품 감상자의 모습에는 공통점이 존재한다. 이는 바로 미술관에서의 작품 감상 행위는 정해진 정보를 일방적으로 습득하는 것이 아니라 구성주의적 관점에서 의미를 형성해 나가는 것(김수진, 2019)이라는 것이다. 구체적으로, 이는 작품을 깊이 있게 천천히 관찰하고, 관찰한 것을 바탕으로 해석을 생성하고, 다른 사람과의 대화를 통해 그 해석을 발전해 나가거나 수정하는 과정이다. 즉, 작품 감상 행위는 "복잡하고 답이 정해져 있지 않은 문제를 감상자가 타자와의 교류 속에서 해결해 나가는 과정적 탐구 행위이자 공동체의 미술 문화에 적극적으로 기여하며 참여하는 행위"(김수진, 2023, p. 35)이다. 실제로도 세 전략은 그 뿌리를 공유하고 있거나 각각 다른 전략에 영향을 받아 발전해 나가는 과정에 있기도 한다.

초보 관람자를 위한 전략에서는 작품에 대한 정보를 거의 제공하지 않아 작품 감상과 관련하여 스스로 사고하는 습관과 해석을 시도하려는 자세, 특히 정답을 얻으려고 하는 것이 아닌 위험을 감수하고자 하는 자세를 함양하고자 한다. 그리고 정보 탐색을 포함하는 전략에서는 감상자의 성향과 수업의 주제를 고려하여 꼭 필요한 정보만 취사 선택하여 적시적소에 제공함으로써 각 감상자가 자신의 해석을 발전해 나가는 데 도움이 되도록 하는 데 활용한다. 가장 중요한 점은 정보가 목표나 정답이 아닌 해석을 향한 과정 중 하나에 해당한다는 점이다. 이 때문에 작품 감상을 진행하는 촉진자 역할로서의 미술관 에듀케이터의 전문성이 중요하다고 볼 수 있다.

본고에서는 세 가지 질문 전략을 미술관 환경에서만 한정하여 제시하였으나, 박물관 유물을 다루는 교육 프로그램이나 교구재에서도 위 질문들을 활용할 수 있다. 특히 세 전략 모두 미술관 에듀케이터뿐만 아니라 학교 미술교사, 더 나아가 타 교과의 학교 교사에게도 유용하게 사용되고 있으므로 이와 같은 적용 방식을 바탕으로 미술관에 한정하지 않고 다른 오브제를 다루는 박물관에서도 활용될 가능성을 후속 연구에서 파악할 필요가 있다. 박물관 오브제와 관련하여 정보를 제공하지 않는 방식에 대한 거부감이 들 경우, 세 가지 방식 중 사고 루틴과 정보 탐색을 다양한 방법으로 조합하여 시도해 보는 방식을 권장한다.

참고문헌

김수진(2019). 구성주의적 감상 교육에서 "주제"의 생성 과정에 관한 연구. **미술과 교육, 20**(2), 109-135.

김수진(2023). 미술과 감상 영역 '질문'의 의미 변천: 2022 개정 및 이전 교육과정 내용 분석 연구. **조형교육, 88**, 33-53.

Barrett, T. (2003). *Interpreting art: Reflecting, wondering, and responding*. Ohio: McGraw Hill.

Columbus Museum of Art (n.d.). Making Creativity Visible. https://makingcreativityvisible.edublogs.org

Egan, S., Tratnyek, C., & Munley, M. E. (2024). *Thinking Through Art: A Transformative Museum-School Partnership*. Boston: Isabella Stewart Gardner Museum.

Feldman, E. B. (1973). The teacher as model critic. *Journal of Aesthetic Education, 7*(1), 50-57.

Greene, M. (2011). **블루 기타 변주곡**(문승호 역). 서울: 서울문화재단. (원저 2001 출판)

Housen, A. (1992). Validating a measure of aesthetic development for museum and school. *A Journal of Visitor Behavior, 2*(2), 1-19.

Housen, A., & Duke, L. (1998). Responding to alper: Re-presenting the MoMA studies on visual literacy and aesthetic development. *Visual Arts Research, 24*(1), 92-102.

Jacques, A., Trinkley, R., Stone, L., Tang, R., Hudson, W. A., & Khandelwal, S. (2012). Art of analysis: A cooperative program between a museum and medicine. *Journal of Learning through the Arts, 8*(1), 1-10.

Lyon, C. (1992). Schooling the eye: Museum introduces innovative school art program. *MoMA's Bulletin, 11*, 14-16.

National Gallery of Art. (2024). The Role of Information When Discussing Art. Washington, D.C.: National Gallery of Art.

Ritchhart, R., Church, M., & Morrison, K. (2023). 생각이 보이는 교실(최재경 역). 서울: 사회평론아카데미. (원저 2016 출판)

Tishman, S., MacGillivray, D., & Palmer, P. (1999). *Investigating the educational impact and potential of The Museum of Modern Art's visual thinking curriculum*. Harvard Project Zero, Harvard University.

Tishman, S., & Palmer, P. (2006). *Artful thinking final report*. Harvard Project Zero, Harvard University.

Trinkley, R. (2014). Nurturing a culture of change: Creativity and docents. *Journal of Museum Education*, *39*(2), 187-196.

VTS. (2011). Understanding the basics. http://vtshome.org

Vygotsky, L. (1986). *Thought and Language*. MIT Press. (Original work published 1934)

Yenawine, P. (1999). Theroy into practice: The Visual Thinking Strategies. *Aesthetic and Art Education: a Transdisciplinary Approach Conference*. Lisbon, Portugal.

Yenawine, P. (2003). Jump starting visual literacy: Thoughts on image selection. *Art Education*, *56*(1), 6-12.

Yenawine, P. (2019). 이미지로 키우는 사고력, VTS(손지현 외 역). 서울: 미술문화. (원저출판 2013)

Yenawine, P. (2024). Visual Thinking and Political Action. *Art Education as a Radical Act* (pp. 190-212). New York: Routledge.

제15장 과학관에서의 과학교육

인공지능, 기후변화, 우주탐사는 우리가 한 번쯤 들어보고 일상생활 속에서 자주 접하는 현대 과학 이슈들이다. 이처럼 오늘날 우리는 과학기술과 밀접한 관계를 맺고 살아가기에 기초적 과학 소양을 갖추는 것이 더욱 중요해지고 있다. 그러나 학교에서 이루어지는 과학교육만으로는 과학에 대한 흥미를 높이고, 삶 속에 연결된 과학적 탐구 기회를 가지기에는 한계가 있다. 이에 따라 과학관은 비형식 학습 환경으로서 대안적 과학 학습의 공간으로 주목받고 있다.

국제박물관협의회(ICOM)에 따르면 과학관은 자연과학 및 응용과학에 관한 유물과 자료를 수집 · 보존 · 연구 · 전시하며 공공의 교육과 향유를 위한 공간으로 정의된다. 즉, 일상 속에서 마주할 수 있는 현상들 속에 담겨진 과학적 개념과 원리를 전시와 체험을 통해 대중에게 전달하는 기관이라 할 수 있다. 최근에는 기초과학 분야를 넘어 기후위기, 에너지 전환, 생물다양성 등 현재 인류가 직면하고 있는 다양한 과학적 이슈에 초점을 맞춘 시설들도 늘어가고 있다. 더 나아가 물리적 전시 공간을 넘어 교육, 여가, 시민참여 기능을 포함하는 복합적 교육문화 플랫폼으로 기능하기도 한다.

이 장에서는 먼저 과학관이 가진 기능과 역할에 대해 알아보고, 효과적인 과학관 교육을 위해 갖춰야 할 핵심적인 요소를 탐색할 것이다. 이어서 국내외의 과학관의 실제 사례를 통해 전시 기획과 교육 프로그램 운영의 구체적 양상을 살펴보고, 앞으로 과학관 교육이 나아가야 할 방향과 과제를 모색하고자 한다.

1. 과학관의 기능과 역할

과학관의 기능과 역할에 대해서는 학자들마다 다양한 의견이 있지만(이군현 외, 1994; 박승재, 1983; 송진웅 외, 2002; 임성택, 이병훈, 1978), 크게 박물관(museum)으로서의 기능과 과학 센터(science center)로서의 기능이 결합되어 있는 형태라 할 수 있다(박정희, 김경훈, 2012). 즉, 대중들의 과학적 소양을 높여줄 수 있는 다양한 자료를 수집 · 보존 · 전시하고 연구를 지원하며 관람자들이 직접 체험하면서 과학적 개념과 원리를 익힐 수 있도록 교육기관으로서의 면모도 함께 가지고 있는 것이다. 과학교육의 측면에서 과학관의 기능과 역할을 살펴보면 다음과 같다.

가. 비형식 과학 학습 환경

과학관은 전통적으로 교실에서 이뤄져 온 형식 과학 학습(formal science learning)과 달리, 학습자들이 자발적으로 개인의 흥미에 따라 학습할 수 있는 비형식 과학 학습 환경(informal science learning environment)을 제공한다. 형식 과학 학습은 핵심역량과 성취기준을 중심으로 구성된 교사의 구조화된 교육과정을 통해 이뤄지는 반면, 비형식 과학 학습은 주로 학교 밖의 공간에서 학습자들이 각자의 관심사에 따라 다양한 활동에 자유롭게 참여할 수 있는 유연한 학습 환경을 제공한다. 과학관은 기초과학, 첨단과학기술, 자연사, 한국과학사 등 과학과 관련된 여러 주제들을 전시를 통해 다루고, 다양한 유형의 학습 활동들이 이뤄진다는 측면에서 대표적인 비형식 과학 학습 환경이라 할 수 있다(한문정, 양찬호, 노태희, 2010).

과학관이 제공하는 비형식 과학 학습 환경에서 관람자들은 물리적 맥락, 개인적 맥락, 사회문화적 맥락이 상호작용하는 가운데 학습을 경험하게 된다(Falk & Dierking, 2000). 전시물, 시설, 동선 등으로 구성된 과학관의 물리적 맥락 속에서 관람자들은 자신의 흥미와 관심사와 같은 개인적 맥락을 투영하여 전시 속에 숨겨진 과학적 개념과 원리를 탐구하고 다른 관람자들과 생각을 나누며 사회문화적 맥락까지 파악하게 되는 것이다. 이처럼 비형식 과학 학습은 과학을 다층적 맥락에서 깊이 있게 탐구하고 자기주도적으로 이해할 수 있도록 지원하여 학습자들의 과학적 소양을 높이는 데 이바지하고 있다(문현주, 신명경, 2014; Falk & Dierking, 2010; Kim & Dopico, 2016; Osborne & Dillon, 2007; Rennie, Feher, Dierking, & Falk, 2003).

나. 과학적 지식 체험과 구성의 장

과학관은 과학적 개념과 원리를 직접 체험하고 지식을 내면화할 수 있는 학습의 장이다. 과학관의 교육적 역할이 강조되면서 관람자들이 체험형 진시물과 상호작용하며 과학의 원리를 몸소 익히는 형태로 전시가 기획되고 있다(송성수, 2010; Henriksen, 1998). 학교 과학 시간에 쉽게 접하기 어려운 실제 사물과 모형들을 관찰하고 각종 실험 도구들을 다루며 관람자들은 과학자처럼 과학적 현상을 관찰하고, 직접 질문을 만들어 탐구하며 지식을 구성해 간다(김찬종, 신명경, 이선경, 2010). 즉, 과학관에서의 전시와 체험 중심 활동은 단순한 과학 지식 학습을 넘어 참된 탐구(authentic inquiry)가 이뤄지게끔 이끄는 것이다.

과학관에서 이루어지는 체험 중심 과학교육은 관람자들의 과학 학습과 태도에 긍정적인 영향을 미친다. 과학관을 방문한 관람자들은 전시물을 수동적으로 관람하는 데 그치지 않고, 직접 실험하고 탐구하는 과정에서 과학에 대한 흥미와 지적 호기심이 커지는 등 보다 긍정적인 과학 학습 경험을 할 수 있다(류지영, 심미진, 2016; Falk & Needham, 2011). 더 나아가 정답을 찾는 학습이 아닌 개방형 질문을 통한 탐구활동이 주를 이뤄 관람자들의 장기적인 진로 선택에도 영향을 끼친다(박승재 외, 2000; Bamberger & Tal, 2007; Falk & Dierking, 2010). 이처럼 과학관에서의 학습은 관람자들의 인지적 영역뿐만 아니라 정의적 영역에도 긍정적 영향을 미치기에 학교 과학교육의 빈 틈을 메워줄 수 있는 교육 공간으로 주목 받고 있다(윤소현, 2008; 이선경, 신명경, 김찬종, 2005; 장현숙, 최경희, 2006; 한문정, 양찬호, 노태희, 2010; Anderson, Lucas, & Ginn, 2003; Feder, Shouse, Lewenstein, & Bell, 2009; Hong & Song, 2013).

다. 과학적 이해를 기반으로 한 시민 참여 플랫폼

과학관은 단순히 아동 · 청소년 대상 전시와 교육의 공간을 넘어 모두가 함께 향유할 수 있는 복합문화공간이다. 일반적으로 사람들이 평생의 95%를 학교 밖에서 보내며 대부분의 과학 학습이 학교 밖에서 이뤄지는 만큼(Falk & Dierking, 2010), 과학관은 시민들의 평생 학습의 장으로서 과학문화 대중화에 앞장서고 있다. 과학관은 최신 과학기술을 접할 수 있는 특별전시나 사회적 이슈에 관한 전문가 특강을 개최하는 등의 방식으로 시민들의 방문을 이끈다. 또한 지역사회와 연계한 행사를 개최하거나 지역에 특화된 전시 및 교육을 운영하며 지역사회 공동체의 구심점 역할도 하고 있다. 이를 통해 과학관은 시민들의 과학적 리터러시를 증진하고, 지역사회 전반에 과학문화가 뿌리내리게 할 수 있다(권순관, 김용승, 2023).

더 나아가 과학관은 일반 시민들도 과학적 이해를 바탕으로 과학 이슈에 대하여 소통하고 사회에 참여할 수 있는 플랫폼으로 진화하고 있다. 현대 사회에서 과학은 단지 학문이나 기술의 영역을 넘어서 실질적인 사회 문제 해결과 의사결정에 핵심 요소로 작용하고 있다. 이에 따라 현대의 과학관은 관람자들이 과학과 소통할 수 있는 공간으로서(Ruggiero, 2000), 과학적 이슈뿐만 아니라 사회적 문제에 대한 다양한 관점을 공유하며 대안을 모색해 볼 수 있는 숙의의 공간으로 활용되고 있는 것이다(박정희, 김경훈, 2012; 현혜정, 문형욱, 2013).

2. 과학관 교육의 핵심 요소

과학관에서 이뤄지는 과학교육은 학생들에게 과학에 대한 더 큰 흥미와 관심을 유발하고, 교과서와 교실의 틀에서 벗어나 보다 자유롭게 과학을 탐구할 수 있는 기회를 제공한다. 학교 수업에서 접하기 어려운 실물이나 모형들을 직접 보고 살아있는 과학적 체험이 가능한 과학관에서 유의미한 과학교육이 이뤄지기 위해서는 어떠한 요소들을 갖춰야 할까?

가. 전시와 교육 프로그램 간의 유기적 설계

과학관에서 이뤄지는 전시는 과학관 교육에서 빠질 수 없는 핵심 요소들 중의 하나로 관람자들에게 다감각적 정보를 제공하는 것을 넘어 교육 기회를 제공하는 역할을 한다. 전시 공간에 들어서면 관람자들은 전시물을 통하여 과학적 지식을 탐구하고 기존의 선행 지식과 연결하며 새로운 개념을 재구성하는 경험을 하게 된다(임경순, 2002; Anderson et al., 2003; Feder et al., 2009). 과학관의 전시가 효과적인 교육 기회로 확장되기 위해서는 기획 단계에서부터 전시와 교육 프로그램 간의 유기적인 연계와 협력이 필수적이다.

전시연계교육이 관람자들의 전시 내용의 이해와 해석을 돕고 교육적인 목적을 수행한다는 점에 비춰봤을 때(현혜정, 문형욱, 2013), 학예연구사와 과학관 에듀케이터(해설사)가 협업하여 전시 주제에 맞는 교육 프로그램을 구성하는 것이 필수적이다. 관람자들의 흥미와 관심을 끌 수 있는 교육 주제를 선정하고, 다양한 관람자들의 특성을 고려한 활동을 기획하며, 이를 뒷받침할 수 있는 교육 자료들이 함께 개발되어야만 과학관 전시가 단순히 '둘러보는 것'에서 '직접 체험하고 탐구하는 것'으로 전환될 수 있다.

나. 다양한 대상을 고려한 참여형 · 체험형 프로그램 구성

과학관 교육은 모든 연령과 배경의 관람자들에게 과학을 흥미롭게 경험할 수 있는 기회를 제공해야 한다. 과학관은 과학관 에듀케이터(해설사)의 전시 해설 및 활동 시연, 멀티미디어를 활용한 인터랙티브 전시, 실험 중심 활동 등 다양한 방식으로 관람자의 참여를 유도한다(류지영, 김미진, 2018). 관람자들이 단순히 전시물을 수동적으로 수용하기보다 직접 실험하고 조작하며 능동적으로 과학적 개념과 원리를 탐구하게끔 하는 것이다.

과학관 교육이 자유 선택 학습(free-choice learning)을 통해 이뤄진다는 점을 고려했을 때(Falk & Dierking, 2000), 관람자들의 발달 단계, 관심사, 학습 방식 등을 고려하여 참여형 · 체험형 프로그램을 설계해야 한다. 특히 아동 · 청소년 대상 과학관 교육 프로그램을 준비할 때에는 과학과 교육과정과의 연계를 고려하여 전시를 기획하고, 전시물의 구체적 조작 활동과 체험형 과학 원리 탐구 활동을 다양하게 제시하여 자기주도적 학습이 이뤄질 수 있도록 해야 한다. 즉, 관람자들이 스스로의 선택에 따라 전시 관람 경로 및 학습 활동을 결정하고, 학습의 깊이와 속도를 조절할 수 있어야 하는 것이다.

다양한 사회문화적 배경을 가진 관람자들이 물리적, 정보적 장벽(barrier) 없이 과학관 경험을 할 수 있도록 과학관 교육의 접근성을 높여야 한다. 장애인들도 과학관 콘텐츠를 자유롭게 체험할 수 있도록 전시 구성과 교육 프로그램의 전달 방식(modality)을 면밀히 검토해야 한다. 또한 다문화 과학 교육 프로그램, 다양한 유형의 가족 단위 프로그램 등을 운영하여 차별에 대한 걱정 없이 과학관 관람 및 교육 기회가 모두에게 제공되어야 한다. 이처럼 다양한 관람자들을 고려한 참여 중심의 과학관 교육 프로그램은 과학에 대한 긍정적 인식과 과학적 기초 소양을 기르는 데까지 이어질 수 있다.

다. 과학관 에듀케이터(해설사)의 효과적 발문과 관람 경험 지원

과학관에서의 과학 학습 경험은 단지 전시와 교육 프로그램 구성에 의해서만 결정되지 않는다. 관람자들은 과학관 경험 속에서 자신만의 과학적 의미를 추출하고 과학적 소양을 함양하는 데 과학관 에듀케이터(해설사)와의 상호작용에 큰 영향을 받는다(박영신, 2022; Falk, 2006; Falk & Sorksdieck, 2005; Grenier, 2009; Hooper-Greenhill, 2007; Merson, Char, Hristov, & Allen, 2017; Ryan & Dewar, 1995). 과학관 에듀케이터들은 단순히 과학적 지식을 설명하는 지식전달자의 역할을 넘어 관람자들의 배경지식과 관심사를 파악하고, 유의미한 발문을 통해 과학적 사고를 확장시키는 학습촉진자(facilitator)로 관람자들과 마주하게 된다(Falk & Storksdieck, 2005).

과학관 에듀케이터들의 효과적인 발문과 질문 중심의 상호작용은 과학관 관람 경험의 깊이를 심화하고, 관람자들이 지속적으로 과학관 교육에 참여할 수 있도록 유도한다. 학교 과학수업에서 교사는 학생들의 배경 지식을 확인하고 학생들의 삶 속 이야기로 동기유발하며 교수 · 학습활동을 이어간다. 이처럼 과학관 에듀케이터들도 스토리텔링 기법을 활용하여 관람자들이 전시를 이해하고 교육 프로그램에 참여하도록 유도할 수 있다(박영신, 2022). 과학 에듀케이터들을 대상으로 전시해설 전략과 발문 기법에 대한 연수와 멘토링이 이뤄진다면, 과학관에서 관람자들이 보다 즐겁게 전시를 관람하고 학습에 임하며 학습맥락을 높여 교육 중심 과학관으로 기능적 전환을 이루는 데 있어 핵심적인 역할을 수행할 수 있을 것이다.

3. 국내외 과학관 교육의 실제 사례

가. 국립과천과학관

국립과천과학관은 경기도 과천시에 위치한 국내 대표 과학관으로 2008년 개관한 이래 과학기술에 대한 대중의 이해를 증진하고 창의적 인재를 양성하는 데 힘쓰고 있다. 기초과학, 전통과학, 자연사, 첨단기술, 공상과학 등 다양한 주제를 어우르는 전시와 체험 중심의 교육 프로그램을 통해 관람자들의 과학에 대한 흥미와 이해를 심화시키고 있다.

국립과천과학관은 다양한 상설전시관을 통해 과학의 여러 분야를 손쉽게 체험할 수 있도록 구성되어 있다. 과학탐구관은 '드롭타워'와 '아치다리([그림 15-1] 참조)'와 같이 관람자들이 직접 체험해 보며 생활 속에 숨겨진 과학 원리를 탐구할 수 있는 전시물들과 함께 전시관의 각 코너를 빛, 공기, 물, 땅을 주제로 구성해 놓았다. 자연사 탐구의 목적에 대한 질문을 던지며 시작되는 자연사관은 다양한 표본들과 함께 관람자들의 참여를 유도하는 증강현실(AR), 미디어파사드 등 융합형 전시콘텐츠로 채워져 있다. 전시관을 둘러보다 보면 우주의 탄생에서부터 시작하여 생명의 출현과 진화까지 알아갈 수 있다. 한국과학문명관은 [그림 15-2]와 같이 한국의 전통 과학기술사를 정치, 복지, 경제, 문화, 군사적 측면에서 살펴볼 수 있게끔 구성되어 있다. 미래상상SF관은 관람자들에게 로봇, 인공지능, 에너지 환경기술, 생명과학, 반도체로 상징되는 미래과학문명의 요소를 살펴보고 4차 산업혁명 이후의 변화될 세계의 모습을 상상해 볼 기회를 제공한다. 첨단기술관에서는 항공, 우주, 소재 분야의 발전된 기술 양상을 살펴볼 수 있다. 누리과정과 연계

[그림 15-1] 관람자 체험형 전시물 "아치다리"

[그림 15-2] 한국과학문명관

한 유아체험관은 유아들이 조작활동을 통해 신체, 동물, 자연환경, 동네에 대해 탐색할 수 있는 공간이다. 이외에도 천문우주관, 야외전시관, 특별기획전시실이 있어 관람자들이 과학 분야 전반을 탐구할 수 있다. 웹사이트에는 각 전시관별 전시물 목록과 함께 학교급별 활동지와 전시해설서를 탑재하여 관람자들이 효과적으로 전시에 참여하고, 방문 전 · 중 · 후 연계 학습이 이뤄지도록 돕고 있다.

국립과천과학관은 과학적 소양과 탐구를 바탕으로 책임감 있는 미래 시민 "Scitizen"을 양성하는 데 목적을 두고 있다. 다양한 교육 참여자들의 수준별 학습이 이뤄지도록 체험 중심의 기초 · 소양, 실험 중심의 심화 · 탐구, 프로젝트 기반의 융합 · 참여의 3단계 프로그램을 제공한다. 최신 실험 장비를 활용하여 실제 과학자들처럼 다양한 실험 · 실습에 참여할 수 있는 실험탐구과정, 다양한 교구를 활용하여 기초부터 심화 코딩까지 체계적으로 학습할 수 있는 SW탐구과정, 주제 중심으로 다양한 융합형 과학 체험이 가능한 주제탐구과정, 과학기술 분야의 다양한 직업군을 체험해 볼 수 있는 진로탐구과정([그림 15-3] 참조) 등이 있다. 구독형 유아 대상 과학관 교육 프로그램인 "과학이 또옴" 프로그램과 다양한 전문가를 초청하여 온 · 오프라인 과학소통강연을 펼치는 "선을 넘은 과학자들"도 국립과천과학관만의 특징적인 교육 프로그램이다. 이외에도 과학교육자 연수, 고교학점제, 공유학교, 돌봄기관을 지원하기 위한 지역연계과정, 일반 시민 대상 "성인과학아카데미", 과학문화 취약 대상 "과학관이 간다"와 "보통의 과학관" 등을 운영하며 과학관의 문턱을 낮추고 지역사회와 함께하는 과학관 교육을 펼쳐가고 있다.

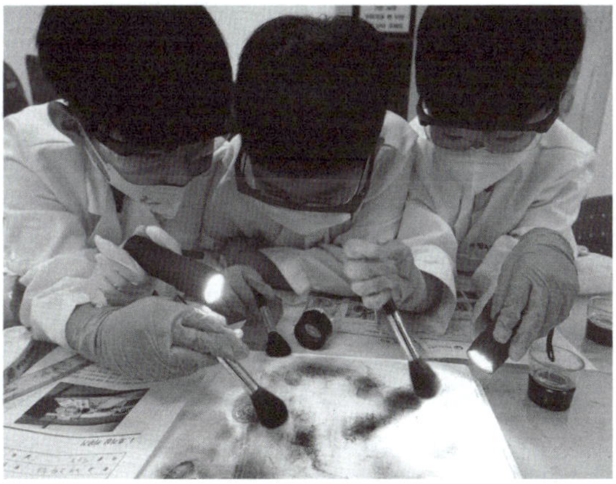

[그림 15-3] 진로탐구과정 "과학수사-꼭꼭 숨은 흔적 쑥쑥 찾아내라" 수업

나. 국립생태원

국립생태원은 자연과 인간의 공존을 위한 국가 자연생태 플랫폼을 지향하며 충청남도 서천에 국내 최대 규모의 생태 전시관으로 설립되었다. 전시 · 교육 · 연구 · 보존이 결합된 생태 교육 공간으로서 에코리움을 중심으로 한 전시뿐만 아니라 교육, 생태연구, 멸종위기 야생동물 복원, 습지 보전 등의 역할을 수행하고 있다. 또한 온 · 오프라인 생태지식정보 콘텐츠를 개발 · 보급하고, 다양한 유형의 도서를 출판하며 생태정보도서관을 운영하여 국민들이 생태적 소양을 함양하고 생태친화적 문화구축에 참여할 수 있도록 기여하고 있다.

국립생태원의 에코리움(Ecorium)은 열대, 사막, 지중해성, 온대, 극지 등 5대 기후대의 생태 환경과 동식물을 실제 환경처럼 조성한 바이옴(biome)이다. 관람자들은 다양한 지역에 분포한 각 기후대를 체험하고 동식물들을 관찰함으로써 기후에 따른 생태계 구성과 생물의 적응 양상을 비교할 수 있다. 예를 들어, [그림 15-4]에서 볼 수 있는 열대관에서는 인도네시아 칼리만탄, 아프리카 마다가스카르, 중남미 아마존 지역의 생태계를 조성해 양서류, 파충류, 어류, 식물들뿐만 아니라 무척추동물류까지 다양한 생물들을 관찰할 수 있다. 각 기후관 사이의 이동 경로에는 상설주제전시관([그림 15-5] 참조)이 위치하여 생태학의 기본 개념, 생태계와 생물군계에 대해 학습하고, 생태자원 보전의 의미를 내면화할 수 있도록 한다. 기획전시실에서는 개미세계탐험전을 비롯하여 생태통로, 블루카본과 같은 주

[그림 15-4] 국립생태원 에코리움 열대관

[그림 15-5] 국립생태원 상설주제전시관

제 중심의 전시를 개최한 바 있으며 생태환경디자인, 세밀화 등의 융복합 전시도 이뤄지고 있다. 야외전시구역에서는 한국의 습지, 삼림식생, 연못, 고대륙 생태계를 재현하여 자연 속의 동식물들을 가까이서 관찰할 수 있다.

국립생태원은 유아부터 성인, 노년층까지 다양한 연령층을 대상으로 체험형 생태교육 프로그램을 운영하고 있다. 학생 대상 생태교육 프로그램으로는 각 학교급별 발달 단계를 고려하여 멸종위기종 보호, 기후위기 대응, 습지 보호, 생물다양성 탐색 등의 주제를 다루는 일일 생태체험 프로그램을 운영 중에 있으며, 생태계서비스 연구원을 비롯한 동식물 관리 및 연구 직업군 진로체험, 영재학급 대상 생태영재교육, 실시간 온라인교육, 게임형 생태교육([그림 15-6] 참조), 메타버스 생태교육 프로그램 등을 운영 중에 있다. 이외에도 가족 관람객을 대상으로 한 1박 2일 생태가족캠프, 노인 대상 멸종위기 야생생물 이해 및 보호 실천 교육, 교원 · 공직자 연수, 시민과학교실, 대학(원)생 현장실습 프로그램 등을 함께 운영하여 생애주기별로 생태적 감수성을 함양하고 생태보전의식을 제고하는 데 큰 역할을 하고 있다.

[그림 15-6] 국립생태원 게임형 생태교육

다. 익스플로라토리움(Exploratorium)

익스플로라토리움(Exploratorium)은 미국 캘리포니아주 샌프란시스코에 위치한 대표적인 과학관이자 학습 실험실(learning laboratory)이다. 1969년 물리학자 프랭크 오펜하이머(Frank Oppenheimer)에 의해 설립된 이 과학관은 탐구 기반 경험(inquiry-based experience)을 통해 학습의 혁신을 이끌어내는 데 중점을 두고 있다. 단순한 과학 정보의 전달을 넘어 관람자들이 직접 만지고 실험에 참여하면서 스스로 질문을 던지고 과학적 개념을 학습할 수 있도록 전시 및 교육 프로그램을 구성하여 전 세계 과학관 교육자들의 모델이 되고 있다.

익스플로라토리움은 대부분 참여형(hands-on) 전시로 구성되어 있다. 단순히 전시를 관람하는 것에 그치지 않고, 관람자들이 놀면서 즐기며 학습할 수 있도록 전시를 기획한다. 전시장에 들어서면 정답 없는 탐구 환경 속에서 능동적인 자세로 전시물을 자유롭게 조작하고 활동에 참여할 수 있다. 관람자들은 [그림 15-7]과 같이 거대 비눗방울을 만들고, 토네이도를 직접 만져보며, 진자 운동을 이용하여 그림을 그려보는 등 교과서 속에서만 보았던 다양한 실험에 몰입하게 된다. 예를 들어 [그림 15-8]에서 볼 수 있는 '태양 페인팅(Sun Painting)' 전시물은 관람자들이 빛의 3원색 조명 앞에서 움직이며 관람자의 움직임에 따라 색이 변화하는 현상을 관찰하고, 서로 다른 색의 조명 아래에서 물체의 그림자가 어떻게 겹쳐지고 변형되는지에 대한 원리를 스스로 추론하게 한다. 전시물에 대한 설명에서는

[그림 15-7] 관람자 참여형 전시물 "Bubble Tray"

[그림 15-8] 관람자 참여형 전시물 "Sun Painting"

직접적인 설명보다는 관람자의 사고를 촉진할 수 있는 개방형 질문이 제시되곤 한다. 익스플로라토리움에서는 60시간 이상의 연수를 마친 고등학생과 성인으로 구성된 설명자(Explainer)들이 뮤지엄 도슨트이자 에듀케이터로서 관람자들과 상호작용하며 전시물 시연을 하는 등 학교현장체험학습과 관람자들의 전시 참여를 지원한다. 설명자들은 절제된 개입을 통해 관람자의 주도적인 사고를 촉진하고 과학관 경험의 깊이를 심화시킨다.

익스플로라토리움은 유·초·중등 학생뿐만 아니라 성인, 교사, 연구자 대상 교육과 연구 프로그램을 운영하고 있다. "과학을 학습하기 위한 가장 좋은 방법은 과학하는 것(do science)"이라는 관점 아래 질문 생성과 탐구 활동을 중심으로 프로그램을 구성한다. [그림 15-9]와 같이 메이커 교육 기반의 'The Tinkering Studio'에서는 실제 공작소처럼 각종 재료들이 구비되어 있으며, 개방형 질문과 함께 안전한 낙하산, 멀리 가는 고무동력 자동차 제작 등과 같은 다양한 활동들을 제공하고 있다. 학생들은 준비된 재료와 도구를 활용하여 직접 제작하고 실험에 나서며 주어진 질문을 넘어 스스로 떠오른 질문을 탐구하는 기회를 가진다. 과학관과 연계한 탐구 중심 과학수업의 확산을 도모하고자 교사 대상 교육프로그램은 신규교사 연수, 멘토교사 연수, 과학과·영어과 통합 연수, 기후변화 스토리텔링 연수, 여름방학 집중연수 등 다양한 형태로 이뤄지고 있다. 이외에도 교사와 연구자들에게 과학관 전시 기획과 연구 참여 기회를 제공하고 온라인 교육 자료를 공유하는 등 과학 문화의 저변 확산에 이바지하고 있다.

[그림 15-9] 메이커교육 시설 "The Tinkering Studio"

라. 캘리포니아 과학 아카데미(California Academy of Sciences)

캘리포니아 과학 아카데미(California Academy of Science)는 미국 캘리포니아주 샌프란시스코에 위치한 세계적인 생태 과학관이자 자연사박물관이다. 아쿠아리움, 플라네타리움, 열대우림, 자연사박물관을 통합한 시설에서 관람자들이 과학 체험에 몰입할 수 있도록 한다. 과학적 연구, 교육, 협업을 바탕으로 자연생태계를 회복하고 재생하는 데 사명을 두고, 다양한 형태의 전시, 과학교육, 연구 프로그램을 운영하고 있다.

통합형 생태 전시 공간을 갖춘 캘리포니아 과학 아카데미에서 관람자들은 시공간을 넘나들며 다양한 지역과 기후의 생태 환경을 체험할 수 있다. 아쿠아리움(Steinhart Aquarium)에서는 해양 생태계 복원 연구와 연계히여 산호초를 포함한 1000여 종의 해양생물을 관찰할 수 있으며, 캘리포니아 해안 생태계를 그대로 재현한 지역화 전시관도 선보이고 있다. [그림 15-10]과 같이 플라네타리움(Morrison Planetarium)에서는 지름 22.86m의 돔에 최신 연구 동향을 반영한 가상의 우주를 투영하여 관람자들이 우주의 신비를 생생하게 체험할 수 있도록 한다. 4층 높이의 유리 돔 안에 조성된 열대우림(Osher Rainforest)에는 1600여 종의 동식물이 서식하고 있으며 자유롭게 날아다니는 새와 나비들과 함께 관람자들이 열대 기후 생태계를 직접 체험할 수 있다. 자연사박물관(Kimball Natural History Museum)에서는 관람자들이 '생명의 색채(Color of Life)', '숨겨진 경이로움(Hidden

[그림 15-10] 플라네타리움(Morrison Planetarium)

[그림 15-11] 지역화 전시물 "California Histories and Heritage"

Wonders)' 등과 같은 주제 중심 전시를 통해 직접 표본과 화석을 살펴보고 지구의 과거, 현재, 미래를 탐구할 기회를 가진다. 또한 [그림 15-11]과 같이 캘리포니아의 생태, 역사문화유산 속에 담겨진 과학사 등을 중심으로 지역 특화형 전시를 구성하여 지역공동체의 사회문화적 맥락도 과학관에 반영하고 있다.

캘리포니아 과학 아카데미는 아동·청소년 대상 교육 프로그램을 운영하고, 교사와 학습자를 위한 다양한 온라인 학습 자료를 제공하고 있다. 아동 대상 프로그램으로는 전문가의 설명과 함께하는 펭귄 먹이주기, 산호초 다이빙과 같은 관람형 활동 외에도 [그림 15-12]와 같이 가족들과 함께 그림책을 읽으며 전시관 내의 해양 생물을 알아가는 '파도와 신비의 이야기 시간(Waves & Wonders Storytime)',

[그림 15-12] 아동 대상 과학관 교육 프로그램 "Waves & Wonders Storytime"

어린이들이 야외에서 자연을 관찰하는 과정에서 과학적 사고를 기를 수 있는 '주니어 과학자 모험(Junior Scientist Adventure)' 등이 있다. 청소년 대상 유급 인턴십 프로그램인 '과학 분야 커리어(Careers in Science)'는 과학, 기술, 공학, 수학(STEM) 분야에 관심이 있는 고등학생(9학년-12학년)들이 아카데미 소속 전문가들의 멘토링을 통해 전시와 교육 자료 개발에 참여하고, STEM 관련 행사에서 발표하는 등의 실무 경험을 쌓을 수 있도록 지원한다. 이 과정에서 학생들은 미래 과학자로 성장하기 위해 갖춰야 할 과학적 소통, 비판적 사고, 의사결정 역량을 함양하게 된다.

4. 과학관 교육의 향후 방향과 과제

지금까지 과학 교육의 관점에서 과학관이 가지는 기능과 역할을 짚어보고, 과학관 교육의 핵심 요소와 실제 사례들을 살펴보았다. 그렇다면 앞으로 과학관 교육은 어떠한 방향으로 나아가야 할까? 급변하는 사회의 흐름 속에서 과학관이 미래교육 공간으로서의 역할과 기능을 수행해 나가기 위한 방향과 과제를 논의해 보고자 한다.

가. 타 교과와 연계한 융합형 과학 전시 및 교육 활성화

과학관은 다양한 융합 주제를 전시하고 학습할 수 있는 공간(이동욱, 2018)으로, 학제 간 경계를 넘는 융합형 교육의 핵심적 역할을 수행해야 한다. 김형우, 강신철, 홍옥수(2002)가 실시한 미래교육을 위한 과학관 공간 수요 조사 결과에서도 다양한 체험과 교육 활동을 수행할 수 있는 공간에 대한 요구가 가장 높게 나온 바 있다. 이에 발맞춰 STS(과학-기술-사회) 모형을 기반으로 한 과학교과 통합 교육 프로그램(장현숙, 2006), 문화생태학적 접근 방식을 활용한 미술 · 과학 융합 프로그램(진은정, 2015) 등 과학과 인문 · 예술 분야 간의 융합 사례들이 다수 제시되고 있다.

과학, 기술, 공학, 예술, 수학이 융합된 STEAM 교육은 융합형 접근의 대표적인 사례로 손꼽힌다. 특히 과학과 예술의 융합은 과학적 아이디어와 예술적 상상력을 결합할 수 있는 기회를 제공하여 학습자들의 창의적 사고를 신장시키고 과학적 탐구능력도 향상시킨다(강지연, 이재호, 진석언, 2011; 김남연, 조형숙, 2012; 김정현, 김선영, 2010). 과학관에서도 STEAM 관련 교육 프로그램을 운영함으로써 관람자들에게 학습 동기를 부여하고 적극적 참여를 유도하여 창의적 교육이 이뤄지게 된다(홍기섭, 이승용, 이용규, 2019). 이와 같이 타 교과와 연계한 과학 전시와 교육 프로그램을 운영함으로써 과학관은 미래 세대들을 융합형 인재로 키워내는 중추 기관으로 자리매김할 수 있을 것이다.

나. 첨단기술의 접목을 통한 개별화된 몰입형 학습 경험 제공

과학관 교육에 첨단기술을 활용하여 관람자들의 흥미를 끌고, 개별적으로 선택한 학습 과정에 몰입할 수 있는 기회를 제공해야 한다. 가상현실(VR), 증강현실(AR), 홀로그램 등의 기술을 접목한 콘텐츠들은 관람자들이 마치 실제 과학자가 된 듯한 체험을 할 수 있게끔 도와준다. 정보통신기술을 기반으로 한 실감형 콘텐츠들과 지능형 첨단 전시물을 통해 관람자들이 실제로 실험에 참여하거나 과학적 탐구 상황에 몰입하도록 이끌어내는 것이다(김형욱, 강신철, 홍옥수, 2022; 유정민 외, 2021).

인공지능(AI)을 활용하여 과학관의 전시를 기획하고, 교육 프로그램에 접목하려는 시도도 필요하다. 과학관 교육에 있어 인공지능 기술과 빅데이터의 활용은 기존의 교육공간으로서 가지고 있던 한계를 뛰어넘어 미래형 학습의 장을 마련할 수 있다. 실제로 미국에서는 첨단 산업체와 협업하여 과학관에서 활용할 수 있는 AI 기반 교육 플랫폼을 개발하며 맞춤형 학습을 지원하기 위한 노력이 펼쳐지고 있다(최민영, 이태욱, 2019). 과학관에서 수집 가능한 관람자의 선행 지식, 관심사, 관람동기 등의 빅데이터들을 종합하여 개인화된 전시 관람 및 교육 경로를 설계할 수 있는 환경을 구성한다면 과학관에서도 보다 세밀하게 조직된 개별화 교육이 이뤄질 수 있다.

다. 지역사회와 함께하는 포용적 과학관 교육 실현

과학관은 지역사회 기관으로서의 사회적 책임을 다하며 과학문화 향유에 소외될 수 있는 계층의 관람자들이 과학관 교육에 참여할 수 있는 기회를 확충해야 한다. de Oliveira & Bizerra(2024)에 따르면, 과학관에서의 사회 참여는 사회적 배제와 불평등이 해소된 공간에서 관람자들과의 협업을 통해 이뤄지며, 관람자들의 시민의식을 기반으로 사회를 변화시켜 가는 데까지 이어질 수 있다. 이에 비춰봤을 때, 과학관은 시민들의 전시 및 교육 참여를 통해 과학문화 공동체를 구성하고 지역사회의 구심점이 될 수 있어야 한다.

포용적 과학관 교육은 단순히 전시에 대한 물리적 접근성 보장에 그치지 않고, 정보 접근성을 강화하고 사회적 배제를 초래하는 장벽을 제거하는 데까지 확장되어야 한다. 유니버설 디자인(universal design)을 전시 기획에 적용하여 장애를 가진 관람자들도 어려움 없이 과학관 내에서 자유롭게 이동하며 전시에 참여할 수 있어야 한다(조태호, 2015). 교육 프로그램에도 보편적 학습 설계(universal design for learning)를 적용하여 다양한 방식으로 학습내용을 전달하고 모두가 함께 참여할 수 있는 과학관 교육 환경을 제공해야 한다. 이를 통해 과학관은 모두를 위한 열린 과학교육의 장으로서 지역사회 속에서 사회적 가치를 실현하는 플랫폼이 될 수 있다.

과학관은 단순한 전시 공간을 넘어 비형식 학습 환경으로서 독자적 교육 기능을 수행하는 공간이다. 관람자는 과학적 지식을 수동적으로 수용하는 것이 아니라 전시와 활동을 직접 체험하며 스스로 질문을 던지고 과학적 원리를 탐구하는 과정을 통해 과학적 이해를 심화시켜 나간다. 최근에는 과학관이 기후위기, 생물다양성, 인공지능 등과 같이 과학 기반 이슈를 다루며 시민들이 과학적 의사결정에 참여하는 플랫폼으로서의 역할도 수행하고 있다.

과학관 교육이 효과적으로 이뤄지기 위해서는 전시 기획, 프로그램 설계, 교육 운영 전반에 걸쳐 세심한 주의가 필요하다. 첫째, 전시 콘텐츠와 교육 프로그램이 유기적으로 설계됨으로써 관람자들이 전시를 통해 얻은 과학적 경험을 교육 활동에 연결하고 확장할 수 있어야 한다. 둘째, 관람자들의 발달 단계, 관심사,

규모 등을 고려하여 다양한 참여형 · 체험형 프로그램을 제공해야 한다. 이를 통해 관람자들이 주도적으로 과학 원리를 탐구하고 지식을 구성할 수 있게 된다. 마지막으로, 과학관의 에듀케이터들은 단순한 지식전달자를 넘어 학습 촉진자(facilitator)로서 유의미한 발문을 하고 관람자들의 탐구를 촉진하는 역할을 수행해야 한다.

이 장에서는 국내외의 과학관 교육의 실제 사례로 국내의 국립과천과학관과 국립생태원, 미국의 익스플로라토리움(exploratorium)과 캘리포니아 과학 아카데미(California Academy of Sciences)를 제시하였다. 이들 과학관들은 앞서 언급한 과학관 교육의 핵심 요소들을 각 기관의 목적과 특성에 맞게 적용하여 과학관 교육의 활성화에 앞장서고 있다.

교육 현장에서 지역사회와의 연계가 중요시되는 시점에서 과학관 교육은 더욱 확대되고 보다 융합적인 방향으로 나아갈 것이다. 특히 STEAM과 같이 예술, 인문학 등과의 연계를 통한 융합형 과학 교육을 통해 관람자들의 과학적 사고의 폭을 넓히는 데 기여할 수 있다. 또한, 인공지능(AI)으로 대표되는 첨단과학기술을 활용하여 인터랙티브 전시와 맞춤형 과학관 교육 프로그램을 운영함으로써 관람자들에게 보다 개인화된 과학 학습 경험을 제공하게 된다. 더 나아가, 유니버설 디자인을 적용하여 전시를 설계하고 다양한 유형의 관람자들을 고려한 교육 프로그램을 마련하여 포용적 과학관 교육을 실현할 수 있을 것이다.

참고문헌

강지연, 이재호, 진석언(2011). 수 · 과학 영재학생을 위한 예술교육 프로그램 실시에 관한 인식 조사 연구. 한국정보교육학회논문지, 15(3), 469-481.

국립과천과학관. https://www.sciencecenter.go.kr/scipia/

국립생태원. https://www.nie.re.kr

권순관, 김용승(2023). 공립과학관 유형 및 특성에 관한 기초연구. 조형미디어학, 26(4), 181-190.

김남연, 조형숙(2012). 미술과 통합한 유아과학교육 프로그램의 개발 및 적용효과. 유아교육학논집, 16(6), 73-102.

김정현, 김선영(2010). 구성주의에 기초한 과학·미술 통합 활동이 유아의 과학과정기술과 과학적 태도에 미치는 영향 탐구능력에 미치는 영향. 아동학회지, 31(6), 51-69.

김찬종, 신명경, 이선경(2010). 비형식 과학학습의 이해. 서울: 북스힐.

김형욱, 강신철, 홍옥수(2022). 미래교육을 위한 과학관의 역할 탐색 - 과학관 이용 경험 및 공간 수요 조사를 중심으로 -. 교과교육학연구, 26(1), 68-79.

류지영, 김미진(2016). 과학관 활용 조사를 통한 학교 교육과정과의 연계 방안. 교육문화연구, 22(3), 73-98.

류지영, 김미진(2018). 과학관의 교육적 활용을 위한 초·중등 교사들의 인식과 현장 적용방안. 열린교육연구, 26(2), 129-147.

문현주, 신명경(2014). 비형식 과학교육의 장으로서의 과학관 전시 패널에 나타난 인식론적 특징 탐색. 교사교육연구, 53(4), 789-802.

박영신(2022). 과학대중화를 위한 과학관 해설사 역량 탐색. 대한지구과학교육학회지, 15(3), 373-390.

박승재(1983). 국립과학관의 교육적 기대 역할과 수행방안. 서울: 국립과학관.

박승재, 강호감, 김희준, 송진웅, 유준희, 윤혜경, 장경애, 정병훈, 한인옥(2000). 청소년 학교 밖 과학활동 진흥방안 연구. 서울: 과학기술부.

박정희, 김경훈(2012). 과학문화를 위한 과학관의 역할과 발전방안 연구. 한국과학예술융합학회, 11, 61-71.

송성수(2010). 과학관의 사례와 발전방향. 서울: 과학기술정책연구원.

송진웅, 오원균, 조숙경, 구수정(2002). 청소년 학교 밖 과학 활동 지원 시설에 대한 실태 조사 및 DB 구축. 서울: 한국과학문화재단.

유정민, 서수연, 허송이, 최규리(2021). 사회문제기반 과학-예술 융합교육을 위한 실감형 콘텐츠 개발. 디지털콘텐츠학회논문지, 22(12), 1959-1967.

유소현(2008). 자연사박물관에서 활용 가능한 생물다양성 교육프로그램의 개발과 적용. 이화여자대학교 대학원 박사학위논문.

이군현, 오재협, 진판수, 왕순송, 박찬웅, 정태열, 이정향, 육근철, 정건상(1994). 지방과학관 육성 및 서울과학관 활성화 방안에 관한 연구. 서울: 과학기술정책관리연구소.

이동욱(2018). 빅뱅 융합 주제의 과학관 체험전시 교육프로그램 개발 사례 연구. 한국과학예술융합학회, 36, 209-224.

이선경, 신명경, 김찬종(2005). 자연사박물관의 전시에 반영된 과학의 본성. 한국지구과학회지, 26(5), 376-386.

임경순(2002). 국립과학관 건설을 위한 기본 방향 설정연구. 교육과학기술부 정책연구. 2001-11.

임성택, 이병훈(1978). 한국의 과학관의 교육 사업에 관한 연구 - 그 현황과 개선책을 중심으로. 과학교육논총, 3, 25-36.

장현숙(2006). 과학관에서의 과학과 통합교육 사례 - STS 교육을 중심으로. 학습자중심교과교육연구, 6(1), 25-44.

장현숙, 최경희(2006). 현장학습을 통한 중학생들의 과학관 선호도 및 인식 변화. 한국과학교육학회지, 26(3), 330-341.

조태호(2015). 장애학생을 위한 과학관의 전시 및 편의시설의 유니버셜 디자인 적용 실태 조사. 교사교육연구, 54(1), 138-153.

진은정(2015). 지역의 문화기반시설을 활용한 문화생태학적 미술·과학 융합 프로그램 개발 연구: 울산과학관 연계 미술·과학 융합 프로그램 개발 사례를 중심으로. 미술과교육, 16(4), 59-75.

최민영, 이태욱(2019). 인공지능 교육의 현황과 학교 및 교사의 역할 변화 예측. 한국컴퓨터교육학회 2019년도 하계 학습발표논문집, 23(2), 85-88.

한문정, 양찬호, 노태희(2010). 과학관을 활용한 교수·학습에 대한 교사들의 인식과 교육 요구. 한국과학교육학회지, 30(8), 1060-1074.

현혜정, 문형욱(2013). 성인의 과학문화 참여 확산을 위한 과학관 전시 연계 융합프로그램 방향제안. 한국과학예술융합학회, 13, 429-439.

홍기섭, 이승용, 이용규(2019). 과학관의 전시매체에 STEAM 교육이론을 적용한 몰입방법에 관한 연구 -국립과천과학관 상설전시관의 어린이 탐구존 분석을 중심으로-. 한국공간디자인학회논문집, 14(7), 327-338.

Anderson, D., Lucas, K. B., & Ginns, I. S. (2003). Theoretical perspectives on learning in an informal setting. *Journal on Research in Science Teaching, 40*(2), 177-199.

Bamberger, Y., & Tal, T. (2007). Learning in a personal context: Levels of choice in a free choice learning environment in science and natural history museums. *Science Education, 91*(1), 75-95.

de Oliveira, B. H., & Bizerra, A. F. (2024). Social participation in science museums: A concept under construction. *Science Education, 108*, 123-152.

Falk, J. H. (2006). An identity-centered approach to understanding museum learning. *Curator: The Museum Journal, 49*(2), 151-166.

Falk, J. H., & Dierking, L. D. (2000). *Learning from Museums: Visitor Experiences and the Making of Meaning*. Lanham: Altamira Press.

Falk, J. H., & Dierking, L. D. (2010). The 95 percent solution. *American Scientist, 98*(6), 486-493.

Falk, J. H., & Needham, M. (2011). Measuring the impact of a science center on its community. *Journal of Research in Science Teaching, 48*(1), 1-12.

Falk, J. H., & Storksdieck, M. (2005). Using the contextual model of learning to understand visitor learning from a science center exhibition. *Science Education, 89*(5), 744-

778.

Feder, M. A., Shouse, A. W., Lewenstein, B., & Bell, P. (2009). *Learning Science in Informal Environments: People, Places, and Pursuits*. Washington, D.C.: National Academies Press.

Grenier, R. S. (2009). The role of learning in the development of expertise in museum docents. *Adult Education Quarterly, 59*(2), 142-157.

Henriksen, E. K. (1998). Environmental issues in the museums: Applying public perceptions in exhibition development. *Curator: The Museum Journal, 41*(2), 90-105.

Hong, O., & Song, J. (2013). A new method of understanding learning in science centers: Context diagrams of learning experiences. *Visitor Studies, 16*(2), 181-200.

Hooper-Greenhill, E. (2007). *Museums and Education: Purpose, Pedagogy, Performance (Museum Meanings)*. New York: Routledge.

Kim, M., & Dopico, E. (2016). Science education through informal education. *Cultural Studies of Science Education, 11*(2), 439-445.

Merson, M., Char, C., Hristov, N., & Allen, L. (2017). Seeking park-based science information: Interpreters at the gate. *The George Wright Forum, 34*(3), 368-380.

Osborne, J., & Dillon, J. (2007). Research on learning in informal contexts: Advancing the field?. *International Journal of Science Education, 29*(12), 1441-1445.

Rennie, L. J., Feher, E., Dierking, L. D., & Falk, J. H. (2003). Toward an agenda for advancing research on science learning in out-of-school settings. *Journal of Research in Science Teaching, 40*(2), 112-120.

Ruggiero, C. (2000). Spreading the analytical word. *Chemistry & Industry, 5*, 182-184.

Ryan, C., & Dewar, K. (1995). Evaluating the communication process between interpreter and visitor. *Tourism Management, 16*(4), 195-303.

제4부
어린이를 위한 박물관 교육 방법

제16장 박물관 교육 프로그램 개발

오늘날 박물관은 '포스트 뮤지엄' 담론이 강조하듯, 더 이상 수집과 보존의 공간에 머무르지 않고, 지역 사회와 협력하여 민주적 참여, 사회적 포용, 다양성과 형평성을 촉진하는 공적 학습 플랫폼이 된다. 따라서 박물관 교육프로그램은 유물 및 작품이 지닌 물질성, 장소성, 이야기성을 기반으로 학습자가 지식 · 가치 · 태도를 통합적으로 형성하도록 돕는 구조화된 경험이라 할 수 있다. 교과서나 디지털 자료가 제공하지 못하는 '진짜의 것'을 만나고, 감정적 몰입 기억의 지속성을 높이며, 이를 해석하는 과정에서 비판적 사고, 역사적 상상력, 공간 능력 같은 고차적 역량 신장을 기대할 수 있다. 특히 2022 개정 교육과정이 강조하는 핵심역량(자기관리 · 지식정보처리 · 심미적 감성 · 의사소통 · 공동체 역량 등)과 학습자 주도성을 실천적으로 구현하기 위해서는, 학습자가 스스로 질문을 만들고 탐구를 설계하며 결과를 표현 · 공유할 수 있도록 설계된 프로그램이 필수적이라 할 수 있다.

또한, 박물관은 빠르게 변하는 디지털 환경 속에서 온라인 전시, 가상 · 증강현실, 데이터 기반 맞춤형 학습, 접근성 강화 등을 통해 배움의 경계를 점차 확장하고 있다. 그러나 기술 그 자체만으로는 교육적 효과가 담보되기는 어렵다. 연령 · 발달 단계에 맞춘 학습 목표, 사전 · 현장 · 사후 학습이 연계된 커리큘럼, 평가와 피드백, 교사 연수 및 학교와의 협력 체계가 뒷받침되어야 지속가능성을 얻을 수 있다. 이에 관련된 내용을 구체적으로 살펴보면 다음과 같다.

1. 박물관 교육프로그램의 의의와 필요성

가. 박물관 교육프로그램의 의의

어린이 대상 박물관 교육프로그램은 학습자의 발달 단계와 특성에 적합한 학습 경험을 제공함으로써, 박물관이 어린이들의 전인적 성장을 돕는 교육적 공간으로 기능하게 하는 데 있다. 체계적으로 설계된 프로그램은 어린이의 인지적 · 정의적 · 심미적 발달을 고려하여 호기심과 탐구심을 자극하여 능동적 학습 태도를 함양하고, 창의적 사고력 육성과 다문화적 감수성을 증진하는 데 기여한다. 또 박물관에서 성공적인 학습 경험은 비판적 사고력 개발과 긍정적 자아개념 형성에 도움을 준다.

놀이와 체험 중심의 박물관 학습 활동은 학습의 즐거움을 높이고, 자발적 참여를 유도하여 학습 동기를 강화하며, 이는 평생학습자로서의 기초 역량을 형성하는 데 중요한 기반이 된다. 이러한 점에서 어린이 박물관 교육프로그램 개발은 미래 세대를 위한 문화교육의 토대를 마련하는 핵심 전략이라 할 수 있다.

어린이 대상 박물관 교육프로그램의 교육적 의의를 구체적으로 살펴보면 다음과 같다.

(1) 능동적 학습 태도 함양

박물관의 독특한 소장품과 전시는 어린이들의 내재적 호기심을 자극하고, 스스로 질문을 던지며 탐구하는 능동적인 학습 태도를 길러준다(Hein, 1998). 어린이 박물관 교육에서는 어린이가 지식을 수동적으로 전달받는 것이 아니라, 스스로 탐색하고 질문하며 의미를 구성해 나가는 학습자 중심 학습이 핵심이다. 박물관의 실제 유물과 전시물은 어린이의 호기심을 자극하고, 이를 바탕으로 관찰, 비교, 추론, 표현 등의 활동을 통해 자발적이고 자기 주도적인 학습 참여를 유도한다.

(2) 창의적 사고력 육성

박물관은 학교 교실과는 다른 유물이나 예술 작품 등을 제공함으로써 어린이가 익숙한 사고의 틀을 벗어나 자유롭게 상상하고 사고를 확장할 수 있는 환경이다. 특히 박물관에서의 유물이나 예술 작품에 대한 열린 발문, 다양한 해석 활동, 놀이나 체험 중심 활동은 어린이가 전시물을 다양한 관점에서 바라보고 창의적인 아이디어를 생성하는 경험을 가능하게 한다. 이러한 과정을 통해서 정답을 찾으려는 사고에서 벗어나, 관찰, 상호작용, 재구성을 통해 창의성의 발현이 가능해진다.

(3) 다문화적 감수성 증진

어린이들은 박물관에 전시된 다양한 시대와 지역, 여러 민족들의 전시품을 소재로 학습하는 과정에서, 자신과 다른 문화를 자연스럽게 접하고 이해할 수 있는 기회를 갖게 된다. 즉 어린이들은 유물과 예술 작품을 통해 자신과 다른 시대, 다른 문화권 사람들의 삶을 이해하고, 그들의 가치관과 세계관을 존중하는 태도를 배우게 된다. 이는 글로벌 시대에 필요한 다문화적 감수성을 증진 시키는 데 기여할 수 있다.

(4) 비판적 사고력 개발

예술 작품이나 역사 유물을 감상하고 그 가치와 의미에 대해 토론하는 과정은 어린이들의 미적 감수성을 높이고, 정보를 비판적으로 수용하며 자신만의 관점을 형성하는 능력을 길러준다(Hooper-Greenhill, 2007). 이는 박물관 교육이 전시물에 대한 단순한 정보 전달을 넘어, 유물이나 전시물을 해석하고 비교하며 질문을 던지는 탐구 과정을 통해서 스스로 분석하고 판단하는 비판적 사고력을 기를 수 있다.

(5) 긍정적 자아개념 형성

박물관에서의 성공적인 학습 경험은 어린이들이 자신의 관심과 역량을 발견하고, 다양한 활동을 통해 어린이들에게 성취감과 자신감을 심어주며, 긍정적인 자아개념 형성에 기여한다. 특히 전시물 관람과 유물에 관한 토론, 창의적 표현 활동 과정은 어린이가 자신의 생각을 자유롭게 이야기하고, 친구들과 상호작용하는 과정을 통해 자존감과 자기효능감을 높일 수 있는 기회를 제공할 수 있다.

나. 박물관 교육프로그램의 역할

박물관이 단순히 흥미로운 전시물을 제공하는 것만으로는 교육적 효과를 극대화하기 어렵다. 교육적 효과성을 제고하기 위해서는 어린이의 발달 특성과 학습 요구를 반영하여 체계적으로 설계된 교육프로그램이 함께 운영되어야 한다. 잘 설계된 교육프로그램은 어린이들이 전시물을 더 깊이 이해하고 의미 있는 학습 경험을 하도록 돕는 필수적인 요소이다. 교육프로그램은 다음과 같은 이유에서 박물관 교육의 핵심적인 역할을 수행한다.

(1) 학습 목표 달성 촉진

교육프로그램은 어린이들의 사전 지식과 전시 내용 간의 연결고리를 제공함으로써, 더 깊이 생각하고 이해하는 것을 돕고, 학습 목표를 중심으로 전시물에 관한 경험을 구조화 해야 한다. 이는 비구조적이고 단편적인 정보의 나열에서 벗어나, 어린이들이 특정한 목적을 가지고 학습하도록 안내하는 역할을 한다.

(2) 학습 동기 유발 및 지속

어린이들의 발달 수준에 맞는 적절한 과제와 상호작용적 학습환경을 제공함으로써 학습 동기를 유발하고 지속시키는 중요한 역할을 한다(Falk & Dierking, 2013). 특히 놀이 기반 학습, 협력적 학습, 창의적 표현 활동 등의 요소는 어린이들이 즐겁고 몰입감 있게 교육 활동에 참여할 수 있도록 돕는다.

(3) 심층적인 이해 증진

전시 콘텐츠는 정보의 범위와 깊이에 제한이 있으나, 교육프로그램은 이를 보완하여 전시 내용과 관련된 추가적인 정보, 활동, 토론 등을 통해 어린이들이 대상에 대해 보다 심층적으로 이해할 수 있도록 기회를 제공한다. 예를 들어, 유물의 제작 과정을 체험하는 시뮬레이션, 관련 인물의 삶 이야기, 유물에 담긴 사회문화적 배경 탐구 등을 통해 학습의 폭과 깊이를 확장할 수 있다.

(4) 다양한 학습 양식 수용

어린이들은 다양한 학습 유형을 지니며, 이에 따라 시각, 청각, 촉각 등 감각적 요소를 고려한 다감각적 접근이 요구된다. 교육프로그램은 이러한 다양한 학습 유형을 고려한 차별화된 교수 전략을 통해, 모든 어린이들이 자신에게 적합한 방식으로 학습에 참여하여 성공 경험을 할 수 있도록 지원한다.

2. 박물관 교육의 유형과 교육프로그램 개발 시 유의 사항

가. 박물관 교육의 유형

박물관 교육은 대상이나 방법에 따라 유형을 분류할 수 있다. 대상에 따른 유형은 유아 및 어린이 교육, 청소년 교육, 성인 교육, 가족 단위 교육, 노년층 교육, 장애인 교육, 다양한 문화 배경 교육 등이 있다. 방법에 따른 유형은 해설 중심 교육, 체험 중심 교육, 강의 중심 교육, 게임 및 놀이형 교육, 온라인 교육 등이 있다.

이 중 교육 방법에 따른 유형에 대해서 구체적으로 살펴보면 다음과 같다.

(1) 해설 중심 교육

해설 중심 교육은 박물관에서 전문 해설자나 교육자가 전시된 유물과 작품을 설명하며 진행하는 방식으로, 유물의 역사적 배경과 의미를 이해하기 쉽게 전달하여 관람자의 관심과 이해를 돕는다. 학습자와 즉각적인 질문과 대화를 통해 심화 학습이 가능하며, 정확한 정보와 깊이 있는 이해가 가능하다는 장점이 있다. 하지만 해설자의 역량과 준비 수준에 따라 교육의 질이 크게 좌우되며, 자칫 학습자의 능동적인 참여가 부족할 수 있다는 제한점이 있다.

(2) 체험 중심 교육

체험 중심 교육은 참여자가 직접 보고, 만지고, 느끼며 박물관의 내용을 경험하는 방식으로, 감각적이고 신체적인 활동을 중심으로 하여 학습자의 호기심과 적극성을 높인다. 직접 체험을 통해 구체적이고 생생한 기억을 남길 수 있으며, 학습에 대한 흥미와 몰입도가 높아지는 장점이 있다. 다만 인원이 많으면 관리의 어려움과 유물 손상의 위험이 존재하며, 준비 과정에서 비용과 시간이 상대적으로 많이 소요된다는 단점이 있다.

(3) 강의 중심 교육

강의 중심 교육은 박물관 자료를 바탕으로 전문가나 교육자가 체계적이고 깊이 있는 내용을 강의 형태로 전달하는 방식으로, 특정 주제에 대한 전문적이고 학술적인 지식을 명료하게 전달하여 학습자의 지적 이해를 높인다. 효율적으로 많은 정보를 습득할 수 있어 성인이나 심화 학습을 원하는 특정 그룹에 적합하다. 그러나 일방적인 전달 방식으로 진행되면 학습자의 참여나 흥미가 낮아질 수 있고, 학습자의 사전 지식 정도에 따라 교육 효과가 달라질 수 있다.

(4) 놀이형 교육

놀이형 교육은 게임, 퀴즈, 역할극 등 다양한 놀이 활동을 통해 박물관의 내용을 흥미롭고 즐겁게 학습하도록 돕는 방식이다. 특히 어린이나 가족 단위 관람객의 참여가 활발하며, 자연스럽게 학습 동기와 창의력을 높일 수 있다는 장점이 있다. 참여자의 적극적인 활동을 통해 기억에 오래 남는 학습 경험을 제공한다. 하지만 지나치게 놀이에 치중되면 교육적 내용이 약해질 수 있기 때문에 프로그램 진행자의 역량과 준비가 매우 중요하다.

(5) 온라인 교육

온라인 교육은 인터넷과 디지털 기술을 활용하여 박물관 콘텐츠를 제공하는 방식이다. 가상현실(VR), 증강현실(AR), 온라인 강좌 등 다양한 형식으로 제공되며, 시간과 장소의 제약 없이 언제 어디서나 접근이 가능하다. 개별 학습자의 수준과 속도에 맞춘 자율적이고 반복적인 학습이 가능하다는 장점이 있지만, 실제 현장의 감각적 경험이나 체험이 부족할 수 있고, 콘텐츠 제작에 높은 비용과 기술력이 필요하다는 제한점이 있다.

이와 같은 박물관 교육 방법은 각 유형의 특징과 교육 목적, 참여자의 특성에 따라 적절하게 선택하고 활용하는 것이 중요하다.

〈표 16-1〉 교육 방법에 따른 유형

교육 유형	개념	특징	적용 예시
해설 중심 교육	전문 해설자나 교육자가 유물 · 전시물을 중심으로 이야기를 전달하는 방식	유물의 배경지식과 역사적 맥락 제공 질의응답을 통한 심화 학습 가능	도슨트 투어, 큐레이터와의 대화, 전시설명회
체험 중심 교육	관람자가 직접 보고 만지고 느끼며 학습하는 방식	신체적 · 감각적 경험을 강조 능동적 참여 중심	문화유산 모형 만들기, 발굴 체험, 전통 공예 체험
강의 중심 교육	교육자가 박물관 자료를 활용하여 강의 형태로 전달하는 방식	체계적이고 전문적 정보 제공 특정 대상 그룹을 위한 심화 교육	역사 특강, 문화유산 세미나, 전문가 초청 강연
놀이형 교육	게임, 역할극, 퀴즈 등 다양한 놀이 활동을 통해 학습을 촉진하는 방식	즐겁고 자유로운 분위기 형성 창의적 경험 제공	박물관 미션 게임, 보물찾기, 역사 역할극, 수수께끼 탐험
온라인 교육	인터넷과 디지털 매체로 박물관 콘텐츠를 제공하는 방식	시간 · 장소에 구애받지 않는 접근성 VR, AR 등 디지털 콘텐츠 활용	가상 박물관 탐방, VR 전시 체험, 온라인 교육 강좌

나. 박물관 교육 프로그램 개발 시 유의 사항

박물관 교육프로그램 개발 시에는 다음의 사항을 고려해야 한다. 교육 대상의 특성, 교육목표 설정, 박물관 소장품과 주제의 적절한 연결, 참여자 중심의 상호작용 강조, 다양한 학습 양식 반영, 시간과 공간의 활용, 유물 보존과 관리의 원칙, 프로그램 운영자의 역량과 준비성 확보, 프로그램 평가 및 지속적 개선 등의 관점을 고려하여 개발해야 한다.

(1) 교육 대상 특성 고려

참여자의 연령, 발달 수준, 관심사를 고려하여 대상 맞춤형 교육 내용을 구성해야 한다. 어린이, 성인, 가족 단위 등 대상자 특성에 따른 접근법을 구체적으로 설계하여 흥미와 참여도를 높인다.

(2) 명확한 교육 목표 설정

교육프로그램을 통해 달성하고자 하는 구체적이고 측정 가능한 목표를 설정해야 한다. 이를 통해 교육의 방향성과 내용을 명확히 하고, 평가 및 프로그램 개선을 효과적으로 수행할 수 있다.

(3) 박물관 소장품과 주제의 적절한 연결

박물관의 전시물과 프로그램 주제를 밀접하게 연결하여 박물관 고유의 특성을 살려야 한다. 유물과 주제 간 관련성이 높을수록 학습자의 몰입도와 이해도가 높아지고, 교육적 효과가 극대화된다.

(4) 참여자 중심의 상호작용 강조

일방적 전달 방식보다 참여자의 능동적 참여와 상호작용을 촉진하는 활동을 구성해야 한다. 질문, 토론, 체험, 게임 등 다양한 활동을 통해 학습자가 스스로 의미를 발견하고 참여할 수 있도록 한다.

(5) 다양한 학습 양식 반영

시각, 청각, 촉각 등 다양한 학습 감각을 자극하는 매체와 활동을 제공하여 학습 효과를 높인다. 영상, 모형, 디지털 콘텐츠 등을 적극적으로 활용하여 학습자의 다양한 인지적 요구를 충족해야 한다.

(6) 시간과 공간의 효율적 활용

참여자의 집중력을 고려한 프로그램 시간 계획과 원활한 이동 경로를 설계해야 한다. 효율적인 시간 관리와 공간 활용을 통해 프로그램의 혼란을 줄이고 쾌적한 교육 환경을 제공한다.

(7) 유물 보존과 관리 원칙 준수

박물관 전시물 보호를 위해 프로그램 진행 시 유물 관리 규정을 철저히 준수해야 한다. 유물 손상의 위험을 방지하기 위한 모형이나 복제품 활용 등 대체 방안을 마련하고 운영 과정에서 주의가 필요하다.

(8) 운영자의 역량과 준비성 확보

프로그램 운영자는 해당 분야 전문성과 함께 교육적 소양과 프로그램 진행 능력을 갖추어야 한다. 운영자 대상 사전 연수와 충분한 준비를 통해 프로그램의 질과 효과를 높여야 한다.

(9) 프로그램 평가와 지속성 개선

프로그램 운영 후 참여자 피드백과 평가 결과를 체계적으로 분석하여 개선 사항을 명확히 도출한다. 지속적인 평가와 수정 보완을 통해 프로그램을 발전시키고 참여자의 만족도를 지속적으로 높인다.

앞서 살펴본 교육프로그램 개발 시 유의 사항을 고려하여, 교육프로그램 개발 과정을 단계별로 유형화하여, 보다 구체적으로 살펴보자.

3. 박물관 교육프로그램 개발 프로세스

박물관 교육프로그램은 단순히 지식을 전달하는 것을 넘어, 참여자들이 박물관 사료를 통해 새로운 경험을 하고 의미를 구성하도록 돕는 중요한 역할을 한다. 박물관 교육프로그램 개발 프로세스는 교육 대상 선정, 제재 및 주제 선정, 자료 수집 및 소장품 분석, 교육 내용 선정, 프로그램 작성, 평가 및 수정 보완으로 제시할 수 있다. 즉, 첫 번째로 교육 대상을 선정한 후, 대상에 맞는 제제 및 주제를 선정하여, 관련한 자료 수집과 소장품 분석을 통해, 교육 내용을 구체적으로 선정하는 과정을 거친다. 이를 바탕으로 프로그램을 구성하여 적절히 운영한 후 평가 및 수정 보완의 과정을 거쳐 지속적으로 보완한다. 해당 과정을 구체적으로 살펴보면 다음과 같다.

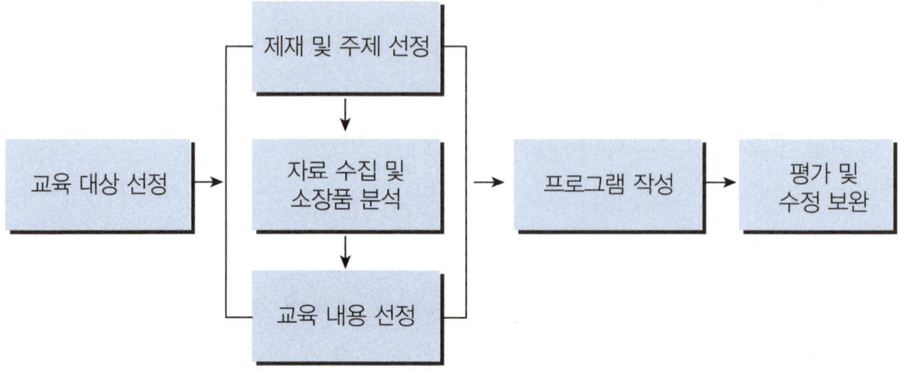

[그림 16-1] 교육프로그램 개발 프로세스

출처: 류재만, 2008.

〈표 16-2〉 프로그램 개발 프로세스와 주요 활동

개발 과정	주요 활동
교육 대상 선정	• 대상자의 특성과 요구를 명확히 분석 - 연령, 발달단계, 학습 수준과 관심 주제 고려, 대상 맞춤형 프로그램 설계 - 대상별로 학습 목표를 설정하고, 프로그램의 난이도와 운영 방식 결정 - 참여자의 사전지식과 경험을 충분히 고려하여 접근법 선정
제재 및 주제 선정	• 소장품과 전시 주제를 바탕으로 흥미와 교육 효과를 고려한 주제 선정 - 학교 교육과정과 연계 고려 - 명확한 학습 목표와 연계되는 주제를 설정하여 학습자의 흥미를 유발 - 선정된 주제의 역사적·문화적 맥락을 명확히 하여 교육 효과성 제고 - 대상자의 학습 특성을 고려하여 적절한 난이도와 흥미 요소 반영
자료 수집 및 소장품 분석	• 프로그램에 활용할 유물과 전시물, 관련 자료를 체계적으로 수집 및 분석 - 유물의 역사적 배경, 의미, 가치 등 이해하고 학습과의 연결성 검토 - 유물의 상태와 관리 규정을 철저히 확인하여 보존 원칙 준수 - 유물 분석 자료를 정확히 기록하여 교육 내용 구성의 기초 자료 활용
교육 내용 선정	• 수집된 자료를 바탕으로 교육 목표에 부합하는 핵심 내용을 명확히 설정 - 학습자의 연령과 수준에 맞게 내용을 재구성하고, 난이도를 적절히 조정 - 다양한 학습 유형(시각, 청각, 촉각)을 반영할 수 있도록 콘텐츠 형식을 다양화 - 내용을 교육 목표와 지속적으로 대조하여 일관성 유지

프로그램 작성	• 구체적인 교수-학습 과정과 활동 단계적으로 구성 및 작성 - 참여자의 적극적 참여와 상호작용을 촉진하는 활동 중심 구성(체험, 탐구, 놀이 등) - 효율적인 시간 관리와 공간 활용 계획을 세워 학습 효과를 극대화 - 운영자의 역량을 고려하여 사전 연수 및 운영 매뉴얼 작성 등 준비성 강화
평가 및 수정 보완	• 프로그램 운영 후 참여자 피드백 및 관찰기록을 체계적으로 수집하여 평가 - 프로그램의 장단점, 목표 달성 정도, 참여자의 만족도를 분석 - 평가 결과를 토대로 부족한 부분을 파악하고 지속적으로 수정·보완 - 유물 보존, 운영자의 역량, 참여자 만족도 등 평가 요소를 종합적으로 고려하여 프로그램 발전 방향 수립

가. 교육대상 선정

교육프로그램의 첫걸음은 '누구를 위한 프로그램인가?'를 명확히 정의하는 일이다. 교육대상을 구체적으로 선정해야 프로그램의 방향성과 내용이 설정된다. 연령(유아, 어린이, 청소년, 성인, 노인 등)과 그에 따른 발달 단계(인지적, 정서적, 사회적)를 반드시 고려한다. 예를 들어, 어린이를 위한 프로그램은 놀이와 체험 위주로, 성인을 위한 프로그램은 심층적인 토론이나 연구 활동을 포함할 수 있도록 구성한다.

또한, 대상의 사전 지식 수준, 박물관 방문 경험, 그리고 그들이 교육을 통해 무엇을 얻고자 하는지(흥미 및 필요)를 파악한다. 장애인이나 다문화 가정 등 특수 요구를 가진 그룹이 있다면, 이에 맞는 접근 방식이나 지원 방안을 미리 고려하여 보편적 디자인 원칙을 적용한다. 이렇게 교육대상을 명확히 설정함으로써, 참여자들의 눈높이에 맞는 프로그램을 기획하고 교육 효과를 극대화한다.

나. 제재 및 주제 선정

제재 및 주제의 선정은 선정된 교육대상에게 가장 적합하고 흥미를 유발할 수 있는 '무엇을 가르칠 것인가?'를 결정하는 단계이다. 먼저 박물관의 핵심 가치, 미션, 주요 소장품과 긴밀하게 연결되는 '제재(Subject Matter)'를 광범위하게 설정한다. 예를 들어, '조선 시대 생활상'과 같이 큰 줄기를 정하는 것이다.

이후 제재 안에서 교육 대상의 흥미를 끌고 학습 목표를 달성할 수 있는 구체적인 '주제(Theme)'를 선정한다. '조선 시대 사람들의 의식주 탐험'처럼 명확하고 매력적인 주제를 선택한다. 이때 학교 교육과정과의 연계를 고려하는 것이 매우 중요하다. 초등학교 사회 교과의 특정 단원이나 중학교 역사 교과의 특정 시기와 연결되는 주제를 선정하여, 학생들이 학교에서 배우는 내용을 박물관에서 실제 유물과 함께 심층적으로 제공하는 것을 예로 들 수 있다. 이러한 연계는 학생들의 학습 효과를 높이고 교사들이 박물관 교육을 학교 수업의 확장으로 활용하는 데 도움을 준다.

또한, 사회적 흐름이나 시의성을 반영하여 참여자들의 공감을 얻는 것도 좋은 방법이다. 중요한 것은 박물관의 소장품이나 전시물과 직접적으로 연계될 수 있는 주제를 선정하여 추상적인 내용을 구체적인 경험으로 연결하는 것이다. 주제 선정에서 유의할 점은 교육적 가치를 고려하여 비판적 사고나 새로운 관점 형성을 도모할 수 있는 주제여야 한다.

다. 자료 수집 및 소장품 분석

자료 수집과 전시물을 분석하는 과정은 선정된 주제와 관련하여 깊이 있는 교육 내용을 구성하기 위한 기반을 다지는 단계이다. 이 단계에서는 단순히 정보를 모으는 것을 넘어, 박물관 전시물을 교육적 관점에서 면밀하게 분석하는 것이 핵심이다.

먼저, 주제와 관련된 다양한 문헌 자료(학술 서적, 논문, 관련 도록 등)를 폭넓게 수집하여 이론적 배경을 확보한다. 그 다음, 박물관의 전시물을 분석한다. 각 유물의 기본 정보(명칭, 재질, 연대 등)는 물론, 유물이 만들어지고 사용되었던 시대의 역사적, 문화적 맥락을 깊이 있게 이해한다. 유물의 미적, 기술적 특징을 파악하는데, 가장 중요한 것은 각 전시물이 교육프로그램에서 어떤 메시지를 전달하고, 어떤 활동에 활용될 수 있을지 구체적으로 탐색하는 것이다. 예를 들어, 특정 유물을 통해 당시 사람들의 생활 도구나 사고방식을 유추하는 활동을 구상할 수 있다. 필요하다면 관련 분야 전문가 자문을 통해 자료의 정확성과 심층성을 높이는 과정도 거친다.

라. 교육 내용 선정

교육 내용의 선정은 수집된 방대한 자료와 소장품 분석을 토대로, 교육 대상의 수준과 흥미에 맞춰 프로그램에서 다룰 '핵심적인 내용'을 선별하고 체계적으로 조직하는 단계이다. 이 단계의 목표는 교육 효과를 극대화할 수 있도록 지식, 개념, 기술, 그리고 태도를 명확하게 설정하는 것이다.

가장 먼저, 프로그램이 달성하고자 하는 구체적인 학습 목표를 설정하는데, 이를 이루기 위한 핵심 개념들을 추출한다. 예를 들어, '조선 시대 생활 도구를 통해 과거의 의 · 식 · 주 생활 문화를 알 수 있다'와 같이 명확한 목표를 세운다. 다음으로, 선정된 내용들을 논리적인 흐름에 따라 체계적으로 배열하여 학습자들이 단계적으로 이해할 수 있도록 구조화한다.

도입-전개-정리로 내용을 구성하거나 쉬운 내용에서 어려운 내용으로 점진적으로 나아가는 방식을 고려할 수 있다. 참여자들의 흥미를 지속적으로 유발할 수 있도록 이야기, 질문, 다양한 시각 자료 등을 적극적으로 활용하여 내용을 구성한다. 무엇보다 소장품을 통해 직접적으로 경험하고 탐구할 수 있는 내용을 우선적으로 선정하여 박물관 교육의 특성을 살리는 것이 중요하다.

마. 프로그램 작성

이전 단계에서 선정된 교육 내용을 바탕으로 실제 교육 활동이 이루어질 수 있도록 구체적인 '설계도'를 작성하는 단계이다. 프로그램 작성은 교육의 흐름을 결정하고 원활한 진행을 위한 필수 과정이다.

먼저, 프로그램의 명칭, 대상, 교육 목표, 시간, 장소, 강사 등 기본 정보를 명확하게 명시한다. 다음으로, 도입-전개-정리의 구조에 맞춰 세부 계획을 수립한다. 도입에서는 참여자들의 흥미를 유발하고 학습 분위기를 조성하는 활동(예: 질문, 유물 관찰)을 포함한다. 전개는 프로그램의 핵심으로, 강의, 토론, 실습, 만들기, 게임, 역할극, 박물관 탐색 등 다양한 교수-학습 방법을 조합하여 활동을 구성한다. 각 활동에 필요한 유물, 보조 자료(워크시트, 만들기 재료 등), 멀티미디어 장비 등을 구체적으로 명시하고, 활동별 소요 시간을 명확히 배분해야 한다. 마지막으로 정리 단계에서는 학습 내용을 요약하고 참여자들의 소감이나 질문을 공유하며 마무리한다. 안전 및 유의사항도 반드시 포함하여 사고를 예방한다.

바. 평가 및 수정 보완

프로그램을 평가하고 수정 보완하는 과정은 개발된 프로그램의 효과성을 검증하고, 부족한 점을 찾아 개선하여 다음 프로그램에 반영하는 중요한 마무리 단계이다. 평가는 프로그램의 질을 높이는 순환적 과정의 핵심이다.

먼저, 프로그램의 목표 달성도, 내용의 적절성, 활동의 흥미도, 강사의 역량, 운영의 효율성 등 구체적인 평가 기준을 설정한다. 평가는 다양한 방법으로 진행될 수 있다. 참여자 만족도 조사(설문지, 인터뷰)를 통해 참여자들의 만족도와 이해도를 파악하고, 학습 성과 측정(퀴즈, 활동 결과물)을 통해 학습 목표 달성 여부를 확인한다.

프로그램을 직접 진행한 강사나 운영자의 의견을 수렴하여 현장의 어려움과 개선점을 파악하는 것도 중요하다. 수집된 모든 평가 데이터를 분석하여 프로그램의 강점과 약점을 명확히 도출하고, 이를 바탕으로 내용 수정, 활동 방식 개선, 자료 보완 등 구체적인 수정 보완 계획을 수립한다. 이러한 지속적인 평가와 보완 과정을 통해 박물관 교육프로그램은 더욱 완성도 높고 효과적으로 발전한다.

4. 교육프로그램 개발의 예

가. 프로그램 개발과정

초등학교 4학년을 대상으로 경복궁과 국립고궁박물관의 대표 유물을 활용한 박물관 교육프로그램을 구성하는 것을 목표로 각 단계의 특징과 유의사항을 고려한 구체적인 예시를 살펴보면 다음과 같다.

경복궁 및 국립고궁박물관 연계 초등학교 4학년 박물관 교육프로그램 구성 예시

초등 4학년 '우리 고장 문화유산 탐험대'
주제: 우리 고장 문화유산 탐험대: 발자취를 따라 역사 속으로!
대상: 초등학교 4학년

(1) 교육대상 선정

- 선정 근거: 초등학교 4학년 사회 교과에는 '우리 지역의 생활과 문화유산' 주제 관련 교육과정 내용이 있어 학습 연계성이 높다. 이 시기 학생들은 구체적인 사물과 활동을 통해 배우는 것을 선호하며, 호기심이 많고 탐구 활동에 적극적으로 참여할 수 있으며, 자기 지역에 대한 애정과 자긍심을 함양하는데 유리한 시기이다.
- 인지 수준: 비교적 구체적인 사고가 가능하지만, 추상적인 개념보다는 시각 자료와 체험 활동을 통해 이해하는 것을 선호한다. 인과 관계 파악 능력이 점차 발달하는 시기이다.
- 관심사: 역사적 인물, 유물에 얽힌 이야기, 탐험, 만들기, 게임 등 직접 참여하고 체험하는 활동에 흥미를 느낀다.
- 사전 지식: '문화유산'이라는 용어는 알지만, 구체적인 의미나 중요성에 대한 깊은 이해는 부족할 수 있으며, '국가유산' 유형 구분의 새로운 도입이 낯설고, 자신이 사는 지역의 문화유산에 대해서는 모르는 경우가 많다.
- 학습 목표: 우리 지역의 대표적인 문화유산의 종류와 가치를 알고, 우리 문화유산을 사랑하고 지키려는 태도를 기른다.
- 참여 동기: 학교 체험 활동 또는 부모님과 함께하는 가족 활동으로 참여할 가능성이 높다.

(2) 제재 및 주제 선정

- 제재: 조선 왕실 문화와 유산(경복궁과 국립고궁박물관 소장 유물 중심)
- 주제: 궁궐 탐험대, 왕실의 비밀을 찾아서!
- 주제 선정 이유: '탐험대'라는 이름으로 아이들의 모험심과 호기심을 자극.

초등 4학년의 눈높이에 맞춰 흥미롭고 능동적인 참여 유도 및 특정 문화유산을 직접 보고, 만지고, 관련된 활동을 하면서 자연스럽게 학습이 이루어지도록 구성할 수 있다. '궁궐 탐험대'라는 이름으로 모험심을 자극하고 능동적인 참여를 유도하며, '왕실의 비밀'이라는 키워드로 호기심을 유발하고, 유물에 얽힌 흥미로운 이야기를 기대할 수 있도록 한다. 경복궁이라는 물리적 공간과 국립고궁박물관의 유물을 유기적으로 연결하여 살아있는 역사 학습 구성이 가능하다.

- 다양한 하위 주제 구성 가능(예시):
  - 궁궐의 주인은 누구?: 궁궐의 역할과 왕실 사람들의 삶 엿보기(경복궁 중심)
  - 왕실의 보물, 유물 속 이야기: 국립고궁박물관 대표 유물 탐구(박물관 중심)
  - 나도 왕실 장인!: 왕실 문화 체험 및 현대적 가치 발견
  - 문화유산, 무엇이든 물어보세요!(문화유산의 개념과 종류)
  - 궁궐의 비밀을 찾아서!(지역 내 궁궐 문화유산 탐구)
  - 옛 선조들의 지혜를 엿보다!(지역 내 생활 유물 및 무형 문화유산 탐구)

(3) 자료 수집 및 소장품 분석

(가) 정보 수집 과정

- 문헌 자료: 초등학교 4학년 사회 교과서 및 참고서, 서울 종로구 문화유산 관련 도서, 답사 자료, 웹사이트(예: 문화재청, 서울특별시청 문화재과, 국립고궁박물관, 종묘 등 관련 기관 자료), 문화유산 관련 다큐멘터리, 동화, 그림책
- 시각 자료: 경복궁 각 전각의 기능 설명 영상 및 사진, 복원 전후 사진, 국립고궁박물관 대표 유물(어보, 의궤, 일월오봉도, 가마 등) 고화질 사진 및 3D 모델링 자료, 지역 문화유산 관련 지도, 연표 등
- 전문가 자문: 국립고궁박물관 학예사, 경복궁 해설사 등 전문가에게 유물의 역사적 배경 및 교육적 활용 방안 자문.
- 사례 조사: 타 박물관의 초등 고학년 대상 왕실 문화 또는 유물 관련 교육프로그램 및 지역 문화유산 교육프로그램 사례 조사

(나) 소장품 분석(박물관 소장품 또는 관련 유물)

- 어보: 왕의 권위와 정통성을 상징하는 인장.(교육적 활용: 어보 문양의 의미, 왕의 이름, 왕실의 중요한 행사와 연결)
- 의궤: 조선 왕실의 주요 행사를 기록한 그림과 글.(교육적 활용: 왕실 행사의 규모, 기록 문화의 중요성, 그림 속 디테일 찾기)
- 일월오봉도: 왕의 뒤편에 놓이던 병풍.(교육적 활용: 해와 달, 다섯 봉우리의 상징적 의미, 왕의 존재감 강조)
- 자격루(모형) 또는 해시계(앙부일구): 과학 문화유산.(교육적 활용: 조선 시대 과학 기술의 발전, 조상들의 지혜)
- 가마(또는 어진): 왕의 이동 수단 또는 왕의 초상화.(교육적 활용: 왕의 위엄, 왕실 생활의 모습)
- 지역 무형문화재 관련: 매듭장, 궁중 음식 등 무형문화재를 시각적으로 보여줄 수 있는 자료

(다) 분석 내용

- 각 유물의 명칭, 제작 시기, 재료, 용도, 특징
- 유물에 얽힌 역사적 배경이나 이야기(예: 어보는 왕권의 상징, 궁중 의례는 엄숙하고 중요했던 행사임을 설명)
- 현재 전시실에서의 위치 및 교육 활용 가능성(만져볼 수 있는지, 모형이 있는지 등)
- 어떻게 초등학생의 눈높이로 설명할 것인지 교육적 설명 방식 구성

(4) 교육 내용 선정

(가) 핵심 개념 및 정보(초등 4학년 수준 고려)

- 궁궐의 역할(왕의 생활 공간, 정치 공간)과 주요 전각의 의미(근정전, 사정전, 강녕전 등).
- 왕의 상징과 권위를 나타내는 유물(어보, 일월오봉도)의 의미.
- 왕실의 중요 행사(가례, 국장 등)를 기록한 의궤의 가치.

- 조선 왕실의 과학 기술(자격루, 앙부일구)의 지혜.
- 유산의 의미: 옛날부터 전해 내려오는 소중한 것(조상들의 지혜와 삶의 흔적)
- 국가유산의 종류: 유형(건축물, 유물)과 무형(기술, 예술, 의식), 자연 유산 구분
- 우리 지역 문화유산의 특징: 종로구의 궁궐, 한옥, 옛 골목길, 그리고 숨겨진 생활 유물의 가치.
- 문화유산을 지키는 방법: 보존의 중요성, 직접 참여할 수 있는 방법

(나) 내용 구성(예시)

- 도입
  - '궁궐 탐험대' 발대식, 경복궁의 첫인상 나누기, 왕실의 비밀에 대한 호기심 자극.
  - "문화유산"이란 무엇일까? 우리 주변에도 문화유산이 있을까?

- 전개 1(경복궁 탐험): 경복궁 주요 전각(근정전, 사정전, 강녕전, 교태전)을 둘러보며 왕의 하루와 왕비의 생활 상상하기. 각 전각의 역할과 의미를 쉽고 재미있게 설명.

- 전개 2(박물관 유물 탐색): 국립고궁박물관으로 이동하여 선정된 대표 유물(어보, 의궤, 일월오봉도 등)을 중심으로 유물에 얽힌 이야기와 그 가치 탐구. '유물 비밀 지도'를 활용한 스탬프 미션 수행.

- 전개 3(왕실 장인 체험): 왕실 관련 만들기 체험(예: 나만의 어보 만들기, 일월오봉도 색칠하기, 궁중 매듭 체험).

- 정리: '궁궐 탐험대 보고서' 작성, 왕실 문화유산의 소중함과 보호 다짐.

- 내용의 심화 및 확장: 유물과 관련된 가상 대화, 역할극, 그림 그리기 등으로 활동을 확장하고, '내가 만약 왕(비)이라면?'과 같은 질문으로 상상력 자극.

(5) 프로그램 작성

◈ 프로그램 명

- 초등학교 4학년(1학급 / 20명 내외)

◈ 교육 대상

- 초등학교 4학년(1개 학급 기준)

◈ 소요 시간

- 총 150분(경복궁 60분, 박물관 90분)

◈ 교육 목표

- 대표 유물의 이름과 그 속에 담긴 왕실 문화를 이해할 수 있다.
- 조선 왕실 문화유산의 소중함을 인식하고, 보존의 중요성을 깨달을 수 있다.
- 우리 지역(종로)의 대표적인 문화유산의 종류와 가치를 설명할 수 있다.
- 국립고궁박물관 소장 유물을 통해 과거 사람들의 삶과 지혜를 이해할 수 있다.
- 우리 문화유산을 소중히 여기고 보호하려는 태도를 기른다.

◈ 교수학습 형태

- 현장 답사, 박물관 전시실 연계 학습, 시청각 자료 활용, 체험 활동, 모둠별 협동 학습, 발표 및 공유

◈ 준비물

- 탐험대 이름표 재료, 경복궁/고궁박물관 지도(교육용 간소화), 유물 비밀 지도(워크시트), 필기도구, 활동지, 만들기 재료(도장 만들기 키트, 색연필/마커), 미션 스탬프, 문화유산 보호 서약서 양식, 만족도 스티커 판, 기념품 등

◈ 세부 활동 계획(예시)

• 도입 〈탐험대 출동〉
  - 탐험대원 이름표 만들기
  - 문화유산이란 무엇인지 질문하며 흥미 유발
  - 프로그램 목표 및 오늘의 탐험 코스 안내

• 전개 1 〈궁궐 속 숨겨진 이야기〉
  - 전시실 이동: 궁궐 관련 유물 전시 공간
  - 유물(어보, 궁중 복식 등) 관찰 및 해설
  - 유물 속 비밀 단서 찾기 워크시트 활동(퀴즈)

• 전개 2 〈옛 선조들의 지혜, 만들기 체험!〉
  - 교육실 이동: 생활 유물 관련 영상 시청
  - (선택 1) 매듭 팔찌 만들기 체험 / (선택 2) 전통 문양 스탬프 찍기

• 전개 3 〈나도 문화유산 지킴이!〉
  - 내가 소중히 여기는 것(우리 고장 문화유산) 그림 그리기/글쓰기
  - 발표 및 공유
  - 문화유산 보호 서약서 작성

• 정리 〈탐험 결과 보고 및 정리〉
  - 오늘의 활동 요약 및 질문
  - 프로그램 만족도 스티커 평가
  - 기념품 증정 및 인사
  - 질의응답, 요약, 평가, 마무리

(6) 평가 및 수정 보완

(가) 평가 기준

- 교육 목표 달성도: 프로그램 후 학생들이 문화유산의 종류와 가치를 설명할 수 있는지, 보호 의지가 생겼는지?
- 학습자 만족도: 프로그램이 재미있고 유익했는지, 활동이 적절했는지?
- 활동 참여도: 각 활동에 적극적으로 참여했는지?
- 시간 계획의 적절성: 각 활동 시간이 적절하게 배분되었는지?
- 내용의 난이도: 초등 4학년 수준에 적합했는지?

(나) 평가 도구 및 방법

① 프로그램 진행 중

- 관찰: 학생들이 활동에 집중하는지, 질문에 적극적으로 참여하는지 등 관찰.
- 질의응답: 질문을 통해 학생들의 이해도를 수시로 확인.

② 프로그램 종료 후

◈ 학생 대상

- 만족도 스티커 평가: "재미있었다", "보통이었다", "아쉬웠다" 중 선택하여 붙이기 가능
- 간단한 설문지(선택): 가장 좋았던 활동은? 가장 어려웠던 점은? 문화유산에 대해 새롭게 알게 된 점은?(서술형 또는 객관식)
- 활동 결과물 평가: "나도 문화유산 지킴이" 그림/글쓰기 내용 분석(문화유산 이해도, 애정 표현 등)

◈ 강사 대상

- 자기 평가: 시간 관리, 학생 참여 유도, 내용 전달의 명확성 등 강사 스스로 평가.
- 동료 평가: 다른 강사가 참여하여 프로그램 진행 과정 관찰 후 피드백 제공.

◈ 수정 및 보완(예상되는 피드백 및 개선 방안)

• 피드백 예시 1: "유물 설명이 너무 길고 어려웠어요."
보완: 유물 설명 시 용어를 더 쉽게 바꾸고, 유물과 관련된 흥미로운 일화나 뒷이야기를 추가하여 지루함을 줄인다. 설명 시간을 단축하고 체험 시간을 늘린다.

• 피드백 예시 2: "만들기 시간이 부족했어요."
보완: 만들기 재료를 미리 준비하여 시간을 절약하거나, 만들기 활동 시간을 5~10분 더 늘린다. 또는 만들기 활동 단계를 더 단순화한다.

• 피드백 예시 3: "전시실에서 너무 많은 유물을 보여주려고 해서 아이들이 지루해했어요."
보완: 전시실에서는 핵심 유물 2~3개에 집중하여 심층적으로 관찰하도록 하고, 나머지 유물은 사진 자료로 대체하거나 설명만 간략하게 한다. 동선을 더 효율적으로 계획한다.

• 피드백 예시 4: "경복궁에서 너무 오래 걸어서 힘들었어요."
보완: 경복궁 내 이동 동선을 최소화하거나, 주요 전각 중심으로 관람 시간을 조정하고, 중간에 짧은 휴식 시간을 추가한다.

• 피드백 예시 5: "왕실 사람들의 생활이 더 궁금해요."
보완: 왕실 사람들의 일상생활을 엿볼 수 있는 유물(예: 옷, 장신구, 음식 관련 유물) 설명을 강화하거나, 관련 시청각 자료를 추가한다.

이러한 과정을 통해 박물관 교육프로그램은 지속적으로 발전하고, 참여하는 학생들에게 더욱 풍부하고 의미 있는 학습 경험을 제공할 수 있을 것이다.

나. 프로그램 구성 사례

◈ 프로그램 명

• 궁궐 탐험대, 왕실의 비밀을 찾아서!

◈ 교육 대상

• 초등학교 4학년(1학급 / 20명 내외)

◈ 소요 시간

• 총 150분(경복궁 60분, 박물관 90분)

◈ 교육 목표

• 경복궁 및 국립고궁박물관 대표 유물을 통해 그 속에 담긴 왕실 문화를 이해할 수 있다.
• 조선 왕실 문화유산의 소중함을 인식하고, 보존의 중요성을 깨달을 수 있다.
• 우리 지역의 대표적인 문화유산의 종류와 가치를 설명할 수 있다.

◈ 교수 학습 형태

• 현장 답사, 유물 관찰 및 해설, 스토리텔링, 모둠 활동, 만들기 체험, 발표

◈ 준비물

• 탐험대 조끼/이름표, 경복궁/고궁박물관 지도(교육용 간소화), 유물 비밀 지도(워크시트), 필기도구, 활동지, 만들기 재료(도장 만들기 키트, 색연필/마커), 미션 스탬프, 기념품

◈ 프로그램 구성(안)

주제	궁궐 탐험대, 왕실의 비밀을 찾아서!		
상소	경복궁, 국립고궁박물관	준비물	탐험대 조끼/이름표, 경복궁/고궁박물관 지도(교육용 간소화), 유물 비밀 지도(워크시트), 필기도구, 활동지, 만들기 재료(도장 만들기 키트, 색연필/마커), 미션 스탬프, 기념품
학습 목표	• 경복궁의 주요 전각과 그 기능을 설명할 수 있다. • 국립고궁박물관 대표 유물의 이름과 그 속에 담긴 왕실 문화를 이해할 수 있다. • 조선 왕실 문화유산의 소중함을 인식하고, 보존의 중요성을 깨달을 수 있다.		

단계	주요 학습 내용	학습 활동	시간	자료(※) 및 유의점(*)
도입	학습동기 유발 및 안전교육	▶ 궁궐탐험대 발대식 - 오리엔테이션: 안전 수칙, 오늘의 미션 안내 - '궁궐 탐험대' 조끼 및 이름표 착용 - "왕실의 비밀"에 대한 질문을 던지며 흥미 유발 - 경복궁 및 박물관 교육용 지도 배부 - 동기 유발, 안전 교육 - 활동 몰입을 위한 소품 활용 - 전체 활동 계획 안내(PPT/구두)	10	*탐험대 활동에 대한 기대감 및 참여 태도 관찰 *이름표 착용 여부
전개	활동 1	▶ 경복궁, 왕실의 발자취를 따라!(경복궁 현장) - 왕의 공간: 근정전(법전), 사정전(집무실), 강녕전(침전) 이동 및 해설 (왕이 하는 일, 왕의 물건 상상하기) - 왕비의 공간: 교태전(왕비 침전) 이동 및 해설 (왕비의 생활, 여성들의 지혜 이야기) - 활동: 경복궁 미션지(숨은 그림 찾기, 퀴즈) 풀기 - 현장 답사 및 실물 관찰 - 스토리텔링 위주 해설 - 질문과 답변을 통한 상호작용 - 미션지 활용(능동적 참여, 집중도 향상) - 경복궁 미션지 완성도(주요 전각 및 기능 이해도)	50	※ 미션 활동지 *현장 활동 시 집중도 및 질문 태도 관찰
	이동 및 휴식	▶ 박물관으로 이동 & 잠시 휴식 - 경복궁-국립고궁박물관 이동 - 잠시 휴식 및 다음 활동 안내 - 다음 활동에 대한 기대감 유지 - 간단한 간식(물)으로 체력 보충 유도	10	- 이동 시 안전 지도 - 질서 있는 이동 태도
	활동 2	▶ 왕실의 보물, 유물 속 이야기!(국립고궁박물관 전시실) - 박물관 대표 유물 탐색(유물 비밀 지도 활용) - 어보: 왕의 상징, 어보 문양의 의미와 왕의 이름 - 의궤: 왕실 행사의 기록, 그림 속 다양한 사람들 찾기 - 일월오봉도: 왕의 권위, 그림 속 상징 찾기 - 과학 유물(자격루/앙부일구): 조상들의 지혜 - 활동: 유물 비밀 지도에 스탬프 찍기 미션 수행 - 전시실 연계 학습 및 유물 해설 - 유물 비밀 지도(워크시트)를 통한 능동적인 탐색 - 스탬프 미션을 통한 성취감 부여 - 유물 비밀 지도 완성도(대표 유물 이름 및 의미 이해도)	40	※ 영상 내용 이해 확인 활동지 - 전시실 내 활동 시 집중도 및 협동 태도

단계	구분	내용	시간	비고
	활동 3	▶ 나도 왕실 장인!(교육실) - 왕실 문화 만들기 체험 (예시: 나만의 어보 만들기 - 고무판에 이름 새기기, 스탬프 찍기 또는 일월오봉도 컬러링) - 만들기 체험(창의성, 성취감) - 왕실 문화를 직접 경험하는 기회 제공 - 만들기 활동 참여도 및 완성도	30	※ 어보 만들기 재료 *제작 시 안전 유의 안내 *창의적인 표현 여부 관찰
정리	정리	▶ 궁궐 탐험 보고서 작성 & 수료식 - 오늘의 활동 소감 나누기 - 궁궐 탐험 보고서 작성 (가장 인상 깊었던 유물/장소, 새로 알게 된 점) - '궁궐 탐험대' 수료증 증정 및 기념 사진 - 문화유산 보호 서약식 등을 함께 진행하여 유산의 보존 가치와 태도 고양 - 프로그램 만족도 스티커 평가 및 마무리 인사 - 학습 내용 요약 및 성찰 - 성취감 부여(수료증) - 만족도 평가를 통한 피드백 수집 - 프로그램 만족도 스티커 평가 결과 반영	10	- 만족도 평가를 통한 피드백 수집 - 보고서 내용(문화유산 이해도 및 흥미)

참고문헌

김옥진(2012). [학교와 박물관 연계를 통한 상생전략: 협력적 관계에서 파트너십으로]에 대한 토론. 한국문화교육학회 학술대회시, 2012(1), 63-66.

김옥진(2018). 놀이와 박물관. 박물관 교육연구, (20), 18-21.

김옥진(2019). 문화 민주주의와 참여적 박물관. 박물관 교육연구, (22), 17-22.

김옥진(2019). 박물관 교육과 스마트러닝의 현재-오리진의 이야기와 미메시스 사이의 그 어디. 박물관 교육연구, (21), 16-23.

김옥진(2020). 신문화사적 역사 읽기로서의 박물관 경험. 박물관 교육연구, (23), 18-27.

류재만, 임기환, 김정현, 박미진, 김옥진(2011). 초등부 시각장애학생을 위한 고궁박물관 체험 학습 프로그램 개발 연구. 시각장애연구, 27(3), 171-194.

류재만(2008). 학교 연계 박물관 · 미술관 학습을 위한 워크시트 개발 프로세스에 관한 연구. 미술교육연구논총, 23, 121-144.

류재만(2013). 박물관 유물 읽기 지도를 위한 발문의 관점 모색. 문화예술교육연구, 8(3), 75-98.

류재만(2019). 박물관 교육에서 유물 리터러시 학습 방안 모색. 박물관학보, (36), 1-19.

임기환, 김옥진(2012). 초등 사회과 역사영역 교육과정과 연계한 박물관 교육프로그램 구성 방안: 국립중앙박물관, 국립고궁박물관의 사례를 중심으로. 한국초등교육, 23(2), 111-137.

황은희, 전진성, 조혜진, 김옥진, 안민영(2025). 박물관에서 역사교육하기. 역사와 교육, (25), 204-238.

Falk, J. H., & Dierking, L. D. (2013). *The museum experience revisited*. California: Left Coast Press.

Hein, G. E. (1998). *Learning in the museum*. London: Routledge.

Hooper-Greenhill, E. (2007). *Museums and education: Purpose, pedagogy, performance*. London: Routledge.

제17장 어린이 전시 레이블

오늘날 뮤지엄은 문화예술기관이자 사회적 교육기관으로서 다양한 교육 서비스를 제공하고 있다. 뮤지엄에서 제공하는 교육 서비스를 통해 뮤지엄에서의 경험은 궁극적으로 관람객이 작품과 상호작용하여 의미를 형성함을 지향한다. 이는 후퍼-그린힐(Hooper-Greenhill)이 제시한 포스트 뮤지엄(post-museum)이란 개념을 기반으로 한다. 오브제가 중심이 되는 모더니즘 뮤지엄과 반대되는 개념인 포스트 뮤지엄은 오브제가 불러일으키는 기억, 정서, 대화, 담론, 논쟁 등을 포함해 뮤지엄을 방문하는 관람객들의 적극적인 소통을 통해 뮤지엄의 경계를 확장한다(최성희, 2017, p. 178).

따라서 뮤지엄 교육이 수동적으로 의미를 수용하는 것이 아닌 자발적으로 의미를 생성하는 과정이라는 관점에서 대부분의 뮤지엄은 관람객과 전시물의 상호작용을 돕기 위한 도구들을 제공하고 있다. 해석적 설명문, 전시안내/설명인, 오디오가이드, 활동지와 교육 행사 등이 그것이다(백령, 2005, pp. 67-68).

전시물을 이해하기 쉽게 해석해서 제공해 준다면, 관람객이 전시 내용이나 기획 의도를 이해할 가능성이 높아지므로 해석 매체를 개발할 때에는 그것을 이용할 목표 관람객을 고려해야 한다. 초등학생을 대상으로 제작되는 해석 매체는 전문가 집단 또는 성인을 위해 쓰인 것과는 달라야 한다(이보아, 2003, p. 203). 그러나 현재 뮤지엄에서 제공되는 전시물에 대한 해설적 설명문인 레이블은 대부분 어린이 관람객이 읽고 이해하기에 난이도가 높고 흥미를 끌어내지 못하며 일방적 지식을 전달하는 데 그치고 있어 전시 작품과의 상호작용을 통해 새로운 의미를 형성하는 데 도움이 되지 못하고 있다. 어린이 관람객이 전시 작품과 직접 상호작용하며 의미를 형성해 나가는 경험은 작품 감상능력의 기초를 형성하며, 이는 장기적으로 평생의 예술 애호가로 성장하는 데 기반이 된다. 따라서 어린이의 발달 단계와 생활 경험 수준 등을 고려한 해석 매체의 개발이 필요하다.

1. 어린이 전시 레이블의 이론적 배경

가. 의미 형성을 위한 해석 매체로서의 전시 레이블

전시 작품을 정해진 단일 의미로 보지 않는 포스트 뮤지엄에서 관람객과 작품 사이에서 능동적으로 의미를 형성할 수 있도록 도와주는 해석 매체는 '내러티브 사고'를 갖추어야 한다. 이성적이고 검증 가능한 '논리-과학적 사고'와 달리 '내러티브 사고'는 이야기의 창조를 다루며 의미의 확립에 목적을 둔다. 이는 세계에 대한 해석을 창조하는 데 필요한 사고의 방식이자 의미 형성의 수단이 된다.

로버츠(Roberts, 1997)는 뮤지엄에서의 학습을 '관람객 내러티브(visitors' narrative)'라 정의하고, 관람객 경험의 내러티브적 관점을 부각시켰다. 뮤지엄의 관란객들은 동일한 전시물을 만나게 되지만 개인의 가치와 관심, 경험에 의해 자신만의 내러티브를 구성하면서 개인적으로 독특한 해석을 하게 된다(Roberts, 1997, p. 137). 관람객 내러티브는 관람객에게 보내는 메시지의 중요성, 관람객이 메시지를 가장 잘 받아들이는 언어와 모드, 그리고 메시지가 예상치 못한 방식으로 처리될 수도 있음을 전제함을 고려해야 한다.

한편 류재만(2019)은 박물관 교육에서의 내러티브 유형으로 '있는 내러티브'와 '만든 내러티브'를 제시하였다. '있는 내러티브'는 미술관의 전시 작품에 이미 존재하고 있는 사실, 정보로서의 내러티브로 전시 작품의 조형 언어, 제작 기법 및 과정, 작가, 미술사적 의의 등 객관적 원형이다. 반면 '만든 내러티브'는 미술관 전시 작품을 감상하면서 관람객이 상상하여 만들어내는 내러티브다. 관람객 개인의 선지식과 선경험을 바탕으로 관람객이 전시 작품과 상호작용하는 과정에서 만들어지는 개별화된 창작 내러티브이다(류재만, 2019, p. 11).

따라서 관람객이 해석 과정에 적극적으로 참여하며 전시 작품과 상호작용하도록 하기 위해서는 관람객의 일상적 경험으로부터 반응을 이끌어내야 한다. 관람객은 전시 작품과 상호작용하며 촉발된 그들의 개인적이고 일상적이며 모호하고 복잡한 반응을 마음껏 표출할 수 있어야 한다. 전시 작품을 통해 관람객 자신을 드러내도록 하며, 전시 작품은 그 자체로서가 아니라 관람객이 자신을 표현할 수 있는 매개체로서의 역할을 하는 것이다.

나. 어린이 관람객의 특성과 전시 레이블

뮤지엄에서 어린이 관람객을 대상으로 해석 매체를 제작할 때에는 어린이 관람객의 특성을 고려해야 한다. 어린이는 신체 활동성이 높고, 주변 세계에 대해 적극적으로 탐색하며 지적 호기심이 왕성한 점 등 성장 발달상 중요한 시기에 있다. 반면 주의 집중력이 짧으며 지적 · 신체적 능력 발달이 진행 중이기도 하다. 어린이의 이러한 발달 및 관람 특성을 반영하지 못할 경우 어린이 관람객에게 제공되는 해석 매체의 효과는 떨어질 수밖에 없다. 따라서 어린이 관람객의 특성을 토대로 한 해석 매체의 개발이 필요하다.

어린이 관람객의 인지발달 단계와 더불어 미술관에서 중요하게 고려해야 하는 것으로 감상 능력 발달 단계를 들 수 있다. 가드너(Gardner)는 어린이가 미술 작품을 지각하는 발달 단계를 연구하여 『어린이들의 미술작품 시각: 발달상의 초상』에서 어린이들의 예술적 지각발달의 단계를 제시하였다(박혜성, 2011, p. 17).

〈표 17-1〉 가드너의 어린이의 예술적 지각 발달 단계

연령	구분	발달 단계별 특징
영유아 (0-2세)	지각 생성 단계	• 사물을 직접 인식하는 단계 • 대상의 세계와 인간의 세계를 알 수 있음
미취학 아동 (2-7세)	상징 인식 단계	• 사물과 기호 등 상징화된 사물과의 관계를 인식함 • 사물에 대한 인식이 감정적이고 심리적인 충동에 따르는 경향이 있음 • 그림을 볼 때 내용 중심으로 봄
초등학교 저학년 (7-9세)	사실적 단계	• 묘사적 규칙과 전통적 개념을 중시함 • 엄격한 사실지향적 관점을 지니기 때문에 사실적인 작품을 선호하고, 환상적이고 상징적인 표현을 우습게 생각하려 함

가드너의 어린이의 예술적 지각 발달 단계에 따라 어린이 관람객을 대상으로 하는 해석 매체는 어린이 관람객이 직관적으로 이해할 수 있도록 짧고 쉬운 문장을 중심으로 그림이나 색을 활용한 정보를 제공해야 할 것이다. 또 어린이는 감정을 기반으로 반응하며 감정 표현을 통해 감상 경험을 확장하므로, 감정을 표현하도록 유도하는 질문이나 활동을 포함하여 개인적 반응을 유도하는 것이 좋다. 작품 속 상황을 이야기로 해석하거나 인물의 입장에서 상상하는 능력이 발달하는 단계에 있는 어린이를 대상으로 한다면 이야기 만들기 활동을 유도해 상상력과 이야기 구성능력을 자극해야 한다. 열린 질문을 제공하고 다양한 해석의 가능성을 열어두어 의미 만들기에 참여할 수 있도록 해야 한다. 이와 같이 어린이의 발달 단계와 수준에 맞춰 어린이 관람객 레이블을 구성해야 한다.

다. 어린이 전시 레이블의 정의

세렐(Serrell, 1996)은 '전시의 소통, 해석의 도구로서 전시의 이야기, 관점, 쟁점 등을 드러내면서 관람객에게(전시품을 바라보는) 태도의 변화를 유도하는 매체'로서 '해석적 설명문(interactive label)'을 정의했다(Serrell, 1996, p. 9). 본 연구에서는 '어린이 전시 레이블'을 '6-12세 어린이 관람객을 대상으로 하여 어린이의 인지와 감성의 수준에 맞게 조절된 전시물에 대한 소통과 해석의 도구'라고 정의하고자 한다.

어린이 전시 레이블은 '어린이를 위한' 전시 레이블로서 해석 매체를 사용하는 대상 관람객을 특정한다는 특성을 가진다. 문화유산의 해석을 연구한 틸든(Tilden, 1977)은 그의 책 『Interpreting Our Heritage』에서 어린이 관람객을 위한 별도의 해석 매체가 필요한 사례를 소개한다. 유명한 동식물학자가 어린이 관람객을 대상으로 강연할 때 '생태'라는 단어를 사용하였다. 어린이 관람객은 강연 내용에는 흥미를 느끼지 못하고 오히려 그 단어의 뜻이 무엇인지를 찾느라 다른 생각에 빠져버리게 됐다. 이러한 사례를 들며 틸든은 정보를 제시하는 것 이상의 해석을 위해서 다음과 같이 해석적 레이블을 작성하는 6가지 원칙 중에 하나로 '어린이를 위한' 레이블 작성을 제안했다(Tilden, 1977, p. 9).

> 어린이(12세 이하)에게 주어지는 해석은 성인에게 제시한 것을 희석하는 것이 아니라 근본적으로 다른 접근방식을 따라야 한다. 별도의 프로그램, 매체를 마련하는 것이 최선이다.

어린이 전시 레이블은 다음과 같은 긍정적인 효과를 기대할 수 있다.

첫째, 어린이 관람객의 수준에 맞는 쉬운 표현으로 어린이 관람객의 호응을 이끌어 낼 수 있다. 수준에 맞지 않는 어려운 표현이 사용된 레이블은 어린이 관람객이 이해하기 어렵고, 작품과 상호작용하는 데에 조력할 수 없다. 어린이 수준에 맞는 쉬운 단어와 그들의 생활 속 언어 표현을 사용한다면 이해하기 쉽고 친근감을 주어 호응을 이끌어 낼 수 있다.

둘째, 어린이 관람객의 기초적인 감상 역량이 신장된다. 어린이 전시 레이블은 대상 작품에 한정하여 자세히 관찰하도록 유도한다. 무엇을 어떻게 관찰할지에 대해 구체적으로 제시하므로 어린이 관람객이 감상의 기초를 익힐 수 있다.

셋째, 어린이 관람객의 요구를 수용하고 만족도를 높일 수 있다. 어린이 관람객과 어린이를 동반하는 성인 관람객은 어린이 관람객을 대상으로 한 별도의 전시 해석 매체를 요구하고 있다. 그 예로, 국립중앙박물관의 '2018 국립중앙박물관 고객만족도조사 보고서'에 따르면 전시해설 개선 사항으로 '어린이와 성인 대상에 따라 수준에 맞는 설명이 필요하다'라는 응답이 가장 높은 비중을 차지했다(국립중앙박물관, 2018, p. 230). 한편 영국박물관(British Museum)의 '2015 연간보고서'

에 따르면 영국박물관의 기획 전시 「Sicily」, 「Sunken Cities」에 설치된 어린이 전시 레이블에 대한 관람객 만족도 조사 결과, 95%의 관람객이 어린이 전시 레이블에 만족한다고 응답했다(British Museum, 2016, p. 23). 어린이 전시 레이블을 제공함으로써 어린이 및 동반 가족 관람객의 미술관 경험의 만족도를 높일 수 있다.

넷째, 성인 관람객도 이용할 수 있다. 어린이 전시 레이블이라고 하지만 성인 관람객이 이용하기에도 무방하다. 오히려 기존의 레이블과 다른 내용과 형식으로 색다른 재미를 줄 수 있다.

반면에 어린이 전시 레이블은 다음과 같은 한계점을 갖는다.

첫째, 언어 텍스트를 기반으로 하기 때문에 글자 미해득 어린이는 이용하기 어렵다. 기본적으로 일정 수준 이상의 읽기 능력을 갖추어야 하는 것이다. 따라서 이러한 경우에는 작품 감상의 초점을 간단한 그림이나 아이콘으로 함께 제시하거나 내용의 일부를 핸즈온(hands-on)으로 제공할 수 있다.

둘째, 대상 어린이 관람객의 연령대를 설정하는 것이 어렵다. 어린이는 성장 시기에 있기에 연령대에 따라서 인지 및 감성 수준이 다르다. 대상 연령대에 따라서 구성되는 내용과 수준이 달라야 하는 것이다. 따라서 전시의 특징에 따라 대상 연령대를 좁은 범위로 설정하거나 한 가지의 레이블을 여러 수준으로 바꾸어 제시할 수 있다.

셋째, 다양한 관람객의 유형에 따른 레이블 제공에 대한 필요성이 제기된다. 관람객 유형은 분류기준에 따라 다양한데 그 유형마다 별도의 레이블을 각각 설치해야 하는가에 대한 의문이 생길 것이다. 일반 레이블 이외에 별도의 레이블을 설치하는 기준에 대한 합의가 있어야 한다.

라. 해외 어린이 전시 레이블 사례

(1) 해외 어린이 전시 레이블 개발 사례

현재 해외의 일부 뮤지엄에서는 어린이 레이블(children's label), 가족 레이블(family label) 등 다양한 형태로 어린이 관람객을 대상으로 한 레이블을 개발하여 제공하고 있다. 영국 박물관(British Museum), 빅토리아앤앨버트 박물관(Victoria & Albert Museum), 세계박물관(World Museum), 호주 현대미술관(Museum of

Contemporary Art Australia), 브레라 미술관(Pinacoteca di Brera) 등이 있는데 각 뮤지엄마다 어린이 전시 레이블이 다른 특징을 지니고 있다. 본 연구자가 2018년 8월부터 2019년 2월까지 수집·조사한 해외 어린이 전시 레이블 개발 사례는 다음과 같다.

〈표 17-2〉 해외 어린이 전시 레이블 개발 사례

	영국박물관	빅토리아앤앨버트 박물관	세계박물관	브레라미술관
전시	〈Ashurbanipal〉 (기획전시)	〈Europe 1600-1815〉 (상설전시)	〈Ancient Egypt〉 (상설전시)	〈상설전시〉
전시 작품	아시리아 점판, 벽화	17-18세기 유럽의 공예품	이집트 미이라, 부장품 등	14~18세기 이탈리아 회화
개수	11	30	21	44
예시	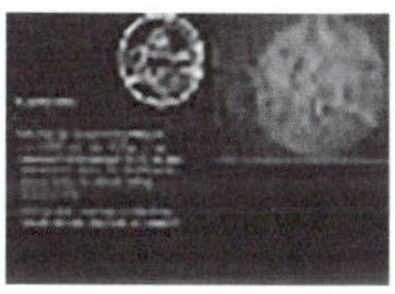			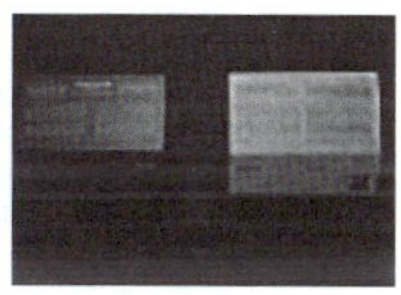
특징	• 설명과 질문의 구조 • 어린이의 실생활 소재 활용	• 설명과 질문의 구조 • 레이블과 멀티미디어 자료 연계 • 어린이 자문단	• 한 레이블의 텍스트 분량이 적음 (100단어 이하) • 핸즈온 레이블, 체험형 레이블	• 한 레이블의 테스트 분량이 많음 (200단어 이상) • 스토리텔링 구성 • 개방형 질문

영국박물관(British Museum)은 2015년부터 기획전시에 어린이 전시 레이블을 개발하여 어린이 관람객에게 제공하고 있다. 〈Ashurbanipal〉(2018.11.8-2019.2.24) 기획전시에서는 고대 아시리아 문명의 유물에 대해 어린이의 주변 세계의 소재를 활용하여 어린이 전시 레이블을 개발하였다. 특히 모든 어린이 전시 레이블이 설명과 질문의 구조로 이루어져 있어 질문에 답을 찾아가는 과정에서 어린이 관람객 스스로 의미를 형성하도록 유도하고 있다.

빅토리아앤앨버트박물관(Victoria & Albert Museum)의 어린이 전시 레이블은 어린이 자문단의 참여가 가장 큰 특징이라고 할 수 있다. 2015년 〈Europe 1600-

1815〉 상설전시를 재개관할 때 전시 기획 단계에서부터 어린이 자문단(Children's Forum)이 전시 작품 선정에 참여하였다. 선정된 작품에 대해서 워크숍을 개최하여 질의응답 과정에서 어린이 전시 레이블 작성의 해석 내용을 수렴하였다. 이후 레이블 작성 워크숍을 통해 어린이 전시 레이블 작성에 참여하도록 하였다. 또, 어린이 전시 레이블과 연계하여 멀티미디어 자료를 제공한다는 특징이 있다. 가령, 17세기 프랑스에서 유행했던 가발에 대한 레이블을 읽고, 멀티미디어 자료를 통해 직접 자신만의 가발을 꾸며 보게 하는 것이다.

세계박물관(World Museum)은 〈Ancient Egypt〉 상설전시에 어린이 전시 레이블을 개발하여 어린이 관람객에게 제공하고 있다. 고대 이집트 유물에 대한 어린이 전시 레이블이 학령기 이전의 어린이들도 쉽게 이해할 수 있는 수준이다. 대개 100단어 이하로 이루어져 분량이 적은 편이며 핸즈온(hands-on) 레이블도 다수 있다. 또, 미이라를 만드는 데 필요한 재료들에 대한 레이블에서는 직접 해당 재료의 냄새를 맡게 하는 등 체험형 레이블을 제공한다는 점이 특징이다.

브레라 미술관(Pinacoteca di Brera)은 전체 상설전시실 전반에서 고루 어린이 전시 레이블을 제공하고 있다. 종교화와 고전주의 회화가 대부분인 14-18세기 이탈리아 회화를 대상으로 하여 어린이 관점의 스토리텔링으로 구성하였다. 다른 박물관들의 어린이 전시 레이블에 비해 200단어 전후로 텍스트 분량이 많은 편이다. 설명과 질문의 구조를 이루며 개방형의 질문으로 어린이 관람객의 의미 형성을 유도하고 있다.

(2) 해외 어린이 전시 레이블 개발 사례 분석

여러 해외 뮤지엄의 어린이 전시 레이블 개발 사례 가운데에서도 본 연구에서는 브레라 미술관(Pinacoteca di Brera)의 어린이 전시 레이블을 대표 사례로 선정하여 분석하고자 한다.

브레라 미술관의 어린이 전시 레이블은 2015년 10월부터 2018년 10월까지 3년간의 준비, 제작 및 수정 · 보완 기간을 거쳐 총 44개의 설치되었다. 박물관에서의 상호작용을 촉진하기 위한 레이블 전략을 제시한 『Interpretation in the Museum』의 저자 브래드번(Bradburne)이 총책임자로서 어린이 전시 레이블 개발을 총괄하였으며 브레라 미술관의 교육 서비스 팀의 공동 작업으로 제작하였다. 관람객의 기억과 개인적인 감상을 불러일으킬 수 있는 작품을 선정하여 작품에 대한 설명과 개방형의 질문의 구조로 텍스트를 작성하였다. 각 레이블은 하나의 초점을 갖도록 하여 전체 44개의 레이블은 다양성의 원리에 따라 주제, 구성, 역사 등 여러 가지 다른 초점을 갖도록 하였다. 브레라 미술관의 어린이 전시 레이블 내용은 다음과 같은 원칙으로 구성되었다.

첫째, 작품의 정보와 설명 및 개방형 질문의 구조로 구성되었다.

둘째, 관람객의 구조적인 대답을 요구하는 질문으로 구성되었다.

셋째, 미술사학자 관점의 학문적인 내용과는 차별화를 두었다.

넷째, 하나의 레이블은 하나의 감상 초점만을 갖는다.

다섯째, 다양성의 원리에 근거하되 단독 감상을 지향한다.

브레라 미술관의 어린이 전시 레이블 사례를 분석함으로써 어린이 관람객의 해석을 돕고 의미형성을 유도하는 레이블의 특징, 구성 요소 및 구조 등을 발견할 수 있었다. 44개의 레이블 사례를 분석한 결과, 어린이 전시 레이블에서 관람객의 의미형성을 돕기 위한 서술 관점을 다음과 같이 유형화할 수 있다.

〈표 17-3〉 관람객의 의미형성을 돕기 위한 서술 관점

관점	내용	내용 요소
작품 내러티브	내용 관점	작품에서 볼 수 있는 사람, 장소, 물건 등
	서사 관점	작품 속 주제를 바탕으로 한 서사 구조의 서술, 작품 속 주제를 바탕으로 한 허구의 이야기 등
	미적 구성요소 관점	작품의 조형요소 및 조형원리, 표현 재료 및 도구, 기법 및 과정 등
	심화질문	앞서 제시된 내용을 바탕으로 작품 속에서 또는 관련 작품 속에서 정보를 찾기
해석 관점	주제 관점	작가의 작품 구상 및 표현 의도
	미술사적 관점	미술사적, 미학적 정보에 대한 전문가의 관점
	사회문화적 배경	역사적 · 사회적 배경, 상징, 의의 등
	개인적 관점	작품 감상에 필요한 개인의 선지식 및 선경험
	체험적 이해	시선 유도하기, 행동 지시하기 등
	맥락 · 단서 제공	심화질문 또는 관람객 내러티브에 도움이 되는 맥락 · 단서 제공하기

관람객 내러티브	개인적 대입하기	관람객 개인이 작가의 입장에서 대안을 생각하기
	개인적 판단하기	관람객 개인의 선호 또는 의견
	상상하기	작품 속 또는 밖에서 만약을 상상하기

관람객의 의미형성을 돕기 위한 서술 관점을 기준으로 하나의 작품에 대한 일반 전시 레이블과 어린이 전시 레이블의 텍스트 구성을 비교 분석하였다. 두 차례에 걸친 귀납적 분석법의 결과 두 레이블 유형은 텍스트 구성에 있어서 상당한 차이가 있음을 발견할 수 있었다. 44개 분석 사례 가운데 한 가지 대표적인 사례는 다음과 같다.

〈표 17-4〉 브레라 미술관의 전시 레이블 사례의 작품 정보

 Peter Paul Rubens The Last Supper 1631–2 Oil in wood 304×250cm	이 작품은 최후의 만찬 때 예수와 사도들을 묘사하고 있는데, 푸른 옷을 입은 유다가 식탁에서 떨어져 뒤돌아 작품을 보는 이에게 시선을 향하고 있다. 예수를 제외하고 가장 두드러지게 표현된 인물은 유다이다. 유다는 작품 속의 다른 인물들과 직접적인 접촉을 피한 채 오른손을 입에 대고 긴장된 표정을 짓고 있다. 예수는 붉은 옷을 입고 얼굴이 위로 기울어진 채 머리를 감싸고 있는 노란 후광을 비추고 있다. 예수는 양옆으로 여섯 명씩, 제자들에 둘러싸여 작품의 가운데에 위치해 있다. 가운데 포도주가 놓여있고 예수가 빵 한 덩어리를 들고 있다. 모든 인물들 가운데 예수가 가장 밝게 보인다. 그러므로 이 장면은 배신감을 드러내는 의미에서 여전히 중추적인 의미를 지니는 동시에 빵과 포도주의 축복을 의미하는 '마지막 만찬'이라는 신학적 의미를 완벽하게 함축한 것이다. 다른 많은 북유럽 회화의 묘사에서처럼 개를 볼 수 있는데 단순한 애완동물이 아니라 믿음을 나타내는 것이다. 전통적으로 개는 믿음을 상징하고 있다.

〈표 17-5〉 브레라 미술관의 일반 전시 레이블

일반 전시 레이블 전문	의미형성 서술 관점	
[1] 캐서린 레스큐어가 아버지를 추모하기 위해 의뢰한 이 그림은 1631년 플랑드르주 말랭에 있는 성 람보드에서 가장 성스러운 예배당의 제단화로 제작되었다.	해석 관점	사회문화적 배경

[2] 다른 후기 작품들과 마찬가지로 이 작품에서도 루벤스는 그림의 덜 중요한 부분에는 조수를 사용했지만, 작품의 인물의 얼굴 특징을 묘사하거나 휘장 표현에 대해서는 본인이 직접 페인트 붓 손잡이를 사용하여 그림으로써 근본적인 색감을 끄집어냈다.	작품 내러티브	미적 구성요소
[3] 이 구성은 16세기 베네치아 회화에서 영감을 얻은 것이다.	해석 관점	사회문화적 배경

〈표 17-6〉 브레라 미술관의 어린이 전시 레이블

어린이 전시 레이블 전문	의미형성 서술 관점	
[1] "예수님, 누가 당신을 배반하겠습니까?", "제가 될 수 있겠습니까?", "아니면 그분입니까?" 하고 촛불 주변에 모인 사도들이 묻습니다. 오직 한 사람만이 그림 밖을 내다봅니다.	작품 내러티브	서사 관점
[2] 작가는 이 인물을 전면에 내세웠습니다. 바로 유다이다. 그의 배신을 강조하기 위해, 루벤스는 충성심의 상징인 개를 그의 발 아래에 그렸습니다. 화가는 대조를 통해 논점을 분명히 한다.	해석 관점	주제 관점 (작가의 의도)
[3] 어떤 동물이 여러분의 성격과 대조를 보이나요?	관람객 내러티브	개인적 대입하기

브레라 미술관의 전시 작품 「The Last Supper」의 일반 전시 레이블의 감상은 '역사적 상황'과 '기법'에 맞춰져 있다. 내용 구성은 주로 '해석 관점'을 다루고 있고 '관람객 내러티브' 관점의 요소들은 발견되지 않았다. 반면에 동일 작품에 대한 어린이 전시 레이블의 감상 초점은 '사람, 사물'에 맞춰져 있다. 내용 구성은 3가지 대범주의 관점을 모두 포함하고 있으며 작품 내러티브, 해석 관점, 관람객 내러티브의 순서로 제시되어 있다. 이야기 형식을 통해 정보가 제시되며 정답이 정해지지 않은 질문을 통해 해석의 권한을 관람객에게 양도함으로써 다양한 해석의 가능성을 인정하고 있는 것이다.

브레라 미술관의 어린이 전시 레이블은 일반 전시 레이블에 비해 '관람객 내러티브'에 중점을 두고 관람객의 다양한 해석을 장려하며 관람객 개인의 의미형성을 촉진하고 있었다. 또한, 대부분의 어린이 전시 레이블은 '작품 내러티브'와 '해석 관점'으로부터 '관람객 내러티브'로 나아가는 구조가 많았다.

브레라 미술관의 일반 전시 레이블 및 어린이 전시 레이블의 내용 요소를 비교 분석한 결과 다음과 같은 시사점을 추출할 수 있었다. 첫째, 스토리텔링에서 스토리메이킹으로 나아가는 구조다. 이는 정보 설명과 열린 발문이 결합된 형태로, 본 연구의 서술 관점 범주로 본다면 '작품 내러티브'와 '해석 관점'에서 '관람객 내러티브'로 나아가는 구조다. 둘째, 핵심 내용에 집중한다. 해당 작품에서 가장 중점이 되는 감상 초점을 한두 가지를 선정하여 이를 간결하게 레이블 내용으로 구성한다. 셋째, 어린이 관람객의 이해 수준에 따라 내용을 조정한다. 어린이 관람객 수준에 맞추어 쉽고 친근한 단어를 사용하여 이해를 돕는다. 넷째, 어린이 관람객의 흥미와 관심을 유발할 수 있는 소재와 주제를 사용한다. 어린이가 좋아하는 생활 주변 소재와 주제를 작품 해석과 연결시켜 어린이 관람객이 레이블에 더욱 몰입하게 한다.

2. 어린이 전시 레이블 개발 방안

가. 어린이 전시 레이블 개발 프로세스

앞서 해외 어린이 전시 레이블 분석의 시사점을 토대로 구성한 어린이 전시 레이블 개발의 프로세스의 단계와 각 단계별 주요 내용은 다음과 같다.

〈표 17-7〉 어린이 전시 레이블 개발 프로세스 단계별 주요 활동

개발 단계	주요 활동	주체
미술관의 정체성과 교육목표 분석	• 미술관의 미션과 비전 탐색 • 미술관의 교육목표 분석	큐레이션 팀 (큐레이터 에듀케이터 초등교사 어린이 자문단)
대상 관람객 분석	• 어린이 관람객의 인지 발달 수준 분석 • 어린이 관람객의 흥미 · 관심 분석 및 관련 콘텐츠 참고 • 초등학교 교육과정 연계 가능성 탐색	
작품 선정 및 분석	• 작품 선정 기준에 따라 작품 선정 • 작품 분석틀에 따라 작품 분석 • 감상의 초점 선정	

레이블 작성	• 레이블 내용 구성 모델에 따라 레이블 작성 • 초안 작성, 내용 감수(학술적 정보 및 스토리), 윤문, • 최종본 산출	
디자인 및 제작, 설치	• 레이아웃 및 디자인 • 제작 및 설치	
평가 및 수정 · 보완	• 관람객 평가 • 내부 평가 • 평가 결과 분석에 따라 수정 · 보완	

어린이 전시 레이블 개발 프로세스 중 '작품 분석 및 설정' 단계에서는 작품 선정 기준에 따라 작품을 선정한다. 작품 선정의 기준은 앞서 분석한 미술관의 정체성과 교육목표에 따라서 다를 수 있다. 전시 작품을 선정한 후에는 작품 분석 기준에 따라 개별 전시 작품을 분석한다. 작품 분석 기준은 바렛(Barrett)이 제시한 '미술작품의 의미 구성요소'를 이용할 수 있다. 이는 미술작품의 소재(subject matter), 매체(medium), 형태(form), 맥락(context)이 합쳐져서 미술 작품의 의미가 만들어진다고 본 것이다. 구체적으로는 다음 〈표 17-8〉과 같다(Barrett, 2000/2004, p. 126).

〈표 17-8〉 작품의 의미 구성요소를 토대로 한 작품 분석 기준

작품 분석 기준		작품 A	작품 B	작품 C	작품 D
소재	① 사람				
	② 물건				
	③ 장소				
매체	① 재료				
	② 기법				
형식	① 조형요소				
	② 조형원리				
맥락	① 물리적 환경				
	② 역사적 상황				
	③ 사회적 의미				
	④ 개인적 의미				

작품 분석 후 작품마다 각기 다른 의미 구성요소를 파악하여 가장 특징적인 의미 요소 한두 가지만을 선정하여 감상의 초점으로 삼다.

나. 어린이 전시 레이블 내용 구성 모델

어린이 전시 레이블 개발 프로세스의 4단계, '레이블 작성'에 해당하는 모델이다. 미술관마다, 혹은 전시마다 가지고 있는 전시 내러티브와 작품 내러티브가 각기 다를 것이므로 이를 하나의 전형이 아니라, 유동적으로 취사선택하여 사용하되 내용 구성의 체계성을 도모하기 위해 내용 구성 모델을 제안한다. 하나의 모델로서 참고 자료로서 활용할 수 있는 어린이 전시 레이블 내용 구성 모델은 다음과 같다.

〈표 17-9〉 어린이 전시 레이블 내용 구성 모델

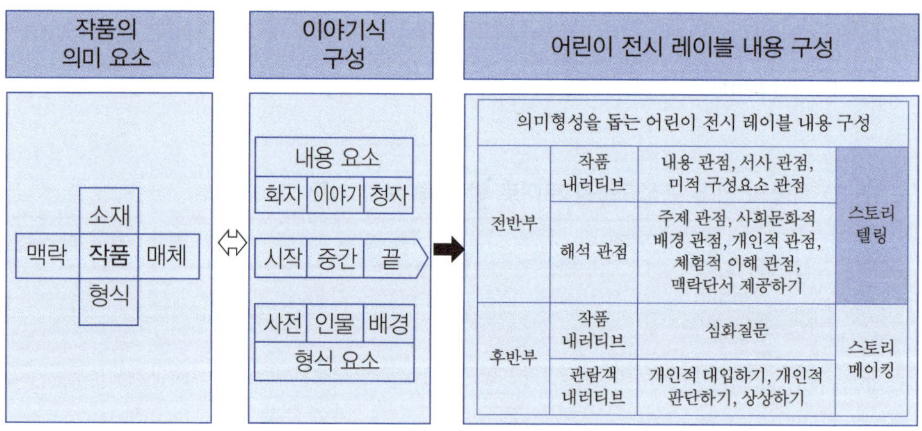

작품의 의미 요소와 이야기의 구성 요소를 조합하여 어린이 전시 레이블 내용을 구성한다. 어린이 전시 레이블의 내용 구성은 전반부와 후반부로 나누어 전반부는 '있는 내러티브'로서 '스토리텔링(story-telling)', 후반부는 '만든 내러티브'로서 '스토리메이킹(story-making)'의 구조다. 구체적인 단계와 내용은 다음과 같다.

(1) 작품의 의미 요소와 이야기 구성 요소의 조합

작품의 의미 요소와 이야기 구성 요소를 조합한다. 어린이 전시 레이블의 대상 작품 분석을 통해 작품의 의미 요소 중 가장 특징적이고 결정적인 요소를 선정한다. 이는 작품의 감상 초점이 되며 한두 가지로 한정하도록 한다. 동시에 이야기 구성 요소에서 작품의 의미 요소와 연결 가능한 요소를 선정한다. 이야기의 구성 요소로는 화자와 청자, 이야기의 형식 요소로는 사건, 인물, 배경이 있다.

구체적으로 작품 '소재' 의미 요소의 경우 작품 속 인물이 이야기의 인물이 되고 작품의 장소가 이야기의 배경이 된다. 작품 '매체' 의미 요소의 경우 재료와 기법은 이야기의 청자에게 일어난 사건으로서 이야기에 적용될 수 있다. 작품 '형식' 의미 요소의 경우 조형요소와 조형원리를 작품 속 인물보다는 미술관의 목소리를 통해 시선을 유도함으로써 이야기로 풀어낼 수 있다. 작품 '맥락' 의미 요소의 경우 물리적 환경과 역사적 상황은 작품의 배경으로서 이야기에 적용될 수 있다.

(2) 어린이 전시 레이블 내용 구성

어린이 전시 레이블의 내용을 구성한다. 전반부는 '작품 내러티브'와 '해석 관점'의 서술로 구성되며 '스토리텔링(story-telling)'으로써 관람객에게 이야기를 들려주는 것이다. 이어 후반부는 앞서 제시한 스토리텔링의 내용과 관련하여 관람객 개인의 의미를 형성할 수 있는 '관람객 내러티브'의 서술로 구성된 '스토리메이킹(story-making)'이다. 관람객이 직접 이야기를 만들어내는 것이다. 스토리텔링에서 스토리메이킹으로 나아가는 구조를 따르되 고정된 것이 아니므로 내용에 따라 구조를 유동적으로 변경할 수 있으며 작품 감상 초점에 따라 필요한 의미 요소를 취사선택하도록 한다.

(가) 전반부-있는 내러티브로서 스토리텔링(story-telling)

인물, 사건, 배경을 갖추어 어떤 내용을 전달하는 이야기로서 '스토리텔링(story-telling)'의 서술 관점은 '작품 내러티브'와 '해석 관점'이 있다. 우선, '작품 내러티브'의 하위 요소 중 '내용 관점'은 작품 속의 사람, 사물, 장소 등에 관한 것으로 이야기의 내용 요소가 되고, '서사 관점'은 작품 속의 '내용'이 아닌 허구의 이야기를 도입하는 것이다. '미적 감상요소 관점'은 작품의 조형요소와 조형원리, 재료와 용구, 기법과 과정 등으로 이를 이야기의 소재로 사용할 수 있다.

'해석 관점'의 하위 요소로 '주제 관점(작가의 의도)'은 작가가 작품을 구상하고 표현하고자 한 메시지이다. 작가가 화자가 되어 의도를 이야기로 풀어낼 수 있다. '사회문화적 배경 관점'은 역사적 · 사회적 배경 그 자체가 이야기의 배경이 될 수 있고, 상징과 의의는 이야기 속에서 유추할 수 있도록 배경 속에 녹아들게 할 수도 있다. '개인적 관점'은 대상 관람객 특성 분석을 토대로 예상 가능한 선지식과 선경험을 이야기에 반영한다. '체험적 이해'는 관람객이 실제로 행동해 볼 수 있도록 관람객을 이야기 속에 참여자로 설정하여 행동을 지시한다. '맥락 · 단서 제공하기'는 작품 속에 있는 표현뿐만 아니라 쉽게 유추할 수 있는 비유를 통해 심화질문이나 관람객 내러티브에 도움이 되는 맥락과 단서를 제공한다.

(나) 후반부-만든 내러티브로서의 스토리메이킹(story-making)

관람객이 스스로 만들어야 하는 이야기로서 '스토리메이킹(story-making)'의 관점은 '작품 내러티브'와 '관람객 내러티브'가 있다. 우선, '작품 내러티브'의 하위 요소인 '심화질문'은 전반부의 스토리텔링을 바탕으로 하여 작품 속에서 또는 관련 배경 지식에서 정보를 찾는 것이다. 관람객이 보다 자세히 작품을 관찰하고 스스로 특징을 발견하도록 하는 의도이므로 정답이 주어지지 않는다.

후반부 스토리메이킹의 서술 관점의 대부분은 '관람객 내러티브'에 해당한다. 하위 요소인 '개인적 대입하기'는 관람객이 자신의 상황에 대입하여 대안을 생각하게 하는 것으로, 이야기에서 다른 사건이나 배경으로 바꿔볼 수 있다. '개인적 판단하기'는 작품에 대한 관람객의 개인적 선호 또는 의견으로, 이야기에서 옳고 그름, 선함과 악함, 아름다움과 추함 등을 판단한다. '상상하기'는 작품 안팎에서 만약을 가정하여 상상하는 것이다.

3. 어린이 전시 레이블 개발 사례

앞서 제시한 어린이 전시 레이블의 개발 방안을 적용한 H 미술관의 어린이 레이블의 구체적인 사례는 다음과 같다.

〈표 17-10〉 H 미술관 어린이 전시 레이블의 작품 정보

「귀가」
박수근
1962
하드보드에 유채

박수근은 가장 '한국적'이고 '민족적'인 화가라고 평가받는다. 그의 작품은 유채색을 거의 쓰지 않는 갈색조의 화면에서 한국의 흙빛, 혹은 "꺼칠꺼칠한 흙벽"을 연상하게 한다. 빛바랜 색조의 거친 화면은 '오래 씻긴 텁텁하고 투명한 색채의 무명의 질감'에 비유되기도 한다. 무엇보다도 가장 '한국적'인 요소는 박수근의 화면을 가득 메우고 있는 여인들이다.
1962년의 「귀가」에는 한나절 시장 모퉁이와 골목에서 고달픈 장사를 하였거나 혹은 어느 잔칫집에 일손을 거들어주고 받은 삯과 남은 물건을 저녁 어스름에 광주리에 주섬주섬 챙겨 머리에 이고 집으로 총총히 돌아가고 있는 여인들이 보인다. 박수근의 그림의 여성들에게 일이란 화면을 균질하게 등분하는 수직 수평선의 구도 속에 평온하고 자연스럽게 재현된다(신지영, 2000, p. 145).

〈표 17-11〉 H 미술관 어린이 전시 레이블의 내용 구성 과정

작품의 의미 요소		이야기식 구성		어린이 전시 레이블 내용 구성
• 소재 – 여인, 나무, 광주리, 길 • 매체 – 유채 • 형식 – 수평구도, 색, 질감 • 맥락 – 전후 한국	⇔	• 사건 – 관람객의 대화 / 여인들의 행렬 • 인물 – 어린이 관람객 /여인들 • 배경 – 전시장 / 길 *액자식 구성	➡	(아래 표)

의미형성을 돕는 어린이 전시 레이블 내용 구성			
전반부	작품 내러티브	서사 관점 미적 구성요소 관점	스토리텔링
	해석 관점	맥락단서 제공하기	
후반부	작품 내러티브	심화질문	스토리 메이킹

〈표 17-12〉 H 미술관 어린이 전시 레이블 내용 구성

「귀가」 어린이 전시 레이블 전문	의미형성을 돕는 어린이 전시 레이블 내용 구성		
[1] 엄마와 손을 잡고 전시장에 온 한 아이가 신기하다는 듯이 말한다. "엄마, 저 아줌마 정말 큰 모자 썼어요, 그렇죠?"	작품 내러티브	서사 관점	스토리텔링
[2] 하지만 이것은 큰 모자가 아닙니다. 자세히 보면 물건들이 담겨 있는 것 같군요.	해석 관점	맥락 · 단서 제공하기	
[3] 그림 속 여인들은 하나같이 머리 위에 무엇인가를 얹고, 떨어질세라 꽉 잡은 채 종종걸음으로 걸어가고 있다. 고된 일과를 마치고 집으로 돌아가는 길이겠지요.	작품 내러티브	서사 관점	
[4] 여인들이 머리 위에 들고 있는 것은 무엇일까요?	작품 내러티브	심화질문	스토리 메이킹

작품「귀가」의 의미 요소를 분석한 결과 감상의 초점을 작품의 내용 중에서 '인물'에 해당하는 '여인들'로 설정하였다. 박수근 작품 특유의 단순한 형태와 투박한 질감 표현으로 인해 어린이 관람객이 인물들이 무엇을 하는 것인지 추측하는 것이 어려워 보인다. 또 여인들이 머리 위에 들고 있는 사물인 '광주리'는 현재 어린이 관람객이 실제로 본 적이 거의 드문 것이다. 따라서 여인들이 머리 위에 들고 있는 것이 무엇일지 추측하는 과정에서 작품의 시대적 · 공간적 배경은 물론 정서와 정감 등을 알 수 있을 것이다. 이 과정에서 자신의 개인적 경험과 지식이 동원되고 또 새롭게 재구조화되도록 한다.

작품「귀가」에 대한 어린이 전시 레이블 구조는 작품 속 인물들의 상황과 사건을 허구의 이야기로 구성하여 제시한 스토리텔링과 그 이야기로부터 작품의 세부 묘사를 관찰하고 답을 찾도록 하는 스토리메이킹으로 이루어진다.

작품이 제작된 당시 시대적 상황을 잘 알지 못하는 어린이 관람객은 작품 속 여인들이 어디에 왜 걸어가고 있는지, 머리 위에 들고 있는 것은 무엇인지 추측하기 힘들 것이다. 어린이 관람객의 눈높이에서 자신과 같은 어린이 관람객이「귀가」작품을 대면하였을 때 즉각적으로 보일 반응을 예상하여 일종의 예시로서 허구의 이야기인 '서사 관점'으로 서술한다. 사람의 머리 위에 무엇인가 있다고 할 때 즉각적으로 떠올릴 물건은 어린이의 경험 세계에서는 '모자'일 것이다. 이를 통해 실제로 어린이 관람객은 자신과 비슷한 생각을 떠올린 가상의 어린이 관람객에게 공감하며 작품에 흥미를 느끼고 감상을 시작할 수 있을 것이다. 이렇듯 작품 외부의 허구의 이야기와 작품 속 인물의 이야기로서 '작품 내러티브'의 '서사 관점'의 요소가 주를 이루어 '스토리텔링(story-telling)'을 구성한다.

한 줄을 띄운 다음, 처음 이야기가 시작되었던 소재인 여인들이 머리 위에 들고 있는 것은 무엇인지 묻는 '심화질문'으로써 레이블이 마무리된다. 앞의 스토리텔링에 대한 질문으로, 정답은 주어지지 않으며 관람객이 스스로 답을 찾도록 한다. 정답이 아니더라도 어린이 관람객이 개별적으로 갖는 경험과 감상을 토대로 다양한 이야기를 만들어 낼 수 있다. 어린이 관람객의 다양한 해석을 기대하며 스스로 의미를 형성해 내도록 하는 것이다.

그 외, H 미술관의 어린이 전시 레이블 사례는 다음의 〈표 17-13〉과 같다.

〈표 17-13〉 H 미술관 어린이 전시 레이블 사례

1	 사방탁자, 조선 19세기	뚝딱뚝딱! 쓱쓱! 조선시대의 목가구 장인이 사방탁자를 만들고 있다. 여러분도 나무를 사용해 물건을 만들어 본 적이 있나요? 혹은 나무로 만든 가구를 본 적이 있나요? 나무를 소재로 가구를 만들려면 많은 도구가 필요할 텐데… 앗, 그런데 사방탁자를 만드는 장인은 못을 들고 있지 않아요. 그렇다면 장인은 나무와 나무 사이를 어떻게 이었을까요?
2	 청화백자 운룡문 호, 조선 18세기	나만이 가진, 다른 사람보다 강한 부분이 무엇인지 알고 있나요? 반대로 내 친구들이 가진 강점도 한번 생각해 보세요. 아마 각자 가지고 있는 강점이 서로 다를 거예요. 이렇게 사람들이 가진 강점만 모두 모으면 얼마나 좋을까요? 이 생각은 옛날 사람들도 똑같이 했답니다. 낙타의 얼굴, 사슴의 뿔, 뱀의 몸통, 사자의 머리털 등 9개 동물의 모습을 합하여 상상의 동물인 '용'을 만들어 냈으니까요. 용의 발톱을 자세히 보세요. 어떤 동물의 발톱과 비슷한가요?
3	 호피장막도 8곡병, 조선 19세기	여러분의 책상 위에는 어떤 물건들이 놓여 있나요? 교과서, 문제집, 공책, 연필, 지우개, 컴퓨터… 안경을 쓰는 친구라면 안경도 있겠네요. 그림 속의 호랑이 가죽 장막을 열고 들어가 옛날 사람들의 책상을 자세히 구경해 봅시다. 무엇이 보이나요? 책도 보이고, 붓도 보이네요. 벼루도 있고, 안경도 있어요. 그림 속의 안경과 지금 우리가 쓰는 안경은 어떻게 다른가요?

* 이 글은 「어린이 관람객의 의미 형성을 돕기 위한 미술관 전시 레이블 개발 방안」(이지혜, 서울교육대학교 교육전문대학원 석사학위청구논문, 2020)을 수정, 보완한 글이다.

참고문헌

국립중앙박물관(2018). 2018 국립중앙박물관 고객만족도조사 보고서. 서울: 국립중앙박물관.

류재만(2019). 박물관 교육에서 유물 리터러시 학습 방안 모색. 박물관학보, 36, 1-9.

박혜성(2011). 어린이를 위한 미술관 전시해설 스크립트 구성방안. 서울교육대학교 교육전문대학원 석사학위청구논문.

백령(2005). 멀티미디어시대의 박물관 교육. 서울: 예경.

신지영(2000). 박수근 회화에 나타난 여성들: '한국적인 거'의 기표로서의 여성들. 현대미술사연구, 12, 139-168.

이보아(2003). 성공한 박물관, 성공한 마케팅. 서울: 역사넷.

최성희(2017). 전시, 소통, 포스트 뮤지움: 서울시립 북서울 미술관의 전시 〈코끼리 주름 펼치다〉와 〈끼리끼리 코끼리〉를 중심으로. 조형교육, 61, 177-202.

Barrett, T. M. (1994). *Criticizing Art*. 이태호(역)(2004). 미술비평: 그림을 읽는 즐거움. 파주: 아트북스.

British Museum. (2016). *British Museum Annual Report 2015*. London: British Museum.

Roberts, R. (1997). *From knowledge to narrative: Educators and the changing museum*. Washington, D.C.: Smithsonian Institution.

Serrell, B. (1996). *Exhibit labels: An interpretive approach*. Walnut Creek: Altamira Press.

Tilden, F. (1977). *Interpreting our heritage*. NC: The University of North Carolina Press.

제18장 어린이를 위한 미술관 전시 해설

미술관은 미술 작품을 수집하고 보존하며 전시를 통해 관람객에게 미적 경험과 교육을 제공하는 공간이다. 특히 어린이는 미래의 문화를 향유하고 이끌어 나갈 잠재적 문화소비자로서, 미술관에서의 경험이 평생 문화생활의 기초가 될 수 있다. 그러나 어린이들은 성인과 달리 작품 감상에 필요한 배경지식이나 미적 이해력이 제한적이기 때문에, 미술관에서 전시된 작품을 보는 것만으로는 충분한 교육적 효과를 얻기 어렵다.

어린이를 위한 미술관 전시 해설은 단순한 작품 설명 이상의 역할을 담당해야 한다. 전시 해설자는 어린이들이 작품을 통해 다양한 상상과 추론을 할 수 있도록 유도하며, 그 과정에서 어린이 스스로 작품의 의미를 발견하고 새로운 지식을 구성할 수 있도록 도와주어야 한다(류재만, 2005). 즉, 미술관의 전시 해설은 어린이와 작품, 그리고 미술관이라는 공간을 연결하는 가교 역할을 수행한다.

오늘날의 미술관은 문화적 맥락에서 작품을 이해하고, 어린이가 적극적으로 참여하여 즐겁게 학습할 수 있는 장소로 변화하고 있다. 이와 더불어 미술관에서의 전시 해설은 작품 자체뿐 아니라 어린이의 눈높이와 이해 수준을 충분히 고려하여 구성되어야 한다. 또한 어린이를 위한 효과적인 전시 해설을 위해서는 먼저, 어린이의 발달 단계와 관심 영역에 대한 명확한 이해가 필요하다. 따라서 전시 해설자는 어린이의 연령과 발달 단계에 맞추어 적절한 질문을 던지고 대화를 유도하여, 작품 감상 과정에서 자연스럽게 참여할 수 있도록 구성해야 한다.

궁극적으로 어린이를 위한 미술관 전시 해설은 어린이가 미술관이라는 공간을 즐거운 학습의 장소로 인식하게 하고, 나아가 문화예술에 대한 지속적인 관심을 키우는 데 이바지해야 한다. 이를 위해 미술관과 학교, 가정이 협력하여 체계적이고 지속적인 전시 해설 프로그램을 운영하는 것이 필수적이다.

1. 미술관 어린이 전시 해설의 필요성

오늘날의 뮤지엄은 단순히 수집과 보존, 전시 기능에 머무르지 않고 교육의 장으로 기능을 확대하고 있다. '에듀인포테인먼트(edu-infotainment)'라는 개념이 뮤지엄 공간에 적용되며, 교육 · 정보 · 오락이 통합된 복합문화공간으로서의 역할이 강조되고 있는 것이다(국립현대미술관, 2008). 특히 미술관은 실물 기반의 체험이 가능한 대표적인 공공교육기관으로서의 위상을 확보하며, 전시를 중심으로 한 감상 교육에서 중요한 교육 기제를 제공하고 있다.

이러한 변화는 어린이에게 있어 더욱 유의미하다. 어린이는 미래의 문화 향유자이자 생산자로서, 문화의 역할과 가치를 인식하고 문화적 태도를 내면화해야 할 존재이다. 따라서 미술관은 어린이에게 문화적 참여의 기회를 제공하고 미적 감수성을 길러줄 수 있는 공간으로 기능해야 하며, 이를 위한 교육적 장치로 전시 해설의 중요성이 강조된다(류재만, 2005).

그러나 현실에서는 대부분의 전시 해설이 성인을 기준으로 기획되고 있으며, 어린이를 위한 전문 도슨트나 해설 프로그램은 매우 부족하다. 어린이를 포함한 가족 단위 관람객을 대상으로 하는 해설조차도 대부분 보호자의 판단을 바탕으로 한 설명에 의존하는 실정이다. 특히 초등학교 현장에서는 교사들이 전시물이나 미술관 공간에 대한 이해 부족으로 인해 단순한 인솔자 역할에 머무르며, 적극적인 전시 해설에 참여하지 못하는 상황도 많다(정희운, 2008).

이에 따라 어린이를 위한 전시 해설이 효과적으로 작동하기 위해서는 전시 해설의 주체가 전시 작품에 대한 정보뿐 아니라 어린이 관람객의 특성과 수준에 대한 이해를 바탕으로 해설 스크립트를 구성할 수 있어야 한다. Piaget(1950)는 아동의 인지 발달이 단계적이고 연속적으로 이루어진다고 보았으며, Gardner(1981), Parsons(1987)는 이러한 인지 발달과 미적 감상의 발달이 밀접하게 연관된다고 하였다. 즉, 어린이의 감상 교육은 단순한 정보 전달이 아닌, 연령별 인지 발달 및 감상 능력에 기초한 체계적인 구성 속에서 이루어져야 한다.

미술관에서의 어린이 대상 전시 해설은 단순한 작품 정보 전달을 넘어, 아동의 인지 발달, 문화적 감수성, 심미적 상상력, 그리고 비판적 사고력 함양에 기여하는 중요한 교육적 중재 활동이다. 어린이 전시 해설의 필요성을 구체적으로 살펴보면 다음과 같다.

가. 어린이 발달 단계에 맞는 감상을 위한 중재의 필요성

어린이는 성인과 달리 전시에 대한 선이해가 부족하고, 작품의 상징성과 맥락을 자율적으로 해석하는 데 한계가 있기 때문에, 효과적인 감상을 위해 발달 수준에 맞춘 교육적 중재가 요구된다. 비고츠키(Vygotsky)의 근접발달영역(Zone of Proximal Development, ZPD) 이론에 따르면, 학습자가 혼자 수행하기 어렵지만 유능한 타자의 도움을 통해 가능한 영역이 존재하며, 전시 해설자는 이 학습의 중재자이자 촉진자 역할을 담당할 수 있다(Wertsch & Tulviste, 1992). 어린이의 발달 단계에 맞는 전시 해설은 어린이의 인지 · 언어 수준에 맞춘 해설을 제공함으로써 작품에 대한 어린이들의 궁금증을 해결하고, 작품에 대한 이해를 도우며 미적 감수성을 기를 수 있다.

나. 미적 감수성과 심미적 상상력의 함양

어린 시절에 미술 작품을 접하며 이에 대해 생각하고 그 생각을 이야기하는 경험은 심미적 감수성과 문화적 수용성의 발달에 도움이 될 수 있다. 어린이 수준에 적합하게 구성된 전시 해설은 관찰, 해석, 감상이라는 일련의 과정을 구조화함으로써, 어린이는 미술 작품을 단순히 '시각적 대상'이 아닌 '보고 느끼고 생각하는 존재'로 받아들이게 된다. 이는 심미적 상상력의 발달로 이어지며, 창의력의 토대가 될 수 있다.

다. 비판적 사고력의 향상

어린이의 수준에 맞는 전시 해설은 작품에 대한 일방적인 정보 전달이 아니라 작품에 대한 어린이의 의견을 경청하고, 작품에 대한 자신의 생각을 이야기하도록 유도하는 대화 중심의 성격을 가져야 한다. 이러한 전시 해설 과정에 참여한 어린이는 스스로 생각하고 판단하는 과정에서 비판적 사고력을 발전시킬 수 있다. 작품을 감상하고 자신의 생각과 느낌을 이야기하는 활동은 언어 능력뿐 아니라 미적 판단력과 논리적 사고 능력의 초석을 제공하며, 이는 학습자 중심 교육의 핵심인 능동적 참여를 가능하게 한다.

라. 미적 정서발달에 도움

미술 작품의 소재나 주제, 배경 맥락, 작가의 의도 등을 어린이의 삶의 경험과 연결시켜 전시 해설을 할 때, 어린이는 감상 대상과의 감정적 몰입과 공감적 이해를 경험하게 된다. 이는 미술에 대한 긍정적인 태도 형성을 촉진하며, 장기적으로 미적 정서 발달에 중요한 역할을 할 수 있다.

마. 미술관 접근 확대 및 이용의 장벽 완화

미술관은 어린이에게 종종 낯설고 긴장감이 유발되는 공간으로 인식될 수 있다. 그러나 어린이의 인지 및 정서 특성에 부합하는 전시 해설은 미술관을 친숙하고 즐거운 학습 공간으로 재인식하게 하며, 반복적인 방문과 장기적인 문화예술 향유 태도를 유도할 수 있다. 이는 미술관 이용의 심리적·사회적 장벽을 완화하고, 나아가 문화 향유권(cultural accessibility)을 실현하는 데 기여한다.

어린이의 인지 및 언어 발달 수준에 적합하게 구성된 전시 해설은 작품에 대한 호기심을 자극하고, 감상의 이해도를 높이며, 나아가 미적 감수성의 형성을 돕는 기반이 된다. 어린이를 위한 전시 해설은 단지 해설 언어를 쉽게 바꾸는 차원이 아닌, 감상의 구조를 이해하고 관람객과 상호작용할 수 있는 형태로 구성되어야 한다. 이를 통해 어린이는 작품과의 대화를 통해 미적 체험을 내면화하며, 미술관은 어린이의 문화적 성장을 돕는 주체로 자리할 수 있다.

2. 미술관 감상 학습 이론

가. Hausen의 심미적 안목의 발달 단계

미술관 학습을 진행할 때에는 관람객의 수준에 따른 교육 프로그램이 계획되고, 그에 필요한 자료가 준비되어야 한다. 학교의 교사가 수업 전 학습자를 분석한 결과를 바탕으로 지도안 작성, 수업 자료를 준비하는 것과 같은 맥락이다. 인지심리학자인 Hausen은 그의 논문「관람자의 눈: 심미적 발달의 측정」과「미술관 및 학교를 위한 심미적 발달 상황의 측정 결과」에서 감상 능력의 발달을 측정하여 심미적 능력 발달에 관한 이론 모델을 구축하였다. 이것을 몇 가지 자료에 의해 종합해 보면 다음과 같다(Hausen, 1983; 박휘락, 2003).

첫째, 설명 혹은 이야기의 단계이다. 관람자는 자기 주관에 따라 그림을 읽고, 자신의 감각과 경험을 바탕으로 작품 속의 내용을 관찰하고 이야기로 엮는다. 이 단계의 지도에서는 감상자와 연결된 이야기를 자연스럽게 끌어내어 발언 자체를 긍정적으로 수용하고, 관련된 질문을 이어가며 작품에 대한 보편적인 이야기로 유도하는 것이 효과적이다.

둘째, 구축의 단계이다. 자기의 가치관과 경험에 작품을 비추어 감상한다. 감상의 빈도수가 높아지며 관련 지식에 대해 요구하기도 하고 자발적인 질문이 행해지기도 한다. 이 단계에서는 스스로 학습을 할 수 있도록 자료나 시설을 지원해 주는 것이 필요하다.

셋째, 분류의 단계이다. 지식의 증가와 함께 작품에 대한 분석적이고 비판적인 태도를 갖추게 된다. 작품 자체를 보는 것보다는 정보를 얻고, 타인에게 자신의 지식을 설명하는 것에 만족감을 얻는다. 미술관 측에서 제공하는 정보 관련 자료는 이 단계의 감상자를 대상으로 한 것이다.

넷째, 해석의 단계이다. 분류의 단계에서 감성적인 측면까지 더하여 작품을 해석한다. 이 단계에서는 미술관 측의 일반적인 교육 서비스는 무의미하며 보다 전문적인 내용의 교육 서비스가 필요하다.

다섯째, 재창조의 단계이다. 미술 분야 전반에 걸쳐 여러 가지 깊이 있는 이해를 하고 있으며, 미술가에 대한 경의를 갖는다. 작품과 대화를 하는 사색, 즉 재창조가 가능하다.

이상의 다섯 단계는 연령에 따른 구분이 아니라 미술관 경험과 이전의 미술관 학습의 수준, 사전 지식 등 감상의 질적인 수준을 근거로 나누어진 것이다. 어린이의 경우 대체로 설명, 혹은 이야기의 단계에 속해 있으므로 어린이의 생활과 연결된 이야기를 어린이로 하여금 자연스럽게 시작하게 하여 작품을 감상하는 것에 흥미를 가지고 자유롭게 발언할 수 있게 분위기를 조성해야 한다. 자연스러운 발언 자체를 긍정적으로 수용하고, 작품의 효과적인 감상에 적합한 질문을 이어가며 점차 작품에 대한 보편적인 이야기로 유도할 수 있다.

나. Arenas의 대화 중심 감상법

Arenas는 학교나 미술관의 가이드 투어에서 행하는 종래의 설명이나 해설중심 감상법을 비판하고, 학생과 관람자 중심의 대화형 감상 방법을 여러 나라에 보급하고 있다. 대화 중심 감상법은 먼저 작품을 자세히 살피고, 다음은 자기 나름으로 그 의미를 생각하고 난 뒤 이를 정리하여 이야기하는 형식을 취한다. 과거의 일반적인 감상 방법에서는 교사나 미술관 직원들이 작품을 해설하고 학생과 관람자들은 조용히 그것을 경청하는 형식이 주된 방법이었다. 그러나 대화 중심 감상법은 미술 작품에 대한 지식과 해석을 일방적으로 전수하는 것이 아니라 감상자와의 대화를 조직화하여 교류를 형성하는 데 중점이 놓여 있는 것이 커다란 특징이라 할 수 있다. 미술 작품의 의미와 가치는 관람객의 의견을 서로 교류하는 과정에서 창출해 가는 것이라고 생각하는 것이 기본 미학이다. 그래서 학생과 관람객들이 감상을 통해서 관찰하는 힘인 판단력, 그리고 비평력을 기르는 것을 중시한다(박휘락, 2003, pp. 149-150).

Arenas의 대화 중심 감상법의 핵심적 매개는 대화인데, 대화를 촉진하는 3가지 기본요소에는 수용, 교류, 통합이 있다. 학습자가 작품을 보며 어떻게 받아들이고 느끼며 느낌을 이야기하는 지에 대해 주목하면, 감상 수업의 주체가 교사나 미술관 직원이 되지 않아도 학습자 스스로 감상할 수 있다는 것이다. 교사는 지식 전달자가 아닌 사고 촉진자의 역할을 하는 것이 바람직한데 그를 위해서는 감상자의 해석과 사고를 자극할 수 있는 열린 질문을 제시해야 한다. 또한 Arenas는 작품의 가치를 작품 안에서 찾아내어 정보를 수집하는 것에 그칠 것이 아니라, 작품을 감상하는 학습자의 내면에서 발견하는 것이 중요하다고 주장한다. 어린이들은 자신의 발달 단계와 기존에 선행된 경험에 맞춰 자신을 둘러싼 환경, 사물, 현상을 이해하기 위해 필요한 의미 체계를 스스로 재구성한다. 미술 감상 역시 어린이들에게 있어 작품에 대한 해석에 정답이 있는 것이 아니고, 의미의 해석이나 판단의 기준이 주관적인 것이 된다.

3. 어린이를 위한 전시 해설 담화 관점

가. 전시 해설 담화의 개념과 특성

전시 해설은 전시 작품을 이해하도록 돕는 해설자의 언어적 개입을 의미하며, 일반적으로 도슨트(docent)에 의해 이루어진다. 전시 해설은 단순한 정보의 전달이 아닌, 관람객의 인지적, 정서적, 심미적 참여를 유도하는 담화 행위로 정의될 수 있다(이주연, 2010).

특히 어린이를 위한 전시 해설은 미술 작품의 의미를 일방적으로 설명하는 '강의형' 해설이 아니라, 질문과 응답을 통해 의미를 구성해 가는 '상호작용형' 담화로 구성되어야 한다. 이를 위해 해설자는 작품의 시각적 요소를 발굴하고, 관람자의 경험과 연결하는 담화 전략을 구사해야 하며, 이는 담화 구조 차원에서 계획될 필요가 있다.

정희운(2008)은 청소년 도슨트 프로그램을 분석하며, 전시 해설 담화는 설명, 질문, 응답, 피드백이라는 기본 구조로 이루어진다고 보았다. 또한 이주연(2010)

은 도슨트 담화에 나타나는 전략을 해석학적, 구조적 관점에서 분석하며, 관람객의 반응을 촉진하는 발문 중심의 담화가 효과적임을 제시하였다.

나. 전시 해설의 유형

미술관에서의 전시 해설은 관람객이 작품을 더 깊이 이해하고 감상할 수 있도록 돕는 중요한 교육적 도구이다. 이 중 설명형과 대화형 해설은 가장 대표적인 두 유형으로, 그 목적과 방식에서 뚜렷한 차이를 보인다. 미술관에서는 상황에 따라 이 두 유형을 적절히 혼합해 사용하기도 하며, 최근에는 관람객의 능동적 참여를 중시하는 대화형 해설의 비중이 점점 늘어나는 추세이다. 각 유형에 대해 구체적으로 살펴보면 다음과 같다.

(1) 설명형 전시 해설

설명형 전시 해설은 전시 작품 작가, 소재, 주제 등에 대한 정확한 정보 전달을 중심으로 이루어진다. 에듀케이터나 도슨트(해설사)가 일방적으로 정보를 제공하는 방식으로, 객관적 사실과 전문 지식을 관람객에게 설명한다. 설명형 전시 해설의 경우 짧은 시간에 효율적으로 많은 정보를 전달해 줄 수 있다는 장점이 있으나 어린이 관람객을 대상으로 할 때 전시 해설의 전 과정을 설명형으로 진행할 경우 집중력이 저하될 수 있고, 이해가 어렵다는 단점도 있다.

(2) 대화형 전시 해설

대화형 전시 해설은 관람객과 상호작용을 중심으로 전개된다. 해설자는 질문을 던지고, 관람객의 생각과 감상을 이끌어내며 전시 해설을 공동 구성한다. 대화형 전시 해설은 관람객의 선경험, 감정, 관점을 존중하며 능동적으로 참여하게 하고, 확산적 질문을 사용하면 “이 그림을 보면 어떤 기분이 드나요?”, “작가는 왜 이런 색을 칠했을까요?” 등의 질문을 통해 관람자들의 사고를 자극할 수 있다. 또 대화형 전시 해설은 단순 정보 전달을 넘어서, 작품에 대한 개인적 해석과 감상의 폭을 넓혀줄 수 있다.

〈표 18-1〉 설명형 전시 해설과 대화형 전시 해설의 비교

구분	설명형 전시 해설	대화형 전시 해설
목적	지식 전달	참여 유도, 미적 안목 높임
전달방식	정보 전달, 일방향	발문과 응답, 상호작용
교수 주체	교수자 중심	학습자 중심
장점	효율적, 정확한 정보 전달	확산적 사고 촉진

다. 감상 관점의 체계화

어린이 대상 전시 해설 구성에서 중요한 것은 단지 '작품에 대해 무엇을 말할 것인가'에 그치지 않는다. '작품을 어떻게 감상하도록 이끌 것인가', '작품의 어느 부분을 중심으로 접근할 것인가'를 구조화하는 것이 중요하다. 국내 전시 해설 사례 분석을 통해 〈표 18-2〉와 같이 여섯 가지 감상 관점 영역을 도출하였다.

〈표 18-2〉 6가지 감상 관점

감상 관점 영역	주요 내용
① 표현 형식	조형요소(선, 색, 형), 조형원리(균형, 강조 등) 중심 구성
② 작품 내용	주제, 소재, 등장요소, 내러티브(이야기)
③ 표현 방법	표현 기법, 재료, 구도 등 시각적 형식 구성 방식
④ 작가 관련 정보	작가의 의도, 생애, 작업 배경 및 에피소드
⑤ 사회 · 문화적 배경	시대상, 미술사적 맥락, 역사적 사건
⑥ 감상 방법	감상 순서, 관찰 포인트, 오감 활용 방식 등

위 관점은 어린이의 발달 수준에 맞게 선택적으로 활용되며, 전체 작품을 종합적으로 이해할 수 있는 구조로 스크립트를 구성할 수 있도록 한다.

교사를 대상으로 한 설문 조사(박혜성, 2011)에서도 어린이 감상 지도 시 가장 중점을 두는 영역은 '작품 내용(주제, 이야기)'과 '표현 방법(재료, 기법)'으로 나타났으며, 이는 어린이가 시각적으로 확인 가능한 요소에 대해 높은 관심을 보인다는 점에서 일치한다. 반면 '사회문화적 배경'은 상대적으로 낮은 이해도를 보이는 것으로 나타났다.

라. 담화 전략으로서의 질문과 상호작용

Arenas(2003)의 대화 중심 감상법은 교사나 해설자가 지식을 일방적으로 전달하는 기존의 감상 방식에 대한 비판적 대안으로 등장하였다. 이 방식은 '작품 자세히 보기 → 개인적 의미 구성 → 타인과 의견 나누기'라는 과정을 통해 관람자의 해석을 유도하며, 감상의 주체를 관람자에게 두는 특징을 가진다.

이 과정에서 핵심이 되는 것은 열린 질문이다. Arenas는 질문을 통해 감상자의 사고를 촉진하고 해석을 정당화하도록 유도할 수 있으며, 이를 통해 비판적 사고력과 감상 능력을 동시에 신장시킬 수 있다고 주장한다. 박휘락(2003) 역시 감상 교육에서의 질문은 지식의 확인이 아닌, 감각적 자극에 대한 사고의 확장을 도모하는 방식으로 활용되어야 함을 강조하였다. 어린이와의 대화형 해설은 그들의 관점을 존중하고, 자율적인 감상을 가능하게 함에 따라(정혜진, 2020) 어린이를 대상으로 하는 전시 해설 담화에서는 다음과 같은 유형의 질문 전략이 효과적인 것으로 나타났다.

〈표 18-3〉 전시 해설 담화 질문 전략

질문의 성격	예시 질문
시각적 자극 중심 질문	"이 그림에서 가장 먼저 눈에 띄는 것은 무엇인가요?"
상상력 확장 질문	"이 인물은 무슨 생각을 하고 있을까요?"
연결적 질문	"이 장면이 우리 일상생활의 어떤 장면과 비슷한가요?"
감정 이입 질문	"이 그림을 보니 기분이 어때요?"
비교 · 대조 질문	"이중섭의 '부부'와 '투계'는 어떤 점이 다를까요?"

이러한 발문 중심의 구성은 어린이가 관찰, 해석, 판단이라는 감상 활동의 과정을 자연스럽게 체득하도록 돕는 전략이다. 특히 초등 저학년 아동의 경우 구체적 사물이나 인물에 대한 언급, 자기 경험과의 연결이 중요한 감상 자극 요소로 작용한다(김정선, 2008).

마. 해설자와 어린이 간의 소통 구조

Hausen(1983)은 관람자의 심미적 발달 단계를 설명하면서, 작품에 대한 직관적 반응에서 시작해, 점차 지식화, 분류화, 해석화, 재창조의 단계를 거쳐 간다고 설명하였다. 어린이의 경우 대부분 '이야기의 단계' 또는 '구축의 단계'에 해당하며, 이 시기의 전시 해설에서는 감상자와 연결된 이야기 끌어내기, 질문과 응답을 통한 사고 촉진이 효과적이다.

결론적으로 어린이 대상 전시 해설 담화 구성은 대상 연령에 따라 선호 감상 관점과 언어 수준을 조절하고, 작품의 시각적 요소와 개인적 연상을 중심으로 구성하며, 열린 질문을 통해 자율적 해석을 촉진하는 방식으로 구성되어야 한다. 어린이의 질문을 중심으로 전시 해설을 구성하면, 그들의 호기심을 충족시키고 능동적인 참여를 이끌어 낼 수 있다(이정민, 2016). 또한 어린이의 피드백을 반영한 전시 해설은 그들의 만족도를 높이고, 지속적인 미술관 방문을 유도한다(박은정, 2019). 이는 단순한 해설이 아닌, 감상자-작품-해설자 간의 삼각형 소통 구조를 통한 의미 구성 과정으로 기능해야 한다는 것을 의미한다.

4. 어린이를 위한 스크립트 구성 내용 관점과 실제

가. 스크립트 구성 내용 관점

어린이 대상 전시 해설 스크립트는 단지 전달 내용을 나열하는 것이 아니라, 감상의 흐름과 참여 방식, 언어 수준, 감상 관점을 종합적으로 고려하여 구성되어야 한다. 본 장에서는 스크립트의 내용 구성 시 적용 가능한 감상 관점과 그 구체적 범주를 도출하고, 이를 구조화함으로써 실제 스크립트 구성의 이론적 기반을 제공하고자 한다.

(1) 감상 관점의 구조화

감상 관점은 실질적으로 스크립트 구성 시 '무엇을 해설할 것인가'를 구조화하는 틀로 기능한다. 스크립트 구성 내용 관점을 표현 형식, 작품 내용, 표현 방법, 작가 관련 정보, 사회·문화적 배경, 감상 방법 측면에서 제시하면 〈표 18-4〉와 같다.

〈표 18-4〉 스크립트 구성 내용 관점

영역	세부 감상 관점	설명
표현 형식	조형 요소	선, 색, 형, 질감 등 감각적 요소로 어린이에게 시각적 관심 유도 가능
작품 내용	주제, 내러티브	작품이 전달하고자 하는 이야기나 중심 소재 해설의 핵심 구성
표현 방법	기법, 재료	작업 방식과 사용 도구, 질감에 대한 설명. '돌에 그린 것 같다' 등 흥미 유발 가능
작가 관련 정보	의도, 에피소드	작가의 삶, 작품의 제작 동기, 가족사 등 어린이와 정서적 연결 가능
사회·문화적 배경	시대 배경	작품이 제작된 시기의 역사, 사회 분위기 등. 최소한으로 설명 필요
감상 방법	감상 포인트	가까이 보기, 멀리서 보기 등 감상법 안내. 오감을 활용한 감상도 포함

특히 초등학교 저학년을 대상으로 할 경우, 시각적 요소, 작품 내 이야기, 작가의 에피소드, 직접 감상의 팁이 주요 구성 요소로 작용한다. 이는 어린이들이 즉각적으로 확인이 가능하고, 공감하거나 상상할 수 있는 내용을 중심으로 해설에 반응한다는 점에서 유효하다(김정선, 2008; Barbe-Gall, 2005).

(2) 연령별 발달과 감상 관점 적용

어린이의 미적 감상 능력은 Piaget의 인지 발달 이론을 바탕으로 3단계로 구분할 수 있다. 감상 관점 또한 해당 발달 단계에 맞추어 조절되어야 하므로(Parsons, 1987; Gardner, 1981) 발달 단계에 따라 효과적으로 적용할 수 있는 감상 관점을 〈표 18-5〉와 같이 정리하였다. 이를 기반으로 스크립트 구성 시 관람 대상의 학년과 연령에 따라 감상 관점의 비중과 표현 방법을 달리해야 한다.

〈표 18-5〉 발달 단계에 따른 감상 관점 적용

연령	시기	감상 관점
5-7세	전조작기 후반	색, 선, 형태 등 시각적 자극 중심의 감상 요소 선호. 내러티브 도입 효과적.
8-10세	구체적 조작기	실사적 그림, 이야기 구조, 등장인물에 대한 이해 가능. 추리력 발달.
11-13세	형식적 조작기	표현 기법과 작가 의도에 대한 추론 가능. 다양한 해석 가능성 수용.

(3) 어린이 관점에 적합한 어휘 선택

어린이를 대상으로 한 전시 해설에서 언어는 단지 정보를 전달하는 수단이 아닌, 감상자와 작품 사이를 잇는 매개이다. 따라서 사용되는 어휘는 발달 수준에 적절해야 하며, 미술사적 전문 용어는 설명과 함께 사용되어야 한다. 전시 해설 시 어린이의 발달 단계에 맞는 언어와 예시를 사용하는 것이 이해도와 몰입도를 높이는 데 효과적이다(이은정, 2017).

예를 들어 '은지화', '에스키스', '고분벽화' 등과 같은 용어는 "은박지 위에 그림을 긁어 그린 그림", "작품을 그리기 전에 미리 그려보는 연습 그림", "무덤 안 벽에 그린 그림" 등의 설명이 병행되어야 하며, 가능하면 아이의 일상어(예: 종이, 장난감, 일기)와 연결 지어 설명하는 것이 효과적이다(Barbe-Gall, 2005; 박휘락, 2003). 어린이 관람객은 단순한 정보 전달이 아닌, 상호작용을 통해 작품의 의미를 스스로 구성할 수 있는 해설을 필요로 한다(김지현, 2016).

(4) 대화형 구조를 전제로 한 내용 구성

스크립트의 구성 내용은 기본적으로 '설명 → 질문 → 응답 → 정리' 구조로 설계되며, 담화 구조 내에서 다양한 관점을 통합적으로 활용할 수 있다. 이러한 구성은 어린이가 단순히 '무엇을 그렸는가'보다 '왜 그렇게 그렸는가', '나는 어떻게 느끼는가'를 자연스럽게 연결하며 작품에 몰입하게 만든다. 예를 들어, 이중섭의 「투계」 작품을 해설할 경우 다음과 같이 구성할 수 있다.

〈표 18-6〉 이중섭의 「투계」 작품 해설 내용 요소

표현 형식	작품 내용	작가 정보	감상 방법
닭의 색깔과 표현 방식	싸우는 모습에서 나타나는 전쟁의 은유	가족과의 이별을 표현한 작가의 마음	닭들의 표정과 자세에서 감정을 읽어보기

나. 실제

(1) 이중섭, 「투계」, 「부부」

(가) 대화형 작품 해설 스크립트

〈표 18-7〉 이중섭 「투계」, 「부부」 대화형 예시 스크립트

요소	내용	소요 시간
작가	• 다음으로 황소 그림으로 유명한 이중섭 작가의	5-7′
제목	• 두 작품, 「투계」와 「부부」를 보겠습니다. • 제목은 무슨 뜻일까요? • 부부는 어떤 뜻인지 잘 알고 있지요?	
소재	• 두 작품에 등장하는 동물은 무엇입니까? • 닭은 어떤 색입니까? • 닭의 뒷부분, 배경이라고 하는 부분에는 어떤 것들이 보입니까?	
내러티브	• 투계의 닭은 어떤 자세로 있습니까? 무엇을 하고 있을까요? • 부부의 닭은 무엇을 하고 있습니까? • 어떤 자세로 있습니까?	
시대적 배경	• 작품이 만들어진 시기는 언제일까요? • 작품이 만들어진 때는 6 · 25 한국 전쟁이 일어난 때이다. • 전쟁으로 가족은 어떻게 되었을까요?	
작가의 의도	• 작가는 닭을 그리면서 어떤 생각을 했을까요? • 투계의 붉은 닭은 북한, 파란 닭은 남한을 의미한다. 비슷하게 생긴 두 마리의 닭이 서로를 쪼며 싸우고 있다.	

	• 반면에 부부의 두 닭은 서로 애타게 바라보며 함께 바다 위를 날고 있다. 전쟁이 끝나고 다시 화목하게 사는 가족을 바라는 작가의 마음을 느낄 수 있다.	
작품 비교	• 투계라는 작품과 부부라는 작품은 같은 동물을 그렸는데 느낌이 어떻게 다른가요? • 어떤 그림이 더 마음에 드나요?	

(나) 설명형 작품 해설 스크립트

〈표 18-8〉 이중섭 「투계」, 「부부」 설명형 예시 스크립트

요소	내용	소요 시간
작가	• 다음으로 황소 그림으로 유명한 이중섭 작가의	5-7′
제목	• 두 작품, 「투계」와 「부부」를 보겠습니다. • 「투계」는 싸울 투에 닭 계를 써서 싸움닭이라는 뜻이다.	
소재	• 이 두 작품에서는 똑같이 닭을 그렸습니다.	
내러티브	• 투계의 두 닭은 서로를 노려보며 싸우고 있고, 부부의 두 닭은 서로 속삭이듯이 다정하게 이야기를 하고 있다. • 투계의 붉은 닭은 북한, 파란 닭은 남한을 의미한다. 비슷하게 생긴 두 마리의 닭이 서로를 쪼며 싸우고 있다. • 반면에 부부의 두 닭은 서로 애타게 바라보며 함께 바다 위를 날고 있다. 전쟁이 끝나고 다시 화목하게 사는 가족을 바라는 작가의 마음을 느낄 수 있다. • 투계의 바탕에는 어두운 색으로 싸우고 있는 두 닭이 어두운 마음을 보여주고 있고, 부부에서 바탕은 해 진 녘의 아름다운 바다 색으로 부부의 다정한 마음을 보여주고 있다.	

(2) 박수근, 「할아버지와 손자」

(가) 대화형 작품 해설 스크립트

〈표 18-9〉 박수근, 「할아버지와 손자」 대화형 예시 스크립트

요소	내용	소요 시간
작가	• 이번에는 박수근 작가의 작품을 보겠습니다.	5-7′
제목	• 제목은 무엇일까요? • 작품의 제목은 「할아버지와 손자」이다.	
소재	• 주인공은 누구입니까? • 주인공인 할아버지와 손자 말고 어떤 사람들이 보이나요? • 아저씨들은 무엇을 하고 있나요? • 아주머니들은 무엇을 하고 있나요? • 왜 그것을 하고 있을까요?	
시대적 배경	• 할아버지와 손자는 무엇을 하는 것 같은가요? • 왜 아저씨들은 할 일이 없고, 아주머니들은 장에 나가 물건을 팔았을까요?	
조형요소	• 할아버지와 손자에 점을 하나 찍고, 아저씨들에 하나, 아주머니들에 하나를 찍어서 연결해 봅시다. 어떤 도형이 그려지나요? • 세모(삼각형)가 거꾸로 있으면 흔들흔들 불안한데 이 그림도 불안해 보이나요? • 등장인물들이 거꾸로 세모로 있어도 불안해 보이지 않는 이유는 모두 다른 곳을 바라보고 있기 때문이에요.	
표현재료	• 작가가 어디에 그림을 그린 것 같은가요?	
표현기법	• 돌 위에 그림을 그린 것 같은 느낌은 어떻게 만든 것일까요?	
감상방법	• 할아버지와 손자의 표정이 잘 보이나요? • 작품으로부터 점점 멀어지면서 보세요. 잘 보이나요? • 박수근 작가의 작품은 어떻게 감상하는 것이 좋을까요?	

(나) 설명형 작품 해설 스크립트

〈표 18-10〉 박수근, 「할아버지와 손자」 설명형 예시 스크립트

요소	내용	소요 시간
작가	• 이번에는 박수근 작가의 작품을 보겠습니다.	5-7′
제목	• 제목은 할아버지와 손자이다.	
소재	• 그림에는 할아버지와 손자, 두 아저씨, 두 아주머니가 있다. • 모두 짝을 지어 앉아 있거나 서 있다. • 아주머니 두 분은 박수근 작가의 그림에 많이 나오는 분들이다. • 한복을 입고 있는 것을 보아 옛날의 모습인 것 같습니다.	
시대적 배경	• 박수근 작가가 그림을 그리던 때는 전쟁이 끝난 직후 매우 가난하고 일자리가 없던 때이다. • 아저씨들은 일자리가 없어 옹기종기 모여 앉아 이야기를 하면서 시간을 보냈습니다. • 아주머니들은 집에서 할 수 있는 일들을 해서 조금씩 돈을 벌었습니다. • 아저씨와 아주머니를 보면 그때의 모습을 상상할 수 있다. • 불만이 가득한 손자와 그런 손자가 커서 훌륭한 사람이 되길 바라는 할아버지의 마음을 표정에서 느낄 수 있어요.	
표현재료	• 작가는 캔버스라고 하는 매끈한 면 위에 기름을 재료로 해서 만든 유화 물감이라는 것을 사용해서 이 그림을 그렸습니다.	
표현기법	• 유화 물감을 신문지 위에 짜면 기름은 신문지가 빨아들이고 신문지 위엔 뻑뻑한 물감만 남아요. 그 물감을 넓게 한 번 바르고 뾰족한 것으로 십자 모양을 그리는 것을 각각 다른 색으로 일곱 번 해서 그리는 작품이다.	
감상방법	• 박수근 작가의 작품은 가까이에서 보면 자세한 부분이 잘 안 보이다. 그래서 멀리서 한번 보고 가까이서 보고, 다시 멀리서 보는 것을 계속하면 작품을 잘 볼 수 있다.	

어린이가 전시를 효과적으로 이해할 수 있도록 돕는 전시 해설을 하기 위해서는 전시에 대한 이해뿐만 아니라 어린이 관람객에 대한 충분한 이해와 분석이 선행된 스크립트 작성이 우선되어야 한다. 전시 해설의 주체는 앞서 언급한 도슨트, 메디에이터 또는 미술관 교육담당자만이 할 수 있는 것은 아니다. 어린이와 자주 접촉하고 그들의 교육을 담당하는 교사나 학부모도 선행 학습자로서 어린이와 동

행하는 전시 해설의 주체가 될 수 있다. 바람직한 전시 해설자의 역할을 하기 위해서는 전시 및 전시물에 대한 이해와 어린이에 대한 이해가 바탕이 되어야 한다. 전시물에 대한 정보는 전문 서적, 단행본, 누리집 등을 통해 수집할 수 있으나 어린이에 대한 이해는 연령별 미적 인식 및 감상 능력, 인지 능력, 미술관과 관련한 선행 경험 등 여러 측면에서 분석되어야 한다.

참고문헌

국립현대미술관(2008). 국립현대미술관 해외 박물관 · 미술관 교육 프로그램 사례집. 과천: 국립현대미술관.

김정선(2008). 「미술 감상 발달에 관한 기초 조사」. 한국교육대학교 미술교육학회지, 22, 35-58.

김지현(2016). 어린이 대상 미술관 전시 해설의 상호작용적 접근에 관한 연구. 미술교육연구, 34(2), 45-78.

류재만(2005). 어린이를 위한 전문 도슨트에 대한 연구. 미술교육논총, 18, 49-68.

박은정(2019). 어린이 피드백 기반 전시 해설 개발 연구. 예술교육리뷰, 15(1), 23-50.

박휘락(2003). 미술감상과 미술비평 교육. 서울: 시공아트.

박혜성(2011). 어린이를 위한 미술관 전시해설 스크립트 구성방안. 서울교육대학교 교육대학원 석사학위논문.

이은정(2017). 발달심리학적 관점에서 본 어린이 전시 해설의 언어 사용. 아동교육연구, 21(1), 78-105.

이정민(2016). 질문 중심 전시 해설이 어린이의 미술 감상에 미치는 영향. 아동미술교육연구, 18(1), 34-53.

이주연(2010). 자연사 전시관에서 관람객 참여의 질을 높이는 도슨트의 담화 전략. 서울대학교 교육대학원 석사학위논문.

정희운(2008). 자연사박물관에서의 청소년 도슨트 양성 프로그램 개발 연구. 경희대학교 교육대학원 석사학위논문.

정혜진(2020). 어린이 참여형 전시 해설의 효과 분석. 미술교육학연구, 38(4), 56-85.

Arenas, M. (2003). *Children Reading Pictures*. London: Thames & Hudson.

Barbe-Gall, F. (2005). *How to Talk to Children About Art*. Chicago: Chicago Review Press.

Gardner, H. (1981). Children's Perception of Works of Art: A Developmental Portrait. *Psychology and the Art, 9*(2), 23–38.

Hausen, A. (1983). *The Eyes of the Beholder: Measuring Aesthetic Development*. Massachusetts: Harvard Graduate School of Education Working Paper.

Hooper-Greenhill, E. (2000). *Museums and the Interpretation of Visual Culture*. London: Routledge.

Parsons, M. J. (1987). *How We Understand Art: A Cognitive Developmental Account of Aesthetic Experience*. Cambridge: Cambridge University Press.

Piaget, J. (1950). *The Psychology of Intelligence*. New York: Norton.

Wertsch, J. V., & Tulviste, P. (1992). L. S. Vygotsky and Contemporary Developmental Psychology. *Developmental Psychology, 28*(4), 548-557.

제19장 어린이 오디오가이드

미술관에서 일어나는 교육은 미술관에 방문하는 경험과 그 소장품으로부터 얻게 되는 다양한 미적 체험으로부터 배움이 일어난다는 점에서 특수성을 갖는다. 그러나 미술관에서 머무르며 보고, 듣고, 느낀 모든 경험 그 자체가 항상 교육으로 이어진다고 볼 수는 없으므로, 미술관에서의 경험이 유의미한 교육적 경험이 되기 위해서는 전시와의 소통을 돕는 의도적인 장치들이 필요하다.

20세기 후반 이후 미술을 이용한 학습의 개념이 수동적 의미 수용이 아닌 자발적 의미생성 과정으로 변화하며 미술품과 미술관의 사회 문화적 소통 기능을 강조하는 구성주의적 관점이 미술관 교육에 널리 받아들여지기 시작하였다(Hein, 1998; Falk & Dierking, 2000). 이러한 구성주의적 관점에서 대부분의 미술관은 관람객과 전시와의 소통을 돕기 위해 해석적 설명문, 전시 안내/설명인, 오디오가이드, 활동지와 교육 행사와 같은 다양한 도구들을 제공하고 있다. 특히 전시의 이해를 돕는 다양한 도구들 가운데 오디오가이드는 멀티미디어 시대를 반영한 것으로 이용자에게 새로운 해석과 감상의 실마리를 제공하는 역할을 해오고 있다(백령, 2005).

오디오가이드는 작품을 보는 시각적인 행위에 몰입하면서 감상을 확장시킬 수 있도록 하는 청각적인 교육 매체라는 점에서 특수성을 갖는다. 기술의 발달로 영상이나 사진을 함께 제공하는 멀티미디어 가이드나 키오스크와 같은 시각 기반 매체도 발달하였으나, 오디오가이드는 작품과 관련된 맥락이나 감상 관점을 청각적 정보로 제공하므로 시각적으로 일어나는 작품 감상을 방해하지 않을 수 있다는 주요한 차별점을 갖는다. 박물관 교육에서 어린이 관람객이 작품과의 소통을 통해 자신만의 의미를 형성할 수 있도록 돕는 것은 미술작품 감상 능력을 키우는 기초적인 교육으로서 중요한 의미가 있으므로, 오디오가이드 내용에 포함되는 교육적 장치들을 분석하는 것은 매우 의미 있는 일이라 할 수 있겠다.

1. 이론적 배경

가. 미술관 교육과 오디오가이드

(1) 포스트뮤지엄 개념의 대두

후퍼 그린힐(Eilean Hoopper-Greenhill, 2000)은 소통 중심의 뮤지엄 모델로 포스트 뮤지엄(Post Museum)이라는 개념을 제시하였다.

포스트 뮤지엄은 근대 뮤지엄(Modernist Museum)과 대립하는 개념으로, 근대 뮤지엄이 오브제를 중심으로 만들어진 절대적 가치의 내러티브를 제공하는 데 반해 포스트 뮤지엄은 오브제가 불러일으키는 개별 관람객들의 기억, 정서, 대화, 담론, 논쟁 등을 포용하여 적극적인 소통을 통해 뮤지엄의 경계를 확장해 나간다(채승미, 2016).

이처럼 근대 뮤지엄과 대비되는 포스트 뮤지엄의 개념은 '시각문화(Visual Culture)'의 등장과 함께 시작되었다. 후퍼 그린힐은 "시각문화라는 개념을 도입하는 것은 고급문화와 대중문화라는 이분법적인 관습적 구분을 거부하는 접근법이다."라고 강조한다. 포스트 뮤지엄에서는 고급문화라는 관습적 경계에서 벗어나 더 넓은 범위의 문화예술을 포함하는 것으로 오브제의 영역을 확장했다.

포스트 뮤지엄의 또 하나의 중요한 특징은 관람객과의 상호작용적 소통에 있다. 후퍼 그린힐은 시각문화를 전시하는 포스트 뮤지엄에서 관람객과의 상호작용적 소통을 통해 다양한 해석을 이끌어내는 것에 중점을 둔다. 포스트 뮤지엄은 오브제를 중심으로 다양한 배경과 이해를 갖는 사회 문화적 그룹들이 서로 다른 해석과 의미를 생산하고 교환하는 것을 권장하므로 전시의 구성도 관람객이 다양한 해석을 할 수 있도록 구성하게 되며 개인이 가진 경험적이고 해석적인 의미의 생성이 전시 관람의 중요한 목적이 된다(최성희, 2015).

이와 같은 포스트 뮤지엄의 시대에서 미술관 교육은 기존의 근대 미술관에서 행해져 온 교육의 방식과 전혀 다른 모습을 띠게 된다. 근대 미술관에서 작품의 미술사적 가치나 이에 내재한 권위적인 의미를 이해하고 받아들이는 수용적인 미술 감상 교육이 행해져 왔다면 포스트 뮤지엄은 능동적으로 전시를 경험하고 해석하는 관람객을 지향하며 능동적인 의미 구축이 가능한 의미 생산자(meaning maker)로서의 소양을 기르고자 한다.

(2) 의미형성(meaing-making) 과정으로서의 미술작품 감상

학습자가 주어진 맥락 속에서 새로운 의미를 형성해 나간다는 구성주의 인식론은 구성주의 미술 감상 교육에서 전시물과 관람객의 적극적인 소통의 과정으로 확장된다. 전시물이 거쳐 온 다양한 사건, 인물 및 전시물에 대한 관람객의 기억, 과거의 집단기억과 현재의 집단기억 간의 소통 속에서 관람객은 오브제와 스스로에 대한 각자만의 '의미형성(meaning-making)' 과정을 체험하게 된다. 즉, 전시를 통한 '의미'는 오브제를 통해 제시되는 것이 아니라 관람객 스스로 오브제에 대한 해석을 하는 과정에서 구축되는 것이다(Hein, 2000).

구성주의에서는 학습을 맥락적(contextual)이고 상황적(situated)인 것으로 규정하므로 사전 지식은 학습에 있어서 중요한 의미를 갖는다. 새로운 맥락에서 형성되는 지식은 학습자가 이미 알고 있던 것, 흥미, 믿음 등 개인적 맥락과 깊이 연관을 맺고 있기 때문이다. 또한 구성주의 교육과정에서는 '지식의 습득'에 목적을 두지 않고 교사와 학습자가 함께 학습 과정에서 새로운 의미를 만들어나가는 교육의 과정이 중요하게 여겨진다.

개인적인 의미형성을 주요한 목적으로 하는 미술 감상 교육에서 더 이상 일방적으로 정보를 제공하는 도구로서의 오디오가이드는 교육적인 의미를 갖지 못한다. 오디오가이드는 전통적으로 전문 안내인의 역할을 대신하여 작품에 대한 보조적인 설명을 제공하는 도구로 사용되어 왔으나, 작품과 관람객 사이를 매개하며, 관람객이 능동적으로 의미를 생산할 수 있도록 도와주는 교육적 보조 장치(instructional scaffolding)로 작용하는 오디오가이드의 등장이 필연적이다.

나. 오디오가이드의 교육 매체로서의 특징

(1) 자기조절감(self-control)의 증대

오디오가이드는 전시안내인에 의한 관람과는 달리 관람객에게 강제적인 관람 동선을 따라 관람할 것을 요구하지 않으면서 관람객에게 자유로운 전시물 선택 및 해석의 기회를 보장해 줌으로써 관람객의 욕구와 취향에 따른 개별화된 관람 동선의 구성과 관람을 지원한다. 또한 안내인의 설명이 빠른 속도로 진행되거나 관람객의 혼잡으로 발생하는 잡음으로 인해 전시 설명 내용을 놓치는 경우가 있는데, 오디오가이드는 관람객 개인의 관람 속도를 조절 가능하므로 이런한 도슨트 가이드의 단점을 보완할 수 있다(이보아, 2006). 오디오가이드의 휴대성으로 인해 관람객은 자신이 원하는 위치로 자유롭게 이동할 수 있으며 얼마든지 원하는 만큼 작품 앞에 머물면서 감상할 수 있다.

(2) 이중코딩(dual coding)을 통한 학습 경험의 확대

오디오가이드를 사용한 미술 감상에서는 시각적 경험과 청각적 경험을 동시에 얻을 수 있어 '이중코딩(dual coding)'이 가능해진다. 인지심리학의 연구에서 밝혀진 바와 같이 언어적 활동과 시각적 활동이 결합되면 지식의 형태가 통합화되어 내면화가 촉진된다. 이처럼 시각적 경험과 언어적 경험이 함께 결합되고 통합된 학습은 미술 감상의 경험을 더욱 풍부하게 하며 작품의 이미지와 언어가 연합함으로써 사고력을 증진할 기회가 된다. 작품 감상 경험에서 언어활동을 적극적으로 통합시킴으로써 미술 경험의 내면화를 촉진하게 된다(손지현, 2005).

(3) 상호텍스트적 의미 확장

상호텍스트성은 텍스트와 텍스트의 관계를 넘어선 다층적이고 광범위한 연관성이라는 관점에서 이해되고 있다. 미술작품을 텍스트에 대입시킴으로써 미술작품과 관람객, 전시 이해를 돕는 다양한 맥락과 자료의 상호작용을 상호텍스트 관계로 이해할 수 있다. 미술작품은 의미 또는 의도의 전달 수단으로서 특정한 방식으로 구성된 언어활동이기 때문이다.

그러므로 미술작품과 이를 보조하는 자료로서의 오디오가이드는 상호텍스트 관계로 이해되며 이는 다른 텍스트와의 관계를 통해 의미를 구성하는 상호 관계 텍스트성(Intertextuality)이다. 텍스트의 이해는 다른 텍스트와의 관계 속에서 이루어지는데, 하나가 아닌 여러 텍스트를 활용하여 읽을 때 관람객은 텍스트 간의 연결 관계를 탐색하며, 의미를 찾거나 주제 면에서 관련성을 찾으려 노력한다. 관람객은 작가의 삶이나 환경, 미술계나 문화적 맥락에서 작품을 둘러싼 상황을 이해함으로써 작품에 대한 새로운 의미를 형성하게 된다.

2. Museum of Modern Art의 오디오가이드

뉴욕현대미술관은 교육기관으로서의 사명 의식을 가지고 활발한 미술관 교육 활동을 진행하고 있다. 갤러리 토크, 강연, 학술토론회뿐 아니라 부모, 교사, 가족, 학생, 미취학아동, 이중 언어 사용자, 장애인 등을 위한 특별한 활동과 교육적 도구들을 제공하고 있다. 또한 근현대 미술에 대한 방대한 연구 자료를 소장하고 있으며, 학생, 학자, 연구자 등을 위한 다양한 학습 자원을 제공한다. 활발한 학술 활동을 통해 1,200호 이상의 다양한 간행물을 발간하고 있으며 이는 20개국의 언어로 번역되어 제공된다(뉴욕 현대미술관 홈페이지, www.moma.org).

이러한 뉴욕현대미술관의 활발한 교육적 활동의 산물 중 하나가 바로 어린이를 위해 제공되는 오디오가이드이다. 뉴욕현대미술관은 세계 각국에서 찾아오는 성인 관람자뿐 아니라 어린이 관람자를 위하여 오디오가이드를 다양한 나라의 언어로 제공한다. 이 오디오가이드는 홈페이지, 모바일 앱, 미술관 내의 오디오가이드 기기를 통해 들을 수 있으며, 직접 뉴욕현대미술관을 방문하지 않더라도 홈페이지나 모바일 앱을 통해 오디오가이드를 들으면서 감상하는 것이 가능하다.

가. 어린이가이드 자료 분석

(1) 내용 요소 분석

어린이 오디오가이드의 내용 요소를 규명하고자 질적 연구 방법의 내용분석과 분석적 귀납법을 사용하여 사례를 분석하였다. 문헌 연구를 기반으로 테리 바렛(Terry Barrett, 2004)이 제시한 미술작품의 의미 구성요소를 오디오가이드 내용분석의 초기 틀로 선정하여 뉴욕현대미술관의 어린이오디오가이드의 스크립트 내용을 분석하고 내용 요소별로 범주화하였다. 분석하는 과정에서 기존의 내용분석 틀을 기반으로 한 초기 분석틀에 포함되지 않는 내용 요소가 발견되었고, 이때 분석적 귀납법을 통해 분석틀을 수정 · 보완하여 재구성하였다. 분석적 귀납법은 연구자가 발견한 가정들의 계속적인 수정 과정으로 최초의 사례를 조사하여 새로운 범주를 만들어나가는 과정으로 그의 적합성을 결정하기 위해 다른 사례들을 반복적으로 검토한다. 적합하지 않은 사례가 발견되면 가정의 재설정을 통해 부적합한 사례가 발견되지 않을 때까지 계속적인 수정을 한다. 분석적 귀납법에 따라 포함되지 않는 요소들은 주제별 약화(reduction)를 통해 새로운 범주를 생성하였고, 계속적인 사례와 범주와의 적합성을 검토하며 수정하였다.

(2) 설명방식 분석

어린이 오디오가이드에서 사용되고 있는 독특한 설명방식을 분석하기 위해 Emerson 외(1995)가 질적 연구자료의 가장 기초적인 분석으로 설명한 개방형 코딩 기법(open coding)을 이용해, 메모를 작성하며 일차적으로 작품에 대한 설명 부분에서 공통점을 추출해 나갔다. 의미형성을 유도하는 특징적인 설명 전략을 도출하기 위해 공통적이고 반복적으로 드러나는 요소를 묶어 경험 떠올리기, 구체적인 행동 유도하기, 반응 모델링하기, 상상하기, 나만의 표현 방법 떠올리기로 분류하였다. 이후에 반복적으로 발견되는 발문의 형식이 발견되어 발문의 주제에 따라 빌레뉴브(Villenueve, 2015)가 제시한 탐구학습(Art-based Inquiry)의 발문 범주를 중심으로 정리하였다.

(3) 내용 요소 분석 결과

(가) 내용 요소 범주

테리 바렛(Barrett. T., 2003; 최성희, 2006 재인용)은 작품을 감상함에 있어 단지 전문가 그룹에 의해 주어진 하나의 거대 담론으로서의 해석에 의존하기보다는 관람객 스스로 미술작품의 각 구성요소가 어떻게 텍스트 내에서 결합되고 그것을 통해 의미를 만들어 내고 있는지를 텍스트와 직접적으로 대화하며 미술작품을 해석하는 것임을 강조하였다. 그는 미술작품의 의미 만들기에 대해 미술작품의 소재, 매체, 형태, 맥락이 합쳐져서 의미(meaning)가 생겨난다는 공식을 제시하였다.

본 연구에서는 미술작품 감상을 관람객의 개인적인 의미형성의 과정으로 보고, 연합하여 의미를 구성하는 미술작품의 각 구성요소를 오디오가이드는 어떻게 다루고 있는지 밝히고자 테리 바렛의 공식을 초기분석 틀로 하여 오디오가이드 스크립트를 분석하였으며 최종적으로 군집된 내용을 살펴 표현 형식, 표현 내용, 표현 방법, 맥락의 내용 범주가 추출되었다.

〈표 19-1〉 재구성된 내용 요소 범주

초기분석 틀		재구성된 범주	세부 요소
형태(form)	→	표현 형식	• 조형 요소
			• 조형 원리
소재(subject matter)	→	표현 내용	• 주제/소재
			• 내러티브
매체(medium)	→	표현 방법	• 재료
			• 기법
맥락(context)	→	맥락	• 작가
			• 역사적 · 사회문화적 배경

특징적인 점은 오디오가이드에서 다루어지는 내용 요소가 '수용되어야 할 지식'으로 제시되는 것이 아니라 '개인적인 의미형성으로 나아가기 위한 징검다리'로서 제시되고 있다는 점이다. 작가의 의도와 작가 관련 이야기는 모든 오디오가이드

스크립트에서 다루어지며 작품 이해를 돕기 위한 상호텍스트로 역할하였다. 실제 오디오가이드 스크립트 예를 들어 살펴보면 다음과 같다.

〈표 19-2〉 내용 요소와 실제 스크립트

내용 요소	작품	스크립트 발췌
표현 형식 (조형 요소 조형 원리)	Broadway Boogie Woogie, 1942-43.	이 그림은 정말 여러 가지 방법으로 볼 수 있어요. 하얀 배경 위에 수많은 파란색 빨간색 노란색 정사각형과 직사각형이 있는 것으로 볼 수 있고요. 아니면 이것이 여러분에게 떠올리게 하는 것들을 생각할 수도 있지요. (중략) 이 색깔, 패턴 그리고 모양들은 여러 가지의 것들을 생각하게 만들 수 있어요.
표현 내용 (주제/소재 내러티브)	Moi et le Village, 1911.	초록색 남자와 소가 서로를 바라보고 있어요. 작은 여자가 작은 소의 젖을 짜고 있어요.(소 울음소리) 멀리서 한 농부가 풀을 베기 위해 낫을 들고 가네요. 이 농부는 거꾸로 서서 거꾸로 서 있는 집 앞을 걷고 있는 여자를 만납니다. "조심해요, 타냐. 잘못하면 떨어져요." 이곳은 꿈일까요? 아마 그렇겠죠? 아니면 화가 마르크 샤갈이 러시아에 있는 고향의 추억과 어릴 때 들은 이야기들을 섞어놓고 있는 것일지도 모르죠.
표현 방법 (재료/기법)	Number 31, 1950.	자, 어떻게 보면 나름대로 질서나 조직이 있는 것 같지 않나요? 폴록은 그림을 그리는 새로운 방법을 창안해 냈어요. 이젤 앞에 서 있는 대신 큰 캔버스를 바닥에 깔아 놓았죠. 그리고는 그 위에 붓을 쓰지 않고 그림을 그렸어요. 어, 그럼 어떻게 그렸냐고요? 페인트를 뚝뚝 떨어뜨리고 쏟아붓고 막 사방으로 뿌렸어요. (중략) 폴록의 이런 작업 방식은 그림이 무엇인가 하는 사람들의 생각을 바꾸어 놓았어요. 어떤 사람, 장소 또는 물건을 보여주는 대신에 폴록은 페인트와 캔버스를 사용해서 페인트와 캔버스를 그림으로 만들어 낸 거죠.
맥락 (작가 의도)	The red studio, 1911.	그림들을 돋보이게 만드는 것은 마티스가 그림을 그리는 것이 그에게 얼마나 중요한지를 우리에게 알려주는 한 가지 방법이랍니다. (중략) 마티스의 실제 스튜디오는 빨간색이 아니라 흰색이었답니다. 마티스는 빨간색으로 결정하기 전에 이 그림 속의 스튜디오를 수많은 색깔로 칠해보았어요. 실제로 자세히 들여다보면 밑에 노란색과 푸른색 물감이 깔려 있는 것을 볼 수 있을 거예요.

(나) 내용 요소 전달 방식

어린이 오디오가이드에 포함되는 내용 요소를 범주화하면서 각 내용 요소를 서술하는 특징적인 방식이 도출되었다. 각각의 내용 요소를 어린이 스스로 살펴보도록 하기 위한 시선 유도하기, 작품과 관련된 상호텍스트를 제시하는 정보 제공하기, 관련 미술 용어나 미술사적 지식 형성을 유도하는 미술 지식 형성하기가 그것이다.

(1) 시선 유도하기

오디오가이드를 활용한 작품 감상에서 작품 속 소재를 언급함으로써 관람객의 시선을 유도하는 전략은 보지 못하고 지나칠 수 있는 작품 속 요소를 주의 깊게 살펴볼 수 있는 기회를 제공한다. 또한 이미 작품 속에서 발견했다고 하더라도 자신의 경험과 연관 지을 만큼 주의 깊게 살펴보지 못한 경우에 한 번 더 눈여겨볼 수 있도록 하는 역할을 한다. 어린이 관람객의 경우 주의집중 시간이 성인에 비해 현저히 짧으므로 작품을 오랜 시간 살펴보는 데 어려움이 있다. 이때, 내용 요소 살펴보기 전략을 사용하여 어린이 관람객의 시선과 관심을 유도할 수 있다.

> *The dream, Henri Rousseau, 1910*
>
> (사자 울음소리) 어? 사자예요! 그중 한 마리가 사납고 노란 눈동자로 여러분을 노려보고 있네요.(까마귀 울음소리) 이런 소리를 낼 것 같은 짐승을 찾을 수 있겠어요? 맞아요. 오렌지 나뭇가지 높은 곳에 새 한 마리가 앉아있네요? 그리고 그림 위쪽 왼편에도 또 한 마리가 노란 날개를 퍼덕이고 있어요.(날개 퍼덕이는 소리) 이 동물은 어디에 있나요?(코끼리 울음소리) 오렌지 나무 뒤에 있는 코끼리를 찾아냈나요? 여러분의 코를 흔들면서 코끼리에게 '뿌!' 해보세요.

위의 사례에서는 사자, 새, 코끼리의 순서로 시선의 이동을 유도하면서 그림을 주의 깊게 살펴보도록 하고 있다. 한눈에 작품을 보았을 때 정글의 한 장면이라는 것을 알고 지나칠 수 있지만, 오디오가이드의 설명을 따라가다 보면 작품 속 요소를 놓치지 않고 살펴볼 수 있게 된다. 성인의 경우에도 한눈에 작품을 보고 작품이 주는 인상에 집중하는 경우에는 세세한 세부 요소를 보지 못하고 넘어가는 경우도 있다. 어린이는 보다 주의집중 능력이 낮으므로 이러한 인지적 도움이 유의미하다.

(2) 정보 제시하기

작품 내부의 요소는 작품 내적 텍스트로서, 작품 외부의 이야기는 외부 텍스트로서 작품과의 상호 관계를 통해 관람객의 의미형성을 돕는다. 관람객은 텍스트 간의 연결 관계를 탐색하며, 의미를 찾거나 주제 면에서 관련성을 찾으려 노력한다. 텍스트 간의 관계를 바탕으로 의미를 구성하려는 접근으로써 오디오가이드는 어린이 관람객에게 부족한 사전 지식을 보완해 주며 작품을 새로운 관점에서 바라보도록 하는 역할을 한다. 내용 요소 분석에서 드러난 바와 같이 상호텍스트적인 정보의 범주는 표현 형식, 표현 내용, 표현 방법, 맥락과 같이 작품 내적인 요소로부터 작품을 둘러싼 것까지 점차 넓은 범주로 나아간다. 이를 통해 관람객은 작품의 내용을 파악하고 작품을 둘러싼 맥락을 이해함으로써 작품에 대한 깊이 있는 이해로 나아가게 된다.

(3) 미술 지식 형성하기

어린이 오디오가이드는 작품 속 요소를 자세히 살펴보도록 하고 의미를 형성할 수 있도록 다양한 상호텍스트를 제공함과 동시에 어린이 관람객이 미술사나 미술 관련 지식을 형성할 수 있도록 미술 용어를 도입하거나 미술사적 지식을 안내하고 있음을 확인하였다. 아래의 예시에서 두드러지는 특징은 어린이가 이해하기 쉬운 용어로 쉽게 풀어서 설명하며, 작품을 충분히 살펴보도록 하고 작품의 특징으로부터 귀납적으로 미술 지식을 도출해 낸다는 점이다.

> *Unique form of Continuity in Space, Umberto Boccioni, 1913.*
>
> (조각 작품 돌아보기) 이 조각 작품 주위를 천천히 걸으면서 조각 전체를 감상해 보세요.(보통의 조각과 대조) 일반적으로 사람을 표현한 조각은 한순간의 시각에 정지된 자세를 취해요. 그러나 이 조각은 달라요. 움직이고 있는 사람을 찍으면 사진이 흐릿하게 나오는 것처럼 이 인물상은 달리는 것처럼 보입니다.(구체적 행동으로 묘사하기) 여러분 자신이 이와 똑같은 자세를 취할 수 있

는지 시도해 보세요. 여러분의 발 그리고 팔의 위치가 어떻게 되나요? 저런, 이 조각 작품에는 팔이 없는 것 같아요.(미래파 개념 도입) 이 작품을 제작한 미술 작가 움베르토 보치오니는 미래파라는 미술 운동에 참여했어요. 이들 미래파 예술가들은 자동차를 비롯한 기계의 속도를 표현하는 것을 좋아했어요. 그래서 이 조각의 인물상도 기계 또는 운동의 발산처럼 보이는 거예요.

(4) 설명방식 분석 결과

(가) 의미형성을 촉진하는 전략

설명방식을 분석한 결과 의미형성을 촉진하는 독특한 설명방식이 존재함을 확인하였다. 사례 분석에서 도출된 의미형성 촉진 전략은 다음과 같다.

- 경험 떠올리기
- 상상하기
- 구체적인 행동 유도하기
- 나만의 표현 방법 떠올리기
- 반응 모델링하기

(1) 경험 떠올리기

작품과 관련된 경험은 작품을 이해하는 데 있어 강력한 상호텍스트로, 작품을 자신의 삶과 연관 지어 이해하도록 한다. 포크와 디어킹(Falk & Dierking, 2000; 노용 외, 2007)의 맥락적 학습모형에서 개인적 맥락은 선행 지식, 경험과 관련된 것이 제시될 때 학습이 일어나며 이때의 학습은 강력한 동기에 의해서 이루어진다고 보았다. 개인의 경험을 이끌어냄으로써 작품에 대한 깊은 이해와 더불어 미술작품 감상에 대한 강력한 동기를 유발할 수 있게 된다.

Dynamic Hieroglyphic of the bal tavarin, Gino Severini, 1912.

아주 빨리 빙글빙글 돌다가 멈췄을 때 방이 계속해서 움직이고 있는 것 같은 느낌이 들었던 적이 있나요? 아마 좀 어지러웠을 거예요. 그리고 그 다음엔 잠시 동안 모든 것이 산산조각 난 것처럼 보였을 거예요. 그것이 바로 이 춤 또는 가장무도회의 그림이 포착하고 있는 것이에요. 여러분이 계속해서 빙글빙글 돌며 춤출 때 주변이 어떻게 보이는지를 포착하여 표현하고 있어요.

⑵ 구체적인 행동 유도하기

오디오가이드는 들으면서 이동할 수 있다는 휴대성으로 인하여 미술관에서 이용되는 다른 교육 매체와 구분되는 특징을 갖는데, 그중 하나가 바로 여러 가지 행동을 지시하고 관람객이 실제로 해보도록 함으로써 작품을 보다 입체적으로 감상할 수 있도록 하는 것이다. 뉴욕현대미술관의 오디오가이드 스크립트에서도 이처럼 관람객의 행동을 유도하는 내용이 포함되어 있음을 확인하였다.

오디오가이드의 유도를 통해 관람객의 개인적인 움직임을 산출하는 일련의 과정은 미술관 관람 중에 나타나는 상호작용의 하나로 볼 수 있다. 개인이 가진 경험적이고 해석적인 의미의 생성이 전시 관람의 주목적이 되는 포스트 뮤지엄의 관점에서 듣고-수용하기에서 벗어나, 듣고-행동하기의 과정으로의 미술작품 감상은 보다 의미 있게 여겨진다.

▶ 감상 시점을 달리하기

The dream, Henri Rousseau, 1910.

이 그림에서 몇 걸음 뒤로 물러서 보세요. 그러면 그림 전체를 볼 수 있을 거예요.

Unique form of Continuity in Space, Umberto Boccioni, 1913.

이 조각 작품 주위를 천천히 걸으면서 조각 전체를 감상해 보세요.

Lilies, Claude Monet, 1914-26.

이제 이 커다란 그림의 한 가운데로 천천히 걸어오세요. 자 뒤로 한 발짝, 한 발짝 물러서시고요.

위와 같은 사례는 어린이 오디오가이드 스크립트에서 높은 빈도로 등장하고 있으며, 자유롭게 관람해 본 경험이 적은 어린이 관람객이 작품 앞을 옮겨 다니며 자세히 살펴보도록 돕는다. “몇 걸음 물러나 보세요.”와 같이 움직임을 지시하고 3초 정도 옮길 시간을 주는데, 이때 발걸음을 옮기는 박자에 맞추어 “도-미-솔”과 같이 음향효과를 적용하여 어린이들이 놀이하듯 움직일 수 있도록 하는 점이 특징적이다.

▶ 움직여서 작품과 상호작용 하기

어린이 관람객은 피아제의 인지발달 이론에 비추어 볼 때, 구체적 조작기에 해당하는데, 이 시기를 구체적인 조작기라 부르는 것은 아이들이 사물의 실재에 더 관심을 갖게 되기 때문이다. 아이들의 사고는 이전 단계보다 유연해지지만 눈에 보이는 것을 초월해서 일반화할 수 있는 능력은 부족하다. 그렇기 때문에 어린이 관람객은 언어로 된 아이디어를 추상적으로 설명할 때보다, 구체물을 만져보거나 직접 움직여보았을 때 더 잘 이해한다 작품을 이해함에 있어서도 작품을 흉내 내보거나 작품 속 요소를 손으로 가리켜가며 실제적인 행동으로 옮겨보았을 때 작품의 실체를 보다 직접적으로 경험하게 된다.

One: Number 31, Jackson Pollock, 1950.

자, 이제 페인트로 그려진 줄을 한 가닥만 고르세요. 손가락으로 공중에서 그 가닥이 어디로 가는지 따라가 보세요. 갈 수 있을 때까지 끝까지 따라가 보세요. 여러 겹의 페인트 밑에서도 그 가닥을 따라 갈 수 있나요? 아니면 얽힌 곳에서 그 가닥이 어디로 가는지 놓치게 되나요?

Unique form of Continuity in Space, Umberto Boccioni, 1913.

여러분도 이와 똑같은 자세를 취할 수 있는지 시도해 보세요. 여러분의 발 그리고 팔의 위치가 어떻게 되나요?

(3) 반응 모델링하기

The persistence of memory, Salvador Dali, 1931.

Kid 1: 이 징그러워.

Kid 2: 으, 무서워 진짜인 것 같아! 너무 조용해 보여.

Kid 3: 시계들이 녹고 있는 것 같아.

Kid 4: 진짜 뜨거운가 봐.

Kid 5: 게다가 벌레들로 뒤덮여 있어. 봐, 저 시계에는 개미들이 우글거려.

Kid 6: 시계 위에 꿀 같은 게 있나 봐.

Kid 7: 저 절벽은 멀리 있는 것 같아. 그런데 나무는 진짜 작아 보이네. 시계들이 얼마나 큰지도 분간이 안 되는데.

Broadway Boogie Woogie, Piet Mondrian, 1942-43.

Kid 1: 내가 보기엔 컴퓨터 내부 같아.

Kid 2: 내 생각엔 많은 수도관들이 서로 다른 방향으로 이어져 있는 것 같아.

Kid 3: 엘레베이터들이 위아래로 오르내리는 건물의 설계도일지도 몰라.

Kid 4: 아 도시의 거리는 어때? 교통량이 많은 거 같은데.

Kid 5: 맞아, 뉴욕시를 위에서 내려다보고 있는 것 같아. 빨간불이 '정지! 정지! 정지!'라고 하네.

이처럼 다양한 어린이들의 반응을 제시함으로써 작품을 감상하고 개인적인 느낌을 갖는 데에 특별한 정답이 있는 것이 아니며 어떠한 생각이라도 수용될 수 있다는 것을 알게 한다. 반응의 다양성은 작품이 하나의 권위적인 단일 의미를 갖는 것이 아니며 다양한 관점에서 이해될 수 있음을 인식할 수 있도록 하는 유용한 도구가 된다. 또 자신과 비슷한 생각에 대해 동질감을 느낄 수 있고 다른 생각에 대해 새로운 방식으로 접근할 수 있음을 배울 수도 있다. 개인적인 경험과 연관 지어 작품에 대한 다양한 감상을 떠올릴 수 있는 허용적이고 자유로운 분위기가 조성되는 것이다.

(4) 상상하기

어린이 오디오가이드에 등장하는 상상하기는 두 가지 양상으로 범주화할 수 있는데, 작품 속 상황에 관람객이 뛰어들었다고 상상해 보도록 하거나 작품에 드러나 있지 않은 내용을 상상해 보도록 하는 것이다. 작품 속 상황에 관람객이 뛰어들었다고 상상하게 하는 것은 작품 속 내러티브에 적극적으로 개입하게 함으로써 작가가 펼쳐놓은 작품 속 세계에 깊이 빠져들도록 한다. 외부에서 작품을 바라보는 것이 아니라 작품에 깊이 빠져들어 개인적인 의미를 만들 수 있도록 하는 것이다. 반면에 작품에 드러나 있지 않은 여러 가지 내용으로 상상하도록 하는 것은 그 자체로 적극적인 의미생성 과정이 된다.

▶ 작품 속 상황에 뛰어듦을 상상하기

The dream, Henri Rousseau, 1910.

이제 그림 속으로 뛰어 들어가 본다고 상상해 보세요. 여러분은 깊고 푸른 정글 한복판을 터벅터벅 걷고 있는 중이에요. 조심스럽게 여러분들은 가운데에 있는 키 큰 양치식물을 손으로 가르고 있어요.

Lilies, Cluade Monet, 1914-26.

거기 조심하세요! 붓꽃을 밟으면 안 돼요. 물에 빠지지 마세요. 저는 클로드 모네 씨의 정원사랍니다. 이 정원에 여러분이 들어와 있는 걸 모네 씨가 아시나요? 우리는 지금 모네 씨의 유명한 수련 연못가에 와 있어요. 이제 이 기다란 그림의 가운데로 천천히 걸어오세요. 자, 뒤로 한 발짝 한 발짝 물러서시고요.

▶ 작품에 등장하지 않은 내용을 상상하기

House by the rail road, Edward Hopper, 1925.

이 집은 베란다가 넓어서 거기 앉아 밖의 경치를 즐기기에 좋겠어요. 베란다에서 보이는 전망은 어떨까요?

Bicycle Wheel, Marc Duchamp, 1951.

물론 지금은 만지면 안 돼요. 이제 너무 오래된 작품이고 미래의 어린이와 어른들도 이 작품을 감상할 수 있게 해줘야죠. 하지만 바퀴가 돌아가면 어떤 소리가 날지 상상할 수 있겠어요? 바퀴가 돌아간다면 여러분에게 이 작품이 어떻게 달라 보일까요?

(5) 나만의 표현 방법 떠올리기 – "여러분이라면 어떻게~?"

오디오가이드 스크립트에서 반복적으로 등장하는 패턴 중 하나인 이 질문은 어떻게 이름 붙일 것인가, 어떻게 그림 그릴 것인가, 어떻게 동작으로 표현할 것인가와 같이 다양한 양상으로 변형되어 나타난다. 주로 오디오가이드 스크립트의 후반부에 등장하여 작품 내부 요소를 살펴보고 개인적인 의미를 활성화한 뒤에 제시되는데, 오디오가이드가 끝남과 동시에 생각해 볼 시간을 충분히 가질 수 있도록 하는 것이 특징적이다. 작품에 대한 개인적인 관점에서의 재해석이라 볼 수 있으며 이는 작품 이해를 바탕으로 한 의미형성의 최종적인 목표라고도 볼 수 있다. '내가 작가라면 이렇게 바꾸었을 것이다.' 혹은 '내가 작가라면 이렇게 했을 것이다.' 하는 개인적인 생각은 미술작품 감상으로부터 미술작품 창작으로 나아가도록 하는 징검다리가 된다.

Unique forms of Continuity in space, Umberto Boccioni, 1913.
여러분 자신만의 움직이는 자세를 취해보세요. 여러분은 에너지와 운동을 어떻게 보여줄 수 있을까요? 여러분이 이러한 자세를 취하는 동안 다른 사람에게 사진을 찍어달라고 부탁해 보세요.

Me and my village, Marc Chagall, 1911.
여러분은 고향에 대한 자신의 느낌을 어떻게 그림으로 그리겠어요?

Broadway Boogie Woogie, Piet Mondrian, 1942-43.
사실 화가 몬드리안이 이 그림을 그릴 때는 부기우기 재즈라는 그가 가장 좋아하는 음악에 대해 생각하고 있었답니다. 그리고 여러분들이 서 있는 곳에서 몇 블록밖에 안 되는 뉴욕시의 브로드웨이가와 타임스퀘어의 불빛들도요. 그림을 브로드웨이 부기우기라고 부르기까지 했답니다. 여러분은 뭐라고 부르시겠어요?

(나) 청각적 효과의 사용

청각적 자극을 제공한다는 오디오가이드의 매체적 특성에 기인하여, 오디오가이드는 효과적인 미술작품 감상을 위해 다양한 청각적 효과를 사용하고 있음을 확인하였다.

(1) 배경음악

▶ 분위기 형성

오디오가이드는 관람객의 작품 감상을 청각적으로 보조하는 교육 매체로서 다양한 청각적 효과를 사용하여 기능을 극대화할 수 있다. 제공되는 텍스트의 내용과 어울리는 배경음악은 분위기를 고조시키고 관람객이 더 몰입할 수 있도록 도와준다. 사례 분석 결과에서도 어린이들이 작품의 분위기에 빠져들 수 있도록 다양한 배경음악을 사용하고 있음을 확인할 수 있었다.

Henri Matisse, The red studio, 1911.

잠시만 시간을 갖고 이 그림을 쭉 둘러보세요.(잔잔한 음악) 우리가 있는 곳이 어디일까요? 어떻게 아셨어요? 이 그림 속에 있는 그림들이 다 보이시죠?(중략) 이제 다시 한번 그림을 잘 살펴보세요.(경쾌한 음악) 아틀리에 안에 있는 예술작품을 그린 방법과 가구처럼 일상적인 물건들을 그린 방법을 비교해 보면 어떤 점이 다른가요?(중략) 하지만 의자, 테이블, 유리잔과 같이 일상적인 물건들은 거의 아무런 세부적인 표현이 없고, 간단한 윤곽선만 있네요.(상승 느낌의 음악) 그림들을 돋보이게 만드는 것은 마티스가 그림을 그리는 것이 그에게 얼마나 중요한지를 우리에게 알려주는 한 가지 방법이랍니다.

▶ 장면의 전환

배경음악의 전환은 오디오가이드의 내용과 장면의 전환을 확실히 구분 지어주는 역할을 한다. 분위기를 변하시키기도 하고, 이전과 다른 내용이 서술되고 있음을 인지시키기도 한다. 배경음악이 효과적으로 장면을 구분하는 사례는 다음과 같다.

Henri Rousseau, The dream, 1910.

이제 그림 속의 장면으로 뛰어 들어가 본다고 상상해 보세요.(경쾌한 음악 시작) 여러분은 깊고 푸른 정글 한복판을 터벅터벅 걷고 있는 중이에요.(중략) 벨벳 소파에서 쉬고 있는 젊은 여자는 어때요?(경쾌한 음악 끝, 찢어지는 소리) 잠깐만요! 여기 뭔가 좀 이상한 것 같아요.(부드러운 하프 소리) 음, 왜 그럴까요? 여러분이 들어온 이곳은 꿈속이기 때문이에요. 꿈은 화가 앙리 루소가 이 그림에 붙인 제목이랍니다.

(2) 효과음

▶ 구체적 실체를 묘사

어린이들의 주위를 집중시키고 흥미를 유발하는 장치로 효과음이 사용되는데, 구체적인 실체를 소리로 묘사함으로써 상상력을 자극하고 오디오가이드에 몰입할 수 있게 한다. 효과음을 통해 구체적 실체를 상상하게 되고, 작품 속의 소재가 생생하게 살아있는 듯한 느낌을 받을 수 있어 어린이 관람객의 감상을 풍부하게 한다.

Henri Rousseau, The Dream, 1910.

(사자 울음소리) 어? 사자예요! 그중 한 마리가 사납고 노란 눈동자로 여러분을 노려보고 있네요? 빨리 사자에게 '으르렁!' 해보세요. 정글에서는 온갖 종류의 짐승을 만나볼 수 있답니다.(까마귀 울음소리) 이런 소리를 낼 것 같은 짐승을 찾을 수 있겠어요? 맞아요. 오렌지 나뭇가지 높은 곳에 새 한 마리가 앉아있네요? 그리고 그림 위쪽 왼편에 또 한 마리가 노란 날개를 퍼덕이고 있어요.(날개 퍼덕이는 소리) 이 동물은 어디 있나요?(코끼리 울음소리) 오렌지 나무 뒤에 있는 코끼리를 찾아냈나요? 여러분의 코를 흔들면서 코끼리에게 '뿌!' 해보세요.

▶ 동작을 보조

Number 31, Jackson Pollock, 1950.

사람들이 때로는 잭슨 폴록의 그림을 보고 '나도 할 수 있겠다.'라고 생각합니다. 처음에는 지저분해 보이죠? 하지만 몇 발자국 뒤로 물러서 보세요.(도시, 라솔, 파미) 더 멀리요.(도시, 라솔, 파미) 자, 어떻게 보면 나름대로 질서나 조직이 있는 것 같지 않나요? 폴록은 그림을 그리는 새로운 방법을 창안해 냈어요.

위의 사례에서와 같이 어린이 관람객의 이동을 유도할 때, 발걸음이 움직이는 속도에 맞추어 효과음을 제공한다. 이동하는 동안 잠시 오디오가이드의 내용이 멈추는 동시에 재미있게 이동하도록 한다는 점에서 효과적이다. 주로 '도-미-솔', '도시, 라솔, 파미'와 같이 단순한 음계의 이동을 효과음으로 사용하고 있는 것이 특징적이다.

3. 오디오가이드에 포함되는 발문

류재만(2004)은 '미술 감상 · 비평학습에서 발문에 관한 연구'에서 포스트 모더니즘적 미술 비평과 감상은 미술작품을 보고 느끼는 데 그칠 것이 아니라 보고 읽고 해석하며 느끼는 감상으로의 전환이 요구된다고 하였다. 이때, 감상 · 비평 학습은 학생들에게 읽을 수 있는 능력을 육성해야 하며, 발문은 작품에 관한 관심을 유도하고 호기심을 자극하는 기초가 되기 때문에 감상 · 비평 학습에서 본질적이며 관건이 된다. 또한 발문은 비판적, 반성적, 합리적 사고 등을 촉진하며 발문의 과정에서 학습자들은 미적 지식을 재구성하는 것으로 보았다. 즉, 발문은 미술작품 감상자의 개인적인 의미형성을 촉진하기 위해서 반드시 필요한 요소인 것이다.

어린이 오디오가이드의 설명방식을 분석하며 나타난 반복되는 발문의 형식을 빌레뉴브(Vileneuve, 2014)가 탐구학습(Art-based Inquiry)에서 제시한 발문의 주제를 기본 틀로 하여 범주화하였다. 분석적 귀납법의 방법으로 해당하지 않는 주제는 삭제하였고, 의미를 명료화하기 위해 주제를 세분화하기도 하였다. 빌레뉴브(Villeneve, 2014)가 제시한 발문의 예시는 미술작품 감상을 위한 프로그램이나 교실 수업에서 사용되기 위한 것이므로 어린이 오디오가이드를 위한 발문의 범주는 오디오가이드의 매체적 특성을 반영하여 재구성하였다.

〈표 19-3〉 어린이 오디오가이드를 위한 발문 주제 범주와 예시

<table>
<tr><th>대범주</th><th colspan="2">주제</th><th>발문 예시</th></tr>
<tr><td rowspan="6">작품</td><td rowspan="3">소재</td><td>열린 소재 찾기</td><td>여기서 무엇이 보이나요? 무슨 일이 일어나고 있나요?</td></tr>
<tr><td>닫힌 소재 찾기</td><td>도자기 접시와 푸른색 크레용이 담긴 하얀 상자를 보았나요?</td></tr>
<tr><td>소재 이해하기</td><td>여자는 누구일까요? 피에르의 어머니? 엄격한 피아노 선생님?</td></tr>
<tr><td colspan="2">기술적 측면(표현 기법)</td><td>아틀리에 안에 있는 예술작품을 그린 방법과 가구처럼 일상적인 물건들을 그린 방법을 비교해 보면 어떤 점이 다른가요?</td></tr>
<tr><td colspan="2">시각적 측면(조형 요소)</td><td>일단 창백하고 푸른 빛깔의 하늘 위를 떠다니는 구름들을 볼까요? 어떤 모양들이 보이나요? 타원형과 손가락 같은 길고 늘씬한 모양을 볼까요?</td></tr>
<tr><td colspan="2">구성적 측면(조형 원리)</td><td>이 그림이 완전히 멈춰있어 보이나요? 아니면 뭐라도 움직이는 것 같나요? 어떻게 구분할 수 있을까요?</td></tr>
<tr><td rowspan="3">해석을 위한 관점</td><td colspan="2">맥락적 이해</td><td>여성들이 보이나요? 그 당시 남자들은 마시장이 여자들에게 적합한 장소라고 생각지 않았습니다. 그러나 화가인 보뇌르는 마시장에 일주일에 두 번씩 방문했습니다. 그녀는 어떻게 했을까요?</td></tr>
<tr><td colspan="2">개인적 관점(경험)</td><td>찰흙으로 뭔가 만들어 본 적이 있나요? 아니면 돌이나 나무를 깎아서 뭔가 만들어 본 적이 있으세요?</td></tr>
<tr><td colspan="2">작가의 의도</td><td>반 고흐는 왜 아이의 첫걸음을 위한 계절로 봄을 골랐을까요? 봄이 새 생명의 계절이기 때문이지 않을까요?</td></tr>
<tr><td rowspan="2">작품 간 관련</td><td colspan="2">같은 주제의 다른 작품</td><td>미술관에서 당신은 주위에 얼마나 많은 발레 댄서들을 찾을 수 있을까요?</td></tr>
<tr><td colspan="2">같은 작가의 다른 작품</td><td>이 작가의 다른 사과 정물화들을 찾아볼까요?</td></tr>
<tr><td rowspan="3">메타인지</td><td rowspan="3">개인적 의미</td><td>경험 관련</td><td>여러 겹의 페인트 밑에서도 그 가닥을 따라갈 수 있나요? 아니면 얽힌 곳에서 그 가닥이 어디로 가는지 놓치게 되나요?</td></tr>
<tr><td>상상 관련</td><td>하지만 바퀴가 돌아가면 어떤 모양의 소리가 날지 상상할 수 있겠어요? 소리가 난다면 여러분에게 이 작품은 어떻게 달라 보일 수 있을까요?</td></tr>
<tr><td>표현 관련</td><td>그림은 브로드웨이 부기우기라고 부르기까지 했답니다. 여러분은 뭐라고 부르시겠어요?</td></tr>
</table>

4. 사례 분석의 시사점

사례 분석 결과 오디오가이드 스크립트는 작품의 표현 형식, 표현 내용, 표현 방법, 맥락과 관련된 내용을 다루며 이를 관람객이 직접 발견할 수 있도록 시선을 유도하기도 하고, 의미를 풍부하게 확장시킬 수 있도록 보조가 되는 텍스트를 직접적으로 제공하며, 미술 지식을 형성하도록 유도하기도 하였다. 관람객의 경험 떠올리기, 구체적인 행동 유도하기, 반응 모델링하기, 상상하기, 나만의 표현방법 떠올리기와 같은 구체적인 설명 전략을 사용하고 있음을 확인하였다. 이러한 개인적 경험과 선지식을 이끌어내는 전략은 작품 내부의 요소들과 관람객을 연결시켜 주며, 이는 작품과 관람객의 내적 대화로 이어지도록 도움을 주는 것이다. 이상의 분석에서 어린이 오디오가이드 스크립트를 구성하는 각각의 요소가 가시는 교육적 함의를 정리하면 다음과 같다.

첫째, 어린이 오디오가이드에 포함되는 내용 요소는 작품과 상호텍스트 관계에 놓이며 의미를 확장시키는 역할을 한다. 상호텍스트적 관점에서 미술작품 감상활동은 텍스트 간의 상호작용을 통한 의미형성이라고 정의해 볼 수 있다. 작품 감상자가 자신의 내적 텍스트를 활용하여 작품과 상호작용하는 것도 가능하지만 내적 텍스트가 충분하지 못한 어린이 학습자가 풍부한 의미를 확장하도록 돕기 위해서는 이를 촉진하는 텍스트가 필요하다. 사례 분석에서 드러난 바와 같이 어린이 오디오가이드에 포함되는 내용 요소인 '표현 형식', '표현 내용', '표현 방법', '맥락'은 작품 내적 텍스트, 작품 외적 텍스트로 작용하며, 어린이 관람객은 이들과 작품 사이의 관계 짓기로부터 개인적인 의미를 확장시킬 수 있게 된다

둘째, 어린이 오디오가이드의 의미형성을 위한 설명 전략은 자신만의 의미형성 능력을 길러주는 스캐폴딩(Scaffolding)으로 작용한다. 성인 관람객의 경우 작품 감상 경험이 풍부하고 작품과 보조 텍스트를 연관 짓는 능력이 어린이보다 뛰어나지만, 작품 감상 경험이 비교적 적은 어린이들은 스스로 의미를 만들며 작품을 감상하는 능력이 부족하다. 비고츠키가 말하는 스캐폴딩(Scaffolding)은 미술관에서 학습할 수 있도록 질문을 유발하고, 단서를 제공하거나, 학습에 도움이 될 만한 여러 자료를 제공하는 과정에서 일어난다(배진희, 2013). 사례 분석에서 드러

난 바와 같이 '경험 떠올리기', '구체적인 행동하기', '반응 모델링하기', '상상하기', '나만의 표현 방법 떠올리기' 등의 전략은 어린이 관람객이 작품에 보다 쉽게 접근하고 의미를 형성할 수 있도록 도움을 주는 단서가 되고 있다. 또한 각종 청각적 효과를 동원하여 작품 감상의 몰입도를 높이고 다양한 반응을 떠올릴 수 있도록 하고 있음을 확인하였다. 오디오가이드는 이렇듯 교육적 보조 장치(insturctional scaffolding)로써 어린이 관람객의 지식과 경험을 자극하고 작품을 이해할 수 있는 다양한 맥락적 정보를 제시함으로써 개인적인 미술 감상 경험을 촉진한다.

셋째, 어린이 오디오가이드에 포함되는 발문은 어린이의 사고를 자극하고 적극적인 감상에 몰입할 수 있도록 하는 역할을 한다. 사례 분석에서 나타난 발문의 범주는 작품, 해석을 위한 관점, 작품과 관련, 메타인지에 관한 것이었다. 발문은 작품을 자세히 살펴보도록 유도하기 위한 닫힌 발문과 개인적이고 자유로운 반응을 자극하기 위한 열린 발문으로 나누어 볼 수 있다. 열린 발문은 해석의 단초를 제공하되 개인의 다양한 반응을 이끌어 내는 데 초점을 두는 것이 특징적이었다. 이처럼 오디오가이드는 화자와 청자가 직접적인 대화를 나눌 수 없다는 물리적 한계에도 불구하고 관람객의 사고를 자극할 수 있는 발문이 포함되어 있으며, 이를 통하여 어린이 관람객은 작품과의 상호작용을 풍부히 할 수 있게 된다.

참고문헌

권충훈(2005). 멀티미디어 교수-학습콘텐츠의 인지심리학적 효과. 한국콘텐츠학회논문지, 5(5) 273-280.

김윤영(2012). 자기주도학습 촉진을 위한 교수자 스캐폴딩 가이드라인 개발. 교육과학연구, 43(1), 1-31.

류재만(2004). 미술 감상 · 비평학습에서 발문에 관한 연구. 미술교육논총, 18(1), 193-226.

류재만(2005). 어린이를 위한 전문 도슨트에 대한 연구. 미술교육논총, 18, 49-68.

백령(2005). 멀티미디어 시대의 박물관 교육. 서울: 예경

손지현(2005). 은유를 통한 통합적 미술 감상 교육. 미술교육논총, 19(2).

안금희(2008). 미술 교육에서 내러티브의 의의와 기능. 미술교육논총, 22(3), 19-48.

양지연(2007). 교육적 매체로서의 박물관 전시와 의미생성. 문화예술교육연구, 2(2), 45-64.

윤민희(2015). 세계화시대의 국내 디자인대학 기초교육 조형 요소와 원리에 관한 연구. 한국디자인문화학회지, 21(3), 445-455.

이보아(2006). 모바일 기술과의 융합을 통한 박물관 커뮤니케이션의 활성화 연구. 인문콘텐츠, 7, 23-50.

이보아(2014). 모바일 해석 매체의 비간섭적 특성 및 사용성과 기능적 특성간의 상관관계에 대한 연구. 박물관학보, 26, 181-197.

채승미(2016). 진화하는 뮤지엄 : 포스트-뮤지엄에 대한 고찰과 사례 연구. 성균관대학교 대학원 석사학위논문.

최성희(2006). 관람자 중심의 박물관에서 미술작품의 해석과 교육방법. 미술과 교육, 7(2), 121-137.

최성희(2015). 미술관 전시 공간 내 체험적 요소를 구조화하기 : 관계미학의 교육적 의미. 미술과 교육, 16(2), 51-74.

Falk & Dierking. (2007). 박물관 교육의 기본(노용 · 이주연 · 류지영 · 이선아 역), 서울: 미진사.

Terry Barret. (2004). 미술비평 : 그림 읽는 즐거움(이태호 역), 파주: 봄이아트북스.

Emerson, R. M., Fretz, R. I., & Shaw, L. L. (1995). *Writing ethnograghic fieldnotes*. Chicago, IL: The University of Chicago press.

Hein, G. E. (1998). *Learning in the museum*. London, EnglandL: Routledge.

Hein, G. E.(2000). *The Museum in transition: a philosophical perspective*. USA: Smithsonian Institution.

Hopper-Greenhill, E. (1994). *Museum and their visitors*. London, England: Routledge.

Hopper-Greenhill, E.(2000). *Museum and interpretation of visual culture*. London, England: Routledge.

Villeneve, P. (2012). Supporting individualized learning in museum exhibitions and gifted education. 예술영재교육 국제심포지엄, KRIGA, 77-107.

Villeneve, P. (2014). Supported Interpretation: Exhibition for audience engagement *Exhibitionist*, 54-60.

Yenawine, P. (2013). *Visual Thinking Strategies: Using Art to Deepen Learning Across School Disciplines*. MA: Havard Education Press.

제20장 박물관 교육과 평가

평가란 교육 목표가 어느 정도 달성되었는지를 판별하는 과정으로, 교육의 효과성을 검토하고 그 과정에서 드러난 미흡한 점을 진단하는 데 목적이 있다. 이러한 평가 활동은 학습자의 학습 성취 수준을 객관적으로 확인하고, 그 결과를 토대로 향후 교수 · 학습 활동의 방향을 설정하는 기초 자료로 활용된다. 나아가 평가는 학습자의 성취도를 점검함으로써 교육 프로그램의 질적 향상을 도모하고, 보다 효과적인 교육 프로그램을 선택하거나 개발하는 데에도 중요한 준거로 기능한다.

박물관 교육에서 평가의 필요성은 단순히 교육 활동의 성과를 측정하는 데 그치지 않고, 교육 프로그램의 질 향상, 참여자 이해, 지속가능성 확보를 위한 핵심 요소로 작용한다.

1. 평가의 개념과 특징

교육에서 평가란 교육 목표에 부합되는 교육 내용을 학습한 후 교육 목표의 달성도(인지적 · 정의적 · 심동적 영역)에 영향을 미치는 변인을 수집, 분석, 해석하고 그에 대해 교육적 가치를 부여하는 과정이다.

평가란 교육 목표의 달성 정도나 교육 과정의 효율성을 판단하기 위하여 학습자의 행동 변화 및 학습 과정에 관한 정보를 수집하고 이용함으로써 교육적 의사결정을 하는 데 도움을 주거나 더 나아가 의사결정을 하는 과정을 의미한다. 이와 같이 의사결정의 제 과정은 교육적인 가치를 판단하는 일이다(김대현 · 김석우, 2020, p. 267).

평가는 학생, 교사, 수업, 교육과정, 정책, 환경 등 교육에 관련된 모든 것을 포함하는 광의로서의 교육평가와 학생들의 학업 성취 혹은 상태에 대한 질적 판단을 내리는 과정으로서 협의의 교육평가로 구분할 수 있다(기석우 외, 2021).

이 글에서는 협의의 평가를 중심으로 박물관 교육에서 평가에 대해서 살펴보고자 한다. 박물관 교육에서 평가의 목적은 박물관 교육의 궁극적인 목표와 개별 교육 프로그램이 학습자에게 얼마나 효과적으로 전달되었는지를 체계적으로 진단하고, 이를 기반으로 교육 콘텐츠와 교수 · 학습 과정의 질을 개선하며, 향후 프로그램의 기획 및 교육 실행 전략을 수립하기 위한 기초 자료를 마련하는 데 있다. 즉, 박물관 교육에서 평가는 교육 프로그램 진행 후 학습자의 인지적 이해도, 정의적 반응, 경험적 몰입 수준 등을 종합적으로 점검하고, 이를 통해 에듀케이터와 교육 프로그램 기획자에게 실질적인 피드백을 제공함으로써, 박물관의 교육적 책무성과 공공기관으로서의 사회적 가치 실현에 기여하는 핵심적인 교육 지원 기능을 수행하는 데 있다.

박물관 교육에서의 평가는 단순한 교육 성과 측정에 있는 것이 아니라, 교육 목표에 기반한 체계적 진단, 교육의 질적 향상, 참여자 중심의 운영 개선, 책무성 확보를 위한 필수적인 실천 과정이다.

박물관 교육에서 평가의 특징을 학습 목표에 준하는 평가, 과정 중심적 평가, 질적 향상을 위한 평가, 다차원적 평가를 중심으로 살펴보면 다음과 같다.

가. 학습 목표에 준하는 평가

박물관 교육 평가는 교육 프로그램이 사전에 설정한 학습 목표에 근거하여 이루어지며, 프로그램의 적절성과 효과성을 체계적으로 검증하는 기능을 수행한다.

이러한 평가는 목표 달성도 평가를 통해 교육 활동의 타당 성과를 달성할 수 있도록 하며, 프로그램이 의도한 학습 성과(학습자 성과)에 성공하여 달성 여부를 분석하는 데 중점을 둔다.

나. 과정 중심의 평가

박물관 교육에서 평가란 단순히 교육 프로그램의 산출 결과만을 측정하는 데 그치지 않고, 프로그램의 설계, 실행, 참여자의 반응, 학습자의 변화 과정을 포함한 전반적인 과정을 포괄적으로 조망하는 것을 의미한다. 이러한 평가를 통해 교육과정의 질을 체계적으로 관리할 수 있으며, 문제 발생 시 그 원인을 파악하고 효과적인 개선 방안을 제시할 수 있다.

다. 질적 향상을 위한 평가

박물관 교육의 모든 평가는 박물관 교육을 질적으로 향상시키기 위해서 실시되어야 한다. 점수화 등급화하는 양적 평가 아니라 학습자 개개인의 인격과 개성이 존중되고 능력이 절대 평가되는 인간 중심의 박물관 학습지도와 평가로 미래 지향적인 인간 중심의 교육을 실현하고, 교육의 수월성을 추구하는 일익을 담당해야 한다(이규선 외, 2008).

평가 결과는 단순한 기록에 그치지 않고, 교육 프로그램의 유지, 수정, 확대 또는 중단 등 운영 전반에 걸친 전략적 의사결정을 위한 근거 자료로 활용된다. 이는 자원의 합리적 배분을 가능하게 하고, 교육 효과를 극대화하며, 궁극적으로 박물관 교육의 효율성을 제고하는 데 기여해야 한다.

라. 다차원적 평가

박물관 교육 평가는 학습자의 인지적(지식 습득), 정의적(태도 및 흥미), 심동적(참여 및 실천) 영역을 포괄하며, 사회적 상호작용 측면이나 창의성 · 비판적 사고력 측면 등 단일 지표에 의존하지 않고 다양한 데이터 수집 방식과 복합적인 분석

틀을 활용해야 한다. 이는 박물관 교육의 총체적인 효과를 입체적으로 이해하는 데 필수적이다.

2. 평가의 의의

평가는 교육과 관련된 모든 것에 대한 의사 결정을 위하여 정보를 사용하거나 수집하는 과정을 동반하여야 하고, 수집한 정보에 의하여 교육적 의사결정을 하거나 도와주는 기능을 지니고 있다. 그러므로 평가는 학습과 교육과정에 최대한 도움을 주어 학습을 극대화하려는 데 목적이 있다. 평가의 목적을 구체화하면 다음과 같다(성태제, 2019, p. 27).

- 학습을 극대화한다.
- 학업 성취 수준을 총평한다.
- 교육의 질을 향상시킨다.
- 교육과정, 교수 · 학습프로그램, 교육자료 등을 개선한다.
- 정책 수립이나 의사결정을 위한 기초를 제공한다.
- 공공기금의 지출을 점검한다.

박물관 교육에서 평가는 교육 프로그램의 효과와 학습자 만족도, 학습 결과 등을 종합적으로 평가하는 것을 의미하고, 이는 박물관 교육의 질 향상과 개선을 위한 중요한 과정으로 의의를 지닌다. 박물관 교육에서 평가의 의의에 대해서 구체적으로 살펴보면 다음과 같다.

가. 프로그램의 효과성 판단

박물관 교육은 전시를 보완하고, 학습자의 이해를 돕기 위한 다양한 프로그램(체험, 해설, 워크숍 등)을 다양하게 진행하고 있다. 이러한 프로그램들이 실제로 교육 목표를 얼마나 달성했는지 확인하려면 평가가 필수적이다. 교육 참여자의 학습 결과, 즉 지식 습득, 태도 변화, 능력 향상 등을 측정하여 교육의 효과를 객관적으로 평가할 수 있다.

- 학습자가 기대한 지식이나 경험을 성취했는가?
- 학습자의 인지, 태도, 행동 유의미한 변화가 있었는가?

나. 프로그램 교육 내용 및 방법 개선

평가를 통해 현재 운영 중인 교육 프로그램의 내용이나 교수 학습 자료, 교수 방법의 장, 단점을 파악하고, 교육 프로그램과 교구, 교수 학습 방법 등의 개선점을 찾을 수 있게 해준다.

- 학습자들이 관심과 흥미를 보인 것은 무엇인가?
- 어떤 교육 방법이 효과적인가?
- 사용한 학습 자료는 적절한가?
- 에듀케이터의 교수 방법이 적절한가?

다. 학습자 이해 및 맞춤형 교육 프로그램 설계

평가 결과는 학습자의 지적 수준, 요구, 흥미를 더 잘 이해하는 데 도움을 주며, 이를 바탕으로 학습자 중심의 교육 프로그램 설계가 가능해진다. 교육 프로그램에 대한 학습자들의 긍정적인 반응, 참여 경험 등을 파악하여 교육의 만족도를 높일 수 있다.

- 교육 내용은 학습자들의 수준에 맞는가?
- 어떤 교육 활동에서 몰입도가 높았는가?
- 학습자들이 선호하는 활동은?

라. 지속 가능한 교육 운영과 전략 수립

정기적인 평가의 결과는 장기적인 교육 전략을 수립하고, 지속 가능하고 체계적인 교육 시스템을 만들 수 있도록 도와준다. 반복적으로 효과가 입증된 교육 프로그램은 대표 콘텐츠로 발전시키고 브랜드화하고, 성과가 낮은 교육 프로그램은 내용을 수정하여 방향 전환하거나 폐기하는 결정이 가능하다.

마. 에듀케이터의 교수 역량 강화

평가를 통해 애듀케이터는 본인의 교수 학습 과정에 대한 피드백을 받음으로써, 교육 목표 설정과 교수 방법, 학습 내용 조직, 학습 자료의 개발, 수업운영, 커뮤니케이션 기술 향상에 도움이 된다.

3. 평가의 실제

박물관 교육에서 평가는 교육 프로그램의 효과와 학습자 만족도, 성취도, 학습 결과 등을 종합적으로 평가하는 것을 의미한다. 이는 박물관 교육의 질 향상과 개선을 위한 중요한 과정이다.

가. 교육 프로그램 평가

(1) 교육 프로그램 평가

교육 프로그램이 개발된 이후에는 해당 프로그램에 대한 체계적이고 총체적인 평가가 필수적으로 요구된다. 이 과정에서 전문가의 심의나 학교 현장 교사의 자문이나 피드백을 통해 프로그램의 교육 내용, 교수 자료, 학습 활동지(worksheets) 등을 정교화하고 보완하는 절차가 수행되어야 한다.

특히, 뮤지엄 내에서 기획 및 개발된 프로그램의 경우, 해당 프로그램이 교육과정이나 학습자의 발달 수준에 적합한지 검토하고 검증받는 과정이 요구된다. 아울러, 교육 프로그램을 실제 교육 현장에 적용하는 교수-학습 실행 과정에 대한 평가도 병행되어야 하며, 이를 통해 에듀케이터는 실질적인 피드백을 수용하고 교수 역량을 향상시킬 수 있다.

박물관 교육에서 교육 프로그램 평가의 필요성은 교육의 질을 보장하고 지속적인 개선을 도모하기 위한 핵심적 요소이다. 박물관은 단순한 전시 공간을 넘어 교육적 기능을 수행하는 기관이기에, 교육 프로그램이 실제로 교육 목표를 달성하고 학습자에게 의미 있는 경험을 제공하는지 점검하고 개선할 필요가 있기 때문이다.

박물관 교육에서 교육 프로그램 평가는 단순한 검토가 아닌, 기획에서 실행, 환류까지 이어지는 교육의 필수 과정이다. 이를 통해 박물관은 학습자에게 더 나은 교육 서비스를 제공하고, 사회적 책무를 다하며, 지속 가능한 교육 기관으로서의 기능을 강화할 수 있다.

교육 프로그램 평가의 교수 학습 설계, 교수 방법, 교수 학습 자료의 세 가지 관점으로 제시하면 〈표 20-1〉과 같다. 영역별 평가의 관점을 구체적으로 살펴보면 다음과 같다.

교수 학습 설계 영역에서는 교육 내용의 전시나 유물과의 관련성, 교육과정과의 연계성, 내용의 오류 여부, 학습자들이 활동에 능동적으로 참여하도록 이끌어내기 위한 활동으로 구성하였는지를 중심으로 평가의 관점을 제시하였다.

교수 방법의 영역에서는 동기 유발이 학습 목표와 연계되었는지, 학습 목표를 명료하게 제시하는지, 발문, 활동, 매체의 사용이 효과적인지, 교육 내용에 적합한 교수 학습 전략을 사용하는지, 발문이 학습자의 확산적 사고를 유발할 수 있는지, 학습 내용에 적합한 학습 자료를 준비하고 있는지 등을 중심으로 평가의 관점을 제시하였다.

교수 학습 자료 영역에서는 학습 자료가 학습 내용의 핵심 개념을 잘 반영하고 있는지, 학습자 수준에 적합한지, 내용이 창의적으로 구성되어 있는지를 중심으로 평가의 관점을 제시하였다.

교육 프로그램이 개발되면 실제 적용하기 전에 전문가 평가뿐만 아니라 학생들에게 실험 적용하고, 학생들에게 프로그램을 수행하는 과정에서 느낀 점이나 어려웠던 점 등을 면담이나 설문지를 통해서 피드백을 받아 프로그램에 반영하는 것이 요구된다.

박물관 교육에서 교육 프로그램 진행 후 학습자들이 '교육 프로그램 내용'에 대해 평가하는 것의 필요성은 매우 중요하다. 이는 교육 프로그램의 내용이 학습자의 기대와 수준에 적합했는지, 교육 목표에 부합했는지, 그리고 실질적인 학습 효과를 거두었는지를 판단할 수 있는 핵심적인 피드백을 제공한다.

〈표 20-1〉 교육 프로그램 평가서

영역	평가 관점	상	중	하
교수 학습 설계	• 교육 내용이 전시물을 기반으로 하고 있는가?			
	• 교육 내용이 학생 발달 수준에 맞는가?			
	• 교육과정과 연계되어 있는가?			
	• 내용에 오류는 없는가?			
	• 학습자들의 능동적인 참여를 끌어내기 위한 활동으로 구성하였는가?			
교수 방법	• 동기 유발이 학습 목표와 직접적으로 연계되고 있는가?			
	• 학습 목표를 명료하게 제시하고 있는가?			
	• 발문, 활동, 매체의 사용이 효과적이었는가?			
	• 교육 내용에 적합한 교수학습 전략을 사용하는가?			
	• 에듀케이터의 발문이 학생들의 확산적 사고를 유발할 수 있는가?			
	• 학습 내용과 목표에 적합한 학습 자료를 준비하고 있는가?			
교수 학습 자료(워크시트 등)	• 학습 내용의 핵심 개념을 잘 반영하고 있는가?			
	• 학습자 수준에 적합한가?			
	• 내용이 창의적으로 구성되어 있는가?			
종합 의견				

- 전시 내용을 이해하는 데 도움을 주었는가요?
- 학습 내용이 어려운 점은 없는가요?
- 이 교육 프로그램의 좋은 점이나 재미있는 점은 무엇인가요?
- 이 교육 프로그램의 개선할 점은 있나요?

(2) 에듀케이터의 수업 평가와 자기 수업 평가

(가) 에듀케이터의 수업 평가

박물관 교육에서 에듀케이터의 수업 평가의 필요성은 교육의 효과성을 진단하고 학습 목표의 달성 여부를 확인하며, 교수자의 전문성을 향상시키고, 학습자의 반응과 만족도 확인하며, 교육 프로그램 개선의 기초 자료가 된다. 박물관이라는 특수한 교육 환경에서는 전시물, 공간, 체험 요소 등이 통합적으로 작동하기 때문에, 교사의 교수 학습 수행 전반을 체계적으로 평가하는 것은 교육의 질을 유지하고 발전시키는 데 필수적이다.

먼저 강의의 효과성 진단 측면에서 에듀케이터의 수업 평가를 통해 교육 내용이 학습자에게 얼마나 잘 전달되었는지, 교수 방법이 학습자의 이해와 흥미를 효과적으로 유도했는지를 확인할 수 있다. 이는 교수 전략의 적절성과 효과성을 점검하는 기초 자료가 된다.

둘째, 학습 목표의 달성 여부 측면에서 교수자의 수업 평가는 교육 프로그램의 학습 목표가 학습자들에게 얼마나 달성되었는지를 진단하는 수단이다. 이를 통해 에듀케이터의 교수 방법, 학습자들과의 상호작용, 학습 자료, 활동 등이 학습 목표에 부합했는지를 분석할 수 있다.

셋째, 에듀케이터의 전문성 향상 측면에서 수업 평가는 구체적인 피드백을 제공하여, 자기 성찰을 유도하고, 교수법 개선과 전문성 개발에 기여할 수 있다. 이는 지속 가능한 전문성 기반의 교수 과정의 실천을 가능하게 한다.

넷째, 학습자들의 만족도 측면에서 수업 평가를 통해 학습자들이 에듀케이터의 강의에 대해 어떤 반응을 보였는지, 학습자들이 얼마나 몰입하고 만족했는지를 확인할 수 있다. 이는 향후 참여자 중심 교육을 설계하는 데 중요한 근거 자료로 활용할 수 있다.

다섯째, 교육 프로그램 개선의 기초 자료 측면에서 에듀케이터의 수업 평가는 개별 강의뿐 아니라 전체 교육 프로그램의 완성도와 적합성을 점검하는 데 기여한다. 평가 결과는 차후 프로그램 수정, 보완, 재구성에 있어 실증적 근거 자료로 활용할 수 있다.

박물관에서 기존의 교육 강사도 1년에 한 번 정도의 수업 평가나 수업 실연 평가를 통해서 교수 역량을 증진시키는 것이 바람직하다. 또 새로운 교육 강사 채용 시 면접뿐만 아니라 수업 실연 평가를 꼭 해야 하는데, 이때 〈표 20-2〉 에듀케이터의 수업 평가서를 활용하면 된다.

〈표 20-2〉 에듀케이터의 수업 평가서

영역	평가 관점	상	중	하
도입	• 동기 유발이 학습 목표와 밀접한 관련성이 있는가?			
	• 동기 유발이 학습자의 흥미를 유발하며 창의적인가?			
	• 학습 목표를 명확하게 제시하였는가?			
전개	• 학습 목표, 학습 내용에 적절한 교수학습 전략을 사용하였는가?			
	• 학습자들에게 다양한 사고를 할 수 있는 충분한 시간과 기회를 주었는가?			
	• 교수자의 발문이 학생들의 확산적 사고를 유발하는가?			
	• 교수 학습의 과정에서 학습자들과 상호작용이 원활히 이루어졌는가?			
	• 학습자들이 흥미를 느끼고 학습(활동)에 적극적으로 참여하는가?			
	• 교수자는 피드백과 칭찬을 적시에 하는가?			
	• 학습 내용과 목표에 적합한 학습 자료를 적시에 활용하는가?			
	• 학습자의 아이디어를 격려하고 개인차를 고려하는가?			
	• 학습자의 눈높이에 맞는 교수 학습을 전개하여 학습자들의 다양한 반응을 이끌어냈는가?			
정리	• 학습 내용에 대한 학습자들의 이해 정도를 확인하고 정리하는가?			
종합 의견				

에듀케이터의 수업 과정의 평가는 도입, 전개, 정리 과정별로 제시하였다.

도입 과정에서는 동기 유발이 학습 목표와 관련이 있으며 학습자의 흥미를 유발하며 창의적인지, 학습 목표를 명확하게 제시하는지를 중심으로 평가의 관점을 제시하였다.

전개 과정에서는 학습 목표와 내용에 적절한 교수 전략을 사용하는지, 학습자들에게 다양한 사고를 할 수 있는 시간과 기회를 주는지, 발문이 확산적 사고를 자극하는지, 학습자들과의 상호 작용이 원활히 이루어지는지, 학습자들이 학습에 적극적으로 참여하는지, 피드백과 칭찬은 적시에 이루어지는지, 학습 자료는 적시에 활용하고, 개인차를 고려하는지, 학습자들의 다양한 반응을 이끌어내는지 등을 중심으로 평가의 관점을 제시하였다.

정리 과정에서는 학습 내용에 대한 학습자들의 이해 정도를 확인하고 정리하는지를 평가의 관점으로 제시하였다.

(나) 에듀케이터의 자기 수업 평가

교육 프로그램을 실행 이후에는 에듀케이터가 자신의 수업을 반성적으로 되돌아보는 자기 교수 과정 평가도 중요하게 작용한다. 자신의 수업을 비판적으로 검토하고, 이후의 교수 학습 개선을 도모하기 위한 형성적 평가의 성격을 지닌다. 에듀케이터가 수업 후 자기 교수 과정 평가를 통해 학습 목표가 얼마나 달성되었는지, 학습자 반응이 어땠는지를 점검할 수 있다. 이를 통해 자신의 교육 활동을 성찰하고 개선하기 위한 중요한 과정이다. 이는 단순한 자기 만족이나 확인의 차원을 넘어, 교육의 질을 향상시키고 학습자 중심의 교육을 실현하는 데 기여할 수 있다.

교수자는 자기 수업 평가를 통해 교육 내용, 교수 방법, 시간 배분, 학습 자료 활용 등의 측면에서 미흡했던 점을 분석하고, 이후 교수 학습의 질을 개선하는 데 필요한 방향을 설정할 수 있다. 또 자기 교수과정 평가는 에듀케이터의 교수 역량을 스스로 점검하고 성찰할 수 있는 기회를 제공한다. 반복적인 자기 평가는 에듀케이터로서의 전문성을 지속적으로 개발하고, 변화하는 학습자의 요구와 교육 환경에 민감하게 반응할 수 있게 해 준다.

자기 수업 평가는 박물관 교육에서 에듀케이터의 성장을 돕는 중요한 수단이다. 1회성 평가가 아니라 지속적이고 반복적인 성찰 과정을 통해, 학습자에게 더 풍요롭고 의미 있는 배움의 기회를 제공할 수 있다. 이 과정은 교수자 자신뿐 아니라 박물관 교육의 전반적인 질을 향상시키는 데 기여할 수 있다.

에듀케이터의 자기 수업 평가 관점은 교수 학습 설계, 교수자 활동, 학습자 활동, 교수 학습 자료, 평가 관점을 다섯 가지로 제시할 수 있다. 구체적으로 살펴보면 다음과 같다.

교수 학습 설계 영역에서는 교수 학습 과정안(지도안)이 학습자의 수준에 맞게 계획되었는지, 학습 목표가 명료하게 진술되었는지, 학습 내용에 적절한 교수학습 전략을 사용하였는지를 평가의 관점으로 제시하였다.

교수자 활동 영역에서는 동기 유발에서 학습자들의 흥미를 유발시킬 수 있었는지, 학습 목표를 명료하게 제시하였는지, 교수 학습 과정에서 활동에 시간 배분이 알맞게 되었는지, 학습자들과 상호작용이 활발하였는지, 학습 목표와 학습 내용이 일치하였는지, 칭찬과 피드백을 적시에 하였는지, 교수 용어는 학습자 수준에 맞았는지, 학습 분위기는 허용적이고 자유스러웠는지를 평가의 관점으로 제시하였다.

학습자 활동 영역에서는 학습(활동)에 흥미를 가지고 참여하였는지, 토의나 발표, 활동에 적극적으로 참여하였는지, 학습 태도는 좋았는지(앉은 자세, 발표, 필기 등), 학습자들끼리 상호작용이 원활히 이루어졌는지, 친구들의 발표를 잘 경청하였는지를 평가의 관점으로 제시하였다.

교수 학습 자료 영역에서는 학습 자료나 매체가 학습자들의 흥미를 유발하였는지, 학습 자료나 매체가 학습 내용에 적절했는지를 평가의 관점으로 제시하였다.

평가 영역에서는 학습 목표에 학습자들이 도달하였는지를 평가의 관점으로 제시하였다.

〈표 20-3〉 에듀케이터의 자기 수업 평가서

영역	평가 관점	수업 소감 및 개선점
교수학습설계	• 교수 학습 과정안(지도안)이 학습자 수준에 맞게 계획되었는가? • 학습 목표가 명료하게 진술되었는가? • 학습 내용에 적절한 교수학습 전략을 사용하였는가?	
교수자 활동	• 학습 목표를 명료하게 제시하였는가? • 동기 유발에서 학습자들의 흥미를 유발시킬 수 있었는가? • 교수 학습 과정에서 활동에 시간 배분이 알맞게 되었는가? • 학습자들과 상호작용이 활발하였는가? • 학습 목표와 학습 내용이 일치하였는가? • 칭찬과 피드백을 적시에 하였는가? • 교수 용어는 학습자 수준에 맞았는가? • 학습 분위기는 허용적이고 자유스러웠는가?	
학습자 활동	• 학습(활동)에 흥미를 가지고 참여하였는가? • 토의나 발표, 활동에 적극적으로 참여하였는가? • 학습 태도는 좋았는가?(앉은 자세, 발표, 필기 등) • 학습자들끼리 상호작용이 원활히 이루어졌는가? • 친구들의 발표를 잘 경청하였는가?	
교수학습자료	• 학습 자료나 매체가 학습자들의 흥미를 유발하였는가? • 학습 자료나 매체가 학습 내용에 적절했는가?	
평가	• 학습 목표에 학습자들이 도달하였는가?	
종합 의견		

나. 학습자 학습 과정 평가

평가의 유형은 다양하나 박물관 교육의 특성상 다양한 평가가 현실적으로 어렵다. 학교교육은 학기 단위로 이루어지지만 박물관 교육은 대부분 일회성 교육으로 끝나기 때문이다.

(1) 관찰법

박물관 교육 현장에서 학습자의 행동, 태도, 참여도 등을 직접 관찰하여 평가하는 방법이다. 관찰은 학습자들을 이해하고 평가하기 위한 가장 보편적인 방법으로, 에듀케이터들은 늘 학습자들을 접하고 있으며 개별 학생이나 그룹 단위로 항상 관찰하게 된다. 교육 프로그램의 진행하는 과정 속에서 학습자들의 학습 과정과 결과에 대해서 평가하게 된다. 관찰한 것을 객관적으로 기록하는 기록법이나 체크리스트, 평정척도를 이용할 수 있다. 평가의 영역은 정의적 영역, 심동적 영역, 인지적 영역으로 나누었고, 심동적 영역은 프로그램에 따라 해당되는 항목만 평가한다.

〈표 20-4〉 관찰법 평가 계획표

평가 영역	평가 관점	평가수준			비고
		상	중	하	
인지적 영역	• 학습한 내용을 이해하고 발표할 수 있는가?				
심동적 영역	• 발표와 활동에 적극적으로 참여하는가? • 학습자가 전시에 대해 질문을 자발적으로 던졌는가? • 전시물을 세밀하게 관찰하고, 그 특징을 잘 설명하는가? • 자신의 생각을 창의적으로, 시각 자료로 표현하는가?				
정의적 영역	• 학습 태도가 바른가? • 다른 참여자와 협력하는가? • 교육프로그램 참여가 즐거웠는가?				

종합 의견	

(2) 자기 평가 보고서법

자기 평가의 교육적 효과는 초인지, 적극적 학습, 피드백으로 구체적으로 살펴보면 다음과 같다.

자기 평가는 초인지 반성을 길러주고 확대시켜 주는 효과적인 훈련 방법이자 평가 방법으로서 학습자가 자신의 과제를 계속적으로 반성하게 함으로써 자신의 생각과 성취 수행을 모니터링 하고 개선하도록 한다(Scardamalia, 1980; 김영천, 2010, p. 432). Swarts와 Perkins(1985)에 의하면 초인지는 학습자가 스스로의 생각을 적당한 시기에 맞추면서 통제하기 위해 진행시켜 나가는 사고 활동이다(Swarts & Perkins, 1985; 김영천, 2010, p. 432).

자기평가의 두 번째 효과는 적극적 학습이다. 자기평가는 학생들을 교육과정에 더욱더 끌어들이고, 그들이 공부하는 내용에 더 적극적이고 의미 있는 관계를 형성할 수 있도록 하는 한 가지 전략이라고 주장하였다. 특히 자기평가에서는 학습자기 평가에서 주체가 되므로, 학습자들을 학습에 적극적으로 참여하도록 유도하게 된다(O'maiiey & Pierce, 1996; 김영천, 2010, p. 435).

자기평가가 피드백으로서 갖는 효과는 학습자에게 자기 조절 학습 능력을 길러주는 데 있다. 자기 조절 학습은 여러 가지 학습 환경 속에서 부딪히는 문제들을 효과적으로 해결하기 위해 스스로 목표를 조정하거나 진행 과정에 창의적인 기술을 채택하고 고안하는 전략으로서 깊은 사고를 요하는 판단이며 적응적인 과정이다(Corno, 1993; Zimmerman, 1990; 김영천, 2010, p. 436).

학습자들의 자기 평가는 자신이 박물관 교육 활동을 스스로 평가하여 보다 바람직한 교육 활동을 하기 위한 것이다. 학습자들의 자기 평가는 자신의 유물이나 작품의 이해, 표현, 감상 활동을 점검하고 반성하면서 자기평가서에 스스로 평가하는 것이다. 교육 활동을 하면서 느낀 점이나 알게 된 점 등을 솔직하게 평가해 봄으로써 자신의 학습활동을 반성하고 학습의 성과를 스스로 인식할 수 있도록 해준다.

자기 평가 보고서법은 교육 프로그램을 이수하고 나서 학습자 스스로 학습 과정이나 학습 결과에 대한 평가보고서를 작성하여 제출함으로써 학습자로 하여금 자신의 준비도, 학습동기, 성실성, 만족도, 다른 학습자들과의 관계, 성취수준 등에 대해 스스로 생각하고 반성할 수 있는 기회를 제공할 뿐만 아니라 에듀케이터로 하여금 시행한 해당 학습자에 대한 관찰이나 수시로 시행한 평가가 타당하였는지를 비교 분석해 볼 수 있는 기회를 제공하게 된다(정존진, 1999). 심동적 영역에 3개의 평가 관점이 있지만 프로그램에 따라 해당되는 항목만 평가한다.

박물관 교육 프로그램에 참여한 학습자의 자기평가는 학습자가 자신의 학습 경험을 성찰하고, 인지적, 심동적, 정의적 영역의 평가를 스스로 점검함으로써 자기주도적 학습 역량과 메타인지 능력을 함양하는 데 의의가 있다. 특히 박물관이라는 비형식적 학습 환경에서는 학습자가 수동적인 참여가 아닌 능동적으로 참여하는 것이 중요하며, 자기평가는 이러한 참여를 촉진하는 효과적인 도구이다. 아울러 자기평가는 단순한 지식의 습득을 넘어, 정의적 영역의 변화, 즉 학습자의 태도 변화, 정서적 반응 등을 평가할 수 있는 유효한 수단이 된다. 이를 통해 학습자는 자신의 성장을 인식하고, 내재적 학습 동기를 강화하게 되며, 이러한 점에서 학생의 자기평가는 박물관 교육의 교육적 효과를 심화하고 지속 가능한 학습을 가능하게 하는 필수적인 요소라 할 수 있다.

〈표 20-5〉 자기평가보고서법 평가 계획표

평가 영역	평가 관점	평가수준			비고
		상	중	하	
인지적 영역	• 나는 학습한 내용을 이해했는가? • 나는 새로운 지식을 알게 되었는가?				
심동적 영역	• 나는 발표와 활동에 적극적으로 참여하였는가? • 나는 전시물을 세밀하게 관찰하고, 그 특징을 자신 있게 설명했는가? • 나는 자신의 생각을 창의적으로 시각 자료로 표현했는가?				
정의적 영역	• 나는 활동에 적극적으로 참여하였는가? • 다른 참여자와 협력하였는가? • 나는 교육프로그램 참여가 즐거웠는가? • 다시 박물관 교육에 참여하고 싶은가?				
종합 의견					

참고문헌

신내현, 김석우(2020). 교육과정 및 교육평가. 서울: 학지사.

김석우, 원효헌, 김경수, 김유용, 구경호, 장재혁(2021). 교육평가의 이론과 실제. 서울: 학지사.

김영천(2010). 현장 교사를 위한 교육평가. 서울: 문음사.

김재춘, 부재율, 소경희, 채선희(2007). 예비·현직교사를 위한 교육과정과 교육평가. 서울: 교육과학사.

김화영, 권승아, 김한나, 명준희, 김수환(2025). 교육평가. 서울: 양서원.

류재만(2004). 초등미술과 교수법. 서울: 교육과학사.

류재만, 손지현(2023). 미술과교재연구 및 교수법. 파주: 교육과학사.

류재만 외(2021). 미술과 교수법. 파주: 교육과학사.

박경희, 구경호(2025). 교육평가. 파주: 공동체.

성태제(2019). 교육평가의 기초. 서울: 학지사.

양지연, 김정화, 이연수, 홍경아(2017). 박물관 교육 평가지표 개발 기초 연구. 서울: 국립중앙박물관.

이규선, 김동영, 류재만, 전성수, 최윤재, 권준범, 김정선(2008). 미술교육학. 파주: 교육과학사.

정종진(1999). 교육평가의 이해. 서울: 양서원.

W. J. Popham 저. 김성훈, 이현숙 공역(2016). 수업중심 교육평가. 서울: 학지사.

[출처]

본서의 제8장, 제9장, 제13장, 제14장, 제17장, 제18장, 제19장은 아래의 기존 연구를 바탕으로 최신 경향을 반영하여 수정 보완해 작성되었다.

제 8 장: 김시내(2025). AI 기술의 박물관 · 미술관 적용: 활용 현황과 한계점, 그리고 지속 가능한 발전 방향. 미술과 교육, 26(2), 21-60.

제 9 장: 류재만(2019). 박물관교육에서 유물 리터러시 학습 방안 모색. 박물관학보, 36, 1-19.

제13장: 류재만(2004). 미술 감상 · 비평 학습에서 발문에 관한 연구. 미술교육논총, 18(1), 193-226.

제14장: 김수진(2019). 질문을 기반으로 한 미술관 교육의 교수법 비교 연구. 미술교육논총, 33(2), 32-62.

제17장: 이지혜(2020). 어린이 관람객의 의미 형성을 돕기 위한 미술관 전시 레이블 개발 방안, 서울교육대학교 교육전문대학원 석사학위논문.

제18장: 박혜성(2011). 어린이를 위한 미술관 전시해설 스크립트 구성방안, 서울교육대학교 교육대학원 석사학위논문.

제19장: 권미예 · 류재만(2016). Museum of Modern Art의 어린이 오디오가이드 스크립트 사례 분석. 조형교육, 60, 25-48

찾아보기

ㅅ

ㅇ

▣ 저자 소개

류재만

서울교육대학교를 졸업하고 한양대학교 대학원, 단국대학교 대학원에서 석사학위, 홍익대학교 대학원에서 박사학위를 취득하였다. 주요 저서로는『우리 미술교육의 이론과 실제』,『미술교육학』,『재미있는 문화유산 수업』,『우리 미술 감상 수업』,『세계 미술 감상 수업』,『우리 문화유산 이야기』,『세계 미술 이야기』,『우리 미술 이야기』 등 단독 및 공저를 출간하였고, 논문으로는 "박물관교육에서 유물 리터러시 학습 방안 모색" 외 50여 편이 있다. 한국미술교육학회장, 한국초등미술교육학회장, 아세아태평양교육문화융복합회 회장, 국립민속박물관 운영위원, 한국문화예술교육진흥원 중앙교육위원, 서울 특별시교육청 문화예술교육자문위원을 역임하였다. 현재 서울교육대학교 교수이다.

남영림

춘천교육대학교를 졸업하고 한국교원대학교 대학원에서 석사학위, 오하이오 주립대학교 대학원에서 박사학위를 취득하였다. 주요 저서로는『교실로 간 뮤지엄』을 공저하였고,『창의 · 융합 미술교육』,『2022 개정 미술과 교육과정 핵심 가이드』 집필에 참여하였다. 논문으로는 "Fredric Jameson의 포스트모더니즘론으로 전주한옥마을 읽기와 미술교육에 주는 시사점" 외 다수가 있다. 현재 서울교육대학교 강사이다.

이은영

서울교육대학교를 졸업하고, 한국교원대학교 대학원에서 교육학 석사와 박사학위를 취득하였다. 매체이론, 노자철학, 몸 현상학과 미술의 접점을 탐구해 왔으며 몸의 미적 지각 체험에 집중하여 공부하였다. 교원대, 목원대, 경인교대 등에서 강의하였다. 현재 서울시교육청 교사와 서울교육대학교 강사로 활동 중이며 교사이자 연구자로서 미술교육 페다고지에 관한 연구를 이어가고 있다. 신체성, 생태담론, 신유물론과 결합한 포스트휴머니즘 시대의 미술교육에 관심이 많다. 미술교과서 집필 및 2022 개정 미술과 교육과정 개발에 공동 참여하였다. 공저로「음악미술개념사전」,「배움을 여는 미술 교수학습 방법」,「명화로 도덕수업을 바꾸다」를 함께 썼으며, 다수의 미술교육 논문을 발표하였다.

김시내

서울교육대학교를 졸업하고, 홍익대학교 교육대학원에서 석사학위, 시카고 예술대학(School of the Art Institute of Chicago, SAIC)에서 Art and Technology Studies 전공으로 미술학 석사학위, 서울대학교 대학원에서 미술교육 박사학위를 취득하였다. 초등학교 교사로서 교육현장에서 다년간 근무하며 교육 실천을 쌓았고, 이후 홍익대학교 교육대학원 미술교육과에서 겸임교수를 역임하며, 서울대학교, 서울교육대학교, 청주교육대학교 등에서 미술교육 관련 강의를 지속하며 연구와 교육을 병행해왔다. 디지털 기반 미래교육, 데이터 시각화, 생성형 AI 등을 주제로 15편 이상의 미술교육학 논문을 발표하며 학술활동을 이어오고 있다. 공저로 『미래교육 미술교육』 집필에 참여하였으며, 2022 개정 교육과정에 따른 초등학교 5·6학년 미술교과서 집필진으로 활동하였다.

배진희

서울시 교육청 소속 교사로 박물관교육학 전공으로 박사학위를 취득하였다. 연구 논문으로 "시민교육 측면에서 바라본 공공미술 : 서울시 '공공미술 시민 발굴단'을 중심으로" "사고력 증진을 위한 미술관 감상교육 방안 : VTS와 Thinking routines 사례분석을 중심으로" 등 다수의 논문이 있다. 서울교육대학교에서 강의를 했고, 현재 초등교사로 박물관 캠프를 운영하고 연수를 진행하고 있다.

김옥진

서울교육대학교를 졸업하고, 서울교육대학교 대학원 박물관미술관 교육 전공 석사, 사회과교육 석사, 서울교육대학교 교육전문대학원 사회과교육 박사를 수료하였다. 초등 사회과 디지털 교과서, 검인정 초등 사회 교과서 및 지역화 교과서를 집필했다. 『유네스코 지속가능발전교육ESD』, 『세상을 바꾸는 유니버설 디자인』, 국가유산청 '모두의 풍속도' 교육자료 등을 개발하였다. 국립중앙박물관 · 서울역사박물관 · 서울상상나라 · 시흥에코센터 · 아시아문화전당(ACC) · 서울디자인재단 · 유네스코 교육자료 개발 및 자문위원, 서울특별시교육청 박물관미술관 교육, 생태전환교육 분야 컨설팅 장학위원, 한국박물관교육학회 교육개발위원회 위원, 서울초등박물관미술관 교육연구회 임원으로 활동 중이다. 현재 서울성북초등학교 교사 및 서울교육대학교 강사이다.

박혜인

한국교원대학교를 졸업하고 서울교육대학교 대학원에서 석사학위, 한양대학교 대학원에서 박물관교육학 박사학위를 취득하였다. 현재 서울 시내 초등학교 교사로 근무하면서 박물관 교육 현장과 이론에 대해 연구하고 있다. 한양대학교 영재교육원, 서울교육대학교 대학원에서 강의하고 있으며, 초등 미술 검인정 교과서를 집필하였다. 한국박물관포럼 이사회, 한국박물관교육학회 학술위원으로 활동하며 각종 박물관교육에 대한 자문 및 강의를 하고 있다.

박혜성

서울교육대학교를 졸업하고 서울교육대학교 대학원에서 석사학위를 취득하였다. 초등 미술 검인정 교과서를 집필하였다. 서울시교육청 학교예술교육 중장기 발전계획 기획위원을 역임하였다. 현재 서울교육대학교부설초등학교 교사이다.

권미예

서울교육대학교를 졸업하고 동 대학원에서 박물관미술관 교육 전공으로 석사 학위를 받았다. 논문으로는 "Museum of Modern Art의 어린이 오디오가이드 스크립트 분석"이 있다. 서울시교육청에서 미술 영재 교사로 근무했으며, City University of New York의 방문 연구원으로 박물관미술관 교육 현장과 이론에 대하여 연구하고 있다.

이지혜

춘천교육대학교를 졸업하고 서울교육대학교에서 박물관미술관 교육 전공으로 석사학위를 받았다. 현재 서울대학교 협동과정 미술교육 박사과정 중에 있다. 서울 시내 초등학교 교사로 근무하면서 초등학교 현장 경험을 쌓고, 미술관 교육 관련 제 문제를 연구하고 있다. 그동안『우리 미술 감상 수업』,『세계 미술 감상 수업』,『교과서에 나오는 우리 미술 이야기』,『교과서에 나오는 세계 미술 이야기』,『미술관 에듀케이터』 등의 책을 공저로 집필하였다.

김수진

서울교육대학교를 졸업하고 동대학원에서 박물관미술관 교육 전공으로 석사학위, 미국 The Ohio State University에서 미술교육 전공 및 미술관 교육 세부 전공으로 박사 학위를 취득하였다. 서울시내 초등학교에서 교사로 근무했고 Columbus Museum of Art, The Wexner Center for the Arts, 리움미술관, 서울대미술관, 국립중앙박물관 등에서 교육 관련 현장 경험을 쌓았다. 그동안『2022 개정 미술과 교육과정 핵심 가이드』,『미술관 에듀케이터』,『예술가의 지구별연구소』,『창의 · 융합미술교육』,『미술관 교육 다가가기』 등의 집필에 참여하였으며 국립현대미술관의『발달장애인 대상 미술관 교육 중장기 발전 방안 기초 연구』 및 2022 개정 특수교육과정 초등학교 미술 국정 교과서 집필 연구에 참여했다. 미술관과 학교 미술 교육의 다양한 접점에 관심을 가지고 연구하고 있다. 현재 서울교육대학교, 서울대학교, 경인교육대학교에서 미술관 교육과 미술교육 관련 강의를 맡고 있다.

이상민

서울교육대학교를 졸업하고 동 대학원에서 초등미술교육 전공으로 석사학위, University of Arizona에서 Art and Visual Culture Education 박사학위를 취득하였다.『Walking Matters: Material and Digital A/r/tographic Explorations』,『미래교육 미술교육』,『명화로 도덕수업을 바꾸다』 등을 공저하고 미술교육, 박물관, 미술관 교육 분야의 학술논문을 다수 게재하였다. California Art Education Association Equity, Diversity, and Inclusion Commissioner, Asian Art and Culture Interest Group Outreach Coordinator, 아시아태평양교육문화융복합학회 대외협력이사로 활동 중이다. 현재 California State University, Chico 조교수이다.

박물관 교육학

2025년 9월 20일 1판 1쇄 인쇄
2025년 9월 25일 1판 1쇄 발행

편저자 • 류재만
발행자 • 한정주
발행처 • 교육과학사

경기도 파주시 광인사길 71
전화 • 031)955-6956~8 / 팩스 031)955-6037
Home-page • http://www.kyoyookbook.co.kr
E-mail • kyoyookbook@daum.net
등록 • 1970년 5월 18일 제2-73호

정가 30,000원

ISBN 978-89-254-1939-8

낙장 · 파본은 교환해 드립니다.
Printed in Korea.